중국지

중국지

마오쩌둥과 중국 혁명 평석

중원축록편 · 현이섭 지음

개정판

인물과
사상사

머리말

21세기를 중국의 세기라고 한다. 그에 걸맞게 G2국가의 반열에 오른 중국은 지금 미국과 함께 세계를 이끌어가고 있다. 세계 각국은 고속 질주하는 중국의 폭발적인 에너지에 부러운 눈길을 보낸다. 중국의 굴기崛起는 세계 최강의 미국을 추월해 유일 대국으로 발돋움하는 시간표가 앞당겨진다는 게 대체적인 전망이다. 중국은 이제 세계의 핵심적 시장으로 자본주의를 녹이는 용광로 구실을 하고 있다. 8천만여 명의 당원을 거느린 공산국가 중국은 무산자 전정專政의 일당통치를 하면서도 실사구시를 앞세워 자본주의보다 더 자본주의인 '붉은 자본주의'로 세계 경제를 쥐락펴락하고 있다. 중국은 이런 밑천과 배경을 바탕으로 군사대국과 우주강국을 넘보며 초일강의 국가를 꿈꾸고 있다. 중국인민들은 이제 100년 전 제국주의 열강들의 지배로 겪었던 수모와 멸시를 떨쳐버리고 위풍당당한 모습으로 세계를 누빈다. 마오쩌둥은 60여 년 전 톈안먼 성루에서 중화인민공화국을 선포하며 "중국인민은 이제부터 일어섰다"고 국내외에 외친 바 있다.

하지만 풀어야 할 숙제도 많다. 중국은 1979년 개혁개방 이후 경제성장 과정에서 나타난 빈부격차로 양극화가 심화하고 있다. 관료사회의 부정부패, 민주화와 인권문제, 민족 갈등 등 해결해야 할 과제도 산적해 있다. 또한 중화민족 위주의 역사공정과 해양확장 분쟁 등은 중국의 패권적 속내를 보여 중국 위협론도 사라지지 않는다. 중국이 주창한 조화롭고 평화로운 세계는 진정성을 담보해야만 설득력을 얻을 수 있다 하겠다.

일의대수―衣帶水인 한국과 중국이 수교한 지 20년이다. 중국은 한국의 최대 수출 대상 국가이자 최대 자본투자 국가가 되었다. 체제는 다르지만 필요에 의한 국가 교류에서 불가분리의 국가가 되고 있다. 세계는 영원한 적이 없고 영원한 이해만 존재하는지도 모른다. 중국은 남북분단과 동북아의 지정학적 특수 상황에 처한 한국에게 더없이 중요한 국가로 자리매김하고 있다. 중국인들은 한류문화에 익숙해졌고 양국 국민들의 관광객도 해를 거듭할수록 큰 폭으로 늘어나고 있다. 중국인들은 한국에서 큰손으로 거리를 활보하고 있다. 우리의 식탁은 이미 중국 농수산물이 점령한 지 오래되었고, 주위에 중국산품이 지천으로 나돌고 있다. 중국은 『삼국지』나 『수호지』를 무람없이 대하듯 우리 곁에 바짝 다가와 있다.

필자는 능력도 생각지 않고 천둥벌거숭이처럼 2011년 7월 1일 중국공산당 창당 90주년을 앞두고 욱일승천旭日昇天하는 오늘의 중국을 만들어온 과정을 살펴보기 위해 『미디어오늘』 사이트에 '하나의 불씨, 중국을 태우다'라는 제목의 글을 1년 동안 연재한 바 있다. 이번에 이 연재물을 다듬어 부끄러움을 무릅쓰고 『중국지』로 엮어 펴내게 되었다.

중국 근현대사 100년의 혁명을 조감한 『중국지』는 상, 하로 나누어 상권은 용쟁호투 편, 하권은 대란대치 편으로 엮었다. 상권은 신해혁명 이후 군벌의 난립 속에서 구국제민救國濟民과 새로운 중국 건설을 열망하는 중국공산당의 생성과정과 열악한 환경 속에서 적수공권赤手空拳으로 벌이는 혁명투쟁을 그렸다. 자산계층과 기득권 세력을 대표한 국민당의 장제스와 무산자계급 혁명을 내건 공산당의 마오쩌둥은 20여 년 동안 건곤일척乾坤一擲의 천하다툼을 벌였다. 흔히 유방과 항우가 격돌한 『초한지』에 비유된다. 하지만 인적, 물적, 기간, 사상, 국제관계 등에 비춰보면 족탈불급足脫不及이다. 세계사적으로 일찍이 볼 수 없었던 장기적이고 대규모적인 내전은 이데올로기적 전쟁으로 자본주의와 공산주의 양대 진영의 대리전 양상을 보였다. 장제스는 질 수 없는 전쟁을 졌고, 마오쩌둥은 이길 수 없는 전쟁을 이겼다. 압도적인 힘의 우위도 시대정신을 판독하지 못해 부패하고 민심을 얻지 못하면 무용지물이라는 교훈을 남겼다. 혁명의 열정은 극한적 인간의 한계를 시험한 2만 5천 리 장정으로 20세기 공전절후空前絶後의 신화를 만들었다. 혁명전사들이 간난신고의 역경과 좌절을 딛고 끝내 그들이 바라는 중국 역사상 경험하지 못한 사회주의 중국을 만들었다. 이런 과정에서 수없이 많은 혁명가들이 스러져갔다. 더불어 사는 바른 세상을 갈구하며 중국을 만들어가는 사람들의 궤적을 살폈다.

하권은 건국 이후 균열하는 노선상의 이념갈등과 권력을 둘러싼 피비린내 나는 다툼을 그렸다. 음모와 배리, 잔혹 무비한 권력투쟁과 숙청은 누구를 위한 무엇을 위해 혁명을 했는가라는 물음을 절로 던진다. 중국 군부의 대부 '영원한 총사령관' 주더는 "누가 우리를 언제 한솥밥을 먹은 사람들이라고 믿겠느냐"며 절망한다. 권력의 노예가 되어 동지를 주살하는 권력의 부나비와 그들의 하수인 '인간 사냥꾼'들이 벌이는 권력놀음은 인간존재를 부정하게 한다. 절대 권력은 절대 패망한다는 역사적 교훈은 철권통치자들에게는 여전히 우이독경이다. 신중국의 대재앙을 부른 문화대혁명은 인성 상실의 야만의 시대를 지금도 고발하고 있다. 비정한 권력의 세계에서도 인간에 대한 믿음과 신뢰, 인간애는 여전히 미래의 희망을 이야기한다. 진창에서 피어난 한 줄기 연꽃처럼, 청량한 바람결처럼 사람다운 세상을 꿈꾸게 한다.

어제는 오늘의 거울이고 내일을 비추는 반면교사다. 대하 역사 기실紀實 『중국지』는 중국의 광활한 대륙에서 펼쳐지는 한 시대의 스펙터클한 기록물이다. 오늘의 중국을 좀 더 알 수 있는 격물치지格物致知에 도움이 되었으면 하는 바람이다.

중국의 단순한 역사적 이야기라기보다는 세계화 시대, 우리 모두의 이야기라고도 할 수 있다. 집사람 김선과 책을 엮는 계기를 마련해준 『한겨레신문』 전 베이징 특파원 하성봉 님에게 고마운 마음을 전한다. 변변치 못한 글을 정성스럽게 편집해 책으로 펴내준 인카운터 편집진과 민신태 실장, 그리고 이완기 사장께 깊은 감사의 말씀을 드린다.

2012년 10월

해운산방에서

현이섭

개정판에 부쳐

이번 개정판은 원래의 출판사가 출판 사업을 그만두어 책이 절판됨에 따라 '도서출판 길'에서 출간했다. 개정판을 준비하면서 거친 글은 다듬고 소루한 부분을 보완했다. 정성을 다해 책을 펴내 준 도서출판 길의 편집진과 이승우 기획실장, 그리고 많은 조언을 아끼지 않은 박우정 대표에게 고마운 마음을 전한다.

2014년 3월

현이섭

3권으로 엮어 개정판을 내며

이번 개정판은 『중국지』 상·하 2권을 상·중·하 3권으로 나눠 '인물과사상사'에서 출간했다. 그동안 책이 절판되어 새롭게 펴내면서 독자들이 권당 책의 분량이 많아 읽는 데 버겁고 불편하다는 소리를 듣고 제1부 중원축록편, 제2부 건국대업편, 제3부 대란대치편 등으로 분판해 편하게 읽을 수 있도록 했다. 책 표지도 새롭게 바꿨고, 부분적으로 미흡했던 내용을 보완했으며, 거친 글은 다듬었다. 따뜻한 마음과 정성을 다해 책을 엮은 '인물과사상사' 편집진과 박상문 편집장, 그리고 출판계의 어려운 환경에서도 선뜻 책을 펴내준 강준우 대표에게 감사한 마음을 전한다.

2017년 6월

현이섭

차례

일러두기

1. 이 책에 나오는 인명의 대부분은 국립국어원의 외래어 표기법에 따랐으나, 일부는 원어 발음에 더욱 충실하고자 일반
   표기법과 달리한 경우도 있습니다.

2. 인명뿐만 아니라 지명은 독자의 이해를 돕기 위해 처음 언급되었을 경우 중국어 표기와 한자, 한자음을 본문에 병기했
   습니다.

제1부

중원축록

★

제 1 장

혁명전야

반항아
마오쩌둥

"'한 사람의 공과는 관 뚜껑을 닫아야 안다'고 한다. 나는 아직 관 뚜껑을 닫지 않았지만 곧 닫는다. 총체적인 평가를 하게 된다! 나는 평생에 두 가지 일을 했다. 하나는 장제스와 몇십 년을 싸워 그를 몇 개 되지 않는 섬(타이완)으로 내쫓았다. 몇몇 사람들은 나에게 생전에 이 섬들도 수복해야 한다고 말했다. 일본과 8년 동안 항전해 그들을 본국으로 돌아가게 했다. 이 일에 대해 이의를 달 사람들은 많지 않다. 다른 하나는 바로 문화대혁명을 발동한 것이다. 이 일은 옹호하는 사람들은 많지 않은 반면, 반대하는 사람들은 적지 않다. 이 두 가지 일은 끝나지 않았다. 유산으로 다음 세대에게 넘겨주어야 한다. 어떻게 물려주어야 하나? 화평할 때 넘겨주지 못하고 (정세가) 불안할 때 넘겨주면 '피비린내 나는 싸움'을 벌이게 된다. 자네들은 어떻게 할 텐가? 단지 하늘만 알 뿐이다." 1

신중국을 창시한 마오쩌둥(毛澤東 모택동)은 1976년 6월 15일의 '임종 당부'에서 이렇게 말했다. 죽음의 그림자가 내려앉은 자기로서는 미완의 이 일을 후대에게 맡길 수밖에 없었다. 그러려면 안정적인 권력이양이 이루어져야 하는데 그렇지 못한 현실을 걱정한 것이었다. 정치와 권력의 속성을 너무 잘 알고 있는 마오로서는 결과적으로 10년 재앙이 된 문화대혁명을 둘러싸고 후계들의 피비린내 나

16

는 권력투쟁이 눈에 환히 보였기 때문이다. 자신의 부인 장칭(江靑 강청)을 중심으로 한 '4인방' 세력이 권력을 농단하고 있었고, 대척점에 있던 덩샤오핑(鄧小平 등소평: 당시 실각)과 원수 예젠잉(葉劍英 엽검영) 등 1세대 혁명원로들은 문화대혁명에 비판적이었다. 자신에 대한 평가 또한 후계세력에 따라 달라질 수 있는 것도 엄연한 현실이었다.

1976년 9월 9일 0시 10분, 일세를 풍미한 마오쩌둥은 온갖 시름을 접고 파란만장한 삶을 마감했다. 83세였다. 마오는 신중국 창시자, 무산자 혁명가, 걸출한 군사전략가, 시인이자 서법가 등으로 불리고 있다. 그런가 하면 '20세기 진시황', 철권 독재자 등 무한권력을 휘두른 '영원한 주석'으로 불리기도 한다. 하지만 그에 대한 진정한 평가는 여전히 진행형으로, 더 많은 세월이 흐른 뒤에야 가능할 것으로 보인다. 마오의 초상화는 중국의 상징 톈안먼(天安門 천안문) 성루에 걸려 13억 5천만여 명의 인민들을 굽어보고 있고, 그의 주검은 미라로 건너편 마오쩌둥 주석 기념당에 안치되어 있다.

마오쩌둥은 청나라 말엽인 1893년에 후난성 샹탄현 사오산충(湖南省 湘潭縣 韶山冲 호남성 상담현 소산충)에서 태어났다. 중국 내륙의 배꼽 아래 샹탄현 언저리에는 창장(長江 장강)의 도도한 물결이 남동쪽으로 흐르다가 만들어놓은 중국 최대의 호수, 반죽斑竹의 고향 둥팅후(洞庭湖 동정호)가 가없이 펼쳐져 있다. 사방 800여 리에 이르는 일망무제의 호수다. 강 건너편 웨양(岳陽 악양)에는 악양루가 있는데 이백과 두보, 범중엄 등 헤아릴 수 없는 시인 묵객들의 발자취가 서린 곳이다. 산자수명한 샹탄은 후베이(湖北 호북), 구이저우(貴州 귀주), 광시(廣西 광서), 광둥(廣東 광동), 장시(江西 강서)성 등이 인접해 있으며 수륙교통이 발달했다. 샹장(湘江 상강), 쯔장(資江 자강), 위안장(沅江 완강), 펑장(澧江 풍강) 등 4개의 강이 교차한다. 샹장이 가장 크고 아름다웠다. 후난성은 예부터 인재가 많이 난 곳으로 유명하다. 근대 이래 변법자강운동의 영수 탄스퉁(譚嗣同 담사동)과 탕차이창(唐才常 당재상)을 비롯해 신해혁명의 선구 천톈화(陳天華 진천화)와 추진(秋瑾 추근), 쑹자오런(宋教仁 송교인) 등 무수한 인재들을 배출했다.

샹탄현은 초나라 문화 발상지의 한 곳으로서 경내 교통이 발달했으며, 땅이 비

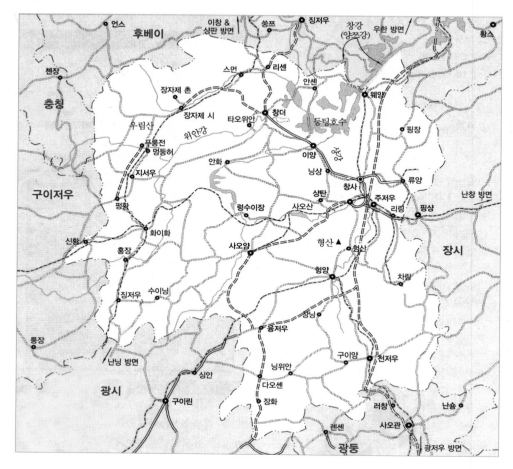

옥해 남쪽 지역의 곡창으로 통하는 큰 현이었다. 마오는 샹탄현 서북쪽으로 90리 남짓 떨어진 산골 마을 사오산충에서 농민인 아버지 마오순성(毛順生 모순생)과 어머니 원치메이(文七妹 문칠매) 사이에서 태어났다. 원래 형이 2명 있었으나 일찍 죽는 바람에 마오가 장남이 되었다. 아래로 남동생 둘과 여동생 하나를 두었다. 마오가 태어난 지 7개월 뒤 일어난 청일전쟁에서 승리한 일본이 랴오둥(遼東 요동)반도를 할양해 대륙 침략의 발판을 마련했다. 이때 중국은 선진 지식인 캉유웨이(康有爲 강유위), 량치차오(梁啓超 양계초), 탄스퉁(譚嗣同 담사동), 옌푸(嚴復 엄복) 등 국가혁신을 위해 변법자강을 내세운 진보세력과 광쉬(光緖 광서)황제, 쯔시

(慈禧 자희; 서태후)태후를 정점으로 한 수구봉건세력이 충돌해 내우외환에 휩싸였다.[2]

하지만 산골 마을 사오산충은 바깥세계와 멀리 떨어져 단절된 데다 가난한 탓에, 외부에서 몰아치는 이런 거대한 시국 변화의 흐름을 느끼지 못하고 있었다. 마오의 아버지와 어머니는 결혼 8년이 지나 두 아들을 강보에서 잃은 뒤 다시 아들을 얻은 기쁨으로 바깥세계가 어떻게 돌아가든 별다른 관심이 없었다. 집안 형편은 중농이었으나 나중에 가세를 불려 대농이 되었다. 마오는 4세 때부터 둘째 외삼촌의 사숙에서 '청강생'으로『가범잠언家範箴言』과『3자경三字經』같은 책들의 글을 줄줄 외워 총명하다는 소리를 들었다. 9세 때 마오는 외가에서 사오산으로 돌아와 6군데의 사숙에서『논어』와『맹자』등 사서오경의 유학 경전을 배웠다. 또한『좌전』,『춘추』,『사기』,『강목』,『일지록』등 6년여 동안 많은 고전을 읽었다. 학과시간 이외에는『삼국지연의』,『수호지』,『손자병법』,『악비전』,『수당연의』등의 역사소설도 즐겨 보았다.

마오는 훗날, 잘 이해를 못했으나 6년간 '공부자孔夫子' 공부에 심취했다고 술회한 바 있다. 마오는 중국공산당을 창립하기 1년 3개월 전인 1920년 4월에 창사(長沙 장사)에서 벌이던 후난군벌 장징야오(張敬堯 장경요) 축출운동과 관련해 베이징에 간 일이 있었다. 그는 돌아가는 길에 돈이 떨어져 힘든데도 '공맹의 성지'인 산둥성 취푸(曲阜 곡부)와 쩌우쉔(鄒縣 추현)을 찾아가 공자와 맹자의 고거와 분묘를 배알했다. 마오는 "공자의 제자들이 탁족했다는 개울도 가보았고, 공자가 심었다고 전해지는 공묘 부근의 큰 나무도 보았다. 또 공자의 유명한 제자 안회顔回가 살던 부근의 개울가에 머물기도 했다"고 회상했다.

이 해에 '공맹신도'였던 마오의 세계관이 크게 바뀌었다. 공자와 맹자의 권위를 부정하고, 마르크스주의자로 나아가게 된 것이다. 그러나 마오는 문화대혁명 시기 '비림비공批林批孔' 때를 빼고는 평생 유학 경전을 즐겨 인용하고, 주석을 다는가 하면 당 중앙간부들에게 열독을 권하기도 했다.[3]

당시 농가 아이들이 그렇듯 마오도 6세 때부터 소를 끌고 다니며 꼴을 먹이는 등의 집안일을 했다. 그러나 종종 동무들과 노는 데 정신이 팔려 아버지한테 꾸지

람을 들었다. 아버지는 성격이 거칠면서 인색했고, 어머니는 순박하고 동정심이 많았다. 마오는 아버지를 별로 좋아하지 않았다.

이런 일이 있었다. 마오 아버지의 사촌동생이 가난에 허덕여 손바닥만 한 밭뙈기로 힘들게 생활하다가 그마저도 팔 수밖에 없는 처지에 놓였다. 마오와 어머니는 혈육지간인 만큼 도움을 주되 사촌동생의 밭을 사는 데 반대했지만, 아버지는 주저 없이 그 땅을 샀다. 어머니는 전에도 사촌동생네 집에 틈틈이 쌀과 먹을 것들을 보내주었다. 하지만 아버지는 달랐다. 형제든 아니든 내 돈을 주고 밭을 사는 것은 아무런 문제가 없다는 식이었다. 1936년, 마오가 옌안(延安 연안)에서『중국의 붉은 별Red Star over China』의 저자이자 미국의 저명한 저널리스트인 에드거 스노에게 털어놓은 아버지에 대한 기억도 별로 좋지 않았다. 4

"내가 글을 몇 자 알 때부터 아버지는 집안의 장부를 기록하는 일을 시켰다. 나에게 주산을 배우도록 했다. 밤늦게까지 장부 기록하는 일을 시키고 내가 쉬는 것을 그냥 보지 못했다. 만약에 내가 이 일을 하지 않으면 농투성이가 되어 살라고 혼냈다. 아버지는 성질이 거칠고 포악스러웠다. 툭하면 나와 동생들을 때렸다. 아버지는 우리에게 한 푼의 돈도 주지 않고 먹는 것도 아꼈다. 머슴들에게는 일을 하기 때문에 매달 급료를 주는 15일엔 계란을 먹도록 했는데, 고기는 주지 않았다. 우리에게는 고기는 물론 계란도 주지 않았다."

아버지와 달리 어머니는 배우지도 못했고 번듯한 이름도 없었지만 선량하고 착했다. 마오의 외갓집은 딸이 7명이어서 그저 순서대로 부르는 문씨네 일곱 번째 딸이라는 뜻의 원치메이(文七妹 문칠매)가 이름이 되었다. 스노가『중국의 붉은 별』을 쓰기 위해 마오를 취재하면서 어머니 이름을 물었을 때 '원치메이'라고 한 것을 발음이 같은 고상한 뜻의 '원치메이(文其美 문기미)'로 쓰는 해프닝도 있었다. 아버지보다 세 살 많은 어머니는 13세 때 정혼을 했고, 정식 결혼은 18세 때 했다. 마오는 아버지가 거칠고 폭압적이며 가부장적이고 이기적인 데 반해 어머니는 온화하고 선량하며 이타적인, 판이한 환경에서 자랐다. 어린 마오는 이런 가정환경에서 단련이 되고 품성이 만들어졌다. 아버지의 거친 성격으로 마오는 '반항아'가 되면서 아버지에 대한 '적개심'을 키우고 저항하는 성격을 형성하게 되었

다. 마오는 아버지와의 관계를 이렇게 술회한 바 있다. [5]

"내가 13세 되었을 때였다. 아버지가 나를 질책할 때 경전에서 좋은 말을 끌어다 쓴다는 것을 나중에 알았다. 아버지는 나의 불효와 나태 등을 꾸짖으면서 이런 경전의 옛글을 인용하기를 좋아했다. 나도 경서에 나오는 '장자長者들은 반드시 좋은 일을 하며 다른 사람들을 존경한다'는 글을 따다가 아버지가 혼낼 때 저항의 수단으로 써먹었다. 나는 이렇게 반박했다. 나이가 많은 사람은 당연히 나이가 적은 사람보다 많은 일을 해야 한다. 아버지는 나보다 두 배나 나이가 많다. 따라서 더 많은 일을 해야 한다. 내가 아버지의 나이 때 되면, 아버지보다 부지런히 더 많은 일을 할 것이라고 말했다. 나의 불만은 더욱 많아졌다."

"우리 집에서 변증법적 투쟁도 부단히 발전돼갔다. 13세 때로 기억한다. 아버지가 집에 많은 손님들을 모셨는데, 그분들 앞에서 아버지에게 대든 적이 있었다. 아버지가 손님들 앞에서 내가 게으르고 쓸모없는 놈이라고 욕한 것이 발단이 되었다. 나는 격분해 아버지에게 저항했다가 집을 뛰쳐나갔다. 어머니가 나를 쫓아오시면서 돌아오라고 소리쳤다. 아버지도 쫓아오시면서 한편으로는 욕하고, 또 한편으로는 돌아오라고 외쳐댔다. 나는 연못가로 뛰어갔다. 가까이 오면 연못으로 뛰어들겠다고 위협했다. 이런 상황이 되자 '내전'이 그치면서 '요구'와 '반요구' 등 모든 것이 터져나왔다. 아버지는 내가 잘못을 인정하고 사죄하는 뜻으로 절할 것을 요구했다. 나는 아버지가 때리지 않는다면 그 말에 따르겠다고 했다. 그리고 무릎 꿇고 용서를 빌었다. 전쟁은 끝났다. 나는 이 일을 통해서 알았다. 내가 나의 권리를 지키기 위해 공개적으로 반항하니까 아버지께서는 유화적으로 나오셨다. 내가 만약 온순한 태도로 나왔더라면 아버지는 더욱 욕하고 때렸을 것이다. 생각해보면 아버지의 전제적인 엄한 태도는 실패를 자초했다. 나는 점점 아버지를 경원했고, 우리 가족들은 아버지에 대항해 일종의 '통일전선'을 구축하게 되었다."

마오가 아버지에게 저지른 최대의 '불효 사건'은 '결혼 항명'이었다. 마오가 14세였을 때 아버지는 당시 풍습에 따라 18세 난 뤄羅씨 성을 가진 며느리를 맞이하기로 했다. 마오는 펄펄 뛰며 반대했다. 마오는 아버지에 대한 '반역'이 일반적인 윤리강상에 비춰볼 때 '모반'이 아니며, 강압에서 더 나아가 인간을 착취하는 불평등한 현상이기 때문에 '관념적 모반'이라고 생각했다. 결혼은 부모들보다 당사자들의 의사가 전제되어야 하고, 남녀가 평등해야 한다는 논리였다. 이런 마오의 사상적 논리 발전은 봉건중국의 모든 낡은 사회질서를 혁파해야 한다는 믿음으로 한 걸음씩 나아갔다. 마오 집에 온 뤄씨는 끝내 화촉동방을 밝히지 못한 채 집안일만 거들다 21세 때 병사했다.

마오는 가난한 사람들을 동정하고 도와주려는 어머니의 마음씨를 좋아했다. 어머니의 이런 풍모는 소년 마오의 마음 밭을 옥토로 바꾸는 자양분이 되었다. 어머니에게는 효자였다. 그러다보니 아버지 '집권당'에 대항하는 마오와 어머니, 동생들이 한 덩어리가 되어 '당'을 형성하게 되었다.

어머니에 대한 마오의 존경과 사랑은 대단했다. 1919년 10월, 어머니가 52세로 세상을 떠났다. 그때 마오는 후난성 창사에서 군벌 축출운동을 벌이고 있었다. 부음을 듣고 집으로 달려왔지만 입관한 지 이틀이 지난 뒤였다. 마오는 비통한 마음으로 어머니의 은덕과 자식에 대한 가없는 사랑의 행장을 담은 장문의 '제모문祭母文'을 지어 영전에 올렸다. 장사를 지내고 얼마 뒤 마오는 친구들에게 "세상에는 3종류의 사람들이 있다. 남에게 손해를 끼치면서 자기만을 이롭게 하는 사람, 이기적이지만 남에게 손해를 주지 않는 사람, 자기는 손해 보면서도 남을 이롭게 하는 사람이 있는데 우리 어머니는 맨 끄트머리 부류에 속한다"며 어머니에 대한 무한한 경외심을 보였다. **6**

마오가 17세 되던 1910년 봄, 창사에서 기민폭동飢民暴動이 일어났다. 전 해 큰물로 농사가 흉년이 든 틈을 타 지주와 투기 상인들이 폭리를 취했다. 외국계 회사들도 정부와 결탁해 사재기를 하면서 쌀값이 천정부지로 뛰었다. 굶주리는 사람들이 1만여 명을 훨씬 웃돌았다. 기민들이 한을 품고 샹장(湘江 상강)에 뛰어들었다. 굶어 죽기 직전의 아이들과 함께 연못에 투신해 목숨을 끊는 일도 빈번했다. 이 사건이 창사를 크게 뒤흔들었다. 죽음 문턱에 들어선 기민들이 대표를 뽑아 관아에 달려가 구휼해줄 것을 애걸복걸했으나 문전박대를 당했다. 끝내 성난 기민들이 폭도로 돌변해 관아의 창고에서 곡식을 약탈하는가 하면, 시내에 있는 외국 영사관과 외국 회사 등에 불을 지르기도 했다.

놀란 청나라 정부는 영국, 미국, 일본, 독일, 프랑스 등의 국가와 함께 한커우(漢口 한구)와 상하이 등지로부터 10여 척의 군함을 끌고 와 무자비하게 진압했다. 창사 시내가 아수라장이 되면서 많은 기민들이 체포되었다. 관리들은 군중이 지켜보는 가운데 이들을 효수梟首했다. 큰 충격을 받은 마오는 폭압 통치자들에 대한 증오심을 뼛속 깊이 새겼다. 마오는 훗날 이 사건이 자신의 생애에 큰 영향을 끼쳤다고 회상했다.

이 사건 얼마 뒤에 사오산충에서도 기아에 허덕이던 사람들이 떼를 지어 다니며 부잣집의 곡식 창고를 덮쳐 양식을 털어가는 사건이 잇따라 벌어졌다. 마오의 집도 털렸다. 일련의 이런 사건은 젊은 마오에게 많은 물음을 제기했다. 어째서 가난한 사람들은 계속 가난하고, 부자는 계속 부자가 되는가? 지주와 탐관들은 나쁜 짓을 해도 벌을 받지 않고, 착실하게 일하는 선량한 백성들은 비참하게 억압당하고 도살당하는가?

사회에 대한 반항의 씨앗이 마음속에 싹트기 시작했다. 마오는 이 시기에 사오산충에 돌아온 개화사상가 리수칭(李漱清 이수청)을 만났다. 마오는 그에게 1900년 중국을 침범한 영국, 미국, 일본, 러시아, 독일, 프랑스, 이탈리아, 오스트리아 등 8개 연합군들이 국토를 유린하고, 이권 쟁탈전을 벌여 인민들이 헤아릴 수 없는 고통과 재난을 겪고 있는 적나라한 현실 등을 듣고 크게 깨닫게 된다. 정치의식이 개화한 마오는 국가의 앞날과 명운을 걱정하는 우국청년으로 거듭나게 된다. 이때 마오의 아버지는 아들이 공부보다는 시내의 한 미곡상에 가 장사하는 법을 배워 앞으로 자신을 도와 가업을 잇기를 바랐다.[7]

하지만 큰 뜻을 품은 마오는 학교 진학을 위해 아버지를 설득했으나 반대에 부닥쳤다. 꾀를 낸 마오는 친척들과 동네의 명망 있는 어른들에게 아버지를 설득해줄 것을 부탁했다. 이들이 마오가 대처로 나가 공부하면 나중에 큰돈을 벌 수 있다고 권유해 가까스로 아버지의 허락을 받았다. 마오가 신천지로 나가는 전기가 되었다.

그해 가을에 마오는 처음으로 학업을 위해 고향을 떠나 동산서원東山書院으로 갔다. 이 서원은 당시 과거제도가 폐지되면서 상샹(湘鄕 상향)현립 고등소학당으로 바뀌었다. 이 학교의 교장을 비롯한 대다수의 선생들은 진보적 '유신파' 인사로 일본에 유학해 메이지유신의 영향을 받고 온 사람들이었다. 마오는 입학시험으로 출제된 '옌즈(言志 언지)'라는 작문에서 대다수의 학생들이 공맹사상과 관련한 내용의 글을 쓴 것과 달리 농민들의 고통과 사회적 시폐, 민족의 위기와 조국의 앞날 등을 논하면서 구국구민救國救民의 포부를 열정적으로 서술했다. 교장 선생과 시험관들은 "우리 학교에 건국 인재가 들어왔다"고 칭찬을 아끼지 않았다.

마오는 여기서 신학문을 배울 수 있었다. 마오는 특히 문장이 뛰어났고, 초서 글씨는 전교생 중 두 번째로 뛰어났다. 마오는 청나라 때 주자학자 고염무顧炎武가 말한 "천하흥망은 사람마다 책임이 있다"는 말을 폐부 깊숙이 간직하며 구국구민은 자기의 숭고한 책임이라는 뜻으로 '자임子任'이라는 이름을 스스로 취하기도 했다.

학교 쪽은 마오의 뛰어난 능력을 아껴 큰 도시로 나가 공부하기를 권했다. 1학기를 마친 마오는 1911년 봄, 그의 생활에서 더욱 새롭고 풍부한 한 페이지를 활짝 연 성도인 창사 상샹(湘鄕 상향)주성중학당駐省中學堂에 들어갔다. 어느 날 후베이성 혁명군의 한 대표가 학교에 와서 '우창기의(武昌起義 무창기의)'에 대해 강연하면서 반청운동을 고취시켰다.

마오는 전율했다. 그는 부패하고 매국적인 청나라를 엎어버리는 것이 전 인민의 바람이라고 여겼다. 마오는 이 혁명을 수수방관할 수 없다고 결심한 뒤 적극적으로 행동에 나서 힘을 보태기로 했다. 당시 청 왕조는 인근 우한(武漢 무한)에 군대를 파견해 혁명군을 포위공격하면서 마지막 불꽃을 사르고 있었다. 치열한 전투가 벌어졌다. 마오는 청 왕조 통치를 타도하기 위해 학업을 중단하고 군인이 되어 우한혁명군에 참가하기로 했다.

이때 후난의 많은 학생들이 군에 들어가 '학생군'이 조직되었다. 마오는 학생군보다 정규군이 되기로 결심하고, 창사혁명군의 일반 사병으로 들어갔다. 신병

중대에서 수개월 동안 군사훈련을 받았다. 병영생활에서 많은 것을 배웠다. 병사들은 대부분 빈한한 노동자와 농민 그리고 광부, 대장장이, 목수 등이었다. 마오는 그들이 우직하고 순박해 좋아했다. 가정사와 생활에 대해 기탄없이 이야기하며 스스럼없이 어울렸다. 그들도 박학다식한 마오를 좋아했다. 일이 있을 때마다 찾아와 도움을 요청했다. 글을 몰라 집에서 온 편지를 읽지 못하는 사람들에게는 편지를 읽어주고 답장을 써주기도 했다. 마오는 틈틈이 이들에게 시사문제뿐만 아니라 조국의 앞날에 대해서도 이야기해주었다. 마오는 월급으로 7원을 받았다. 3원으로 식비와 물을 사 먹는 등 생활하는 데 별문제가 없었다. 남은 돈은 신문을 구독하고 책을 사는 데 썼다. 마오는 이를 통해 국내외 사정뿐만 아니라 혁명의 도리 등을 좀 더 이해할 수 있었다.

마오는 어느 날 신문에서 '사회주의'에 관해 쓴 한 편의 글을 읽었다. 마오는 처음으로 '사회주의'라는 단어를 알게 되었다. 사회주의의 구체적 내용은 몰랐으나 대단한 흥미를 느끼고 사병들과 토론하기도 했다. 그 후 마오는 장캉후(江亢虎 장항호)가 쓴 『사회주의와 사회주의 원론』이라는 소책자를 읽고 친구들에게 열심히 편지를 써 사회주의에 대해 함께 연구하기도 했다. 무늬만 사회주의일 뿐인 책이었지만 마오에게는 대단히 흥미 있고 신선한 느낌을 주었다.

신해혁명의 앞날은 불투명한 상태였다. 청 왕조가 정권을 포기하지 않은 상황에서 북양군벌 우두머리 위안스카이(袁世凱 원세개)는 황제를 겁박해 자신에게 '양위'할 것을 강요하고 있었다. 많은 지역에서 위안스카이의 야욕에 반대하는 불길이 거세게 일어났다. 일촉즉발의 전쟁 발발 직전 난징(南京 남경)에 있는 쑨원(孫文 손문)을 대총통으로 한 중화민국 임시정부와 베이징(北京 북경)의 북양군벌 위안스카이 간에 협상이 타결되어 남북통일을 이루었다.

267년 동안 중국을 통치했던 청 왕조가 사라졌다. 이로써 2천 수백여 년 동안 중국을 지배해오던 봉건왕조 시대가 끝났다. 위안스카이가 국민혁명의 과실을 따먹어 중화민국 임시 대총통이 되었다. 신해혁명은 시나브로 그렇게 끝나고 말았다. 마오는 혁명이 끝난 것으로 보고 공부를 계속하기로 했다. 1912년 봄, 마오는 소대장의 만류를 뒤로하고 병영을 떠나 다시 학업의 길에 나섰다.

청년 마오는 몇 개 학교에 들어갔다가 마음에 차지 않아 그만두었다. 썩 내키지 않았으나 후난 성립1중학교에 들어갔다. 국어 선생이 청나라 첸룽(乾隆 건륭)황제가 국가 문건을 처리하면서 결재하고 지시한 내용 등을 묶은『어비통감집람御批通鑑輯覽』을 빌려주었다. 그 책의 영향으로 차라리 독학을 하며 공부하는 게 낫겠다고 생각한 마오는 6개월 만에 학교를 때려치웠다. 그는 청 왕조 말에 건립한 후난 도서관을 다녔다. 1층에 열람실, 2층에는 장서각이 있는데 그가 일찍이 보지 못한 국내외 도서가 가득했다. 강렬한 지식욕의 포로가 된 마오는 도서관에서 닥치는 대로 책을 읽었다. 엄동설한의 혹독한 추위도 책을 통한 마오의 새로운 체험과 희열을 억누르지는 못했다.

마오는 훗날 이 시기를 "소가 채마밭에 들어가 죽어라 하고 맛있는 푸성귀를 뜯어 먹는 것"에 비유했다. 책의 종류를 가리지 않았으나 사회과학 서적을 가장 많이 보았다. 주로 18, 19세기 서구 계몽주의 학자들의 책으로 찰스 다윈의『종의 기원』, 애덤 스미스의『국부론』, 몽테스키외의『법의 정신』, 장 · 자크 루소의『사회계약론』등을 읽었다. 뿐만 아니라 세계지리와 역사 서적, 그리스와 로마의 시, 소설 등의 문예작품도 보았다. 마오는 다량의 신지식을 섭취하며 자신의 인식능력과 분석력을 살찌우고, 사상세계의 지평을 넓혀갔다. [8]

마오와
은사들

마오의 나이 20세가 되던 1913년 봄, 위기가 찾아왔다. 독학을 탐탁지 않게 생각하던 아버지가 생활비를 끊은 데다가 샹샹현 출신들을 위해 지은 샹샹회관에서 툭하면 싸우는 등 숙소 환경이 나빠졌기 때문이다. 새로운 선택을 고민하던 마오는 후난 제4사범학교(1년 뒤 후난 성립 제1사범학교로 통합됨)에 들어가 5년 동안 다녔다. 마오는 이렇게 술회했다.

"후난 사범학교 광고가 눈길을 끌었다. 학비가 면제였고 숙식비가 쌌다. 내 두 친구가 입학을 권유했다. 이들은 내가 입학 작문을 써주기를 바랐다. 나는 두 친구의 작문을 대신 써주고, 내 것도 썼다. 셋이 모두 합격해 실제로 나는 3차례 합격한 셈이다. 나는 이런 행위가 부도덕한 일이라고 생각하지 않았다. 단지 우정의 문제라고 보았다. 나는 이곳에서 많은 일을 겪었고, 나의 정치사상이 형성되기 시작했으며 첫 사회 경험을 얻었다. 긴 수염 때문에 학생들이 '위안다후즈(袁大胡子 원대호자: 위안털보)'라는 별명을 붙인 국어 선생이 계셨다. 그는 내 글을 기사문체라고 비웃는 한편, 내가 본보기로 삼았던 량치차오(梁啓超 양계초)를 깔보고 그의 학식이 시원찮다고 평가했다. 문체를 바꾸지 않을 수 없었던 나는 당송8대가인 한유韓愈의 문장을 연구해 고문 표현법을 익혔다."

"나에게 가장 인상 깊었던 분은 양창지(楊昌濟 양창제) 선생이었다. 영국에서 공부하고 돌아왔는데, 나중에 나와 밀접한 관계를 맺게 되었다. 그는 윤리학을 가르친 유심론자였다. 도덕적 품격이 높은 분으로 윤리학에 강한 믿음을 갖고, 학생들이 공평 정직하고 고상한 품격을 갖춰 사회에 쓸모 있는 사람이 되도록 애써 가르쳤다. 그의 영향으로 나는 차이위안페이(蔡元培 채원배)가 번역한 윤리학 책을 읽고서 깨달음을 얻어 '마음의 힘'이란 글을 썼다. 나는 당시 유심주의자였는데, 양창지 선생은 유심주의적 관점에서 나의 글을 높이 평가해 100점을 주었다."

마오는 학생들 가운데서 인기가 높았다. 지적 탐구심이 강해 밤늦게까지 치열하게 공부했다. 학교 기숙사에 있었던 마오는 취침시간 때 불을 끄면 불빛이 있는 복도에 나가 책을 보았고, 어떤 때는 날밤을 새기도 했다. 형설지공螢雪之功의 나날이었다. 마오는 '마오치(毛奇 모기)'라는 별명을 얻었다. 마오치는 프로이센 독일 제국의 총참모장 헬무트 폰 몰트케를 비유한 것이다. 몰트케는 7개 국어에 능통하고 전투를 잘했으며 아름다운 산문도 잘 썼다. 비스마르크 재상, 론 국방장관과 함께 독일 제국의 3거두였다. 학우들은 그의 성과 비슷한 발음의 '마오'를 따고, 기세 드높은 글을 잘 쓰고 비범하다는 뜻의 '치런(奇人 기인)' 중 발음이 같은 '치'를 따와 합성해 '마오치'라고 불렀다. 9

당시 중국의 국내 상황은 군벌들 간에 혼전양상의 각축전을 벌여 무법천지나 다름없었다. 후난지방은 북양군벌이 3차례에 걸쳐 통치하고 있었다. 국제적으로는 일본이 호시탐탐 중국 침략을 노리고 있었다. 또 오스트리아 황태자가 사라예보에서 피살되면서 발발한 제1차 세계대전이 격화하고 있었다.

마오는 늘 신문을 자세히 뜯어보면서 국내외 정세와 시사문제 등을 분석해 학우들에게 설명해주었다. 그들은 "우리도 같이 신문을 보는데 너처럼 명쾌하게 분석할 수 없으니 너의 두뇌는 정말로 특별한 것 같다"며 놀라워했다. 마오는 "신문은 살아 있는 역사"라면서 "신문을 보면 많은 지식을 습득할 수 있다"고 말했다. 학우들로부터 '시사통'으로 불린 마오는 복잡다단하게 변화하는 상황에 대해 '열강들이 중국을 어떻게 침략했고, 중국은 침략을 당하면서도 왜 저항하지 못하는

가' 등의 문제를 쉽게 풀어 설명하며 '구국에 대한 청년들의 사명과 책임'을 설파했다. 그 때문에 마오는 나라를 근심 걱정하는 '우국청년'으로 불렸다.

마오는 후난 성립 제1사범학교를 다닐 때 일생에 지대한 영향을 준 잊지 못할 선생들의 지우를 얻었다. 윤리학을 가르쳤던 양창지는 신문화운동으로 신사조의 물결이 풍미하던 그 시절, 천두슈(陳獨秀 진독수)가 발행하던 『신청년』 잡지를 마오에게 보내주고 투고를 격려하기도 했다. 양창지는 의지의 단련을 중요시해 사시사철 가리지 않고 냉수욕을 했다. 마오의 냉수욕 습관은 양창지의 영향을 받았다고 한다. 그는 마오의 실제적 첫 부인 양카이후이(楊開慧 양개혜)의 아버지로 은사이자 장인이 되었다.

또 다른 선생은 쉬터리(徐特立 서특립)이다. 후난지방의 유명한 교육자로 초등교육계의 '창사왕(長沙王 장사왕)'이라는 명예를 얻었다. 그는 창사에서 초등학교를 설립해 학업의 때를 놓친 학생들을 데려다가 학비를 면제해 가르치는 등 많은 제자들을 배출했다. 또 고아원을 만들어 원장으로 있으면서 고아들을 보살피고 가르쳤다. 쉬터리는 1911년 신해혁명 당시 청 왕조 타도에 나섰다. 43세 때는 젊은 고학생들 틈에 끼어 프랑스에서 노동하며 공부하는 '근공검학勤工儉學'으로 유학을 했다. 그는 57세 때 최연장자로 2만 5천 리 장정長征에 참가해 주위를 놀라게 했다. 마오는 그에게 독서방법과 사유방식 등을 배웠다. 쉬터리는 독서할 때 꼭 메모를 하도록 가르쳤다. 마오는 책을 본 뒤 중요한 곳에 자신의 느낌을 쓰는 습관을 길렀는데, 나중에 당의 문건이나 국가의 중요 정책에 의견을 달아 지시하고 비판하는 '피스정즈(批示政治 비시정치)'의 바탕이 되었다.

'위안털보' 별명의 위안지류(袁吉六 원길육)는 중국 고전의 기초와 문장, 서법 등을 가르침으로써 마오가 깊고 폭넓은 문사철文史哲 지식과 시서詩書에 일가를 이루는 데 큰 도움을 주었다. 국어 선생인 위안은 청 왕조 말 후난성에서 과거시험 거인擧人에 급제해 이 학교에 초빙되었다. 박학다식하고 고문에 정통하며, 서예 또한 뛰어나고 명망이 높았다. 하지만 급하고 거친 성격에다가 엄격하고 까다로워 학생들은 그를 경원했다. 작문을 썼다가 그의 마음에 들지 않아 찢기는 수모를 당했던 마오 역시 위안을 좋아하지 않았지만 빼어난 실력에 서서히 끌려 들어가 존경하게 되었다.

마오는 훗날 한 동창생에게 "위안 선생은 나에게 글을 잘 쓰려면 많이 읽고, 많이 쓰고, 많이 생각하고, 많이 물어야 한다"면서 "당송8대가들의 문장과 고전들을 강독해주고, 쉽게 빌릴 수 없는 책들을 빌려주는 등 많은 가르침을 주어 내가 한유 문장을 연구해 문풍을 바꾸고 고문을 터득하는 계기가 되었다"고 말했다. 마오는 신중국 창건 뒤 4차례에 걸쳐 위안 선생의 거처를 수소문한 끝에 이미 6년 전에 세상을 뜬 소식을 듣고 비통해하면서 은사를 기려 묘비명을 썼다. **10**

마오에게 영향을 준 또 한 사람은 세 살 많은 역사 선생 리진시(黎錦熙 여금희)이다. 사제지간이지만 나이 차이가 별로 없고, 고향이 후난성 샹탄현으로 동향인데다가 의기투합해 친구처럼 막역했다. 사제는 만나면 독서방법에서부터 사회개조와 중화민족의 명운 등에 대한 대화를 나누며 진지하게 토론하는 등 열정을 발산했다. 마오는 그에게 많은 자문과 지도를 구했다. 마오는 1915년 9월에 리진시가 베이징의 위안스카이 북양정부의 교육부에 근무하게 되어 헤어졌지만 서신 교환을 통해 우의를 돈독히 했다. 1918년 9월, 마오가 베이징대학 도서관 사서 보조원으로 힘든 생활을 할 때에는 물심양면의 도움을 받았다.

그 후 마오가 공산당의 지도자로 투쟁의 길을 걸으면서 관계가 끊어졌다. 1948년, 홍군이 베이핑(北平 북평: 베이징)을 포위공격하고 있을 때 리진시는 베이징 사범대학 문학원 원장으로 있었다. 장제스 난징정부는 리진시에게 비행기를 타고 난징으로 탈출할 것을 권유하는 서신을 보냈다. 리진시는 가족들에게 "나는 여기에서 한 위대한 인물을 기다리겠다"며 난징정부의 뜻을 거부했다. 1949년, 마오가 베이핑에 무혈입성한 뒤 하루도 지나지 않아 베이징 사범대학 숙소로 리진시를 찾아가 재회의 기쁨을 나누었다. 리진시는 마오의 부탁으로 중국의 말과 글을 연구하는 데 여생을 바쳤다.

마오는 후난 사범학교 시절 의지와 신체단련에도 열심이었다. 그의 단련법은 냉수욕, 일광욕, 바람욕, 비욕, 수영, 등산, 노숙, 장거리 걷기, 체조, 권투 등 다양했다. 마오는 이처럼 바람과 비, 태양 등 자연환경을 이용했다. '비욕'은 비를 맞으며 학교 뒤에 있는 웨루산(岳麓山 악록산) 꼭대기까지 뛰어갔다가 오는 단련법이다. 마오는 특히 수영을 좋아했다. 북풍이 몰아치거나 차가운 날씨에도 강물에 뛰어들었다. 수영하다 죽을 뻔한 적도 있었다. 그러나 마오는 "한번 뱀에 물려 겁먹으면 10년이 가도 새끼줄 보고도 겁낸다"며 아랑곳하지 않았다. '죽의 장막' 시절에 마오는 창장(長江 장강)에서 수영하는 모습의 사진을 언론에 실어 자신의 건재를 서방세계에 알리는 수단으로 쓰기도 했다.

신체단련으로 운동을 좋아한 마오는 1917년 4월 1일에 출판된 잡지 『신청년』에 생애 첫 논문 「체육의 연구」를 '28획생(마오 이름의 전체 필획)' 이름으로 실었다. 그는 이 글에서 "청나라 때 주자학의 대가 고염무는 운동을 좋아해 노년에 들어 천하를 만유漫游했고, 그렇지 못한 한나라 대학자 가의賈誼나 당나라 초기의 문호 왕발王勃 등은 일찍 죽었다"며 "강건한 몸으로 나라를 지키자"는 논리를 폈다.

마오는 혁명투쟁 기간 남정북전南征北戰의 인간 한계에 도전한 장정 이후에 젊은 시절의 신체단련이 큰 보탬이 되었다고 되뇌었다. 마오는 1951년 가을, 베이징에 온 후난성 교육계 인사들을 접견하는 자리에서 『홍루몽』의 두 주인공을 빗대면서 체력단련의 중요성을 역설했다.

"청년 학생들의 체력단련을 중시해야 한다. 혁명에 참가하는 학생들은 반드시 신체를 단련해야 한다. 그렇지 않으면 혁명을 말할 수 없다. 모두들 『홍루몽』을 보지 않았나. 두 주인공들은 별 볼일 없다. 부잣집 도련님인 가보옥은 손 하나 꼼짝 안 하고 몸종들이 모든 수발을 든다. 임대옥은 쉽게 감상에 빠진다. 툭하면 눈물을 질질 짠다. 대관원의 큰 집에서 각혈하고 폐병에 걸린다. 이런 사람들이 어떻게 혁명을 할 수 있겠는가. 당신들은 학교에서 우리 학생들을 가보옥이나 임대옥 같은 사람으로 키워서는 안 된다. 우리는 이런 청년들이 필요 없다. 우리는 굳센 청년들, 신체와 의지가 모두 강인한 청년들이 필요하다." 11

마오는 늘 학우들에게 '죽은 독서'를 하지 말고 '살아 있는 독서'를 하라고 말했다. '글자 있는 책' 공부뿐만 아니라 '글자 없는 책' 공부, 즉 군중 속에 들어가 사회의 실제 현상 등을 배우는 살아 있는 공부(游學 유학)도 해야 한다고 강조했다. 마오는 국경일이나 휴일을 이용해 저잣거리를 돌아다니며 사회 고찰과 조사를 하며 군중 속에서 배우는 '유학'을 했다. 본시 '유학'은 왕조 사회 때 독서인들이 스승을 찾아 학문을 배우는 한 방식이었다. 여기에는 낙백落魄한 문인들이 '유학'을 내세워 행세깨나 하는 집을 찾아다니며, 대련 등을 써주고 생계를 꾸려가는 변종된 '걸인 유학'도 있었다.

마오는 농촌을 돌아다니며 농민의 생산과 생활형편에서부터 각 지역의 역사, 지리, 풍토, 인정, 풍속, 습관에 이르기까지 책에서 배울 수 없는 것들을 학습했다. 마오는 이때 '유학 선생'이라고 불렸다. 1915년 문예부흥을 기치로 한 잡지 『신청년』 창간을 계기로 사상계가 조금씩 활력을 찾아 반봉건 신문화운동이 활기를 띠기 시작했다. 그해 가을에 창사 시내의 몇몇 학교와 성문 입구에 고전문체로 '친구를 구한다'라고 쓴 제목의 벽보가 붙어 눈길을 끌었다. "새가 짹짹 지저귀며 친구를 찾듯이 감히 인재를 알아보는 백락의 심정으로 벗을 구하고자 한다"고 시작한 글은 애국 열정에 불타는 청년들의 연락을 바랐다. 글 내용은 "고생을 참아내며 애써 노력하고, 의지가 강하며, 나라를 위해 목숨을 버릴 수 있는 젊은이여야 한다"고 되어 있었다. 벽보를 쓴 사람은 '28획생' 마오였다.

마오는 이렇게 해 차이허썬(蔡和森 채화삼)과 허쑤헝(何叔衡 하숙형), 뤄장룽(羅章龍 나장룡) 등 10여 명의 젊은이들을 모을 수 있었다. 허쑤헝은 과거에 급제한 수재秀才 출신으로 마오보다 열일곱 살이나 많았다. 이들은 중국의 운명에 지대한 영향을 미친 신민학회를 만들어 핵심 구실을 했을 뿐만 아니라 공산혁명의 전위 역할을 했다. 이들은 동아리 형태로 주로 가치관과 사회개혁, 중국의 앞날과 인류의 생활 향상 등을 의제로 1915년에서 1917년까지 100여 차례의 토론을 벌이며 공감대를 넓혀갔다. 마오는 더욱 엄밀한 조직의 필요성을 느끼고 이들과 함께 1918년 4월에 구국구민을 위한 단체인 신민학회를 만들었다. 신민학회 회원은 70~80명으로까지 불어났다. 신중국 탄생 과정에서 후난지방이 공산주의자가 가장 많았던 이유 중의 하나도 이 학회 회원들의 영향 때문이었다. [12]

학회 설립 후에 얼마 있다가 회장 샤오쯔성(蕭子升 소자승)이 프랑스로 '근공검학' 유학을 떠나게 되어 마오가 실제 책임을 맡았다. 마오는 단체를 더욱 확대 발전시켜 신민학회는 1919년에 베이징대학 학생들이 일본에 저항한 '5·4운동'이 일어났을 때 가장 큰 영향력을 발휘한 혁명단체 중의 하나가 되었다. '근공검학'은 학회가 성립된 뒤 가장 큰 일이었다. 1918년 6월, 마오는 베이징대학 교수로 간 양창지의 서신을 통해 젊은이들이 일하며 공부할 수 있는 프랑스 유학의 '근공검학' 소식을 들었다. 마오는 인재 양성과 학회의 영향력을 키우기 위해 상하이에 '후난 청년 프랑스 유학 근공검학' 조직을 만들었다. 1920년 겨울, 신민학회 회원 18명이 대거 프랑스 유학을 떠나게 되었다. 마오는 태어나고 자란 중국에서 민족 진흥의 길을 찾으며 학회를 견실하게 다지기 위해 국내에 남기로 결심했다.

앞서 청년 마오 삶의 일대 전기가 된 난생처음의 베이징행은 1918년 후난 성립 제1사범학교를 졸업한 뒤인 8월 중순께로 거슬러 올라간다. 20세기 초의 고도古都 베이징은 북양군벌이 무력으로 철권통치를 하고 있었다. 허울뿐인 '국회'의원들은 독재자의 뜻에 따라 투표하는 거수기에 불과했다. 베이징 거리에는 가난한 사람들이 얼어 죽거나 굶어 죽는 사례가 잇따르고 있었다. 특히 전국 각지로부터 전란 소식이 끊임없이 베이징으로 날아와 민심이 흉흉해 일촉즉발의 위기가 감돌고 있었다. 이런 때 옛 사상과 문화, 진부한 도덕을 깨자는 신문화운동이 활발하게 일면서 베이징은 새로운 역사 조류의 발원지가 되었다.

신문화운동은 일본 유학에서 돌아온 천두슈가 1915년 9월에 창간한 잡지 『청년(1년 뒤 『신청년』으로 바꿈)』을 통해 중국 전역에 요원의 불길처럼 번졌다. 『신청년』은 옛 관념이나 봉건적 사고를 깨는 데 주력하면서 젊은이들에게 새로운 사상과 문화를 심어주는 요람 구실을 했다. 잡지의 편집진이었던 천두슈, 리다자오(李大釗 이대교), 루쉰(魯迅 노신), 후스(胡適 호적) 등 신문화운동의 사상가들은 날카로운 글과 깊이 있는 사상, 두려움을 모르는 정신으로 우매하고 낙후한 것들에 대해 맹렬하게 비판했다. 이들은 중국인민들이 생소한 '민주'와 '과학'의 양면을 일깨우는 깃발을 고색창연한 베이징 하늘에 나부끼게 했다. 후난성의 산골 청년 25세의 마오가 이때 프랑스 '근공검학' 유학을 준비하는 후난 신민학회 회원들을 인솔하고 난생처음으로 베이징에 온 것이었다. 마오는 베이징에서 존경하는 사범학교 은사 양창지를 만났다. 그는 베이징대학 윤리학 교수로 있었다. 앞서 양창지는 아끼는 제자 마오가 베이징대학에 와서 공부하고 사회활동을 하며, 새로운 사상과 문물을 접하기를 갈망해 편지를 보낸 바 있었다. 마오는 돈이 떨어져 한때 양창지의 집에서 묵다가 옮기는 등 베이징 생활은 대단히 힘들었다. 하지만 마오는 양창지의 집을 틈틈이 찾을 때마다 양카이후이(楊開慧 양개혜)를 곁에서 볼 수 있어 기뻐했다. 양창지는 베이징대학 총장 차이위안페이(蔡元培 채원배)에게 마오를 부탁해 차이 총장이 도서관 주임 리다자오에게 써준 소개장을 갖고 마오와 함께 찾아갔다.

베이징대학 도서관
사서 보조원

훗날 '나의 진정한 선생'이라고 말한 25세의 마오와 29세였던 리다자오가 처음 만났다. 마오는 1918년 10월부터 베이징대학 홍루 1층의 리다자오의 사무실 옆에 있는 제2열람실 사서 보조원으로 일하게 되었다. 마오의 일은 새로 들어오는 신문과 열람자들의 이름을 기록하는 것이었다. 월급은 8원으로 괜찮은 편이었다. 신문 보기를 좋아하는 마오는 만족했다. 그는 이곳에서 신문화운동의 기수들인 푸스녠(傅斯年 부사년)과 뤄자룬(羅家倫 나가륜), 후스 등을 보았다. 마오는 그들과 정치, 문화 등의 문제를 얘기하고 싶었지만 그들은 마오에게 눈길 한번 주지 않았다. 마오는 어느 날에 후스의 강의를 청강하던 중 짙은 후난 사투리로 질문을 했으나, 후스는 마오가 도서관 사서 보조원인 것을 알고 응대조차 안 했다.

마오는 생활도 어렵고 환경도 낯선 데다가 언어장벽과 지위도 낮아 모든 것이 힘들었다. 하지만 자신감과 꿋꿋함을 잃지 않았다. 그나마 유구한 역사와 문화, 아름다운 풍광을 자랑하는 베이징에서 많은 정신적 위안을 얻었다. 고궁故宮을 거닐면서 민족의 지혜가 응축된 웅혼한 건축양식을 보고 긍지를 느꼈다. 한겨울엔 베이하이(北海 북해)에 늘어선 버드나무 가지의 얼음 꽃을 보고 당나라 시인 잠참岑參의 명구인 "갑자기 한밤에 봄바람이 불어오니, 온 나무에 배꽃이 피었구나"

를 읊조리며 객지 생활의 외로움을 달랬다. 마오를 강렬하게 흡인한 것은 활발한 베이징의 사상계였다. 마오는 베이징대학에 들어갈 수 없는 바에야 청강을 하면서 사상계의 흐름을 배우기로 했다. 베이징대학은 신사상과 신문화를 배양하고 전파하는 산실이었다. 사상계가 백가쟁명으로 활기를 띠어 각종 학술단체도 우후죽순처럼 생겨났다.

베이징대학 교수진은 차이위안페이 총장의 초빙으로 선진문물을 접하고, 해외에 유학한 개혁적이고 진보적인 학자들로 꾸려졌다. 차이위안페이는 청 왕조 광쉬(光緖 광서)제 때 진사로 한림원 편수編修를 지낸 선비지만 청 왕조 타도를 외치며 혁명의 길에 나섰다. 그는 1904년에 혁명단체인 광복회 회장에 임명되었고, 이듬해에는 쑨원의 '동맹회'에 가입해 상하이지역 책임자가 되었다. 1911년 신해혁명 후에는 쑨원이 그를 난징 임시정부의 교육총장으로 임명했으나, 위안스카이가 정권을 잡자 자리를 박차고 나와 유럽으로 유학을 떠났다. 귀국 후인 1916년 12월에 베이징대학 총장이 되었다. 차이위안페이는 천두슈를 베이징대학 문과대학장으로 초빙했다.

천두슈는 22세 때인 1901년부터 4차례에 걸쳐 일본에 유학한 바 있다. 그가 유학한 당시 일본은 중국 혁명가들의 총본산으로 쑨원, 차이위안페이, 루쉰, 장스자오(章士釗 장사교), 리다자오 등이 각양각색의 혁명단체를 조직하고 있었다. 그들은 혁명정신을 고양하기 위해 신문을 창간하고 책을 출판했다. 일본어와 영어, 프랑스어를 배웠던 천두슈는 일본에서 많은 혁명서적을 통해 급진적인 사상을 길렀다. 신해혁명 뒤 한때 안후이성(安徽省 안휘성) 도독부 비서장에 임명되었으나, 위안스카이가 정권을 잡자 쫓기는 몸이 되어 네 번째 일본 유학을 떠났다. 1915년, 일본에서 돌아온 36세의 천두슈는 상하이에서 '사상으로 민중에 영향을 주고, 청년 계몽을 해야만 중국혁명이 가능하다'는 신념을 갖고 진보 잡지 『청년』을 창간했다. 1년 뒤 제호를 『신청년』으로 바꾸어 신사상과 신문화를 전파해 젊은이들의 폭발적인 인기를 얻었다.

저명한 문학 이론가이자 문자 음운학자로 유명한 첸쉔퉁(錢玄同 전현동)은 국문학 교수로 있었다. 신중국의 유명한 핵물리학자 첸싼창(錢三强 전삼강)은 그의 아들이다. 미국 컬럼비아대학에서 박사과정을 밟던 후스도 천두슈의 추천을 받아 중국철학사 교수로 베이징대학에 합류했다. 천두슈보다 열 살 아래로 중국에 마르크스주의를 처음으로 소개한 리다자오는 후스가 부임한 지 몇 개월 뒤인 1917년 11월에 들어왔다.

리다자오가 없었다면 마오도 없었을 것이라고 할 만큼 마오에게 지대한 영향을 준 그는 『신청년』을 통해 '북이남진北李南陳(북쪽 베이징의 리다자오와 남쪽 상하이에 있는 천두슈를 가리킴)'의 '북이'로 급진사상의 '대명사'였다. 이처럼 당대의 진보적인 재사들이 베이징대학에 둥우리를 틀어 『신청년』을 전위로 한 문화단체가 출현하게 되었다. 1918년 11월, 리다자오는 『신청년』에 '서민의 승리'와 '볼셰비키주의의 승리'라는 글을 실어 러시아 10월혁명을 환호했다.

도서관에서 일하던 마오는 이 글을 읽고 전율했다. 마오는 마르크스주의 이론에 관심을 갖게 되었다. 러시아 10월혁명의 기치가 된 마르크스주의를 잘 이해는 못했지만 그의 뇌리를 지배하게 되었다. 1919년 1월, 베이징대학에 양창지와 량수밍(梁漱溟 양수명), 후스 등이 발기해 철학연구회를 만들었다. 마오는 이 철학연구회에 들어가 사회 명류들과 교류하면서 내로라하는 천두슈와 리다자오, 후스 등 사상가들의 철학과 학식의 자양분을 섭취했다. 그해 3월 12일, 마오는 사상의 신세계에 눈을 떠 환골탈태한 반년 동안의 베이징 생활을 청산하고 상하이를 거쳐 창사로 돌아갔다.

1919년 5월 4일, 베이징대학 학생들이 중국 내 독일의 이권을 일본에 넘기는 베르사유 조약에 반대하는 시위에서 촉발한 '5·4운동'은 급기야 분노한 군중이 가세해 반일과 북양군벌 타도로 번지면서 전 중국을 뒤흔들었다. 쑨원은 광저우(廣州 광주)에서 호법정부護法政府(위안스카이 사망 후 왕조 재건의 군벌이 의회를 해산하자 이에 맞서기 위해 만든 혁명정권)를 조직해 육군대원수를 맡고 있었다. 이에 반해 안푸파이(安福派 안복파) 북양군벌(허베이, 산둥, 랴오닝성 등 지배) 우두머리 돤치루이(段基瑞 단기서)는 쑨원에 대항해 베이징에 '새로운 의회(위안스카이의 맥을 잇는 친일정권 의회)'를 조직하고 쉬스창(徐世昌 서세창)을 대총통으로 선출했다.

마오가 창사로 돌아온 지 얼마 안 되어 5·4운동이 터졌다. 마오는 이 운동의 중요성을 높이 평가하고, 인민들에게 널리 선전하기 위한 매체를 만들기로 했다. 마오는 장뤄(張羅 장라)와 함께 2개월을 죽어라 뛰어다녀 7월 4일에 『샹장평룬(湘江評論 상강평론)』을 창간해 편집장을 맡았다. 마오는 이 잡지에 '민중의 대연합'이라는 글을 실었다. 글은 쉬우면서도 힘찼으며 애국 열정으로 가득 찼다. 마오는 "러시아 10월혁명, 특히 우리가 겪은 5·4운동은 노동 인민이 인류사회 역사 변혁의 진정한 동력이라는 것을 확인했고, 인민 군중이 연합하는 힘은 세계에서 가장 강력한 힘"이라고 주장했다. 그는 또 "중국인민의 대연합은 반드시 성공한다. 우리는 반드시 노력하고, 반드시 목숨 걸고 앞으로 나아가자. 우리의 황금세계, 눈부시게 찬란한 세계가 우리 앞에 놓여 있다!"고 외쳤다.

이 글은 진보적 청년들의 눈길을 끌어 강렬한 반향을 일으켰다. 리다자오는 이 글에 주목하고 잡지 『신생활』에 '대연합' 제목의 단문을 실어 마오가 펼친 민중대연합의 주장에 찬동했다. 리다자오는 "나는 전국 각종 직종과 단체, 모든 크고 작은 조직들이 한데 뭉쳐 진정한 민중대연합의 기초를 세우기 바란다"고 밝혔다. 한 사람은 남쪽에, 또 한 사람은 북쪽에 아주 멀리 떨어져 있었지만 두 사람의 마음은 서로 통했다. **13**

1949년 3월 23일, 마오와 당 중앙기관이 내전(內戰) 총괄 지휘부가 있었던 허베이성 시바이포(河北省 西柏坡 하북성 서백파)에서 베이핑에 입성했을 때, 마오는 감격을 이기지 못해 이렇게 술회했다.

"30년이 흘렀다. 30년 전에 나는 구국구민의 진리를 찾아 분주하게 뛰어다녔다. 많은 고초를 겪었지만 잘한 일이다. 나는 베이징에서 대단히 훌륭한 한 사람을 만났다. 리다자오 동지다. 그의 도움으로 나는 한 사람의 마르크스-레닌주의자가 될 수 있었다. 대단히 애석하다. 그는 이미 혁명을 위해 고귀한 생명을 바쳤다. 그는 나의 진정한 좋은 선생이다. 그의 지도와 가르침이 없었다면 내가 오늘 어디에 있을지 모를 것이다."

마오가 리다자오의 이름을 안 것은 1916년 9월이었다. 이때 리다자오는 일본에서 돌아와 『신청년』 편집위원으로 있으면서 글을 썼다. 마오는 우연히 『신청년』

에 실린 리다자오의 '청춘'이라는 글을 보았다. 리다자오는 청년들이 자각해 과거 역사의 굴레에서 벗어나 진부한 학설의 감옥을 깨뜨리자고 호소했다. 리다자오는 "어둠에서 광명으로, 세계문명과 인류의 행복을 위해 청춘인 내가 청춘의 가정, 청춘의 민족, 청춘의 지구, 청춘의 우주를 만들어가는 것은 끝없이 즐거운 삶"이라고 젊음의 중요성을 강조했다. 마오는 이 글을 극찬하면서 대단히 분발했다. 그는 이상理想을 세워 앞으로 모든 언행을 이상에 맞춰나가겠다는 생각을 했다. 이를 계기로 마오는 『신청년』의 열혈 독자가 되었고, 리다자오와 천두슈의 글을 반복해 열독했다. 마오는 『신청년』이 주창한 신문화, 백화문, 노동의 신성, 민주와 과학 등에 전적으로 동의하고, 구습 타파와 생활 착취, 봉건 전제 등의 반대를 전폭 지지했다. [14]

마오는 베이징대학 도서관 사서 보조원이 되면서 오랫동안 우러러보던 도서관 주임 리다자오를 만난 것이다. 유명하고 인기 있는 교수였던 리다자오는 다른 사람들이 눈여겨보지 않았던 마오의 민첩성과 예기銳氣를 발견하고 아끼며 친밀하게 지냈다. 리다자오는 마오를 "후난 학생 청년의 걸출한 지도자"라고 칭찬했다. 1918년 11월 15일, 마오는 베이징대학이 톈안먼(天安門 천안문) 앞에서 연 강연회 때 리다자오가 한 '서민의 승리'라는 유명한 연설을 들었다. 뒤이어 그가 발표한 '볼셰비키주의의 승리'라는 글을 보고 중국의 희망을 보는 듯한 느낌에 흥분하기도 했다. 마오는 리다자오의 도움으로 신문학연구회 등 각종 진보단체와 학생 조직에 참여했다.

마오가 마르크스주의 길로 나아가는 데 큰 영향을 준 리다자오는 그 후 중국공산당 창당의 주역으로 활동했다. 그는 또 공산당 대표로 쑨원과 여러 차례 회담해 제1차 국공합작을 이끌어냈다. 리다자오는 베이징 주재 러시아 대사관에 숨어들었다가 북양군벌 안국군 총사령관 장쭤린(張作霖 장작림)에 의해 1927년 3월 체포되었다. 군법회의에 회부당한 리다자오는 4월 28일에 사형선고를 받고 즉시 처형되었다. 그는 교수대에 오른 뒤 얼굴색 하나 변하지 않고 의연히 죽음을 맞이했다고 한다. 리다자오는 죽음에 앞서 비분강개한 어조로 이렇게 말했다. [15]

"너희들이 나를 교수형에 처한다 하더라도 결코 공산주의를 교수형에 처하지는 못할 것이다. 우리는 이미 많은 동지들을 양성했다. 붉은 꽃의 씨앗들인 그들은 천하를 뒤덮을 것이다."

1919년 3월, 후난으로 돌아온 마오는 본격적으로 중국 현대사의 무대에 올라섰다. 시대조류의 맨 앞에 나서게 된 것이다. 마오는 앞서 결성한 신민학회를 애국운동의 전위로 삼아 영향력을 확대해나갔다. 신민학회는 당시 독군督軍(성의 군정장관)으로 포악한 짓을 일삼던 군벌 장징야오(張敬堯 장경요) 축출운동을 맹렬하게 펼쳤다. 그해 12월, 마오는 첫 베이징행 이후 1년여 만에 두 번째로 베이징에 갔다. 신민학회를 대표해 40명의 대표단을 이끌고 사회 각계를 찾아다니며 장징야오를 타도하는 '반군벌운동'을 펼치기 위해서였다. 마오는 베이징에 있던 뤄장룽 등 고향 출신 학생들과 임시로 머물던 숙소에 '평민통신사'라는 매체를 만든 후, 장징야오를 규탄하는 기사를 만들어 전국 각 신문과 잡지에 공급했다.

기존 언론에 보도가 잇따르면서 큰 반향을 일으켰다. 마오는 사회 각계의 지도층 인사를 찾아가 지지를 호소했다. 마오를 거들떠보지 않았던 후스도 그의 면담을 거절하지 않았다. 장징야오 축출운동은 성공적으로 마무리되어 북양정부가 그를 실각시켜 새 창사정권이 들어섰다. 마오는 고궁 주변에서 거리 시위를 하고, 각계 인사들을 찾아다니는 바쁜 일정에서도 베이징에 러시아 10월혁명의 영향이 확대되고 마르크스주의가 광범하게 전파되고 있는 것을 보았다. 마오는 마르크스주의와 10월혁명을 소개하는 책자들을 구해 읽었다. 그러면서 점점 마르크스주의에 경도하게 되었다. 마오가 『공산당 선언』을 처음 읽은 것도 이때였다.

1920년 4월 11일, 마오는 시대조류의 소용돌이에 자신을 던지기로 다짐하며 상하이로 떠났다. 마오는 상하이에서 신민학회 회의를 열어 급변하는 시대상황에 걸맞은 조직으로 학회를 확대 발전시키기로 했다. 신민학회를 '주의主義'를 선도하는 정치단체로 탈바꿈시켰다. 신민학회를 마르크스주의를 선전하는 기지로 삼은 것이다. 1920년 7월, 창사로 돌아온 마오는 봇물처럼 쏟아져나오는 신사조新思潮의 흐름을 연구, 비교 감별하면서 마르크스주의의 기본원리를 심화시켜갔다. 차이허썬과 마오는 회원들과의 사상 교류를 더욱 촉진시켰다. 그들은 10월혁명을 성공시킨 러시아 모델을 따와 '러시아의 길'을 답습하고, 이를 위해 '공산당 창건'의 필요성을 역설했다.

1920년 겨울, 마오는 양카이후이와 결혼했다. 양카이후이는 그해 초 양창지가 베이징에서 병사하자, 고향인 반창(板倉 판창)에 장사지냈다. 양카이후이는 그 뒤 창사 푸샹(福湘 복상)여중에 들어갔다. 장징야오 축출운동을 벌이고 7월에 창사로 돌아온 마오는 양카이후이를 찾아가 재회의 기쁨을 나누었다.

마오가 공산당 창건 활동을 활발하게 벌이고 있었을 때였다. 양카이후이는 가정형편이 어려운데도 아버지 장례식 때 들어온 부의금 일부분으로 자금 부족 때문에 혁명 활동에 어려움을 겪고 있는 마오를 지원했다. 마오는 이 돈으로 '문화서사文化書社'를 만들었다. 양카이후이는 문화서사의 일에 적극 참여했다. 그녀는 이곳에서 노동자들과 군중들에게 마르크스주의에 관한 통속적인 책이나 간행물들을 보내주는 일을 했다. 문화서사는 실제적으로 마오의 공산당 창건 활동의 중요 연락 장소였다.

양카이후이는 마오와 같이 일하면서 점차 혁명가로 바뀌어 결혼 무렵에 사회주의 청년단 후난지역의 단원이 되었다. 양카이후이는 혼수품도 없이 달랑 책가방 하나만 들고 마오를 찾아가 결혼했다. 창사의 몇몇 친구들을 초청해 6원 정도 들어간 만찬 자리를 마련해 조촐한 결혼식을 올렸다. 양카이후이는 지금 중국인민들로부터 혁명열사로 추앙받고 있지만 한 여인으로, 지어미로, 어머니로서 온갖 풍상과 간난신고의 길을 걷는 험난한 삶의 첫발을 내딛게 되었다. 마오의 나이 27세, 양카이후이는 19세였다. [16]

마오가 양카이후이를 처음 알게 된 것은 후난 성립 제1사범학교에 다닐 때 양창지의 집을 드나들면서부터였다. 어느 날 양창지가 집에 돌아와 가족들에게 들뜬 소리로 "학교에 마오쩌둥과 차이허썬이라는 아주 훌륭한 두 학생이 다닌다. 특히 마오쩌둥은 앞으로 나라의 동량이 될 만큼 훌륭한 학생"이라고 말했다. 양카이후이는 "아빠, 어떻게 마오쩌둥이 나라의 동량이 될 것을 알았느냐"고 당돌하게 물었다. 양창지는 딸의 천진스러운 물음에 그냥 껄껄 웃었다. 양카이후이는 "아빠, 그러면 어떻게 그를 우리 집에 한 번도 부르지 않으세요. 우리가 '나라의 동량'을 한번 보게 해주세요"라고 말했다. 양창지는 딸의 어깨를 어루만지면서 "서두르지 말아라. 이후에 볼 수 있다"고 싱긋 웃었다. 양카이후이는 열서너 살 남짓한 어린아이였다.

어느 휴일날, 청년 학생 몇이 양창지의 집에 몰려왔다. 학생들 중 키가 크고 몸에 푸른색 두루마기를 걸친, 눈이 큰 학생이 앞으로 나와 "네가 샤오샤(小霞 소하)냐"고 양카이후이에게 물었다. 그는 일면식도 없는 청년이 자신의 어릴 적 이름을 부르자 뜨악해 하며 "그렇다"고 머리를 끄덕였다. 떠들썩한 소리를 듣고 집 안에서 나온 양창지가 "내가 말한 마오쩌둥"이라며 딸에게 마오를 소개했다. 양카이후이는 수줍은 얼굴에 살포시 웃음을 머금고 안에 들어가 차를 내왔다. 학생들은 시국토론을 벌였다. 그들은 양창지의 집에 오면 늘 구국구민救國救民 등 천하대세를 논하면서 밤늦게까지 토론을 벌이다가 돌아가곤 했다. 그때마다 양카이후이는 곁에서 묵묵히 이들의 얘기를 들으며 논전에 끼어들기도 했다. 마오는 어린 양카이후이에게 혁명 등 이해하기 힘든 내용을 쉽게 풀어 설명해주는 등 관심과 배려를 아끼지 않았다. 양카이후이는 깊은 인상을 심어준 마오의 학습태도나 사상사유 방식 등을 따라 하면서 사유체계의 틀을 짜나갔다. 그녀는 구국운동에는 강건한 신체단련이 필요하다는 마오의 말에 따라 그가 즐기는 냉수욕과 심호흡 등 체력단련 방법을 배워 마오의 생활방식을 부단히 받아들였다.

마오와 양카이후이의 관계는 마오가 베이징대학 도서관 사서 보조원으로 있을 때 청춘남녀의 사이로 발전하면서 사랑의 싹을 틔우기 시작했다. 양카이후이는 이미 17세의 소녀로 성숙해 있었다. 이들은 서로 떨어져 있을 때 편지를 보내면서 글 끝머리에 서로 간의 칭호를 쓸 때 마오는 자신의 자인 룬즈(潤之 윤지)의 '룬', 양카이후이는 어릴 적 이름 샤오샤(小霞 소하)의 '샤' 한 글자를 따다 써 연인 관계의 친밀감을 더했다. 마오는 두 번째 베이징행 때 군벌 장징야오 축출운동의 바쁜 일과 중에서도 틈나는 대로 양카이후이와 고궁, 베이하이 공원 등을 거닐며 사랑을 키우고, 혁명의 꿈을 나누어 앞날을 약속하는 단계로까지 진전되었다.

1921년에 중국공산당이 탄생했을 때 마오는 13명의 창당 발기인 중 한 사람이었으며, 양카이후이는 공산당 사상 가장 이른 시기의 당원이 되었다. 1922년, 마오가 후난성에 공산당 성위원회인 중공상구위원회中共湘區委員會를 만들어 서기로 임명되었을 때 양카이후이는 기밀 관리와 연락 업무를 맡았다. 양카이후이는 또 마오에게 자료를 수집해주고 각종 문건을 필사해주는 등 마오의 조수가 되어 '혁명 부부'의 길을 걷게 되었다.

공산당
선언

하나의 유령, 공산주의라는 유령이 유럽을 배회하고 있다.

카를 마르크스와 프리드리히 엥겔스의 명저로 1847년 12월부터 1848년 1월에 걸쳐 공산주의자 동맹을 위해 기초한 강령인 『공산당 선언』을 중국에서 1920년 4월께 첫 완역한 천왕다오(陳望道 진망도)는 첫 문장을 이렇게 풀어썼다. 『공산당 선언』은 이론이 심오하고 언어 구사가 치밀해 번역하는 데 많은 어려움이 따랐다. 마오의 친구 뤄장룽도 뒤에 독일어 원본으로 번역을 시도했으나 첫 문장의 해석 난이도가 높아 오랫동안 헤매야 했다. 뤄장룽은 "이 구절을 연구하는 데 많은 시간을 보냈다. 어떻게 번역하더라도 도대체 딱 들어맞지 않았다. '유령'이라는 말은 중국어로 비하하는 의미이고 배회 역시 그랬기 때문이다"라고 어려움을 토로했다. 뤄장룽도 어쩔 수 없이 천왕다오의 번역을 따르면서 "한 사조가 유럽 대륙에서 유행하고 있다. 반동파는 이를 홍수나 맹수처럼 보았다. 이것이 공산주의다"라고 부연 설명했다.

이 『공산당 선언』은 마르크스주의가 어떤 사상이며 공산당이 어떤 형태의 정당인지를 알도록 하는 입문서 구실을 했다. 특히 이 글은 드높은 기세와 세련된

44

언어로 쓴 데다 문체가 화려하고 역동성까지 갖추고 있었다. 한마디로 공산주의의 제1지침서라 할 수 있었다. 당시 마르크스의『자본』을 읽고 이해하려면 상당한 수준의 지식과 이해 능력이 필요했다. 하지만 이『공산당 선언』은 노동자들도 쉽게 읽고 이해할 수 있는 책이었다. 이때까지 완역본은 중국에 없었다. 천왕다오는 저장성 출신으로 본명은 천찬이(陳參一 진참일)였다. 1919년 5월, 그는 4년간의 일본 유학을 마치고 저장성 제일 사범학교에서 어학 교사로 있었다. 그는 신문화와 백화문운동을 펼치면서 '일사풍조一師風潮'라는 쟁의를 벌이다가 당국의 조사를 받은 뒤 학교를 떠났다. 그 후 천두슈가 운영하고 있는『신청년』의 편집자로 들어갔다. 그가 번역한『공산당 선언』은 애초『싱치평론星期評論』에 실을 계획이었으나 정간되는 바람에 싣지 못했다. 나중에 천두슈가 러시아에서 코민테른 대표로 파견한 보이틴스키와 협의 끝에, 그해 8월에 찍은 1천 부가 날개 돋친 듯 팔려 재판 1천 부를 더 제작하는 등 큰 인기를 끌었다. 1917년 러시아 10월혁명을 계기로 중국에 마르크스–레닌주의 사상이 흘러 들어오면서 그런 '유령'이 상하이와 베이징을 중심으로 떠돌았다. 주역은 '북이남진北李南陳', 즉 베이징의 리다자오와 상하이의 천두슈였으며,『신청년』이 혁명의 씨앗을 뿌리는 구실을 했다. 전국 각지에 공산주의자들이 생겨나기 시작했다. 하지만 공산당이 아직 만들어지지 않았기 때문에 공산당원인 것은 아니었다. [17]

『신청년』은 마오가 베이징에 왔을 때 톈안먼 광장에서 직접 들었던 리다자오의 유명한 강연 '서민의 승리'의 요지를 싣고, 러시아 10월혁명에 대한 평가를 온 천하에 알렸다. [18]

20세기 군중운동은—하나의 불가항력적인 위대한 사회력을 집중적으로 형성했다. 이 세계적 사회력은 인간세계를 소용돌이 속으로 몰아넣고 있다. 세계 전 지역은 마치 바람과 구름이 휘몰아치며 산이 울고 계곡이 호응하는 듯한 모습을 보이고 있다. 그러나 아직도 남아 있는 역사적 잔재, 즉 무슨 황제, 귀족, 군벌, 관료, 군국주의, 자본주의 등은 모두 이 새로운 운동의 진로를 가로막고 있다. 그러므로 폭발적인 역량으로 그들을 타도해야 한다. 그들은 감히 막을 수 없는 이러한 조류를 목도하고, 색이 누렇게 바랜 나뭇잎이 거센 가을바람을 대하듯 하나하나 땅으로 날아 떨어지고 있다. 지금부터 도처에서 보이는 것은 모두 볼셰비즘 승리의 깃발일 뿐이다. 도처에서 들리는 것은 볼셰비키 개선의 소리다. 인도주의의 종이 울리고 있다! 자유의 빛이 비치고 있다! 미래의 세계는 반드시 붉은 깃발이 휘날리는 곳이 될 것이다! ─자본주의는 실패하고 노동주의자는 승리한다.─ 1917년의 러시아 혁명은 20세기 세계혁명의 선봉이다. 그들의 투쟁은 계급전쟁이며 전 세계 무산시민이 세계자본가에 대항한 전쟁이다.

중국공산당 창립,
시대조류를 타다

1920년 겨울, 마오와 허쑤형의 지도 아래 창사 공산주의 소조小組가 만들어졌다. 이를 전후해 상하이, 베이징, 우한, 광저우, 지난(濟南 제남) 등지에 잇따라 공산주의 소조가 생겨났다. 이는 중국공산당 창립을 다지는 기초가 되었다. 가장 빨리 당 소조를 만든 천두슈와 리다(李達 이달)가 이끄는 상하이 공산주의 소조가 공산당 창립을 발기하고 주비籌備하는 임무를 맡았다.

앞서 중국에서 5·4운동이 일어난 뒤인 1919년 6월, 러시아공산당 시베리아 구위원회의 책임자 중 한 사람이었던 자퐁은 시베리아 구위원회에 '아시아국(아시아민족부라고도 함)'을 설립해 아시아 각국의 혁명세력과 연대를 모색하고 이들 국가에 공산당을 건립하는 책임을 맡길 것을 러시아공산당 중앙에 건의한 바 있다. 러시아공산당은 1920년 3월에 '러시아공산당 극동국' 설립을 비준해 극동 각국 혁명가들과의 전문적 연대를 담당하도록 했다.

이에 따라 '아시아 창구' 구실을 하는 블라디보스토크에 '러시아공산당 극동국 블라디보스토크 분국'이 설립되면서 중국 혁명가들과 밀접한 연계를 갖게 되었다. 블라디보스토크 분국은 러시아인 보이틴스키를 대표로 하는 대표단을 중국에 비밀리 파견해 혁명가들과 접촉을 시도했다. 대상자로는 단연 '북이남진'이었다.

이들이 베이징에 왔을 때 '남진' 천두슈는 베이징을 떠나 상하이로 간 뒤여서 27세인 보이틴스키는 기자 신분으로 '북이'인 리다자오를 만났다. 그 자리에 베이징 대학 학생 뤄장룽, 장궈타오(張國燾 장국도), 류런징(劉仁靜 유인정), 리메이겅(李梅羹 이매갱) 등이 배석했다. 이 자리에 참석했던 학생들은 모두 베이징 공산주의 소조의 당원이 되었다. 리다자오는 "중국의 공산주의 운동을 이해하려면 『신청년』 창간인이자 주편인 천두슈를 만나야 한다"고 권유했다.

보이틴스키는 리다자오가 쓴 편지를 갖고 천두슈를 만나러 상하이로 갔다. '상하이에서 코민테른 동아시아 서기처의 설립 가능성을 고찰하라'는 밀명을 받은 보이틴스키는 러시아에서 중국 안내인으로 함께 온 양밍자이(楊明齋 양명재)와 천두슈의 집에서 '남진'을 만났다. 이들은 자주 접촉하면서 공산당 건립 문제를 검토했다. 보이틴스키는 상하이에서 공개적 활동을 위해 영국 조계 아이화더루(愛華德路 애화덕로)에 러시아의 『지즈나야 가제타』 기자 사무실이라는 팻말을 걸었다. 그는 기자 신분으로 천두슈가 운영하는 『신청년』 편집진 등 많은 인사들과 접촉했다.

1920년 5월, 보이틴스키는 상하이에 '마르크스주의 연구회'를 만들었다. 책임자는 천두슈가 맡았다. 소조원은 리한쥔(李漢俊 이한준), 선쉔루(沈玄廬 심현려), 천왕다오, 위슈쑹(兪秀松 유수송), 리다, 저우포하이(周佛海 주불해), 리치한(李啓漢 이계한), 린보취(林伯渠 임백거), 리중(李中 이중), 리지(李季 이계), 사오리쯔(邵力子 소력자), 양밍자이, 스춘퉁(施存統 시존통), 마오쉰(茅循 모순), 선쩌민(沈澤民 심택민) 등 17명이었다. 천두슈가 41세로 가장 나이가 많았고, 작가 마오쉰의 동생 선쩌민이 20세로 가장 어렸다. 이때 천왕다오가 번역한 『공산당 선언』이 출간되어 이들을 한껏 고무시켰다.

보이틴스키는 소조 책임자를 러시아공산당의 관습에 따라 '서기書記'로 부를 것을 제안해 천두슈가 '상하이 공산주의 소조' 최초의 서기가 되었다. 이로부터 '서기'는 공산당에서 광범하게 쓰는 용어가 되었다. '소조'가 생기고 '서기'가 결정됨에 따라 공산당 최초의 정식 조직이 상하이에서 탄생한 것이다. 중국공산당 건립의 화살이 시위를 떠난 것을 뜻했다. 이들은 『공산당』이라는 잡지를 창간하고 리다가 주편을 맡았다.

이어 천두슈가 기초해 소조의 토론을 거쳐 결정한 강령 형식의 '중국공산당 선언' 초안이 나왔다. 소조는 당의 명칭을 '중국공산당'으로 확정해 당 창건 작업이 급물살을 타기 시작했다. 상하이 공산주의 소조는 전국 각 지역, 해외 유학생 공산주의자들과의 의견 교류 등을 폭넓게 펼쳐나갔다.

1920년 말, 마오는 사범학교 시절에 절친했고 신민학회를 조직할 때 열렬히 지지했으며, '근공검학'으로 프랑스에 유학을 간 차이허썬으로부터 한 통의 편지를 받았다. 차이허썬은 편지에서 공산당을 조직해야 한다는 주장을 절절하게 적어 보냈다. [19]

나는 우선 당을 조직해야 한다고 생각합니다. 다름 아닌 공산당. 공산당은 바로 혁명운동의 발동자이며, 선전자이고 선봉대이자 작전부이기 때문에 중국의 현재 형국으로 볼 때 모름지기 먼저 당을 조직해야 하며 그 후에야 노동조합과 합작단체들은 비로소 힘 있는 조직이 될 수 있습니다. ─ 나는 그대가 러시아의 10월혁명과 같은 혁명을 중국에서 준비할 것을 원합니다. 중국에서 혁명이 가능할 것이라는 예언은 90퍼센트가 맞다고 자신합니다. 따라서 당신이 국내에서 일찌감치 준비를 해야 합니다. ─ 모스크바의 국제공산당(코민테른)은 지난해 3월에 성립되었습니다. 올 7월 15일에 제2차 대회를 열었고, 회의에 참석한 대표들은 30여 개국에 이릅니다. 중국과 고려(일제 강점기 때 조선)에서도 각 2명의 대표가 참석했고, 터키와 인도에서는 각 5명의 대표가 참석했습니다. ─ 현재 제2인터내셔널은 이미 해체되었으며 이곳에서 탈퇴한 세력들이 새로운 국제적인 당, 즉 코민테른에 가입하고 있습니다. 나는 2년 내에 주의가 분명하고 방법이 러시아와 일치하는 당을 성립시켜야 한다고 생각합니다. 이 일은 사안이 중대하므로 그대의 주의를 바랍니다. ─ 현재 중국에서 이 일을 조직하는 것은 비밀리에 진행해야 합니다.

차이허썬이 이 장문의 편지를 쓸 때 상하이 공산주의 소조가 만들어지고 있었다. 마오는 1921년 1월 21일에 그에게 이렇게 답신을 보냈다.

그대가 편지에서 보인 식견은 지극히 옳은 얘기로 찬성하지 않을 이유가 없습니다. 당에 대한 문제는 천중푸(仲甫 중보: 천두슈의 자) 선생이 이미 조직을 진행시키고 있으며, 출판물로는 상하이에서 나오는 『공산당』이 있습니다. 그대가 있는 그곳에서도 구할 수 있으리라 생각합니다. 천중푸 선생이 제창한 '기치를 선명히 하다'라는 구호에 부끄럽지 않은 상황입니다.

마오가 후난에서 공산주의 소조 건립을 준비하고 있을 때, 둥팅후 북쪽 후베이(湖北 호북)에서도 둥비우(董必武 동필무)가 '공산주의 연구소조'를 만들고 있었다. 그는 후베이성 황안(黃安 황안)현 출신이다. 다볘산(大別山 대별산) 동쪽 자락의 가난한 벽촌이었다. 궁하면 변혁을 모색하듯이 이 지방은 공산당원들의 대본영이 되었다. 신중국 건국 뒤 리셴녠(李先念 이선념)과 둥비우 등 중화인민공화국 국가주석과 부주석을 배출했으며, 223명의 인민해방군 장군이 나왔다. 둥비우는 17세 때 과거시험 수재秀才에 합격했고, 28세 때 일본에 유학해 도쿄의 일본대학에서 법학을 전공했다. 그는 그곳에서 쑨원을 만났으며 그의 영향으로 중화혁명당(1919년 중국국민당으로 바꿈)에 가입했다. [20]

공산주의 '유령'이 배회하면서 상하이, 베이징, 창사, 우한, 지난 지역 등에 공산주의의 불씨를 퍼뜨리자, 남부에서 가장 큰 도시 광저우(廣州 광주)에서도 불꽃이 피어올랐다. 광저우는 쑨원이 근거지로 삼은 중국 민주혁명의 근원지였다. 이곳은 베이징대학 출신들로 『중국의 공산주의 운동』의 저자 천궁푸(陳公璞 진공박)와 탄핑산(譚平山 담평산), 탄즈탕(譚植棠 담식탕: 탄핑산의 조카) 등 3명이 광저우 공산주의 소조의 견인차 구실을 했다. 천궁푸는 '나와 공산당'이란 글에서 "당시 러시아에서 레닌의 혁명 성공에 고무된 데다가 베이징대학에서 천두슈 선생과의 관계도 있고 해서 우리는 천 선생의 주장에 많이 경도되어 있었다. 우리 세 사람이 광저우에서 공산당을 설립하게 되었다"고 밝혔다. 천두슈가 상하이 공산주의 소조의 일은 리한쥔에게, 『신청년』은 천왕다오에게 맡기고 광저우에 내려와 이들과 광저우의 공산당 조직을 만들었다. 여기에는 보이틴스키가 파견한 러시아인 스토야노비치가 참여했다. 천두슈가 광저우에 온 것은 광둥성(廣東省 광동성) 성장이자 광둥군 총사령관으로 좌익 성향을 갖고 있었던 천지융밍(陳炯明 진형명)이 광둥성 교육위원회 위원장과 대학 예과 교장을 맡아줄 것을 부탁했기 때문이다. 천지융밍은 앞서 광둥성 군대를 이끌고 광시성(廣西省 광서성) 군대를 격파해 광저우를 점령했다. 천두슈는 광저우행으로 공산당 창립의 '산파역'이었으면서도 역사적인 중국공산당 창립 제1차 전국대표대회에는 참석하지 못했다. 리다자오도 제1차 대표 명단에서 제외되어 '북이남진'이 모두 제1차 전국대표대회에 빠지는 결과가 되었다.

공산당 창립 작업은 빠르게 국내에서 해외로 번져갔다. 동쪽으로는 일본, 서쪽으로는 프랑스 유학생들에게 영향을 미쳤다. 1920년 6월, 일본에 온 스춘퉁과 저우포하이가 일본 소조를 만들었다. 둘은 모두 상하이 공산주의 소조에 가입한 바 있었다. 저우포하이는 처음에 공산당에 가입했다가 국민당 요원으로 변신했다. 나중에는 한간漢奸 왕징웨이(汪精衛 왕정위) 괴뢰정부의 고위관료가 되는 등 카멜레온적 삶을 살았다. 1919년 봄부터 1920년 말까지 '근공검학'하기 위해 프랑스로 유학 간 중국 청년들은 줄잡아 1천5백여 명에 이른다.

젊은 날의
저우언라이

그곳에는 베이징 공산주의 소조의 최초 성원 중 한 명으로 베이징대학 강사로 있다가 파리 리옹대학 중국학원의 교수로 초빙되어 논리학을 가르치고 있었던 장선푸(張申府 장신부)가 있었다. 그는 1921년 2월에 저우언라이(周恩來 주은래)를 공산당에 가입시켰다. 1920년 11월 7일, 저우언라이는 상하이에서 우편선을 타고 프랑스로 왔다. 저우언라이 조상의 고향은 저장성 사오싱(紹興 소흥)이지만, 그는 쑤저우(蘇州 소주) 북쪽의 화이안(淮安 회안)에서 태어났다. 이름 언라이(恩來 은래)는 '은혜가 도래한다(恩惠到來 은혜도래)'에서 한 자씩 따서 지었다. 12세 되던 해 큰아버지를 따라 동북지방의 선양(瀋陽 심양)으로 갔다가 15세 때 톈진(天津 천진)에 옮겨 살았다. 저우언라이는 19세 되던 해에 난카이(南開 남개)대학을 졸업하고 일본으로 유학을 갔다. 저우는 2년 동안 일본에서 공부하다가 21세 때 중국으로 돌아왔다. 얼마 뒤 중국을 뒤흔든 1919년의 5·4운동이 일어났다. 그는 줴우서(覺悟社 각오사)를 만들어 톈진지역의 학생 지도자가 되었다. 이때 베이징대학 교수 리다자오를 강연회 연사로 초청하면서 알게 되었다. 학생들의 시위 집회에는 저우가 앞장섰다. 경찰의 주요 감시 인물로 꼽혔던 저우언라이는 체포되어 1920년 1월 29일부터 6개월간 감옥살이를 했다. 그는 출옥한 뒤에 베이징으로 가서 리다

자오를 만나 유럽 유학을 결심했다. 애초 프랑스를 거쳐 영국으로 갔으나, 생활
비가 비싸 다시 프랑스로 돌아온 뒤 독일로 가서 마르크스주의의 길을 걸었다.
저우언라이는 '줴우서' 맹원인 천샤오천(諶小岑 심소잠)과 리이타오(李毅韜 이의
도)에게 보낸 편지에서 자신의 사상 변화 과정을 솔직담백하게 썼다. [21]

먼저 말해야 할 것은 당신들이 현재 주장하는 주의에 대해 내가 대단히 찬성하고
있다는 사실이다. 거의 고칠 것이 없다고 말해도 틀리지 않는다. 하지만 '줴우
서'의 신조는 충분히 쓸 만하지 않고 어딘가 분명하지 않은 점이 많다. 사실대로
말하면 코뮤니즘을 이용하면 충분할 것이다. 요컨대 주의에 대한 문제에서 우리
는 거의 일치하는 것 같다. 이제 정중하게 '우리는 마땅히 공산주의 원리와 계급
혁명, 그리고 무산계급 독재라는 양대 원칙을 믿고 실행 수단은 일의 상황에 따
라 적당한 조처를 취하는 것으로 한다!'는 한마디를 선언하는 바이다.
이전에 말한 '주의에 대해 말할 때 내 가슴은 뛴다'는 표현은 유럽에 와서 모든
주의에 대해 연구 비교할 당시의 심리를 말한 것이라고 할 수 있다. 그러나 현재
나는 이미 굳건한 믿음을 가지고 있다. 내가 공산주의를 확실히 이해한 시간은
당신들보다 늦었다. 그 이유는 천성이 원래 조화로움을 중시하는 데다 진리를 탐
구하는 마음이 극도로 넘쳤기 때문이다. 그래서 아주 늦게 지난해 가을 이후에야
비로소 나의 목표를 결정했다.

리리싼(李立三 이립삼)도 프랑스에 유학을 왔다. 마오쩌둥이 1936년 스노와 대
화할 때 거명한 인물이다. 마오가 후난에서 '친구를 구한다'는 광고를 냈을 때 얻
은 '반쪽 친구'라고 거명한 이가 바로 리리싼이었다. 마오는 이렇게 말했다. [22]
"나는 이 광고를 통해 모두 3명 '반'으로부터 회답을 받았다. 회답의 하나는 뤄
장룽이 보낸 것으로 그는 나중에 공산당에 참가했다가 전향했다. 그리고 두 회답
은 후에 극단적인 반동으로 변한 청년들한테서 온 것이었다. 나머지 '반쪽'의 회
답은 명확하게 의견을 표하지 않은 청년이었는데 그의 이름은 리리싼이었다. 그
는 내 말을 들은 뒤 어떤 구체적인 건의를 하지 않은 채 곧 가버렸다."

리리싼이 마오에게 아무 말도 못한 것은 처음인 데다가 마오보다 여섯 살이 어렸고, 시골 현에서 성도 창사에 온 시골뜨기로 주눅이 들었기 때문이다. 리리싼은 후난성 리링(醴陵 예릉) 사람으로 1919년 11월에 프랑스에 왔다. 하지만 차이허썬과 리리싼 등은 중국 5·4운동 때 시위 전력으로 프랑스 당국에 체포되어 두 사람을 비롯한 104명의 학생들이 우편선에 강제로 태워져 중국으로 추방되었다. 차이허썬과 리리싼은 상하이에 도착한 뒤 천두슈를 만나 공산당 중앙의 동의를 얻어 당원이 되었다.

이처럼 반년 남짓한 짧은 시일에 상하이, 베이징, 창사, 우한, 지난, 광저우, 일본, 프랑스에서 8개의 공산주의 소조가 설립을 선포한 것이다. 물론 명칭은 다양했다. '공산당', '공산당 지부', '공산당 소조' 하는 식이었다. 이런 모든 것들을 기획·주비籌備하고, 틀을 짠 인물은 러시아에서 온 보이틴스키였다. 이런 움직임은 러시아 10월혁명으로 거슬러 올라간다. 10월혁명을 성공시킨 레닌은 중국을 주목했다. 레닌은 혁명의 씨앗을 뿌리기 위해 공산주의 혁명가들을 세 갈래 방면으로 중국에 보냈다. 그중엔 네덜란드인 요세푸스 마링도 중국 공산화를 위해 맹렬하게 뛴 인물이다. 마링은 볼셰비키는 아니었으나 레닌의 직접지시를 받은 코민테른 대표로 지위는 보이틴스키보다 상당히 높았다. 광저우로 간 러시아인 메슬린은 많은 시행착오를 겪었지만 그 또한 공산혁명의 전위였다. 산골짜기 계류가 흘러 대하장강大河長江을 이루듯 국내외 공산주의 물결이 하나로 모여, 1921년 7월 1일(정확한 날짜는 7월 마지막 주인 23일부터 1주일 동안 중국공산당 제1차 전국대표대회가 열렸음)에 중국공산당이 창립됐다. 마오는 1937년 옌안延安에서 스노와의 인터뷰 때 이렇게 말했다. [23]

"1921년 5월, 나는 중국공산당 창당대회에 참석하기 위해 상하이로 갔다. 이 조직에 천두슈와 리다자오가 지도적 구실을 맡았는데 두 사람은 중국에서 가장 명민한 지도적 지식인이었다. 나는 베이징대학 도서관 사서 보조원으로 리다자오 밑에서 일하는 동안 마르크스주의에 급속하게 눈을 떠갔고, 천두슈도 내가 그 방향으로 관심을 키워나갈 때 많은 도움을 주었다. 내가 두 번째 상하이에 갔을 때 천두슈와 내가 읽은 마르크스주의 책에 관해 얘기를 나누었는데 그의 확고한 신넘은 내 생애에 결정적 영향을 주었다. 상하이에서 열린 역사적인 '중국공산당 제 1차 전국대표대회'에 참석한 후난 사람은 나 이외에 허쑤헝뿐이었다. 그 밖의 참 석자는 지금 홍군 군사위원회 부주석인 장궈타오와 바오후이성(包惠僧 포혜승), 저 우포하이 등이었다. 이 회의 참석자는 모두 13명이었다. 이 회의에서 당 중앙위원 으로 선출된 사람은 천두슈, 장궈타오, 천궁푸, 스춘퉁(施存統 시존통: 현재 난징정부 의 관리), 선쉔루(沈玄廬 심현려), 리한쥔(李漢俊 이한준: 1927년 우한서 살해됨), 리다, 리쑨(李蓀 이손: 처형됨)이었다. 그해 10월에 공산당 최초의 성省 지부가 후난에서 조직되어 나는 그 지부의 당원이 되었다. 다른 성과 도시에서도 지부가 만들어졌 다. 후베이성에는 둥비우(현재 바오안 공산당학교 교장), 쉬바이하오(許白昊 허백호), 스양(施洋 시양: 1923년 처형됨) 등이 참여했다."

"산시성(陝西省 섬서성)에서는 가오충우(高崇武 고숭무: 가오강 '高崗 고강'으로 더 많 이 알려졌음)와 유명한 학생 지도자 몇 명이 당원으로 있었다. 베이징에는 리다자 오, 뤄장룽, 류런징(劉仁靜 유인정: 현재 트로츠키파로 있음) 등이 있었다. 광둥에는 지 금 소비에트 재정부장으로 있는 린보취(林伯渠 임백거)와 펑파이(彭湃 팽배: 1927년 처형됨)가 당원으로 있었다. 왕진메이(王盡美 왕진미)와 덩언밍(鄧恩銘 등은명)은 산둥성 당 지부를 창설한 사람들이다. 프랑스에서도 '근공검학'하는 유학생들이 공산당을 만들었는데 창립 시기는 국내와 비슷했다. 이 당(공산주의 청년동맹)의 창 설자는 저우언라이와 리리싼, 차이허썬의 부인 샹징위(向警予 향경여) 등이었다. 뤄마이(羅邁 나매: 리웨이한 '李維漢 이유한'으로 더 잘 알려졌음)와 차이허썬은 프랑스 지부의 창설자가 되었다. 독일에서도 약간 늦게 지부가 조직되었는데, 가오위한 (高語罕 고어한)과 주더(朱德 주덕: 현재 홍군 총사령관), 장선푸(張申府 장신부: 현재 청 화 '淸華 청화' 대학 교수) 등이 만들었다. 러시아 모스크바에서는 취추바이(瞿秋白 구 추백), 일본에서는 저우포하이가 각각 지부 창설자로 활약하고 있었다."

후난성 대표인 마오와 허쑤헝은 1921년 6월 29일 오후 6시에 창사를 출발해 배 를 타고 우한으로 가서 다시 창장(長江 장강)을 운항하는 기선으로 갈아타고 상하 이에 도착했다. 후베이성 대표로 긴 수염을 달고 있는 둥비우와 천탄추(陳潭秋 진담추)도 마오와 마찬가지로 우한에서 창장을 오가는 기선을 타고 상하이에 몸을 부렸다. 이어 일본에 있던 저우포하이도 가고시마에서 배를 타고 상하이에 왔다. 베이징 대표 류런징은 같은 대표인 장궈타오보다 며칠 늦게 상하이에 도착했다. 제일 늦게 온 사람은 광저우 대표 천두슈가 참석하지 못해 대리인으로 뽑힌 바오후이성(包惠僧 포혜승: 애초 우한소조 대표)이었다.

이처럼 전국 각지의 대표들이 잇따라 상하이에 은밀히 들어왔다. 13명의 대표 중에 나이가 가장 많은 사람은 45세인 '하털보' 허쑤헝이었고, 최연소자는 류런징이었다. 대표들의 평균 연령은 마오의 나이와 같은 28세였다. 30세 이하가 9명으로 참석자의 5분의 3을 차지했다. 중국공산당 제1차 전국대표대회는 '젊은이들의 대회' 그 자체였다. 15명의 대표 중 외국인인 네덜란드의 마링과 러시아의 니콜스키를 빼면 중국인은 13명이었다. 지역별로는 후베이성 5명, 후난성 4명으로 양호兩湖 출신이 9명이나 되었다. 또 제1차 대표 13명의 그 후 행적을 보면 국가와 당을 위해 희생한 사람, 탈당해 국민당으로 떠난 사람, 한간漢奸의 길로 나아간 사람 등 공통의 꿈을 실현하기 위해 당을 만들었지만 끝내는 가는 길이 서로 달랐다. 탈당과 출당당한 사람이 7명으로 과반수가 넘었다. 제일 먼저 탈당해 국민당으로 간 천궁푸를 비롯해 리다(탈당 뒤 신중국 건국 후 복당했다가 문화대혁명 때 희생됨), 리한쥔(탈당), 저우포하이(한간), 바오후이성(탈당), 류런징(출당), 장궈타오(출당) 등이다. 장제스에 희생된 인물은 덩언밍, 왕진메이, 허쑤헝, 천탄추 등 4명이며, 마오쩌둥과 둥비우 2명만이 죽을 때까지 당을 지켰다.

중국공산당
탄생

1921년 7월 20일, 전국에서 온 대표들은 프랑스 조계인 바이얼루 389호(白爾路 백이로; 현재 타이창루 '太倉路' 127호)에 자리 잡은 사립학교인 박문 여학교에 집결했다. 여름방학 때라서 학교는 교직원 한 명과 주방 요원 한 명만 있었다. 이 학교 황사오란(黃紹蘭 황소란) 교장과 리다, 리한쥔 두 사람이 매우 친해 빌릴 수 있었다. 대회 개막식이 이 학교 2층에서 비밀리에 거행되었다. 중국공산당 제1차 전국대표대회의 정확한 개막일은 서로 달라 많은 논란을 일으켰다. 7월 말께 개최되었다는 설이 유력했다. 1938년 5월 옌안에 있을 당시, 제1차 대표였던 마오와 둥비우는 많은 사람들이 창건일을 물어보자 정확한 날짜를 기억하지 못했다. 두 사람은 논의 끝에 1921년 7월 1일로 정해 공산당 창건 기념일로 굳어졌다. 하지만 정확한 대회 날짜는 베이징의 인민해방군 허우친쉐위안(後勤學院 후근학원: 후방 지원학교)에서 근무하던 사오웨이정(邵維正 소유정)이 1980년에 잡지 『중국사회과학』에 「중국공산당 제1차 전국대표대회 소집 일시와 참석 인원에 대한 고증」이란 논문을 실어 공산당 제1차 전국대표대회는 1921년 7월 23일에 개막되었다고 밝혔다. 그는 정부로부터 공을 인정받아 2등 훈장을 받았고, 중국사회과학원은 그의 논문에 이렇게 편집자 주를 달았다. [24]

본문의 저자는 국내외의 사료를 대량으로 이용함과 동시에 수차례에 걸쳐 관련 인물을 직접 방문해 중국공산당 '제1차 전국대표대회'의 개최일과 참석 인원에 대해 심도 있는 연구와 고증을 했다. 이 논문은 확실한 제1차 자료와 설득력 있는 분석을 통해 '제1차 전국대표대회'가 1921년 7월 23일부터 31일까지 열렸으며 회의 참석자는 13명이었다는 사실을 증명했다. 이로써 오랫동안 베일에 싸여 있던 '제1차 전국대표대회'에 대한 두 가지 난제가 해결되었다.

1921년 7월 23일 밤 8시, 드디어 중국 현대사의 큰 물줄기를 바꾸는 역사의 장이 펼쳐졌다. 마오는 기록을 담당했다. 전날의 준비 모임에서 24세의 장궈타오가 주석으로 선출되었다. 사교적이고 활약이 커 대회를 주재하게 되었다. 대회의 의사일정, 당면한 정치상황, 당의 기본임무, 당장黨章과 조직문제 등이 제안되었다. 회의가 열린 뒤 밀정들의 움직임이 눈에 띄게 드러났다. 대회 참석자들은 안전을 고려해 대회 마지막 날 회의는 7월 31일에 상하이 남쪽의 고도古都 자싱(嘉興 가흥)의 명소인 난후(南湖 남호)에서 열기로 하고 비밀리에 이동했다. 이들은 회의를 위장하기 위해 유람선을 빌려 선상회의를 했다. 대회에서는 중국공산당의 강령을 통과시키고 당의 중심 임무는 노동자계급을 조직해 노동운동을 펼쳐나가기로 확정했다. 리다의 회고에 따르면 이날 통과시킨 '선언'의 대체적 내용은 이렇다. **25**

"대회에서는 '중국공산당 제1차 전국대표대회의 선언' 초안에 대한 토론을 시작했다. 이 선언은 '지금까지 존재하는 모든 역사는 계급투쟁의 역사다'로 시작되었다는 것을 기억하고 있다. 중국의 노동자계급이 반드시 궐기해 사회혁명으로 스스로를 해방시켜야 하는 이유에 대해 토론했다. 지금 비록 노동자계급이 제국주의와 봉건세력으로부터 이중의 착취와 압박을 당해 도탄에 빠져 있지만, 스스로 떨치고 일어나 혁명에 나서 정부를 무너뜨린 다음 노동자 독재국가를 수립하고 국내외 자본가의 자산 몰수를 통해 사회주의 경제를 건설하면 행복한 생활을 할 수 있다는 내용이었다. 또 남북정부의 본질에 대해 분석하고 북양정부를 반드시 타도해야 한다고 주장했다. 쑨원의 국민정부에 대한 불만도 표시했다. 하지만 쑨원의 정부를 북양정부보다 진보적이라고 인정했다. 선언의 마지막에 '노동자들이 잃는 것은 쇠사슬일 뿐이며 얻는 것은 전 세계다'라는 말로 끝을 맺었다."

대표들은 당시 공산당 당원이 50여 명에 불과하고 각 지역의 조직도 불완전하다는 점을 고려해 중앙위원회는 미루어두고 '중앙국'만 세우기로 했다. 무기명투표로 진행된 선거에서 전국대표대회에 참석하지 않은 천두슈가 만장일치의 몰표를 받아 '중앙국'의 초대 서기로 뽑혔다. 제1차 전국대표대회를 주재한 장궈타오가 조직 주임, 리다가 선전 주임으로 각각 뽑혀 이들 3인이 중앙국을 구성했다. 공산당 제1차 전국대표대회가 끝난 뒤 후난으로 돌아온 마오는 허쑤헝과 함께 후난 지방 당 조직 결성에 힘을 기울여 그해 10월 10일에 정식으로 후난 지부를 설립했다. 중국 전역에서 처음으로 생겨난 공산당 지부였다. 마오가 서기로 뽑혔다.

마오는 신민학회 회원과 사회주의 청년단을 중심으로 당원을 확충하면서 광범한 노동운동을 펼쳐나갔다. 당원 확대 대상은 학생에서부터 방직 노동자, 전기공, 조폐창, 광산 노동자, 미장이, 봉제공, 인쇄공 등에 이르기까지 폭넓게 이루어졌다. 1921년 겨울부터 1922년 봄까지 형양(衡陽 형양), 핑장(平江 평강), 안위안(安源 안원), 웨저우(岳州 악주), 창더(常德 상덕) 등지에서 30여 명의 당원을 가입시키고 어떤 지방에는 당 소조를 만들기도 했다. 마오는 이를 기반으로 5월에 공산당 샹취(湘區 상구) 집행위원회를 정식 설립하고 서기가 되었다.

앞서 마오는 1921년 11월 중순, 안위안 탄광에 잠입해 광부들의 비참한 생활을 현지 조사하며 노동자들의 삶을 체험했다. 공산당 제1차 전국대표대회는 노동운동을 당면한 중요사업으로 확정해 마오가 안위안 탄광을 택했다. 1922년 2월, 공산당 산업노동자의 한 지부로 안위안루쾅(安源路礦 안원로광) 지부가 만들어졌고 리리싼이 서기로 임명되었다. 9월에 류사오치(劉少奇 유소기)가 파업투쟁을 지도하기 위해 안위안으로 파견되었다. 안위안 탄광 노동자 파업은 훗날 공산당 최고 지도자들로서 애증이 엇갈리는 마오와 리리싼, 류사오치 등 3인이 참여하는 기연을 맺었다.

마오는 창사에서 리리싼에게 보낸 서신을 통해 파업을 성공시키기 위해서는

'애처롭게 보여 사람을 움직이는(哀而動人 애이동인)' 전략을 쓸 것을 재차 권유했다. 약자에 대한 동정심 유발 전략인 셈이다. 마오는 이렇게 해야만 전체 노동자를 굳세게 하나로 묶어 자본가들과 싸울 때 정의를 위해 뒤돌아보지 않고 나아가며, 사회 절대 다수의 동정을 얻을 수 있고, 사회 여론의 지지를 쟁취할 수 있다고 강조했다. **26**

마오의 지시에 따라 리리싼과 류사오치는 9월 14일에 전국을 흔든 안위안 탄광 노동자 파업을 일으켰다. 파업의 구호는 '우리는 살고 싶다, 우리는 밥을 먹고 싶다', '우리는 살기 위해서 어쩔 수 없이 최후 수단으로 파업을 벌인다', '우리의 요구 조건은 정당하다. 우리는 죽더라도 목적을 이룰 때까지 싸울 것이다' 등으로 동정심을 유발하는 용어를 사용했다. 안위안 탄광 노동자 파업은 창사와 상하이, 베이징의 신문들이 보도하면서 전국으로 알려졌다. 각계의 성원과 지지가 잇따랐다. 현지 정부는 계엄령을 선포하고 무력진압을 계획했으나 여론에 밀려 파업 5일 만인 9월 18일에 노동자들의 요구 조건을 들어주기로 했다. 노동자들의 파업은 성공적으로 끝났다. 류사오치는 파업을 총결하는 글에서 "이번 대파업은 5일 동안 질서 정연하게 이루어졌고 엄격한 조직규율을 노동자들이 잘 따라 한 사람도 다치지 않는 등 완전한 승리를 거두었다. 이것은 유아적인 중국 노동운동에서 찾아보기 어려운 일"이라고 썼다.

1922년 1월, 후난성 성장인 군벌 자오헝티(趙恒惕 조항척)가 후난 제1방직공장 파업을 주도하던 황아이(黃愛 황애)와 팡런취안(龐仁銓 방인전)을 살해하자 그를 배격하는 운동이 벌어졌다. 마오는 자오헝티 축출 운동의 조직을 지원하기 위해 상하이로 파견되어 일을 도와주고 있었다. 그때 상하이에서 공산당 제2차 전국대표대회가 리다의 집에서 열렸다. 이는 천두슈가 지난해 '중국공산당 중앙국 통고'에서 '내년 6월'에 열겠다고 한 대회였다. 7월 16일에 열린 이 대회에 참석한 사람은 천두슈, 리다, 장궈타오, 차이허썬 등 12명이었다. 마오는 상하이에 있으면서 대회 장소를 잊어버린 데다 다른 동지들을 못 만나 참석하지 못했다.

마링은 '국공합작'이라는 중대한 전략을 제안해 공산당이 '통일전선'의 중요 정책을 결정해야 한다고 주장한 장본인이다. 그는 공산당 당원들이 자신의 신분을 유지한다는 전제 아래, 국민당에 가입한 다음 지도부에 들어가면 당의 세력을 크게 확대할 수 있을 것으로 생각했다. 마링은 이런 주장을 공산당 제1차 전국대표대회 때 제안했으나 받아들여지지 않았다. 당시 소련 이르쿠츠크의 코민테른 극동 서기처는 직예군벌 우페이푸(吳佩孚 오패부)를 중시하고 공산당이 그와 합작하기를 희망했다. 반면 보이틴스키는 광둥군벌 천지융밍과 합작하기를 바랐고, 마링은 쑨원에 관심을 보였다.

1921년 12월 23일, 마링은 장타이레이(張太雷 장태뢰)를 대동하고 광시성 구이린(桂林 계림)에서 쑨원을 만나 합작 가능성을 타진하고 긍정적 답변을 얻었다. 그는 코민테른 집행위원회에 보고서를 보내 쑨원과 합작해야 한다는 주장을 했다. 집행위원회는 이를 추인했다. 마링은 1922년 3월 말에 상하이에서 천두슈를 만나 '국공합작'을 역설했다. 이런 과정을 거쳐 천두슈는 8월 29일부터 30일까지 '시후(西湖 서호)회의'로 불리는 이틀간의 공산당 중앙위원회 전체회의를 열었다. 이 회의에서 코민테른의 의견을 접수하고 국공합작을 실행하기로 결정했다. 1923년 6월 12일부터 20일까지 광저우에서 열린 공산당 제3차 전국대표대회는 전당 사상을 통일하고 첫 국공합작의 기초를 다졌다는 점에서 공산당 역사상 중요한 회의로 기록되고 있다.

마오는 3일째 열린 회의에서 당이 도시 노동자운동에 중점을 두고 있는데, 농민운동에도 특별한 관심을 기울여야 한다고 말했다. 마오는 1922년에 있었던 창사 제1방직공장과 1923년 징한(京漢 경한) 파업을 예로 들면서 노동자들의 각성을 촉구했다. 마오는 또 역사적으로 볼 때 농민투쟁의 역량은 대단히 크다고 말했다. 제3차 전국대표대회의 주요 의제인 '국공합작'을 놓고 1주일 이상 격렬한 논쟁이 벌어졌다. 회의를 주재한 천두슈는 당원이 많지 않고 역량도 강하지 못해 국공합작이 필요하다고 말했다. 천두슈는 노동자들의 각성이 높지 않아 혁명을 잘 이해하지 못해 혁명이론도 없고 심지어 노동자들이 건달 기질이 있다고 멸시하기까지 했다. 천두슈는 "그렇기 때문에 국민당에 들어가 공산당을 발전시키기 위해 잠시 공산당의 독립적인 일은 접어야 한다"면서 "중국혁명은 국민당이 지도하는 것이 마땅하다"고 주장했다.

장궈타오는 국공합작을 반대했다. 그는 특히 전체 공산당원이 국민당에 가입하는 것에 못마땅해했다. 차이허썬과 왕전이(王振一 왕진일)가 장궈타오 의견에 동의했다. 그들은 지식분자와 노동자들이 연합해 투쟁하면 중국혁명을 이룰 수 있다는 논리를 폈다. 쉬메이쿤(徐梅坤 서매곤)이 장궈타오를 준열하게 힐책했다. 마링이 쉬메이쿤을 지지하고 나서는 등 난상토론이 벌어졌다. 세가 불리한 장궈타오는 회의 4일째 되던 날 회의장을 빠져나갔다. 이후 차이허썬이 줄기차게 국공합작을 반대했고, 장타이레이는 격렬하게 국공합작을 주장했다. 마오도 찬성했다. 회의 마지막 날에 국공합작문제 결의안을 거수로 투표했다. 차이허썬과 왕전이가 반대했고, 장궈타오는 표결에 참가하지 않았지만 다수결로 통과되어 공산당의 국공합작은 정식 채택되었다. 또 공산당 제3차 전국대표대회 중앙위원은 투표 결과 천두슈, 리다자오, 마오쩌둥, 탄핑산, 차이허썬 등이 당선되었다. 천두슈가 서기를 맡고 마오가 조직, 취추바이가 선전 책임자로 뽑혔다.

이 회의에 참석한 마오는 스노에게 이렇게 말했다. [27]

"공산당 제3차 전국대표대회는 1923년 광저우에서 개최되었다. 국민당에 입당하여 함께 힘을 합쳐서 북방군벌들에 대항하는 연합전선을 결성한다는 역사적 결의가 이루어졌다. 나는 상하이로 가서 당중앙위원회에서 활동했다. 다음 해 봄, 나는 광저우로 가서 국민당 제1차 전국대표대회에 참석했다. 3월에 나는 상하이로 되돌아와 공산당 중앙위원회의 일과 상하이의 국민당 중앙집행위원회 위원 일을 겸임했다. 당시 국민당 집행부의 위원으로는 왕징웨이(汪精衛 왕정위)와 후한민(胡漢民 호한민)이 있었는데, 나는 이들과 함께 공산당과 국민당의 정책을 상호 조정하는 일을 맡았다. 그해 여름에 황푸(黃埔 황포)군관학교가 설립되었다. 소련 장군 출신인 갈렌이 이 학교의 고문으로 취임했고, 다른 고문들도 소련에서 도착해 국공합작은 전국적인 혁명운동의 규모를 갖추기 시작했다. 그해 겨울, 나는 휴양하기 위해 후난으로 돌아왔는데—나는 상하이에서 병에 걸렸다.—이때 후난에 머물면서 나는 이 성에 대규모 농민운동의 핵심을 조직했다."

국민당은 1924년 광저우에서 제1차 전국대표대회를 열어 정식으로 국공양당의 합작을 공포했다. 쑨원은 반제국주의의 강령을 채택하고 연아聯俄와 연공聯共을 확립하고, 노동자와 농민을 지원하는 등 삼민주의三民主義를 새롭게 해석해 당 개조 작업의 기틀을 마련했다. 이 대회에서 쑨원이 주석으로 선출되고 후한민, 왕징웨이, 린썬(林森 임삼), 셰츠(謝持 사지), 리다자오 등 5명의 주석단이 구성되었다. 마오와 취추바이, 장궈타오 등은 중앙위원회 집행위원 후보위원으로 당선되었다. 이렇게 해서 공산당이 중국의 정치무대에 공개적으로 등장해 본격적인 혁명 활동에 들어가는 발판을 마련하게 되었다. 공산당 중앙은 국공합작과 연합전선을 중시해 중앙국 위원인 마오와 뤄장룽, 왕허보(王荷波 왕하파) 3명을 국민당 상하이 집행부에 파견해 공작하도록 했다. 또 국민당 중앙위원으로 선출된 리다자오와 탄핑산이 국민당 북방지역과 광저우에서 국민당 개조사업을 돕도록 했다. 뿐만 아니라 중국 각 성과 시 지역의 공산당원들이 국민당에 들어가 당 확충 작업과 군대를 개조하는 사업에 참여토록 했다. 하지만 쑨원이 이끌고 있던 국민당의 3대 혁명정책은 국민당 내부 우파들의 끈질긴 반대와 방해를 받았다. 이에 따라 공산당과 국민당 좌파를 한 축으로 한 세력과 국민당 우파 사이에 끊임없는 내부 투쟁이 벌어졌다.

1924년 가을, 직예군벌 장쑤(江蘇 강소) 독군 치셰위안(齊燮元 제섭원)과 안후이 성 군벌 저장(浙江 절강) 독군 루융샹(盧永祥 노영상) 간에 전투가 벌어졌다. 뒤이어 안후이 군벌과 동맹을 맺고 있는 펑톈(奉天 봉천)군벌 장쭤린이 장쑤군벌을 공격해 또다시 전쟁이 터져 인민들이 전화에 휩싸였다. 9월 10일, 공산당 총서기 천두슈와 비서인 마오가 연명으로 공산당 중앙의 성명을 내어 "군벌들 간의 전쟁은 어떤 희망도 없으며, 오르지 국민혁명만이 중국을 구할 수 있다"면서 전쟁 반대를 천명했다.

그해 12월, 쑨원은 평화적 통일을 위해 병든 몸을 이끌고 북방군벌과 회담하려 북상했다. 앞서 직예파 군벌 펑위샹(馮玉祥 풍옥상)이 쿠데타를 일으켜 우페이푸(吳佩孚 오패부)를 제치고 베이징을 점령한 뒤, 대총통 차오쿤(曹錕 조곤)을 축출했다. 우페이푸는 할 수 없이 남은 직예파 군대를 이끌고 창장지역으로 후퇴했다. 안푸파이(安福派 안복파) 군벌 돤치루이(段祺瑞 단기서)와 만주군벌 장쭤린, 그리고 평위샹은 연합세력을 구축했다. 평위샹은 쑨원의 베이징 방문을 요청했다.

쑨원의 북상을 계기로 국민회의 촉성회 운동이 전국적으로 광범하게 펼쳐졌다. 국민당 집행부의 공산당과 국민당 좌파들은 적극적으로 이 운동을 지지하며, 반제 반봉건과 인민민주주의 권리를 쟁취하자는 운동을 전개해나갔다. 마오는 12월 말에 국민당 우파의 배척을 받아 상하이를 떠나 후난으로 간 뒤 농민운동과 노동운동을 벌였다. 마오는 다시 광저우로 가 국민당 선전부장 대리를 맡았다. 1924년 7월부터 1925년 말까지 공산당은 광저우에서 5차에 걸쳐 농민운동 강습소를 열어 광둥지역 등 농민운동 간부들에 대한 교육훈련을 실시했다. 이 기간 동안 400여 명이 교육훈련을 받은 뒤 각 지역 농촌으로 돌아가 농민운동을 펼쳤다.

마오는 후난에서 동생 마오쩌민(毛澤民 모택민) 등 50여 명을 선발해 4, 5기 강습소에 보내 교육훈련을 받도록 했다. 마오는 이 강습소 6기 때는 직접 소장을 맡아 교육 대상 범위를 확대해 전국적으로 농민운동 간부들을 양성했다. 마오는 앞서 양병養病하기 위해 고향 사오산에 돌아와 몸을 추스르면서도 20여 개의 비밀 농민협회와 공개적인 혁명조직인 '설치회雪恥會'를 만들고 농민야학夜學을 운영하는 등 활발하게 농민운동을 벌였다. 마오의 부인 양카이후이가 적극적으로 이 일을 도왔다.

당과 마오의 지도 아래 농민운동이 흥기하면서 1926년 6월에는 후난, 광둥, 광시, 후베이, 허난(河南 하남), 산둥, 산시(陝西 섬서), 쓰촨(四川 사천), 허베이(河北 하북) 등 10여 개 성에 60만여 명의 농민협회 회원들이 생겨났다. 후난성의 경우 44개 구區에 농민협회가 만들어졌다. 그해 겨울, 국민당과 공산당의 연합전선 아래 역사적인 북벌군이 순조롭게 진군하면서 농민운동도 폭풍우처럼 번져갔다. 농민운동은 빠른 속도로 중국의 중부, 남부와 북부의 각 성으로 하늘을 찌를 듯한 기세로 뻗어나갔다. 후난성이 농민운동의 핵심 구실을 했다. 후난의 경우 농민협회 회원만 136만여 명에 이르고 이들이 이끄는 군중만도 600만 명이 넘었다.

이들 농민조직과 농민들이 탐관오리와 토호, 악질지주들에 대해 정치, 경제, 문화 등 다방면에서 투쟁을 벌여 천지가 뒤집히는 '농촌대혁명'의 불길이 치솟기 시작했다. 이에 놀란 토호와 지주, 국민당 우파, 북벌군의 우파 장교들이 농민운동에 극력 반대하고 나섰다. 천두슈조차도 후난 농민운동이 지나치다고 질책했다. 마오는 후난 농민운동 현장을 고찰하며 현지 상황을 파악한 뒤 유언비어 날조와 중상, 비방하는 세력에 대해 논박하는 한편, 당내 우경 기회주의를 비판했다.

마오는 옌안에서 가진 스노와의 대화에서 당시를 이렇게 말했다. [28]

"나는 장제스(蔣介石 장개석)가 광저우에서 첫 쿠데타를 기도했던 1926년 3월까지 그곳 국민당에서 계속 일했다. 나는 국민당 좌우파 간에 화해가 이루어지고 국민당과 공산당 간의 결속이 재확인된 뒤인 1926년 봄에 상하이로 갔다. 국민당 제2차 전국대표대회가 장제스의 주도 아래 그해 5월에 개최되었다. 나는 상하이에서 공산당 농민부를 이끌었는데 그곳에서 (국민당과 공산당의) 농민운동 조사관으로 후난에 파견되었다. 나는 창사, 리링, 샹탄, 형산, 샹샹 등 5개현의 농민조직과 정치상황을 조사해 중앙위원회에 보고서(후난성 농민운동 고찰보고)를 제출하면서 농민운동에 대한 새로운 노선을 채택하도록 촉구했다. 이듬해 초봄에 나는 성간省間 농민회의가 열린 우한(武漢 무한)에 도착, 회의에 참석해서 광범한 토지 재분배를 권고하는 내용인 내 논문의 제안들을 논의했다. 이 회의에는 펑파이와 팡즈민, 그리고 졸크와 볼렌이라는 두 소련 공산당원이 참석했다. 이 회의에서는 공산당 제5차 전국대표대회에 제출할 내 제안을 채택하는 결의안이 통과되었다. 그러나 중앙위원회는 이 제안을 거부했다."

마오가 작성한 '후난성 농민운동 고찰보고'는 광범한 공산당원과 혁명군중들의 열렬한 환영을 받았다. 하지만 천두슈와 그 추종자들의 반대에 부닥쳐 발간하지 못했다. 공산당 중앙위원 취추바이가 이 '보고'의 중요성을 중시해 천두슈에게 잇따라 간행할 것을 요구했으나, 천두슈는 "후난의 농민운동은 마오쩌둥이 큰 책임을 져야 한다"고 되레 격노했다. 이 '보고'는 "순식간에 화중과 화난, 화베이의 여러 성에서 수백만 명의 농민들이 거센 폭풍우처럼 일어났으며, 그 힘은 너무나 빠르고 강력한 것이었기 때문에 그 어떤 강한 세력도 그 힘을 저지할 수 없었다"고 기술하고 있다.

취추바이가 상하이에서 우한으로 와 마오의 '보고'를 읽은 뒤에 매우 기뻐하며, 여러 차례 당내 투쟁을 거쳐 1927년 4월에 '후난 농민혁명'이란 제목의 단행

본으로 출간되었다. 취추바이는 직접 서문을 써 후난 농민혁명운동을 높이 찬양하고 마오쩌둥이 '농민운동의 왕'이라고 극찬을 아끼지 않았다. 이 책은 장시성(江西省 강서성), 특히 장시 동북부 지역의 농민운동 간부들에게 '필독서'가 되어 이 지역 농민운동의 지침서 구실을 했다. [29]

장제스
'4·12'쿠데타

1926년 7월에 국공합작의 국민혁명군은 북벌에 나선 뒤, 1927년 봄에 우페이푸와 쑨촨팡(孫傳芳 손전방) 등의 군벌을 물리치고 우한, 난징, 상하이 등 창장 유역의 중요 도시를 탈환했다. 이로써 국민혁명군은 남부와 중부, 그리고 동남지역에 이르는 광대한 영역을 통할하게 되었다. 이런 좋은 형세에 공산당은 오히려 위기를 맞게 되었다. 하나는 국민당 내 우파인 장제스를 대표로 하는 대지주와 대자산계급들이 노골적으로 공산당을 배척하기 시작했다. 또 하나는 공산당 내 천두슈를 대표로 하는 우경 투항주의가 날로 심해졌기 때문이다. 국공합작의 혁명 열기는 급전직하로 식어갔다.

북벌 총사령관 장제스는 이런 틈을 타 4월 12일에 상하이에서 '4·12쿠데타'를 일으켜 권력을 잡은 뒤, '청당淸黨(당내 좌파 제거)'을 내세워 대대적인 공산당 소탕에 나섰다. 당시 국민당은 우한에 좌파 우두머리 왕징웨이가 정부 수반을 맡고 있었는데 장제스는 쿠데타를 일으켜 난징에 국민당 난징정부를 세웠다. 장제스가 국민당 내 좌파를 압박하자 왕징웨이와 탕성즈(唐生智 당생지) 등은 머리를 조아리고 공산당 탄압에 나서 국공합작은 완전히 깨졌다. 국공합작을 주선하고 배후에서 지원했던 소련 고문들도 중국을 떠나 국민당과 소련과의 관계도 끝났다. 공산당원들은 장제스의 검거령과 백색 테러를 피해 지하로 숨어들었다.

그해 말까지 공산당원의 5분의 4에 이르는 30만 명 이상이 살해당했다고 한다. 장제스의 공산당 소탕 과정에서 공산당 창당에 기여했던 인사들이 잇따라 학살당했다. 천두슈의 큰아들이며 공산당 장쑤성위원회 서기 천옌녠(陳延年 진연년), 둘째 아들인 공산당 제5차 중앙위원 천차오녠(陳喬年 진교년)이 처형되었다. 두 사람의 나이는 29세와 27세였다. 공산당 제1차 대표였던 리한쥔은 한커우(漢口 한구) 일본 조계 내 중제(中街 중가)에서 장기를 두다가 체포되어 4시간 만에 처형되었다. 공산당 제5차 중앙위원으로 선출되었던 후베이성 서기 장타이레이는 상하이에서 홍콩을 거쳐 11월 26일 광저우에 도착한 뒤 봉기를 일으켜 광저우를 일시 점거했으나, 12월 11일에 광둥군벌의 매복에 걸려 29세의 짧은 삶을 마감했다.

이때 상하이에서 80만 명의 노동자들이 대대적인 파업을 벌여 외국 조계를 제외한 도시 대부분을 장악했으나, '4·12쿠데타' 전날 밤에 국민당군의 선제공격을 받아 물거품이 되고 말았다. 저우언라이는 장제스의 쿠데타를 간파하지 못하고 군부대의 함정 초청에 걸려들어 체포되었으나, 다음 날 아슬아슬하게 풀려났다. 장제스의 공산당 소탕 지시가 은밀하게 이루어져 하부조직에서 잘 모른 데다가 국공합작이 유효한 상태에서 저우언라이의 지위가 높고 위로부터 공식적인 체포 통보가 없었기 때문이다.

생사를 넘나드는 위기일발의 순간을 넘긴 저우는 수천여 명의 시위대를 조직해 체포된 노동자와 당원들의 석방을 요구하는 시위 등을 벌였다. 그 뒤 저우는 장제스군의 잔혹한 백색 테러가 상하이를 들쑤시자 홍콩으로 탈출했다. 우창(武昌 무창)에 있던 마오도 7월 15일에 왕징웨이가 공산당원 검거령을 내려 하마터면 체포될 뻔했다. 마오가 집에 들어가기 위해 한커우 거리를 지나던 중 맞은편에서 두 사람이 마오에게 다가와 마오쩌둥을 보지 못했느냐고 물었다. 마오는 순간적인 기지를 발휘해 근처에 있는 골목길을 손으로 가리키며 방금 저쪽으로 갔다고 둘러댔다. 그러자 두 사람은 마오가 가리킨 쪽으로 쫓아가 위기를 모면할 수 있었다.

집으로 돌아온 마오는 당을 구하고 좌절된 국민혁명을 이루기 위해 우한을 떠나 농촌에 들어가 무장투쟁을 벌일 결심을 했다. 마오는 우창에서 같이 살던 양카이후이와 장모, 그리고 두 아들 안잉(岸英 안영)과 안룽(岸龍 안룡)을 양카이후이의 고향인 창사 반창으로 보냈다. 공산당은 장제스의 '4·12쿠데타'로 당원들과 그 지지자들에 대한 잔혹한 학살행위가 전국적으로 자행되자, 지하로 숨어 투쟁을 벌일 수밖에 없는 침체 국면을 맞게 되었다.

'영원한 총사령관' 주더와 난창봉기

8월 1일, 공산당은 이런 분위기를 반전시키기 위해 장시성 성도 난창(南昌 남창)에서 국민당에 대항하는 무장봉기를 일으켰다. 저우언라이는 전선위원회 서기에 임명되어 국공합작으로 이 일대를 관할하던 국민당 좌파 군인들의 지원과 당원들로 구성된 국민혁명위원회를 만들어 봉기를 직접 지휘했다. 신중국 건국 후에 10대 원수元帥가 된 주더(朱德 주덕), 허룽(賀龍 하룡), 류보청(劉伯承 유백승), 린뱌오(林彪 임표) 그리고 예팅(葉挺 엽정) 등이 지휘하는 2만여 명의 국민혁명군이 봉기에 참여했다.

국민혁명위원회는 제국주의와 군벌에 대한 투쟁, 토지개혁 실시 등을 주장했으나 국민당군에 밀려 봉기 5일 만에 후퇴할 수밖에 없었다. 소련 군사고문 갈렌이 세운 계획에 따르면 군대는 난창봉기(起義 기의)를 끝낸 뒤 곧바로 남하하여 광둥성으로 이동하기로 되어 있었다. 광둥성에서 봉기를 일으켜 바다로 나가는 출구를 확보하고, 성 전체를 차지하는 것이었다. 이 봉기는 바다 쪽으로부터 소련의 도움을 받기로 되어 있었다.

저우언라이는 갈렌의 계획이 잘 실현될 것으로 판단했다. 당시 장제스가 창장(長江 장강) 중류와 하류 지역을 차지한 반면, 창장 북부와 남서 지방의 성들은 군벌이 통치하고 있었다. 저우는 중국 남부를 기지로 삼아 그 지역 노동자와 농민의 지지를 규합한 뒤 공산당의 지도에 따라 제2차 북벌을 단행할 수 있을 것으로 믿었다. 하지만 이들 봉기군은 장시성에서 두 차례 전투를 치르면서 많은 사상자를 냈다. 봉기군은 9월 말에 잠시 항구도시 산터우(汕頭 산두) 등을 점령했으나 국민당군의 강력한 공격에 괴멸되다시피 했다.

저우언라이는 네룽전(聶榮臻 섭영진), 예팅과 함께 홍콩으로 탈출했다. 주더와 천이(陳毅 진의)는 남하 계획을 포기하고 후난기의를 일으켰다가 패전해 1천여 명의 패잔병을 이끌고 나중에 징강산(井岡山 정강산)으로 들어갔다. 주더는 마오의 군대와 합류해 홍군紅軍을 만들어 '주-마오(朱毛 주모)' 홍군 시대를 열어간다. 30

마오보다 일곱 살 위인 주더는 신중국 창건 뒤 10대 원수 가운데 우두머리 원수로 중국 군부의 대부이자 인민해방군 창설 원훈이다. 주더는 1886년 12월 1일에 쓰촨성 이룽(儀隴 의룡)현 마안창린랑(馬鞍場琳琅 마안장림랑) 서쪽 기슭 리자완(李家灣 이가만)에 사는 가난한 소작농 집안에서 태어났다. 구舊사회의 많은 빈한한 가정이 그렇듯 주더 집안도 식구는 많고 살림은 찢어질 듯이 가난했다. 자그마치 식구가 13명이나 되었다. 주더는 형제 중 셋째로 태어났다. 모든 가족이 노동을 하고 있었지만 세금을 내고 나면 남는 게 없어 입에 풀칠하기도 힘들었다. 주더의 아버지는 주더가 태어나자 "아이고, 또 생구生口 하나가 늘었구나" 하며 한탄했다. 주더는 5세 때부터 집안일을 돕기 시작했다.

현지 사람들은 외지에서 온 상인들이 쉴 때면 그들을 둘러싸고 바깥소식 얘기를 듣는 것을 좋아했다. 주로 홍수전洪秀全이 일으킨 농민봉기인 태평천국에 관한 영웅들의 이야기였다. 어린 주더도 귀를 세우고 즐겨 들었다. 옛날이야기를 좋아한 주더는 압제자들에 맞서 농민기의를 일으킨 지도자들을 동정하고 숭앙했다. 주더는 세상일을 어렴풋이 알면서부터 봉건지주들이 농민들을 잔혹하게 착취하는 것을 수없이 보았다. 주더네 한 가족이 해 뜨기 전부터 밤늦게까지 죽어라 일해 얻은 알곡은 지주들의 양곡창에 들어갔다. 품팔이로 번 얼마 안 되는 곡식은 고구마나 옥수수, 잡곡으로 바꿔야만 겨우 식구가 먹고살 수 있었다. 채소를 볶을 때 식용유를 살 수 없어 언제나 물을 넣고 볶아야 했다. 전 가족의 남녀노소가 변변하게 걸칠 옷 한 벌도 없었다.

어느 해, 어머니 생신 때였다. 주더는 소작을 부친 지주의 논에 주더네가 돈을 주고 사다가 풀어놓은 새끼 물고기가 자라자 이 물고기를 어머니 생일상에 올리려 잡아가다가 지주의 하인에게 빼앗겼다. 하인은 지주 논에서 자란 물고기는 소작인들이 잡아갈 수 없다고 으름장을 놓았다. 어린 주더는 마음의 상처를 입고 지주를 증오하기 시작했다. 주더는 어느 여름날에 굶주리다가 지친 사람들이 지주들의 양곡을 털어 달아나다가 관병들의 무자비한 진압으로 죽어나가는 처참한 모습을 보고 반항심과 증오심을 더욱 키웠다. 주더의 부모와 백부모는 집안이 업신여김을 당하지 않기 위해서는 배움이 있어야 한다는 것을 통절하게 느끼고 먹고 입는 것을 더욱 줄여 주더를 공부시키기로 했다.

주더는 6세 되던 해에 먼 친척이 운영하는 사숙私塾에서 공부하다가 10세에서 18세 때까지 학식이 높은 시궈전(席國珍 석국진)이 경영하는 사숙에서 형설의 공을 쌓았다. 주더는 이곳에서 가치관과 세계관 형성의 주요한 시기를 보내면서 제국주의와 봉건제도의 폐해, 부국강병의 중요성을 일깨웠다. 주더는 특히 남송시대의 장군 웨페이(岳飛 악비)를 좋아해 그의 정충보국의 애국정신을 글로 지어 찬양했다.

주더는 『사서오경』과 『사기』, 『삼국지』 등 중국 전통 경전 등을 공부하다가 신학문을 배웠다. 그리고 20세 되던 1906년에 난충(南充 남충)현 관립 고등소학당에 들어갔다. 교장은 애국 민주인사로 유명한 장란(張瀾 장란)이었다. 장란은 학생들에게 "나라가 망하면 멸종이 된다. 지금 어떠한 것도 관여할 필요가 없다. 오로지 목숨 바쳐 나라를 구하는 일이다"라며 애국사상을 고취했다. 일본 유학에서 돌아온 류서우촨(劉壽川 유수천)은 "일본은 메이지유신 이후 약한 나라에서 강국으로 바뀌었다. 일본을 배워 변법을 시행해야 한다. 과학을 존숭해야만 출로가 생긴다"고 강조했다. 이런 교육에 충격을 받은 주더의 사상도 크게 발전했다. 주더는 신해혁명과 쑨원의 동맹회 소식을 듣고 『혁명군』 등의 책을 읽으며, 목숨을 던져 나라를 구하려는 뜻을 이해하게 되었다. 주더는 친구에게 이렇게 말했다.

"어떤 사람한테 들으니 동맹회 지도로 여러 차례 기의起義가 일어났는데 애석하게도 실패했다고 한다. 아편전쟁 이래 국내외 정세를 분석해보면 중국은 제국주의를 분쇄하고 청 왕조를 엎어버려야 한다. 반드시 무장투쟁을 해야만 승리할 수 있다. 쓰촨고등학당 부설 체육학교에 들어가 졸업한 뒤 군사공부를 하려고 한다."

주더는 쉰칭푸중학당을 졸업하면서 지은 시에 "조국의 안위는 사람마다 책임이 있다. 하늘을 찌르는 장대한 뜻을 나는 붕새에게 부친다"며 호방한 기상을 내뿜었다. 1907년 봄, 주더는 쓰촨성의 정치·경제·문화의 중심지이자 각종 정치세력과 사회사조가 맞부딪치는 성도인 청두(成都 성도) 쓰촨고등학당 부설 체육학교에 들어갔다.

그는 졸업한 뒤 체육교사로 있으면서 썩어 문드러진 청 왕조를 전복하기 위해 동맹회에 가입하려 여기저기 수소문했으나 비밀조직이었기 때문에 끈이 닿지 않았다. 주더는 시에 썼듯이 교사직을 버리고 '군인의 길'을 걷기로 마음먹었다. 당시 사회풍조는 군인을 경시하는 뿌리 깊은 사회적 관념이 있어 온 집안이 반대했다. 주더는 개의치 않고 군인이 되고자 장장 70여 일이나 걸어 윈난성(雲南省 운남성) 쿤밍(昆明 곤명)으로 갔다. 윈난 육군강무당에 시험을 쳐서 좋은 성적을 받았으나, 이 강무당講武堂은 윈난지방에 사는 사람만이 입학할 수 있어 외지 출신인 주더는 뽑히지 못했다. 주더는 돈도 다 떨어지고 먹고살기 위해 쓰촨으로 돌아가 쓰촨군 보병단 병사가 되었다. 주더의 뛰어난 능력을 아낀 지휘관의 추천으로 주더는 윈난 육군강무당에 다시 시험을 보기로 했다. 이번엔 주소지를 윈난으로 속이고 이름도 '주더(朱德 주덕)'로 바꿔 응시해 합격했다. 31

윈난 육군강무당은 중국 근대의 이름난 군사학교 중 하나였다. 1909년에 개교한 톈진의 베이양(北洋 북양)강무당, 펑톈(奉天 봉천)의 동북강무당과 함께 3대 강무당으로 손꼽혔다. 이 학교는 일본 유학생 출신들이 대거 들어와 교직원과 교관들의 뼈대를 이루고 있었다. 47명의 교직원 중 동맹회 회원이 17명이나 되었다. 주더는 1909년 동맹회에 가입했고, 1911년 8월 강무당을 졸업하면서 소위로 임관했다.

주더가 배치된 부대의 여단장은 주더보다 네 살 많은 차이어(蔡鍔 채악)였다. 그는 '중국사관 3걸' 중 한 사람으로 유명했다. 주더는 차이어가 대단히 엄격했지만 천재적 지혜와 심모원려를 지닌 지휘관인 그를 모범으로 삼아 좋아했다. 차이어도 주더를 아껴 그가 찾아올 때마다 몽테스키외의 『법의 정신』이나 조지 워싱턴, 피터 대제, 그리고 일본의 메이지유신에 대한 서적 등에 대해 설명해주고 청 왕조 전복의 혁명의식을 불어넣어주었다.

차이어는 1911년 10월 10일에 청 왕조 타도를 기치로 신해혁명의 불꽃이 된 쑨원의 우창기의(武昌起義 무창기의)에 호응해 쿤밍에서 충주(重九 중구) 기의를 일으켰다. 주더는 중대장으로 참여해 공을 세웠다. 1912년 8월, 동맹회와 다른 몇 개의 정치단체들이 모여 국민당을 만들었다. 쑨원이 총리가 되자, 동맹회 회원인 주더는 자연히 국민당 당원이 되었다. 주더는 1915년에 연대장으로 승진했다. 그해 12월 12일에 위안스카이가 국호를 '중화제국'으로 고치고 황제를 참칭하자 전국적인 반대운동이 거세게 일어났다. 주더의 상관 차이어가 쿤밍에서 위안스카이 토벌격문을 공포하면서 '호국護國전쟁'의 막이 올랐다.

주더는 이 전쟁에서 용맹을 떨쳐 이름이 알려지기 시작했다. 그는 호국전쟁을 승리로 이끈 뒤 1917년 7월에 장군으로 승진해 쓰촨 출신의 유명인사가 되었다. 호국전쟁이 승리하고 위안스카이가 병사했지만 중국 사회는 바뀐 것이 없었다. 북양군벌이 사분오열하면서 각파 간의 땅 따먹기 전쟁이 그치지 않아 민생은 도탄에 빠져 허덕였다. 윈난성의 장군인 주더는 여러 차례 군벌 간의 전투에서 이겼지만 기쁘기보다는 회의가 들었다. 구국구민을 위해 군에 들어왔던 자신이 군벌 쟁탈전의 도구에 불과하다는 생각이 들었기 때문이다.

주더는 공허한 마음을 달래기 위해 시부詩賦 짓는 일에 몰입했다. 시는 모두가 군벌 패권전쟁으로 인해 피폐화하는 산하와 우국우민憂國憂民에 관한 내용이었다. 이런 현실에 대한 절망과 방황 속에서 급기야 주더는 아편에 손대게 되고 육체와 정신은 날로 황폐해졌다.

무기력한 나날을 보내던 주더에게 인생 항로를 바꾸게 하는 경천동지할 만한 사건이 터졌다. 베이징에서 불타오른 '5·4운동'이었다. 5·4운동은 마르크스주의를 촉진시켰고 중국 전역에 전파되었다. 5·4운동의 물결은 윈난지역에까지 밀려왔다. 학생, 노동자, 상인, 시민 등이 잇따라 동맹휴학, 파업, 철시, 집회, 시위 등으로 베이징대학 학생들의 애국운동을 성원하고 지지했다. 주더는 학생과 노동자, 상인들의 이런 애국행동을 전폭 지지하면서 새로운 삶을 모색했다. 주더는 애초 구舊군대의 생활을 접고 친구 쑨빙원(孫炳文 손병문)과 외국에 나가 신사조新思潮의 흐름을 배우기 위해 유학할 작정이었다. 쿤밍군벌 탕지야오(唐繼堯 당계요)를 축출한 뒤 사직을 요청했으나 주위의 만류로 뜻을 이루지 못했다. 1922년 봄, 쫓겨났던 탕지야오가 쑨원의 북벌 부름을 받고 권토중래해 쿤밍에 들어와 자신을 내쫓았던 주더 등 장령들에 대해 체포령을 내렸다. 주더는 군벌부대를 떠나 쓰촨으로 달아났다. 주더는 "오히려 잘된 일이었다. 탕지야오의 독수毒手를 빌려 나를 대신해 구舊군벌에 기속된 봉건관계를 완전히 잘라냈다"고 회상했다.

그해 5월, 충칭(重慶 중경)에 온 주더는 쓰촨군벌 류샹(劉湘 유상)과 양썬(楊森 양삼)의 환대를 받고 그들 부대의 사단장으로 함께 일할 것을 권유받았으나 일언지하에 거절하고 상하이로 갔다. 주더는 상하이 프랑스 조계에서 프랑스인이 운영하는 병원에 입원해 아편을 피우는 자신의 악습을 뿌리 뽑기 위해 자신과의 처절한 투쟁을 벌였다. 입원 기간 동안 친구들이 보내준 책과 신문을 통해 노동운동이 활발하게 전개되고 있다는 것과 신생 공산당의 성향과 주장 등을 알게 되었다. 공산주의 사상에 마음이 끌린 그는 공산당에 가입해 중국인민의 해방과 자유, 더 나아가 인류의 행복에 기여하기 위한 생각에 빠져 피가 끓어올랐다. 주더는 퇴원 후 공산당에 가입하기 위해 상하이 곳곳을 찾아 나섰다. 그러나 공산당의 소문은 들었으나 망망한 사람 바다에서 공산당이 어디 있는지 끝내 찾지 못했다. 그는 베이징에 있는 친구 쑨빙원을 찾아가면 공산당의 소재를 알 수 있을 것으로 보고 베이징으로 떠났다.

주더의 친구 쑨빙원은 쓰촨성 동향의 막역한 친구로 주더보다 한 살 많았다. 그는 주더가 윈난 차이어군벌에서 장군으로 있을 때 주더의 참모로 일했다. 주더는 그때 쑨빙원으로부터 무정부주의와 공산주의 등 신사조의 흐름에 대해 좀 더 많은 지식을 배웠다. 또 신해혁명과 러시아혁명을 비교해 중국혁명을 심화시키기 위해서는 러시아 10월혁명을 철저히 학습해야 한다는 혁명사상의 일깨움도 받았다. 그를 통해 『신청년』과 『매주평론』, 『신조』 등 진보적 서적과 루소의 『사회계약론』 등 서구의 책들을 보게 되었다. 쑨빙원은 베이징대학 전신인 징스다쉐탕(京師 大學堂 경사대학당) 문과 예과반 출신으로 베이징과 톈진 지역 무장단체 '철혈단鐵 血團'에 참가해 청 왕조 섭정 척살刺殺을 기도했었다. 1912년에는 동맹회 기관지 『민궈르바오(民國日報 민국일보)』 총편집을 맡아 위안스카이의 황제 복벽에 반대하 는 논조를 펴다 쫓기는 몸이 되어 쓰촨으로 달아났다가 주더를 알게 되었다. 베이 징으로 쑨빙원을 찾아온 주더는 1922년 8월에 그와 함께 다시 총총히 상하이로 갔다. 공산당 책임자 천두슈가 상하이에 있었기 때문이다. 그들은 먼저 광동군벌 천지융밍에 쫓겨 상하이에 와 있던 쑨원을 찾아갔다. 쑨원은 천지융밍을 공격할 마땅한 장군을 찾지 못하던 차에 주더가 찾아오자 가뭄에 단비를 만난 듯 반가워 했다. 쑨원은 주더에게 거금 10만 원의 군자금을 주며 천지융밍을 공격할 것을 제 안했다. 군벌 간의 싸움에 진저리를 치고 새로운 길을 찾아 나선 주더는 존경하던 쑨원의 제의를 완곡하게 거절하고 서구로 유학할 뜻을 밝혔다. [32]

주더는 우여곡절 끝에 상하이 보통 주택가에 살고 있는 천두슈를 만났다. 주더 는 자신의 이력으로 볼 때 공산당 가입이 이루어져 새로운 혁명의 길로 나아갈 수 있으리라 믿었다. 어찌 생각이나 했겠는가. 천두슈는 주더의 공산당 입당을 허락 하지 않았다. 천두슈는 공산당에 가입하려면 노동자 신분으로서 목숨을 바칠 각 오가 되어 있어야 한다며, 군벌의 장군을 지낸 주더의 경우 일정 기간 학습과 진 정성을 보인 뒤에 당원 가입을 하도록 보류 조처했다. 공산당 입당이 좌절된 주더 는 대단히 실망했다.

1922년 9월, 주더와 쑨빙원은 프랑스 우편선을 타고 꿈에 그리던 프랑스 유학 길에 올랐다. 40여 일 동안의 항해를 거쳐 10월에 프랑스 마르세유에 도착한 주더 는 파리로 갔다. 그는 그곳에서 지난 6월에 중국 유학생들이 '여구旅歐중국소년 공산당'을 만들었고, '우하오(伍豪 오호)'가 독일 베를린에서 '공산주의와 중국'이 란 글을 발표했다는 소식을 들었다. 우하오는 저우언라이의 가명이다. 주더와 쑨 빙원은 베를린으로 가 자신들보다 10여 살이나 아래인 저우언라이를 만났다. 저 우는 이들이 범상치 않은 이력의 소유자이고, 구국구민의 열정과 공산당 입당의 진정성 등이 높다고 판단했다. 저우는 소개인의 입장으로 입당 절차를 밟아 공산당 여아지부 책임자 장선푸(張申府 장신부)의 동의를 얻어냈다. 주더는 마침내 해외에서 공산당에 입당하게 되었다. 하지만 주더는 노동자가 아니기 때문에 규정에 따라 마지막으로 공산당 중앙집행위원회의 비준을 받아야만 정식 당원이 될 수 있었다. 천두슈는 고심 끝에 주더를 입당시키는 대신에 대외적으로 주더의 신분을 비밀에 부치도록 했다. 공산당 사상 주더가 비밀당원 제1호가 되었고, 이때부터 비밀당원의 선례가 생겨났다. 주더의 비밀당원 효력은 군벌들을 북벌전쟁에 참가시키는 데 힘을 발휘했다.

1927년 7월, 소련을 거쳐 돌아온 주더는 상하이에서 천두슈와 두 차례 만나 쓰촨군벌 양썬을 직예군벌 우페이푸와 분리시켜 북벌전쟁에 참가시키라는 밀명을 받고 그를 끌어들이는 데 성공했다. 뿐만 아니라 주더가 윈난군벌 장군 시절에 맺은 인적 네트워크를 활용해 군벌 쑨촨팡의 실상을 조사하는 데도 많은 도움을 얻었다. **33**

권력은
총구에서 나온다

8월의 강상江上은 탁류가 온통 허공을 메운 듯 도도한 물결을 이루며 넘실넘실 흘러가고 있었다. 나룻배 한 척이 겹겹이 몰려오는 물살을 가르며 헤엄쳐 나아가자 파도에 부딪쳐 선체가 요동쳤다. 우한에서 한커우 장한관(江漢關 강한관) 쪽으로 물보라를 일으키며 버겁게 지쳐 나아가고 있었다. 급류가 철썩철썩 배를 때려 앞으로 밀어냈다. 갑자기 물보라가 뱃전을 파고들면 놀란 승객들이 허둥거리며 쏟아내는 왁자지껄한 소리가 허공에 흩어졌다.

배 끄트머리에 상인 차림의 한 중년 사내가 망연히 물 흐름을 바라보며 넋을 놓고 앉아 있었다. 바로 중공중앙 후보위원으로 국민당 정부가 거금을 걸고 현상 수배해 체포하려는 마오였다. 그는 중앙이 비밀리에 소집한 긴급회의에 참석하기 위해 강을 건너고 있었다. 강물은 세차게 솟구쳐 포효하면서 멀리 달아나고 있었다. 마오의 심정은 큰 물결이 맞부딪쳐 출렁이는 강물처럼 격렬하게 끓어올랐다. 생각해보면 1년 동안의 중국혁명은 엄청나게 바뀌어버렸다. 문턱에서 깨져버린 중국혁명을 생각하면 생각할수록 온갖 상념이 가슴을 파고들었다. 어쩌다 이렇게 되었나.

"손님, 다 왔습니다."

뱃사공의 소리에 후다닥 몸을 추스린 마오는 그제야 배에 탔던 사람들이 다 내린 것을 알았다. 부두에 올라서니 어떤 사람이 마중 나와 있었다. 밤이 되자 거리에는 칠흑 같은 어둠이 깔렸다. 계엄령이 내려져 일반인들은 감히 불 밝히고 밖에 나갈 엄두를 내지 못했다. 우한 싼전(三鎭 삼진)은 칙칙한 어둠에 빠져 마치 음산한 뫳자리와도 같았다. 주검 같은 고요만이 흘렀다. 어쩌다 들리는 거리를 질주하는 경찰차의 날카로운 경적이 귀를 찢었다. 마오는 후난회관 창가에 앉아 하릴없이 칠흑 같은 어둠을 응시하고 있었다. 그는 파리하게 야윈 얼굴에 준엄한 낯빛을 띤 채 무언가 골똘히 생각하고 있었다. 마오는 오랜 침묵 끝에 이렇게 결론을 내렸다.

"중국 사회가 복잡다단하고 반동세력은 강대하다. 장제스와 왕징웨이 등의 인간들은 음험하고 교활하다. 공산당 투쟁 경험은 부족하다. 이런 모든 것들이 혁명이 좌절된 원인이다. 하지만 가장 근본적인 것은 당의 우경 투항주의의 해독이다. 당 총서기로서 천두슈의 책임은 회피할 수 없다."

마오는 얼마 전인 7월 4일의 중앙 상무위원회 확대회의 때 자신이 제기했던 문제를 떠올렸다. 그때 마오는 농민들을 무장해 산에 들어가 군사력의 기초를 다져 무장투쟁에 나설 것을 주장했다. 산에서만 역량을 보존할 수 있다고 했었다. 이에 대해 천두슈는 치지도외하며 일소에 부쳤다. 마오의 의견에 동의했던 취추바이, 저우언라이, 차이허썬, 런비스(任弼時 임필시) 등 모두가 제지 또는 배척당했다.

8월 5일(일설에는 6일), 중앙 연락원이 마오가 묵고 있는 후난회관에 찾아와 그를 회의장인 한커우 싼자오 41호에 있는 이허신팡(怡和新房 이화신방; 현재 포양루 139호)으로 데리고 갔다. 이 건물은 서구식 3층 아파트로 옛 러시아 조계에 있었다. 마오가 회의장에 들어서자 중앙 비서처장 덩샤오핑(鄧小平 등소평)이 마오에게 와 저간의 사정을 설명해주었다. 마오와 덩샤오핑의 첫 상면이었다. 덩샤오핑은 마오에게 이번 회의에서 당의 과거 잘못을 철저하게 청산하고 새로운 노선과 정책을 결정해야 한다고 말했다. 마오가 도착한 전후로 리웨이한, 취추바이, 차이허썬, 런비스와 공산국제(코민테른) 대표 등 20명이 참석했다. 8월 7일에 회의가 정식으로 개회되었다. 공산당사에서 '8·7회의'로 불리는 이 회의에서 당은 취추바이와 리웨이한 등으로 공산당 임시중앙정치국을 구성했다. 당이 천두슈 대신 취추바이를 총서기로 임명해 중앙의 일을 주재하도록 했다. 천두슈는 지도 층에서 밀려나 몰락했다. 공산당사에서 보면 천두슈가 당중앙을 주재한 것은 마오보다 많았다. 천은 공산당 제1차부터 제5차까지 공산당의 1인자로 당중앙을 이끌었다. 마오는 제7차에서 제10차까지 네 차례에 걸쳐 당중앙의 주석을 맡았다. 시간으로 보면 마오가 1935년부터 1976까지 41년간 당을 이끌었고, 창당 원훈 천두슈는 1921년부터 1927년까지 6년간 최고 지도자를 지냈다. 이때 천두슈는 48세였다.

'8·7회의'에서 마오는 사자후를 토했다. 형상적 비유와 생동적인 언어, 그리고 신랄한 풍자로 회의장을 압도했다. 마오는 4가지 방면에 걸쳐 문제를 제기했다. 우선 국민당 문제와 관련해 통일전선 과정에서 지도권 쟁탈을 둘러싸고 공산당이 줄곧 모호한 인식으로 우물쭈물하다가 국민당에 당하는 치명적인 과오를 저질렀다고 비판했다. 농민문제에 대해서는 자신이 1927년 1월 4일부터 2월 5일까지 장장 32일 동안 후난의 창사, 샹탄, 형산, 리링, 샹샹 등 5개현 1천4백여 리를 돌며 고찰, 조사 연구한 보고인 '후난 농민운동 고찰보고'가 후난지방에 영향을 주어 큰 반향을 일으켰으나, 당중앙은 문질러버렸다고 울분을 토했다. 마오는 "광대한 당내외의 군중들은 혁명을 필요로 했는데 당의 지도는 거꾸로 불혁명, 실제적으로는 반혁명의 혐의가 짙다"고 질타했다. 그는 또 군사문제에 대해서는 "종전에 우리 당은 늘 쑨중산(中山 중산: 쑨원의 자)의 군사 운용에 대해 호되게 꾸짖었는데 우리가 그 길을 따라가고 있다. 장제스와 탕성즈 모두 무력으로 권력을 탈취하고 혁명을 진압했다. 이에 대해 당중앙은 보고도 못 본 체 외면하고 있다. 군사투쟁의 중요성에 주의해야 하는데도 여전히 선명한 의식이 없다. 상무위원회는 시시때때로 이 문제에 주목해야 한다. 정권은 총구(무력)에서 얻는다는 것을 반드시 알아야 한다"고 열변을 토했다. 마오의 '정권(권력)은 총구에서 나온다'는 말이 이 회의 때 나왔다.

마오는 훗날 자술自述에서 '창간즈주의(槍杆子主義 창간자주의: 무력주의)'를 이렇게 풀었다. **34**

"그때 내가 정권은 총구에서 나온다고 말하자, 나에게 '총구(무력)주의자'라는 딱지를 붙였다. 그들은 정권이 어떻게 총구에서 나오느냐고 힐난했다. 마르크스가 말한 일이 없고 책에도 그런 말이 나와 있지 않다. 따라서 마르크스주의자인 내가 잘못을 저질렀으니 '총구주의'를 쓰지 말라는 것이었다. 정확한 말이다. 마르크스는 이런 말을 한 일이 없다. 그러나 마르크스는 '무력으로 정권을 탈취한다'는 말을 한 바 있다. 내가 말한 뜻도 바로 무력으로 정권을 빼앗는다는 말과 같은 것이다. 결코 소총을 말하는 것이 아니라, 기관총(강력한 무력) 그곳에서 정권이 뛰쳐나온다는 뜻이다."

마오는 무장투쟁의 중요성에 대해 정권탈취를 거론하며 깊고 예리하게 논단한 것이다. 회의에 참석한 대표들은 그저 보고 듣는 것이 새로울 뿐이었다. 마오는 4개월 전에 이와 비슷한 내용의 말을 한 적이 있었다.

"혁명은 밥을 사는 일이 아니다. 글을 짓는 것이 아니다. 그림 그리고 수를 놓는 것이 아니다. 그처럼 우아하고 고상한 일을 하는 것이 아니다. 점잖고 고상하거나 온화, 선량, 공경, 검약, 양보 등의 미덕으로는 혁명을 이룰 수 없다. 혁명은 봉기다. 하나의 계급이 다른 하나의 계급을 엎어버리는 격렬한 행동이다. 농촌혁명은 농민계급이 봉건지주계급의 권력을 뒤집는 것이다."

마오의 이 말은 많은 농민들의 좌우명이 되었다. 마오는 이날 회의에서 마지막으로 영도領導방법과 조직의 정책결정 문제에 관해 말했다. 요컨대, 당의 상급기관은 널리 이익이 될 만한 의견을 구해 민주의식을 고취시키고, 하급기관과 기층에서 일하는 사람들의 의견을 충분히 들어야 한다. 또 군중들의 의견과 요구를 굳건하게 실천할 때만이 비로소 '불不혁명'을 '혁명'으로 바꿀 수 있고, 부정확한 것을 정확한 것으로 전환할 수 있다고 강조했다. 마오가 이렇게 4개 방면에 대해 말한 것은 그가 후에 반복해 논술한 '3대 법보法寶', 즉 통일전선과 무장투쟁, 당의 건설 등에 관한 최초의 구상을 뜻했다. 이런 모든 것들이 혁명을 이끌어가는 근본적인 동력으로써 그 발언의 요체는 천두슈의 우경 투항주의의 과오를 비판하고 실패한 대혁명의 경험과 교훈을 총결한 것이다. 그리고 이후의 당 지도방침과 당 중앙 리더십의 중요성에 대해 설명했다.

이날 회의를 주재한 취추바이는 '최근 농민투쟁 의결안'을 제출한 뒤에 당내에서 농민투쟁 연구 전문가로 공인한 '농민 왕' 마오에게 발언권을 주었다. 마오는 토지문제는 농민문제의 핵심으로 중국혁명의 주요 내용인데, 토지혁명의 규정이 공허하다고 전제하고 네 가지 수정안을 내놓았다. 대중大中지주의 기준을 확정해 그 범위를 분명히 할 것을 요구했다. 그는 50무畝 이상의 밭을 소유한 지주를 대중지주로 획정하고 토지를 몰수할 것을 제안했다. 마오의 네 가지 수정안은 빈농과 단결하고 중농을 이끌면서 부농을 단속해, 농촌에서 광범위한 통일전선을 결성하여 지주제도와 지주정권을 엎어야 한다는 것을 대강으로 하고 있었다. '8·7회의'는 토지혁명과 반反국민당 무장투쟁 방침을 결정하고 농민을 발동한 추수봉기를 당면한 당의 주요 임무로 채택했다.

이로써 공산당은 대혁명 실패를 딛고 토지혁명 전쟁의 새로운 투쟁의 길로 나섰다. 당은 마오에게 후난성에서 농민봉기인 추수기의秋收起義를 이끌 것을 지시했다. 마오는 창사에 돌아가 당중앙에서 특파한 신분으로 후난과 장시변계(湘贛辺界 상감변계)에서 '추수기의'를 일으키게 된다. **35**

추수폭동

1927년 8월 하순, 공산당 후난성위원회는 '총으로 정권을 탈취'하고, '토지혁명을 실행'한다는 내용의 추수봉기 계획을 최종 확정했다. 성위원회는 또 마오를 전적위원회前敵委員會 서기로 임명하고, 마오가 9월 9일에 후난성과 장시성이 인접한 변계지역에서 무장 추수폭동을 지휘할 것을 결정했다. 마오는 출정을 앞두고 굳건한 신념을 다지며 마음을 추스르기 위해 부인과 아이들이 있는 반창의 처가妻家를 다녀온 뒤 창사에서 휴식을 취했다. 마오는 양카이후이에게 "후난성위원회가 나를 후난과 장시성 변계에 파견해 무장 추수폭동을 이끌 것을 결정했다"고 말했다. 양카이후이는 마음이 밝지 못했다. 마오가 일개 서생으로 붓으로 하는 일은 할 수 있으나 총으로 무력투쟁을 벌이는 것은 아무래도 아닌 것 같았기 때문이다. 총탄이 비 오듯 쏟아지는 곳엔 흉凶한 일은 많지만 길吉한 일은 적기 때문에 마음이 놓이지 않았다.

"당신은 다른 일 하시는 게 좋을 것 같아요. 총으로 하는 일은 아무래도 아닌 것 같습니다."

양카이후이가 이렇게 말하자, 마오는 '정권은 총구에서 나온다'는 이야기를 인내심 있게 설명했다. 양카이후이는 여전히 불안한 마음이 가시지 않았다.

"당신의 말은 맞지만, 그 분야의 전문가가 아니잖아요."

"전문가라고 말할 수는 없지만 걱정할 필요는 없소. 나는 반년 동안 군 생활을 해봤고, 군벌들의 패잔병으로부터 무기도 노획한 일이 있소. 전투에 대해 조금은 알고 있소."

"저는 여전히 마음을 놓을 수 없어요. 성위원회에서 당신의 일을 다시 검토했으면 해요."

"이 일은 이미 성위원회에서 결정했고, 우리는 마땅히 당 조직의 결정에 따라야 하오."

양카이후이는 마오에게 더 이상 무슨 말을 해봐야 소용이 없다는 것을 알았다.

"언제 떠나세요?"

"모레 출발하오."

"그럼, 저는 내일 반창으로 돌아갈게요."

"바래다주리다."

마오는 화제를 돌렸다.

"우리는 혁명 부붑니다. 같은 배를 타고 만 7년 동안을 함께 왔어요. 당신이 많이 도와주었소. 큰 희생을 했어요. 지금 혁명은 내가 전선에 나가는 것을 필요로 하오. 집안일은 여전히 당신이 보살펴야 할 것 같소. 장모님과 아이들을 부탁해요. 당연히 고향 농촌에서 혁명활동에도 참가해야 되고……."

"여기 일은 마음 놓으시고 전선에 나가 잘하세요. 고향에 돌아가 비밀 농민운동을 하면서 어머니와 아이들을 잘 보살필게요."

다음 날 이른 아침, 마오는 짐을 꾸려 창사성을 떠나 고향으로 돌아가는 양카이후이를 배웅하러 길을 나섰다. 그들 부부는 걸으면서 이야기를 나누며 서로를 격려했다.

"날씨 유의하시고 항상 자신을 잘 보살피세요. 안전에 주의하시고요. 꼭 편지해요."

양카이후이는 눈물을 머금은 채 마오가 들고 있던 짐 꾸러미를 건네받으면서 몸에 지니고 있던 10여 원을 마오에게 주었다.

"이 돈은 꼭 몸에 지녔다가 급할 때 쓰세요. 당신 바쁘실 텐데, 이제 그만 돌아가요. 항상 잘 준비하시고요. 저 갈래요!"

"조금 더 바래다주리다."

"됐어요."

양카이후이는 머리를 돌린 뒤 앞을 향해 빠른 걸음으로 걸어갔다. 눈자위가 축축해진 마오는 그 자리에 우뚝 서서 양카이후이의 모습이 사라질 때까지 하염없이 바라보았다. 누가 알았겠는가. 이들 부부의 이날의 별리가 영원한 이별인 영결永訣이 될 줄을…….

중앙 특파원 겸 '후난-장시' 변계 추수기의 전적위원회 서기인 마오는 9월 초 창사에서 안위안(安源 안원)에 도착했다. 그는 장쯔완(張子灣 장자만)에서 추수폭동회의를 소집한 뒤에 각 방면의 군사책임자가 참가하는 전적위원회를 정식으로 구성했다. 마오는 부대 구성과 진격 목표 등 군사행동 계획을 발표했다. 이 계획안에 따르면 제1연대(團 단)는 슈수이(修水 수수)에서 출발해 창서우제(長壽街 장수가)로 가서 핑장(平江 평강)을 공격하도록 했다. 제2연대는 안위안에서 핑샹(萍鄉 평향)과 리링(醴陵 예릉)으로 진격하면서 제3연대와 류양(瀏陽 유양)을 공격하도록 했다. 제3연대는 퉁구(銅鼓 동고)에서 출발해 류양을 압박하며 제2연대와 연합해 남북 협공으로 류양을 빼앗도록 했다. 이와 함께 창사의 노동자와 농민이 폭동으로 내응해 창사를 공격하도록 했다. 회의가 끝난 뒤에 마오는 슈수이, 퉁구로 가기로 했다. 마오는 가는 길에 무장 경호대를 대동하지 않아 류양 경내에서 국민당 민단民團요원들에게 붙잡혔으나 기지를 발휘해 탈출했다. 마오는 다행히 시간에 맞추어 제3연대가 주둔하고 있는 퉁구에 도착할 수 있었다. 노농혁명군은 농민과 한양漢陽지역 광부, 국민당의 반란군 등 세 곳에서 모집했다. 혁명군을 '노농 제1군 제1사단'이라고 이름을 붙였다. 제1사단 제1연대는 한양지역 광부들로 편성했고, 제2연대는 후난성의 핑장, 류양, 리링과 다른 2개현의 농민 보위대에서 편성했다. 제3연대는 왕징웨이에 반란을 일으킨 우한수비대의 일부로 조직했다.

1927년 9월 9일, 마오는 추수폭동의 불길을 당겼다. 이 소식은 중국을 뒤흔들었다. 작전 계획에 따라 제1연대는 핑장 창서우제를 공격해 들어갔다. 창서우제는 후난-장시 변계의 요충지로 성이 견고했으며 1개 연대병력이 지키고 있었다. 제1연대는 9월 10일에 군중들의 큰 지지를 받으며 돌진해 핑장현 룽먼창(龍門廠 용문창)을 점령했다. 이어 핑장현 성으로 진군하려 할 때 반란이 일어난 데다가 매복군의 습격을 받아 연대장이 실종되는 등 참패를 당했다. 류양을 공격하기로 한 제2연대는 핑샹으로 진격하기로 했으나 작전을 바꾸어 라오관(老關 노관)을 공격해 점령한 뒤 리링현 성을 빼앗았다. 그러나 중무장한 병력의 반격을 받아 성에서 철수해 류양을 공격하기로 했다. 하지만 제2연대의 일부 지휘관이 적을 가볍게 본 데다가 신속히 철수하지 못해 국민당군 2개 연대의 공격을 받아 전멸하다시피 했다. 제3연대는 2개 연대의 공격을 받아 중과부적으로 후퇴하고 말았다.

마오가 처음 이끌었던 추수폭동은 경험 부족과 국민당군의 우세한 화력에 밀려 참담한 좌절을 겪어야 했다. 마오는 창사 공격을 포기하고 기의起義부대들이 원자스(文家市 문가시)에 집결하도록 했다. 9월 19일, 각 부대들은 악전고투 끝에 후난성 류양현 원자스에 합류해 리런(里仁 리인)학교에 주둔했다. 이날 밤에 마오는 리런학교에서 전적위원회 회의를 열고 추수폭동의 실패 원인을 분석한 뒤 앞으로의 방향에 대해 설명했다. 마오는 적의 병력이 강하고 기의부대들이 좌절을 겪어 혁명의 열기가 떨어진 데다가 적들의 주요 역량이 도시에 집중해 도시 공격 중심의 전략이 어려워 창사 공격 계획을 바꿔야 한다고 말했다. 마오는 또 "적의 통치 역량이 떨어지는 농촌으로 이동해서 우리의 역량을 보존해 토지혁명을 심화시켜 농민대중과 함께 무장투쟁을 벌여 혁명역량을 발전시켜나가야 한다"고 강조했다. 그렇다면 어디로 가야 하나. 마오는 학교에서 빌려온 지도를 펼쳐놓고 후난-장시 변계에서 산세가 가장 넓어 보이는 곳을 지목하며 이렇게 말했다. 36

"이곳은 눈썹 모양처럼 생겼는데 뤄샤오(羅霄 나소) 산맥 중단에 위치해 우리가 머물 곳으로는 안성맞춤하다. 우리가 이곳에 가 '산사람(유격대)'이 되자. 뤄샤오 산맥은 후베이(湖北 호북), 후난, 장시, 광둥 등 4개의 성을 가로지르고 있는데 북쪽에서 남쪽으로는 장시와 후난성의 분계선을 이루고 있다. 북단은 지세가 중단처럼 험준하지 않고 대도시에 가까워 국민당 통치력이 비교적 강한 곳이다. 남단은 지세가 북단보다 좋지만 군중들의 지지기반이 중단만 못하다. 중단은 지세가 험준한 고산준령인 데다가 절벽으로 둘러싸여 있고 나무가 빽빽이 들어차 나아가 공격하기 좋고 물러나 지키기 좋다. 또 대도시에서 비교적 멀리 떨어져 있어 장제스의 통치역량이 약하다. 혁명의 일거수일투족이 후난과 장시성의 남부에 영향을 미쳐 정치적 의미가 아주 큰 곳이다. 이곳은 또 자급자족의 자연경제가 가능하고 비교적 대중들의 지지기반이 좋은 편이다. 특히 징강산(井岡山 정강산) 지구는 군량과 마초를 저장하고 군사를 기르며, 무리를 모아 혁명역량을 축적하는 데 아주 좋은 곳이다."

대다수 부대원들은 마오의 형세 분석에 동의했으나 일부는 못마땅해했다. 오랫동안 혁명을 꿈꿔왔는데 산에 올라가 산적이 되자는 게 말이 되냐며 이런 게 무슨 혁명이냐고 노골적으로 불만을 터뜨렸다. 마오는 "우리가 산사람이 되자는 것은 인민의 이익을 대변하는 노농무장이다. 중국은 정치가 통일되지 않았고 경제발전이 불균형하며 모순이 대단히 많다. 우리는 적들의 빈틈을 찾아야 한다"고 인내심 있게 설명했다. 부대 총지휘를 하고 있는 루더밍(盧德銘 노덕명)이 강하게 마오를 지지했다. 그는 지금 창사를 공격한다면 전군이 전멸할 위기에 놓인다고 말했다. 이에 반해 사단장 위사두(余灑度 여쇄도)는 류양을 취한 뒤에 창사를 공격해야 한다고 강력하게 반발했다. 마오는 군사모험주의라며 엄하게 비판했다. 총지휘자 루더밍을 따르는 부하들이 잇따라 지지하고 나서 루더밍의 지지는 징강산 결정에 큰 구실을 했다. 얼마 뒤에 위사두는 장제스의 국민당에 투항했다. 다음 날 이른 아침, 마오는 징강산 출발에 앞서 리런학교 운동장에서 혁명과 무장투쟁의 당위성을 내용으로 연설을 했다. [37]

"우리는 노동자와 농민을 위해 싸우는 노농무장 혁명군이다. 장제스는 혁명을 배반하고 노농군중을 대량으로 학살하고 있다. 우리는 적들이 이런 피바람을 일으키는 도살에 저항하고 계속 혁명을 위해 끝까지 굳세게 투쟁해야 한다. 제2의 활로는 없다. 우리는 총을 가져야 한다. 지난날 우리는 총의 이점을 알지 못했기 때문에 실패했다. 우리는 꼭 무장투쟁을 해야만 한다. 우리 모두 원대한 이상과 어떤 희생도 두려워하지 않는 정신을 가져야 한다. 이번 추수기의는 비록 몇 차례 패전해 좌절을 맛보았지만 대단한 것이 아니다. 승패는 병가지상사다. 우리의 투쟁은 이제 막 시작되었다. 더욱 단결하고 용감하게 싸워나가자. 실패는 성공의 어머니다. 모든 일은 시작이 어렵다. 혁명을 해야 한다. 어려움을 두려워하지 말자."

제 2 장

혁명의 횃불

징강산
무장투쟁

이날 오후, 마오는 불퇴전의 투혼을 가슴에 품은 채 직접 노농혁명군을 이끌고 뤄
샤오 산맥에 자리한 징강산으로 출발했다. 마오의 부대는 남쪽으로 행군하다가 루
시(蘆溪 노계)에서 국민당군의 매복 기습공격을 당해 병력이 1천 명도 채 되지 않
았다. 마오는 장시성 융신(永新 영신)현 경내의 싼완(三灣 삼만)에 도착해 곧바로 부
대를 정비했다. 1개 사단을 1개 연대로 축소, 개편하고 노농혁명군을 제1군 제1사
단 제1연대로 명명했다. 실제로는 2개 대대 7개 중대 규모에 불과했다. 간부들이
많았는데 그들은 대부분 지식분자들이었다. 그중에는 일련의 좌절을 겪은 데다가
위험을 무릅쓴 힘든 투쟁을 앞두고 놀라 허둥대고 있었다. 일부는 이미 보고도 없
이 부대를 이탈했다. 군심軍心이 크게 흔들리고 있었다. 부대를 추스르지 않으면
그대로 무너질 것이 명약관화했다.

　마오는 자유의사에 따라 떠날 사람은 떠나고 남을 사람은 남도록 했다. 떠나는
사람들에게는 5원의 노잣돈을 주었다. 남은 자들은 전투와 고난으로 단련된 혁명
가들로서 인원은 줄어들었지만 날쌔고 용맹스러웠다. 마오는 부대에 당의 각급
조직을 건립했다. 연대와 대대에는 당위원회, 중대에는 지부, 중대 이상에는 당대
표를 두도록 했다. 마오는 또 당의 전적위원회를 만들어 자신이 서기를 맡았다.

당이 부대를 절대적인 지배 아래에 두는 조직체계를 만들었다. 마오는 정치상 관병官兵평등을 실현하기 위해 종전의 군대조직과는 달리, '사병위원회'를 구성해 장교들이 사병위원회의 감독을 받도록 하는 등 혁명적 조처를 취했다. 장교와 사병이 먹는 것과 입는 것도 동일하게 해 사병들의 권익을 크게 개선했다. 이는 극단적 민주화와 평균주의적인 모습을 띠고 있지만, 군벌 시대의 악습을 타파하고 민주적 작풍을 고취하면서 계급적 단결을 공고히 해 원만하게 극복하도록 했다. 이후 공산당은 '당이 군을 지도'하는 등 이때의 개혁적인 조처를 '싼완 개편'이라고 불렀다.

징강산 언저리인 융신현 싼완촌에 부대를 주둔시킨 마오는 징강산에 이미 무장한 산적들이 웅거하고 있다는 사실을 알았다. 위안원차이(袁文才 원문재)와 왕쭤(王佐 왕좌)가 결의형제를 맺고 징강산 중단과 상단부에 산채를 엮어 각각 100여 명의 졸개들을 거느리고 산적두목(山大王 산대왕)으로 군림하고 있었다. 그들은 토끼가 우리 주변의 풀을 먹지 않는 전략을 세워 '부호를 죽여 가난한 사람을 구제한다'는 슬로건을 내걸고 지주나 토호, 관부를 공격해 징강산 주변 주민들의 지지를 받고 있었다. 마오는 둘레가 500여 리 되는 징강산에 둥지를 틀기 위해서는 위안원차이 등 녹림 우두머리의 협조가 불가피하다고 판단했다. 마오는 위안원차이와 닝강현 당 조직 책임자 룽차오칭(龍超淸 용초청)에게 각각 편지를 보내 싼완에서 만나 혁명투쟁을 논의할 것을 제의했다.

그날 닝강현 마오핑(茅坪 모평)에 있던 위안원차이도 군대로 보이는 패거리가 싼완에 주둔하고 있다는 첩보를 접한 뒤에 위장한 국민당군이 아닌가 하는 의심이 들어 자세한 정보를 캐기 위해 첩자를 내려보냈다. 싼완에 잠입한 첩자는 노농혁명군이 붙여놓은 표어를 몰래 떼어내 밤을 도와 산채로 달려왔다. 대소 두령들은 목을 빼고 '국민당 신군벌을 타도하자!'와 '토호를 타도하고 토지를 나누자!'라고 쓴 표어를 보면서 의견이 분분했다. 이들은 위장한 국민당군이 아닌 것 같다는 결론을 내렸지만 정확한 상황을 파악하기 위해 소두령 위안딩주(袁丁珠 원정주)를 내려보냈다. 잠입한 위안딩주는 서생원처럼 여기저기 두리번거리다가 노농혁명군에게 붙잡혔다. 대대장 우중하오(伍中豪 오중호)가 심문했다. **38**

"누가 보냈나? 무슨 짓을 했느냐?"

"묻지 마쇼, 아무 말도 하고 싶지 않소. 당신들이 감히 나를 어떻게 할 거요!"

소두령은 내심으론 당황했지만 이렇듯 희떱게 말했다. 황푸군관학교 출신인 우 대대장은 이런 유의 인간들을 다루는 방식을 잘 알고 있었다. 마오에게 보고한 뒤 총살하겠다고 을러댔다. 마오는 보고를 받은 뒤 "어이, 총살하지 말고 그자를 이 리로 데려오게. 상황을 물어본 뒤에 처리해도 늦지 않다"고 말했다. 소두령이 들 어오자 마오는 앉으라고 말한 뒤 유머스럽게 물었다.

"우리가 어제 표어를 붙여놨는데 밤사이에 없어졌다. 날개도 없는데 날아갔다. 어느 산꼭대기로 날아갔는지 모르겠는가?"

소두령이 깔깔대며 말했다.

"아마도 가을바람이 산꼭대기로 보냈나봅니다. 산채 형제들이 '토호를 타도하 고 토지를 나누자'는 구호에 큰 흥미를 느끼고 있습니다. 그래서 저보고 한번 내 려가 전말을 정확하게 알아보라고 해서 온 겁니다."

마오는 앙천대소하며 말했다.

"당신의 말을 듣고 보니, 우리의 표어를 당신들이 떼어갔구먼. 그렇다면 그대 는 징강산에서 내려온 형제가 아닌가!"

소두령 위안딩주는 "예" 하며 신음소리를 냈다. 마오는 "우리는 공산당이 이끄 는 노농혁명군이오. 당신이 산채로 돌아가 위안 대두령에게 내가 만나자고 하더 라고 전해주시오."

위안원차이 등 대소 두령들은 소두령의 소식을 초조하게 기다리고 있었다. 그 런데 돌연 보초가 모르는 두 사람을 데리고 왔다. 말인즉슨 쌍완촌에서 위안 '따 꺼(大哥 대가: 큰형)'에게 보내는 서신이라며 건넸다. 위안원차이가 편지를 보니 자 기와 룽차오칭에게 보낸 것이었다. 위안원차이는 회의를 소집해 편지 내용에 대 해 대소 두령들과 토론했다. 그들 중에 천무핑(陳慕平 진모평)이라는 사람이 있었 다. 그는 우창(武昌 무창) 중앙 농민운동강습소의 원생이었다. 천무핑은 편지에 쓴 마오의 서명을 보고 "잘되었다"며 기쁜 얼굴로 말했다. 모두들 어리둥절해 있을 때 몇몇 두령들이 "무슨 일이냐?"고 물었다. 천무핑은 "마오쩌둥은 내가 농민운동강습소에 다닐 때 선생님이었다. 그분이 오셨다는데 흥분하지 않을 수 있겠느냐"고 되물었다. 그는 위안원차이에게 함께 마오를 만나러 가자고 했다. 두령들은 우선 천무핑이 먼저 가 마오를 만나는 게 좋겠다고 의견을 모았다. 천무핑은 룽차오칭과 함께 마오를 만나 상황을 알아보겠다고 했다. 이때 소두령 위안딩주가 마오핑에 돌아와 쌴완에서 보고 들은 것들을 보고했다. 룽차오칭도 마오핑에 와 마오의 편지를 보았다. 룽차오칭은 잘되었다며 위안원차이에게 함께 가자고 해 다음 날 출발하기로 했다.

마오는 마오핑에서 사람이 온다는 전갈을 받고 그들을 맞이하러 문밖으로 나갔다. 멀리서 모르는 사람이 손을 흔들며 "마오, 선생님!" 하고 큰 소리로 외쳤다. 마오는 그를 맞으며 "당신이 누군데 선생님이라 합니까"라고 물었다.

"천무핑입니다. 우창 중앙 농민운동강습소 학생입니다."

"아, 당신이구먼! 자네는 수영을 할 줄 모르지. 모두들 당신을 보고 맥주병이라고 했지. 맞지요?"

"예! 예!"

천무핑은 계속 머리를 끄덕였다. 천무핑은 마오에게 룽차오칭을 소개했다. 천무핑은 징강산 상황을 얘기했고, 룽차오칭은 위안원차이가 얼마 전에 공산당에 가입한 당내 동지라고 설명했다. 마오는 추수폭동이 좌절된 것과 징강산에 오게 된 경위 등을 얘기했다. 양쪽은 의기투합해 이야기꽃이 피었다. 마오는 두 사람이 총을 갖고 있지 않은 이유를 물었다. 룽차오칭은 "우리 산채에서 총은 대단히 귀중하고 돈 주고도 사지 못해 밖에 나갈 때는 잃어버릴까봐 총을 휴대하지 않는다"고 말했다. 마오는 "지금은 무장폭동 시대인 만큼 돌아갈 때 총 한 자루씩 갖고 가라"고 했다. 마오는 또 "우리 부대가 언제 닝강에 들어갈 수 있는지"를 물었다. 룽차오칭은 "여기서 닝강까지 30리 남짓하기 때문에 내일 닝강 고성古城에 도착할 수 있다"면서 "우리가 먼저 돌아가 준비하겠다"고 시원스럽게 말했다.

당시 총은 사람보다 귀했다. 사람 한 명은 없어도 그만이지만 총은 한 자루도 잃어버려서는 안 되었다. 룽차오칭과 천무핑은 등에 총 한 자루씩 메고 닝강 고

성으로 돌아갔다. 룽차오칭은 고성에 남아서 노농혁명군의 주둔지를 물색하고, 천무핑에게는 마오핑에 가 위안원차이 대두령에게 상황을 보고하도록 했다. 마오핑에 돌아온 천무핑은 대소 두령들에게 마오를 만난 상황을 보고했다. 노농혁명군들이 좋아 보이고 인원도 많으며 황푸군관학교 출신도 많다는 것과 그들은 우리와 연합해 함께 혁명투쟁을 했으면 한다는 바람을 전했다. 대소 두령들은 그들이 자신들을 먹어 치우려는 생각이 없는 만큼 안도하면서 협력하기로 의견을 모았다. 화제가 천무핑이 갖고 온 총으로 옮아갔다. 대두령 위안원차이는 총은 좋은 물건이라며 세 가지 예찬론을 펼쳤다. 첫째, 먹을거리를 찾을 수 있고 둘째, 자신을 보호하며 셋째, 복수를 할 수 있다고 했다. 한 두령이 천무핑의 총을 만져보며 "좋구먼. 한양漢陽제"라고 부러운 듯 말했다. 몇몇 두령들이 다가와 총을 들고 조준을 해보는 등 수선을 피우다가 "아깝다, 돈을 주고도 살 수 없는 물건이니"하며 아쉬워했다. 위안원차이는 속으로 많은 생각을 굴렸다. 노농혁명군이 산채에 들면 국민당 추격군이 안 온다는 보장이 없는데, 그들이 온다면 과연 내가 두목 역할을 할 수 있겠느냐 하는 데까지 이르렀다. 그는 산채 식구들에게 마지막 결정을 얘기했다. **39**

"연합하는 건 당연히 좋다. 인원이 많으면 세력도 늘어나고, 총이 있으면 병력도 강해진다. 토호와 악질지주들을 응징할 수 있다. 하지만 징강산 산촌과 산채는 작다. 밭도 적고 생산하는 양곡도 많지 않다. 이 많은 사람들을 어떻게 받아들일 수 있겠는가. 내 생각에는 우선 그들에게 양식을 보내 어려움을 피하게 하는 등 잠시 도와준 뒤에 그들이 다른 큰 산을 찾아 떠나도록 하는 것이 상책이다!"

마오와 천하오(陳浩 진호)가 이끄는 노농혁명군 제1사단 제1연대는 닝강 고성에 머물면서 부대를 안돈시키고 휴식을 취하고 있었다. 위안원차이가 보낸 대표가 마오에게 부대 급식에 쓸 수 있도록 자금 일부를 건넨 뒤 웅거할 다른 큰 산을 찾아볼 것을 권유했다. 마오는 산채 대표에게 고마움을 표시하고 함께 혁명투쟁을 벌일 것을 끈질기게 설득했다. 마오는 위안원차이가 토호와 악질지주들에 반대하는 좋은 혁명동지로 힘을 합쳐 싸웠으면 하는 바람을 재고해주길 요청했다.

위안원차이의 대표는 마오의 진지하고 성실한 설득에 많은 감명을 받고 산채로 돌아갔다. 마오는 위안을 설득하는 것이 관건이라고 보고 룽차오칭을 위안원차이에게 보내 자신을 만나줄 것을 요청했다. 회견 장소는 위안에게 일임했다. 마오는 상견례 선물을 무엇으로 할지 곰곰이 생각했다. 쌴완에서 룽차오칭과 천무핑을 만났을 때 그들이 총을 가장 필요로 한다는 것을 떠올렸다. 마오는 위안원차이가 60여 정의 총을 갖고 있다는 사실을 알고, 그렇다면 화끈하게 100정의 총을 주어 환심을 사는 게 회견 성공의 열쇠라고 판단했다. 마오는 그런 뜻을 연대 간부들에게 말했다. 그들은 아연실색했다. 100정의 총은 부대가 보유하고 있는 총기의 7분의 1로 전력 차질을 우려했다. 마오는 징강산 근거지 확보와 그들의 믿음을 사는 게 무엇보다 중요하다고 설득해 동의를 얻어냈다. 회견 장소는 마오군이 주둔하고 있는 닝강 고성과 위안원차이 산채가 있는 마오핑의 중간 지점인 다창大倉촌으로 결정했다. 연대장 천하오(陳浩 진호)는 만일의 사태에 대비해 1개 소대병력을 이끌고 갈 것을 제안했다. 마오는 자신과 천하오, 그리고 경호원 1명 등 3명이 가면 된다고 했다. 인원이 많으면 오히려 그들의 의심을 사게 된다는 것이었다. 천하오는 녹림당들이 어떻게 나올지 모르는데 3명이라니 어이없어했다. 마오는 "그들을 믿고 존중해야 한다. 더욱이 위안원차이가 공산당에 가입했기 때문에 걱정할 필요가 없다"고 했다.

다음 날, 마오 일행은 룽차오칭의 길 안내를 받으며 회견 장소로 갔다. 산채에서도 경호문제를 둘러싸고 갑론을박을 벌였다. 군사상 방비를 철통같이 하는 게 좋다는 얘기였다. 위안원차이는 상대방에 대한 실례라며 마뜩찮아했다. 한 두령이 "무장병력을 다창촌 뒤에 있는 숲에 매복해 흔적을 남기지 않으면 된다"고 말했다. 위안은 아미를 찌푸린 채 더 이상 말을 하지 않았다. 회견 장소에서 만난 마오와 위안원차이는 서로 간의 인사말을 나누었다. 위안원차이가 말했다.

"마오 위원, 우리는 깊은 산중에 오랫동안 살아 보고 들은 것이 적으니 먼저 우리에게 세상 돌아가는 시국 상황을 말씀해주는 게 어떻겠습니까?"

마오는 대소 두령들에게 대혁명 실패 후의 형세를 설명했다. 마오는 당중앙이 천두슈의 우경 투항주의의 과오를 바로잡았고, '8·7회의'에서 토지혁명과 무장투쟁 방침을 확정한 사실 등을 알려주었다. 또 추수폭동이 실패해 이곳으로 오게 된 경위 등을 설명했다. 마오는 이곳 상황을 물었다. 위안은 "이곳은 한때 번창했는데 시국이 바뀌는 바람에 산속으로 후퇴해 들어왔다. 지금 당신들이 닝강에 왔으니 혁명폭동이 일어나고 시끄러울 것 같다"고 말끝을 흐렸다. 마오는 "우리가 이곳에 온 것은 당신들의 지지를 받아 연합해 함께 혁명을 하고 싶어서다. 하나는 총(무력)에 의지하고, 또 하나는 광범한 군중들에 기대는 것이다. 이 두 가지를 잘 결합해 토호들을 타도하고 토지를 고루 나누면 반동통치를 엎어버릴 수 있다"고 힘주어 말했다. 마오는 위안을 쳐다보며 "이곳에 총이 몇 정 있는가, 인원은 얼마나 되냐"고 물었다. 위안은 "인원은 160여 명이며 총은 60정이 있는데 어떤 것은 사용할 수 없다"고 답했다. 마오는 "당신들이 대혁명이 실패한 역경 속에서도 이렇게 많은 총기를 보유하고 있는 것은 쉬운 일이 아니다. 하지만 무장을 확대하고, 혁명역량을 넓히려면 이런 양은 넉넉한 편이 아니다. 우리가 100정의 총을 선물로 주겠다"며 통 크게 나왔다. [40]

위안은 자신이 잘못 듣지나 않았는지 얼떨떨하며 믿어야 할지 말아야 할지 하는 모습으로 마오를 쳐다보았다. 다른 두령들도 반신반의하며 서로 얼굴을 마주 볼 뿐이었다. 마오는 이런 정경을 훔쳐보고 힘찬 어조로 "내일 룽스(礱市 농시)로 사람을 보내 100정의 총을 가져가라"고 말했다. 이러자 대소 두령들이 흥분을 감추지 못했다. 위안은 마오에게 고맙다는 인사를 한 뒤 "노농혁명군들이 급식에 많은 어려움을 겪고 있는 것으로 들었다. 우리가 돈(700원)을 조금 준비했다. 우선 급한 대로 보태 쓰고 앞으로 힘닿는 데까지 돕겠다"고 말했다. 마오와 천하오는 매우 기뻐했다. 천하오는 위안에게 "원차이 동지, 하나 상의할 게 있다. 부상병들을 치료하고 휴양할 수 있도록 마오핑에 야전병원과 막사를 짓고 싶은데 어떻겠는가"라며 의중을 타진했다. 위안원차이는 좌중을 한번 훑어보고 "우리는 즐거움을 함께 즐기고 어려움도 함께 나눠야 한다. 노농혁명군의 마오핑 주둔을 환영하고, 마오핑에 야전병원과 막사 짓는 것을 동의한다"고 선선하게 말했다. 이때 주안상이 들어왔다. 회의 자리는 이내 술판으로 바뀌어 퀀커니 잣거니 시끌벅적하며 한 덩어리가 되었다.

노농혁명군이 위안원차이 산채 식구들과 주민들의 열렬한 환영을 받으며 마오핑에 진주했다. 꽹과리와 북이 울려 퍼지고 폭죽이 일제히 터져 분위기를 한껏 고조시켰다. 길 양쪽에는 갓 잡은 돼지와 양의 피를 뿌렸다. 이런 의식은 이 지역 산촌 사람들이 손님을 맞이하는 최대의 접대 방식이었다. 위안의 적극적인 도움으로 노농혁명군은 양식과 기름, 채소 등 부식 공급이 해결되었다. 엉성하지만 빠르게 야전병원과 막사를 지어 100여 명의 부상자들을 치료하고 양병할 공간을 만들었다. 이렇게 해 노농혁명군이 마오핑에 초보적 주둔의 뿌리를 내릴 수 있었다.

마오는 녹림당이었던 왕줘와 위안원차이를 개조시켜, 노농혁명군과 함께 유격전을 벌여 지주와 악질 토호 응징에 나섰다. 또 주민들을 도와 소비에트 정권 건립에 심혈을 기울였다. 중공 전적위원회는 1928년 2월 중순께 위안원차이와 왕줘의 무장부대를 노농혁명군 제1사단 제2연대로 승격 개편했다. 위안을 제2연대 연대장 겸 제1대대장, 왕줘를 제2연대 부연대장 겸 제2대대장으로, 허창궁(何長工 하장공)을 제2연대 당대표로 각각 임명했다. 마오는 노농혁명군의 역량을 확대하면서 징강산 근거지를 세우는 터전을 마련했다.

마오는 국민당군의 징강산 포위공격 소탕전(圍剿 위초)에 맞서 제1, 2연대 군사간부 회의를 소집해 신청(新城 신성)을 공격하기로 했다. 3면에서 포위공격하고 1면에 매복한 뒤 운동전運動戰으로 적을 섬멸한다는 전략을 세웠다. 밤에 부대를 인솔해 적의 진영으로 들어가 작전계획에 따라 병력을 배치했다. 다음 날 새벽에 소두령 위안딩주가 용신에서 닝강으로 연결되는 전화선을 끊었다. 국민당군이 도수체조를 하고 있는 틈을 타 제1, 2연대가 맹공을 퍼부었다. 격전 끝에 적군 1개 대대와 1개 정위단靖衛團 500여 명을 전멸시켰다. 대대장을 사살하고 현장縣長을 생포했다. 감옥에 갇혀 있던 30~40여 명의 무고한 사람들도 구출했다. 신청전투는 대승을 거두었다. 마오는 신청전투 후에 닝강현 노농정부를 세웠다. 앞서 노농혁명군은 차링(茶陵 차릉)과 수이촨(遂川 수천) 두 현의 국민당 정권을 분쇄하고 노농정권을 세운 바 있었다. 이것은 농촌혁명 근거지의 표상으로 징강산 근거지의 초보적 형태였다. **41**

혁명의 정예부대가 징강산에 모여, 역량을 집중하니 더욱 굳세졌네. 홍군의 영도

장시

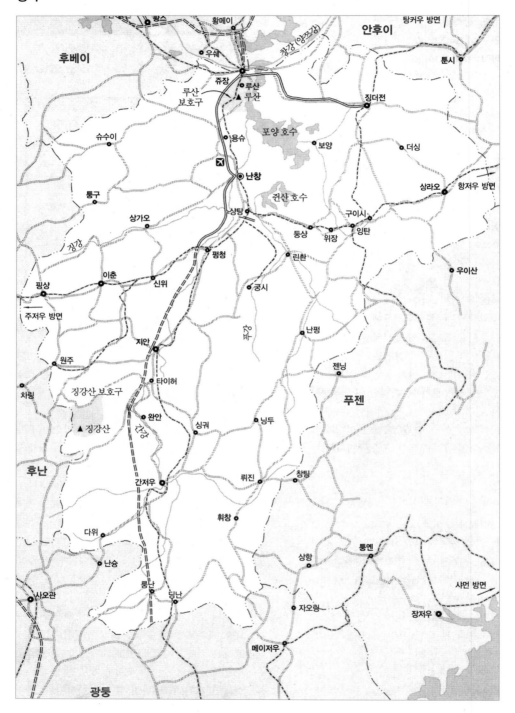

를 끌어 올려, 5차례에 걸친 포위 소탕전을 물리치고 확고하게 전쟁터를 지켰다.

革命雄師井岡, 集中力量更堅强. 紅軍領導提高後, 五破圍攻固戰場.

혁명웅사정강, 집중역량갱견강. 홍군영도제고후, 오파위공고전장.

이 시는 징강산에서 마오 부대와 합류한 기념으로 주더가 뒷날 더욱 강해진 홍군의 기상을 담아낸 것이다. 주더와 천이는 난창기의가 실패하자, 광둥지역으로 부대를 이동하면서 국민당군과 전투를 벌이며 남진을 계속했다. 주더는 세가 불리하자 병력을 보존하고 후일을 도모하기 위해 윈난 육군강무당 동기생 국민당군 판스성(范石生 범석생) 부대 제140연대에 몸을 의탁해 왕카이(王楷 왕해)로 이름을 바꾸어 국민당군 행세를 했다. 주더와 천이는 그 후 1928년 봄에 후난성 대지를 뜨겁게 달군 후난기의를 일으켰다. 7개현에 잇따라 소비에트 정권을 세운 뒤에 후난성 소비에트 정부를 건립했다.

노동자, 농민 등 군중들의 환영을 받으며 지지기반을 넓혀갔으나 공산당 후난성위원회의 좌경 과격정책이 타오르는 불에 찬물을 끼얹어 급격히 사그라졌다. 일부 군중들이 공포 심리에 빠져 혁명 대열에서 이탈했다. 엎친 데 덮친 격으로 광둥과 광시, 후난성 군벌들이 서로 물고 물리는 싸움을 끝내고 결탁해 남, 북, 서쪽 3면에서 후난 쪽으로 주더군을 포위공격해 들어왔다. 주더는 혁명역량을 비축하기 위해 불리한 전투를 피하기로 결단을 내렸다. 주더는 후난에서 지속적인 전투를 할 수 있도록 부분적인 병력을 남겨놓고, 주력부대와 새로 만든 농민군은 후난에서 철수해 징강산으로 이동하기로 했다.

마오의 지시를 받은 허창궁(何長工 허장공)이 목숨을 무릅쓰고 주더 부대를 찾아 징강산에 합류할 수 있도록 연락을 해 홍군의 '주-마오 시대'를 여는 연결고리 구실을 했다. 주더는 징강산으로 마오를 찾아가기로 했다. 천이가 연락할 합당한 사람이 있다고 주더에게 말했다. 마오의 친동생 마오쩌탄(毛澤覃 모택담)이 부대에 근무하고 있었다. 주더는 제25사단에서 정치공작을 하던 마오쩌탄을 제16군의 부관으로 변장시켜 국민당군의 관할구역을 통해 징강산의 마오를 찾아가 부대 합류(會師 회사)를 논의토록 했다. 마오쩌탄은 마오핑에서 마오를 만나 두 부대의 구체적인 합류 문제를 매듭지었다.

이때 날벼락 같은 일이 1928년 3월 상순께 벌어졌다. 공산당 후난특위에서 저우루(周魯 주로)를 대표로 뽑아 징강산에 보냈다. 저우루는 중앙 임시정치국 확대회의 결의와 후난성위원회의 지시를 마오에게 전달했다. 마오가 전적위원회 서기로 '방화와 살인이 너무 적다(燒殺太少 소살태소)'는 이유로 질책하고 중앙 임시정치국 후보위원직 박탈과 성위원회 위원직 철회를 통보했다. 또 전적위원회를 폐지하고 마오를 사단장으로 임명한다는 내용이었다. 그리고 마오가 징강산을 내려와 후난폭동을 지원하라고 명령했다. 마오는 하산 후에 후난폭동 현장으로 가지 않고 후난 링(酃 영)현 중촌에 집결했다. 마오는 이곳에서 부대를 정돈하고 훈련하면서 마오쩌탄에게 특무중대 병력을 딸려 보내 폭동 현장의 주더와 연락을 취하도록 했다.

3월 하순 주더와 천이가 인솔한 후난기의군이 광둥군벌과 후난군벌의 협공을 받아 후난에 발붙일 수 없다는 사실을 알고 마오는 급히 병력을 둘로 나누어 후난으로 진격했다. 마오가 지휘하는 노농혁명군 제1연대는 구이둥(桂東 계동)과 루청(汝城 여성)으로 전진하고, 위안원차이와 허창궁이 인솔하는 제2연대는 펑궁마오(彭公廟 팽공묘)와 쯔싱(資興 자흥)으로 진공했다.

주더는 3월 말에 후난 레이양(耒陽 뢰양)에서 부대 이동 준비를 끝내고 후난기의의 주력부대인 노농혁명군 제1사단과 새로 만든 제4사단, 쑹차오성(宋喬生 송교생)이 이끄는 수이커우산(水口山 수구산) 노동자 무장부대를 인솔해 마오쩌탄이 대동한 특무중대의 지원을 받으며 4월 상순에 안런(安仁 안인)과 차링을 거쳐 링현의 몐두(沔渡 면도)에 도착했다. 천이는 천저우(郴州 침주)에서 징강산으로 부대를 이동한다는 통보를 받은 뒤에 후난 농민군을 이끌고 쯔싱으로 부대를 인솔해 위안원차이와 허창궁이 통솔하는 제2연대와 합류했다. 4월 중순에 천이가 이끄는 노농혁명군 주력 일부와 후난 농민군 제3사단과 제7사단 그리고 위안원차이, 허창궁이 인솔한 제2연대가 링현 몐두에서 주더가 이끄는 주력부대와 합류했다. 4월 24일을 전후해 주더와 천이가 인솔한 기의 주력부대 노농혁명군 제1사단과 후난 농민군 1만여 명이 장시성 룽스에 도착했다. 마오는 몐현 일대에서 적의 추격을 저지해 주더 군을 엄호하면서 룽스로 회군했다. 마오와 주더, 천이는 룽장슈위안(龍江書院 용강서원)에서 처음으로 만나 감격적인 포옹을 했다. 마오는 "이번 후난-장시, 두 성의 적들이 끝내 당신들의 부대를 깨뜨리지 못했습니다. 쉬운 일이 아니지요"라고 말했다. 주더는 매우 감격해하며 "우리가 빠르게 부대 이동을 한 것은 모두 당신들의 엄호 덕분"이라고 고마움을 표시했다.

다음 날 룽장슈위안 문성각에서 공산당 노농혁명군 제4군 제1차 대표대회를 열고 마오와 주더, 천이 등 23명으로 군사위원회를 구성했다. 마오가 군사위원회 서기로 당선되었다. 5·4운동 9주년이 되는 5월 4일, 산자수명한 룽스가 유달리 시끄러웠다. 하늘이 희부예지면서 사람들이 사면팔방에서 몰려들었다. 룽장 강변 모래밭에 행사장이 마련되었다. 몇 개의 곡식통과 문짝으로 주석단을 만들고 대나무와 갈대로 엮은 자리 등으로 차양을 꾸몄다. 주석대 양쪽에는 각양각색의 깃발과 표어가 나붙었다. 전사들이 보무당당한 발걸음으로 행사장으로 들어왔다. 닝강, 수이촨, 융신, 링현 등지의 농민 군중들은 어깨에 긴 창을 둘러멘 채 홍기紅旗와 각종 표어가 적힌 작은 깃발을 들고 쉼 없이 흐르는 물처럼 행사장으로 들어왔다.

마오와 주더 부대의 합류를 경축하는 흥겨운 행사장은 환호와 웃음꽃이 만발해 환희의 물결을 이루었다. 오전 10시께 마오, 주더, 천이, 왕얼줘(王爾琢 왕이탁)와 근거지의 당정군黨政軍 각 방면의 대표들이 주석단에 올랐다. 천이가 대회 시작을 선포하자 나팔수 수십 명의 장엄한 군악을 시작으로 폭죽이 일제히 터지면서 행사 분위기가 한층 무르익었다. 천이는 두 부대 합류 뒤에 노농혁명군 제4군의 개편을 선포하고 군단장에 주더, 당대표에 마오, 참모장에 왕얼줘가 각각 임명되었음을 공표했다. 주더가 열렬한 박수소리를 받으며 주석대 앞에 나와 연설을 했다. [42]

"우리 당이 이끄는 두 부대 혁명무장 승리의 합류는 중국 무장혁명의 신기원을 이룩하는 의미를 갖는다. 이번 부대 합류로 우리의 역량이 크게 커졌다. 또 징강산의 근거지를 갖게 되었다. 우리는 부단히 적들을 타격하고, 부단히 혁명을 발전시켜나갈 것이다. 두 부대 합류로 더욱 단결해 전투력을 높여 적들을 철저하게 소멸시켜야 한다. 노농혁명군은 반드시 홍색 근거지를 보위하고, 군중의 이익을 보호할 것을 인민대중들에게 약속한다."

이어 마오가 등단해 주더와 마오 부대 합류(朱毛會師 주모회사)의 역사적 의의를 설명하고 앞으로의 전망에 대해 낙관적인 분석을 내놓았다.

"우리는 비록 수적으로나 장비로 볼 때 적들에게 미치지 못한다. 그러나 우리에게는 마르크스-레닌주의가 있고, 인민의 지지가 있다. 적을 이기지 못한다고 해서 겁내지 않는다. 적들은 손오공이 아니다. 설사 그들이 손오공이라고 해도 우리는 그들을 대응할 방법이 있다. 우리는 석가여래이기 때문이다. 그들은 부처의 손바닥을 벗어날 수 없다. 우리는 적들의 약점을 찾아내 병력을 집중하고 그 부분에 대해 집중공격을 할 것이다. 열 개의 손가락도 서로 크기가 다르다. 연꽃이 물 위에 필 때도 높낮이가 서로 다르다. 적들도 강한 곳과 약한 곳이 있다. 적의 약한 곳을 파고들어 맹공을 퍼부으면 이긴다. 그런 뒤에 우리는 적의 뒤로 물러나 술래잡기를 하면 된다. 이렇게 하면 우리가 주도권을 쥘 수 있고, 적을 우리 손바닥에 놓고 갖고 놀 수 있다."

5월 25일, 중앙은 '군사공작대강'을 공포했다. 종전의 '노농혁명군'의 명칭을 정식으로 '홍군'이라고 쓰기로 함에 따라 노농혁명군 제4군은 '홍군 제4군'이 되었다. 통상 '홍4군'으로 줄여 불렀다. 징강산 '주-마오' 부대의 합류는 주더와 마오가 각각 이끌었던 북벌전쟁의 빛나는 전통의 기의부대들이 한데 뭉쳐 홍군을 창건해 징강산 혁명 근거지의 군사력을 크게 증가시켰다. 이런 역량을 바탕으로 징강산 투쟁의 전성기를 열고, 홍군 건설과 혁명 근거지를 확대 발전시켜 무장투쟁의 새로운 장을 열었다는 점에서 공산당은 중요한 역사적 의미를 부여하고 있다.

마오와 양카이후이가 '혁명 부부'라면, 온갖 위험과 고생을 무릅쓰고 전쟁 연대에 살면서 인간 한계를 시험한 2만 5천 리 장정을 함께한 허쯔전(賀子珍 하자진)과는 '환난患難 부부'로 징강산에서 만났다. 1927년 10월, 마오는 징강산에 갓 들어와 위안원차이, 왕쭤의 녹림당과 무장투쟁 협력 방안을 논의하기 위해 이들의 초청을 받고 산채에 올라갔다가 위안의 소개로 허쯔전을 알게 되었다. 마오는 이날 낡고 해진 중산복에 붉은 수건을 목에 매었다. 비쩍 말라 키가 더욱 커 보였고,

광대뼈가 툭 튀어나오고 머리칼은 길게 늘어졌다. 피부는 비교적 검었고 낯빛은 다소 피곤한 기색이 묻어났으나 두 눈은 형형했다. 위안이 산채의 대소 두령을 소개하면서 옆에 있는 17세의 허쯔전을 마오에게 인사시켰다. 마오는 힘들고 고달픈 투쟁 환경의 징강산에 이런 젊은 처녀가 있을 줄은 생각지도 못했다. 게다가 우두머리급 반열에 있어 매우 놀랐다. 위안이 "융신현의 간부 허쯔전입니다"라고 그녀를 소개했다. 마오는 "당신의 딸이거나 어느 동지의 가족인 줄 알았습니다"라고 쾌활하게 웃으며 말했다. 위안은 "단지 17세 처녀로만 봐서는 안 됩니다. 지난해 공산당에 가입한 혁명간부"라고 치켜세웠다. 허쯔전은 부끄러워 고개를 숙였다. 마오는 "대단하오. 이후 우리 함께 잘 싸웁시다"라고 말했다.

마오는 징강산에 왔을 때 다리에 부상을 당해 부원산(步雲山 보운산)에서 치료하다가 마오핑의 바자아오러우(八角樓 팔각루)로 옮겼다. 그곳은 위안의 집과 이웃해 있었다. 마오는 때때로 마오핑 강변을 산책하는 등 집을 드나들 때 위안의 집 앞을 지나게 되었다. 공교롭게도 허쯔전은 위안의 부인과 가까워 때때로 그의 집에서 머물기도 했다. 그때 허쯔전은 학질에 걸려 몸이 허약했다. 어느 날, 허쯔전이 위안의 집 문 앞에서 햇볕을 쬐고 있었다. 마오가 지나가다가 보고 그에게 다가가 병세를 묻는 등 몇 마디의 말을 나누었다. 그 후 마오와 허쯔전은 한가할 때 얘기를 나누면서 무람없어졌다. 마오는 허쯔전의 신상과 그의 투쟁 경력을 알게 되었다. 허쯔전은 징강산 산록의 융신현에서 계수나무 꽃향기가 물씬 풍기는 가을에 태어났다.

허쯔전의 부모는 딸의 이름을 계수나무에서 따와 '구이위안(桂圓 계원)'이라고 지었다. 허쯔전은 학교에 다닐 때 이름이 너무 연약하다고 생각해 스스로 새 이름을 지었다. 착하고 진중하다는 뜻을 담은 '쯔전(自珍 자진)'으로 했다가 다시 '쯔전(子珍 자진)'이라고 바꾸었다. 허쯔전은 대혁명 당시 학교에 다닐 때 좌파로 1925년에 공청단에 가입했다가 이듬해 공산당원이 되었다. 그녀는 당의 명령에 따라 국민당에 가입해 당을 넘나들면서 현의 당무를 보았다. 부녀부장을 맡기도 했다. 허쯔전은 이후 위안원차이가 이끄는 농민자위군에 가입해 그들과 함께 '융신폭동'을 일으켰다. 폭동 성공 얼마 뒤에 후난과 장시의 국민당군이 연합해 공격해왔을 때 허쯔전은 적위대를 이끌고 융신현 남문성에서 적 1개 특무대대를 격파해 100여 정의 총을 노획했다. 그러나 국민당군이 맹공을 퍼붓고, 백색 테러가 횡행해 위안원차이 등 폭동부대가 징강산으로 들어갈 때 허쯔전도 따라갔다.

마오는 허쯔전의 용감한 혁명 정신에 감탄해 호감을 갖게 되었다. 이때의 허쯔전은 몸매가 날씬한 데다가 청초하고 아름다운 얼굴에 큰 눈망울이 반짝거려 많은 사람들을 사로잡아 융신의 한 떨기 꽃이라는 '일지화一枝花'의 별호를 얻었다. 마오는 어느 날, 허쯔전을 만나 "당신은 좋은 동지고, 좋은 처녀다. 나는 당신을 좋아한다"고 사랑을 고백했다. 마오는 살아온 이력과 신상에 대해 이야기했다. 34세이고 결혼했으며, 후난의 집에 부인과 세 아이가 있다고 했다. 마오는 집안 얘기를 할 때 침통해했다. 멀리 떨어져 연락이 끊긴 지 오래되어 그들이 살았는지 죽었는지 모른다고 했다. 마오는 또 부인 양카이후이가 후난의 반동분자들에게 잡혀갔다고 들었는데, 이 세상 사람이 아니라는 얘기도 들었다고 했다. 하지만 사실인지 아닌지 모른다고 했다.

허쯔전은 마오의 솔직담백한 얘기에 감동했다. 서로 다른 이력과 신상이었지만 그들의 마음은 공명을 일으켰다. 서로 애모愛慕하는 마음은 부지불식간에 한 덩어리가 되었다. 허쯔전은 마오가 일이 과중해 생활을 스스로 살피지 못한다고 여겼다. 그는 마오를 존경하고 동정하면서 더욱 사랑하는 마음이 생겨났다. 마오와 허쯔전은 날이 갈수록 서로 마음이 통하고, 정이 깊이 들면서 사랑이 싹터 마침내 결혼하기에 이르렀다. [43]

결혼식은 간단하게 치렀다. 마오의 나이 34세, 허쯔전 18세였다. 가장 기념할 만한 선물은 허쯔전이 등잔불 밑에서 정성스럽게 한땀 한땀 수놓은, 마오가 어깨에 멜 수 있는 서류가방이었다. 이 수제품은 허쯔전의 혁명에 대한 열정과 마오에 대한 사랑, 그리고 좋은 인연을 축원하는 선물이었다. 마오는 이 서류가방을 행군하거나 작전할 때 항상 어깨에 메고 다녔다. 허쯔전은 결혼 후에 마오의 손발이 되어 징강산에서 구하기 힘든 신문들을 스크랩하고 마오가 글을 쓰거나 서류를 작성할 때 필요로 하는 각종 자료들을 수집하는 일을 도맡아 했다.

마오는 1931년 간난(赣南 감남)회의에서 잘못된 노선을 이끌었다는 비판을 받아 소비에트 중앙국 대리 서기직을 박탈당하고, 이듬해 닝두(寧都 영도)회의에서 홍군 제1방면군 총정치위원직을 해직당해 우울한 세월을 보냈다. 허쯔전은 이때 막 아이를 낳아 허약한 몸임에도 마오가 심기일전하도록 온갖 정성을 다했다. 쭌이(遵義 준의)회의 이후에 마오가 전당전군의 주요 지도자가 되면서 일이 크게 늘어났다. 허쯔전은 비서가 아니었지만 마오를 돕기 위해 전보를 필사하거나 서류를 정리하는 등 바쁜 나날을 보냈다. 어떤 때는 자신의 무릎을 책상 삼아 일하는 경우도 흔했다. 허쯔전은 장정을 하면서 어린 아들 마오마오(毛毛 모모: 실종됨)를 떼어놓은 채 갈 수밖에 없었고, 장정 중 낳은 아이(실종됨)는 현지인에 맡길 수밖에 없는 등 어머니로서 험난한 삶을 살았다. 그는 모두 5명의 자녀를 낳았으나 죽고 실종되어, 장정이 끝난 뒤 산베이(陝北 섬북)에서 낳은 딸 자오자오(嬌嬌 교교: 마오가 '리민 李敏'으로 개명함)만 슬하에 두었다. 허쯔전은 비교적 평온한 생활이 보장된 옌안에서 마오와 '환난 10년의 부부생활'을 청산했다. 허쯔전이 마오의 불륜을 들어 당에 조사를 요구한 사건 때문이었다.

1927년 4월 12일, 장제스는 쿠데타를 일으켜 난징(南京 남경)정부를 수립하고 국민당 좌파 정부인 왕징웨이의 우한정부를 무너뜨려 권력을 오로지하면서 베이징 북양군벌에 대한 제3차 북벌에 나섰다. 장제스는 1928년 2월에 허난성(河南省 하남성) 일대를 장악한 군벌 펑위샹(馮玉祥 풍옥상), 산시성(山西省 산시성)을 기반으로 한 군벌 옌시산(閻錫山 염석산)과 연합해 최대의 군벌인 펑톈(奉天 봉천)군벌 장쭤린(張作霖 장작림)을 공격했다. 장쭤린은 일본이 지지를 철회하자, 이들 연합군에 패배해 베이징과 톈진을 포기하고 산하이관(山海關 산해관)을 거쳐 만주로 후퇴하던 중 6월에 그가 탄 열차를 일본군이 폭파시켜 그 자리에서 폭사했다. 그의 아들 장쉐량(張學良 장학량)은 국민당군에 합류했다.

베이징에 입성한 장제스는 겉으로 중국 전역을 장악한 것처럼 보였다. 장제스는 북쪽의 수도라는 뜻의 베이징(北京 북경)을 '북쪽의 평화'라는 의미로 베이핑(北平 북평)으로 바꾸었는데, 1949년 10월에 마오가 신중국을 창건하면서 다시 베이징으로 고쳐 부르게 되었다. 장제스는 신해혁명 기념일인 1928년 10월 10일에 내

란과 군벌 시대의 종언을 선언해 난징정부가 중앙정부임을 천명했다. 하지만 중국 곳곳에서 군벌들의 통치가 여전했고, 북벌 과정에서 새로운 군벌이 생겨나기도 했다. 이때 생겨난 신군벌은 광시(廣西 광서)군벌로 급성장한 리쭝런(李宗仁 이종인)과 바이충시(白崇禧 백숭희)였다. 이들은 근거지 광시뿐만 아니라 구이저우와 후난, 후베이까지 장악했다. 군벌 리지선(李濟深 이제심)은 광둥성을 통치하고 있었다. 구군벌 양썬(楊森 양삼)은 쓰촨성, 옌시산은 산시성, 펑위샹은 허난성, 장쉐량은 만주 등을 관할했다. 장제스는 국민당에 합류한 이들에 대한 지역 통치권을 사실상 인정해 군벌들의 할거 양상은 그대로였다. 여기에 중앙에서 멀리 떨어져 있는 지방의 경우에 윈난은 가로회哥老會의 우두머리였던 독군 룽윈(龍雲 용운)이, 쓰촨 남부지역에서는 숙질간인 군벌 류샹(劉湘 유상)과 류원후이(劉文輝 유문휘), 티베트는 군벌 성스차이(盛世才 성세재)가 각각 장악해 난징정부의 통치 사각지대였다. **44**

　여기에 공산당은 '혁구革區', '소비에트 근거지', '혁명 근거지', '해방구', '공산당 근거지' 등의 이름으로 장악한 지역을 자치지역으로 통치하고 있었다. 최초의 근거지이자 가장 영향력이 큰 곳이 마오와 주더가 합류한 징강산 근거지였다. 이들은 6개현으로 구성된 이 지역에 소비에트 정부를 건립하고 세력을 키워나가고 있었다. '소비에트'라는 용어는 중국공산당이 러시아 10월혁명을 추구하고 소련의 지원과 영향력, 호감 등을 고려해 따다가 쓴 것으로 이 지역 안에서 독자적인 통치권을 행사함을 뜻했다. 공산당의 소비에트 구역은 징강산 이외에 후베이성 서부는 허룽(賀龍 하룡), 동부에서 출발한 쉬하이둥(徐海東 서해동)은 후베이, 허난, 안후이성, 즉 '어-위-완(鄂豫皖 악예환)' 변계에 소비에트를 만들었다. 나중에 장궈타오와 쉬샹첸(徐向前 서향전)이 이 지역을 관할했다. 팡즈민(方志敏 방지민)과 사오스핑(邵式平 소식평)은 푸젠성(福建省 복건성)에 인접한 장시성 동북 경계지역에서, 펑파이(彭湃 팽배)는 광둥성 하이루펑(海陸豊 해륙풍)에서, 덩쯔후이(鄧子恢 등자회)와 장딩청(張鼎丞 장정승)은 푸젠성 서부에서 각각 소비에트를 만들었다.

　이처럼 장제스의 4·12쿠데타 이후에 지하로 잠적했던 공산당이 중국 각 지역에서 세력을 넓혀가고 있었다. 장제스는 1928년부터 공산당에 대한 공격 준비에 나서기 시작했다. 과녁은 징강산이었다. 기원전 3세기에 한나라의 유방과 초나라 항우가 천하를 다툰 한초전漢楚戰이 20세기에 부활해 마오와 장제스는 장장 20여 년에 걸쳐 용쟁호투龍爭虎鬪의 생사를 건 전투를 벌이게 된다. 평생의 숙적 마오 와 장제스의 '축록전逐鹿戰'은 그 규모나 기간, 인명 살상, 이념적인 면 등에서 역 사의 유례를 찾아볼 수 없는 전쟁으로 기록되고 있다.

장제스는 마오보다 여섯 살 위로 1887년에 저장성 평화(奉化 봉화)현 시커우(溪 口 계구)의 소금 유통업 집안에서 태어났다. 그는 어렸을 때 사숙에서 『논어』와 『맹자』 등 사서삼경을 공부했다. 장제스는 톈진 바오딩(保定 보정) 속성학당을 거 쳐 일본으로 건너가 군인 양성학교인 싱후(振武 진무)학교를 졸업하고 일본 포병 부대에서 근무했다. 장제스는 1907년 20세 때 쑨원의 동맹회에 가입했다. 1911년 신해혁명 때에는 항저우(杭州 항주) 기의를 일으켜 결사대를 이끌고 저장(浙江 절 강) 순무아문巡撫衙門을 공격해 순무아문 쩡윈(曾韞 증온)을 사로잡았다. 장제스는 이어 호군滬軍 도독부 천치메이(陳其美 진기미)가 통솔한 부대의 제2사단 제5연대 여단장에 임명됐다. 그는 1913년 쑨원을 따라 위안스카이(袁世凱 원세개)에 반대 하는 '2차 혁명'에 참가했다. 장제스는 수차례 무력으로 위안스카이에 저항해 대 총통 위안스카이가 전국에 체포령을 내려 죽음의 고비를 여러 번 넘겼다. 장제스 는 29세가 되면서 중화혁명군 동북군 참모장, 대원수부 참군, 광둥군 제2지대 사 령관, 광둥군 제2군 총참모장 겸 전적지휘, 구이린(桂林 계림) 북벌군 대본영 참군 겸 제2참모장, 동로토적군 총사령부 참모장, 육해군 대원수행영 참모장 등을 역 임했다.

1919년에 쑨원이 재조직한 국민당의 권력 지형은 우익을 대표하는 마르크스주 의 이론가 후한민(胡漢民 호한민), 해외 자본가 출신의 아들인 랴오중카이(廖仲愷 요중개), 좌익을 대표하는 무정부주의자였던 왕징웨이(汪精衛 왕정위)로 3분되어 있었다. 영풍함永豐艦 사건은 장제스가 인생항로를 수직상승으로 바꾸는 일생일 대의 기회였다. 임시 대총통 쑨원이 1922년 5월 6일 사오관(韶關 소관)에서 북벌 北伐을 선언했을 때였다. 쑨원의 대본영 육군부장 광둥군벌 천지융밍(陳炯明 진형 명)이 반란을 일으켜 총통부를 대포로 포격하는 등 공격에 나섰다. 쑨원은 가까스로 사지死地를 벗어나 영풍함으로 탈출해 전투를 지휘했다. 장제스는 당시 저장성 닝보(寧波 영파)의 옛집에 있다가 쑨원이 "사태가 긴급하다. 급히 돌아오라"는 긴급 전보를 받고 곧바로 눈물을 뿌리며 사내대장부 한 번 가면 돌아오지 않겠다는 비장한 결의로 달려갔다. 장제스는 반군 점령지역을 비밀리에 돌파해 영풍함에 오를 수 있었다. 죽음을 무릅쓴 장제스의 이런 행동은 쑨원을 감동시켜 깊은 인상을 남겼다. 반군들은 대포와 비행기, 기뢰 등 육해공 입체작전으로 공격을 퍼부었다. 장제스는 쑨원의 곁에서 작전계획을 세우고 전투를 독려하며 수없이 삶과 죽음을 넘나들었다. 쑨원과 장제스는 찌는 듯한 혹서酷暑 속에서 악전고투의 전투를 벌이며 50여 일을 함께 지냈다. 쑨원과 장제스 관계의 중대한 변곡점이 되었다. 장제스는 종전의 친밀한 추종자에서 생사를 같이한 쑨원의 최측근 조수助手로 두각을 나타내기 시작했다. 장제스는 쑨원의 전폭적 지원에 힘입어 출세가도를 달렸다. 1923년 9월에 기라성 같은 국민당 선배들을 제치고 '쑨이셴(孫逸仙 손일선: 일선은 쑨원의 호) 박사 대표단' 단장에 선발돼 비밀리에 소련을 3개월 동안 시찰하기도 했다.

1924년 1월 20일 국민당 제1차 전국대표대회가 광저우(廣州 광주)에서 열렸다. 제1차 국공합작이 이뤄져 리다자오를 비롯한 26명의 공산당원들이 대회에 참석했다. 마오쩌둥은 30일에 열린 대회에서 국민당 1기 후보 중앙집행위원회 17명 중 한 명으로 당선됐으나 장제스는 이름조차 거명되지 못했다. 소련과 코민테른의 영향력이 쑨원에 미쳤기 때문이었다. 쑨원은 대회 기간인 24일에 장제스를 소련의 지원을 받아 설립하는 육군군관학교(황푸군관학교) 준비위원회 위원장으로 임명했다. 이어 2월에 국민당 본부 군사위원회 위원으로 선임했다. 장제스가 국민당에서 처음으로 맡는 직무였다. 그런데 국민당 대표대회를 지켜본 장제스는 쑨원에 대한 원망과 분노가 치밀어 사표를 내고 고향으로 돌아갔다.

장제스는 사직서에서 "우매하고 비루해 직을 감당할 수 없으니 현명한 인재를 따로 선발하시기 바랍니다"라고 에둘러 울분을 표시했다. 쑨원은 사직서를 반려했으나 장제스는 꿈쩍도 하지 않다. 쑨원은 25일 덩옌다(鄧演達 등연달)를 장제스 고향 평화 시커우로 보내 설득했으나 묵묵부답이었다. 국민당 원로이자 설립

할 황푸군관학교 당대표인 랴오중카이(廖仲愷 요중개)는 전보를 보내 직무를 맡을 것을 재촉했고, 쑨원은 중앙 집행위원회 비서처가 장제스에게 보낸 공문에 친필로 광저우로 돌아와 직을 수행할 것을 간곡하게 권유하는 글을 썼다. 쑨원은 장제스가 미동조차 하지 않자 29일 다시 전보를 보내 "사직 비준을 거부한다. 어찌 불쑥 그렇게 하는가. 곧바로 돌아오기 바라며 늦지 말라"고 질책했다. 그래도 반응이 없자 랴오중카이는 잇따라 7차례 전보를 보냈고, 국민당 원로 후한민(胡漢民 호한민), 리지선(李濟深 이제심) 등이 잇따라 전보를 띄웠다. 이때 황푸군관학교는 응시생 3,000여 명 중 499명을 뽑아 놓고 개교를 서두르고 있었다. 세월아 네월아 하던 장제스는 쑨원이 4차례, 랴오중카이가 8차례 전보를 띄우자 그때서야 몸을 움직여 4월 21일 광저우에 왔다. 황푸군관학교는 6월 16일 정식 개학했다. 역사의 아이러니지만 황푸군관학교는 장제스가 황푸계 군사집단을 양성해 22년간 중국을 쥐락펴락하며 권력을 휘두를 수 있었던 출세 기반이 되었다.

장제스는 정치적 책략에 발군의 능력을 보였다. 1924년 10월에 광둥군벌 천지융밍 토벌작전에 나섰다. 장제스가 군 생활 중 처음으로 독자적 군대를 지휘하는 전투였다. 그러던 중 1925년 3월 12일에 쑨원이 베이징에서 간암으로 병사했다. 장제스는 진중에서 쑨원에 대한 제례를 지내고 장병들에게 "우리들 총리는 중화민국의 국부다"라고 연설하는 등 가장 빨리 쑨원을 국부國父라고 부르는 민첩성을 보였다. 1925년 7월에 소련과 코민테른 지원 아래 국민당 군대를 개조할 때 장제스는 자신의 옛 상관이자 광둥군 총사령관으로 국민정부 육군부장 쉬충즈(許崇智 허숭지)를 랴오중카이 암살 혐의 배후로 겁박한 뒤 광저우에서 몰아냈다. 이로부터 장제스는 쉬충즈의 광둥군과 푸젠(福建 복건)군을 자신의 휘하에 거느려 광둥성의 새로운 군부 실력자로 군권을 장악하기 시작했다. 쑨원이 죽은 뒤 장제스는 1926년 3월 20일에 '중산함中山艦 사건'을 일으켜 국내외를 놀라게 했다. 지금도 베일에 싸인 중산함 사건은 공산당원인 해군국 대리국장 리즈룽(李之龍 이지룽)이 중산함을 황푸로 이동한 것을 빌미로 리즈룽을 체포, 구금했다. 장제스는 무력을 동원해 항만 노동자파업 위원회를 포위하고, 황푸군관학교와 자신이 통솔하는 제1군의 공산당원, 그리고 황푸군관학교 정치부 주임 저우언라이를 체포해 연금시켰다.

장제스는 광저우 전역에 계엄을 실시했다. 소련과 코민테른은 좌파 장군으로 꼽은 장제스의 반공산주의와 반소련적 행위에 경악했다. 국민당 우파 쩌우루(鄒魯 추로), 셰츠(謝持 사지), 장지(張繼 장계) 등 원로들은 장제스를 새로 보는 계기가 되었다. 장제스는 이 사건을 통해 선택이 제한적인 소련과 코민테른을 주도적으로 조율하는 한편 국민당의 새 우파 우두머리로 확고하게 자리매김했다. 장제스는 국민당이 코민테른의 지원을 받아 1924년 5월에 설립한 군 간부 양성학교인 황푸(黃埔 황포)군관학교 교장을 맡았다. 8월에 랴오중카이가 암살되고, 그 배후로 지목된 후한민이 권력의 실세에서 멀어졌다. 국민당 내의 권력구조에서 우익을 대표하는 장제스의 입지가 열리기 시작했다.[45]

1926년 7월, 국민당은 쑨원 사후 제2차 북벌에 나섰다. 공산당원과 좌익세력으로 구성된 북벌군은 예팅과 소련 군사고문 갈렌의 지휘를 받으며 광둥성에서 우한 쪽의 북서쪽으로 치고 올라갔다. 또 북벌 총사령관 장제스가 이끄는 북벌군은 난징과 상하이로 향하는 북동쪽으로 진군했다. 우한을 점령한 북벌군은 왕징웨이를 정부수반으로 한 국민당 우한 좌파정부를 세웠다. 장제스는 장시성의 성도省都 난창에 사령부를 설치했다. 장제스는 1920년대 상하이에서 증권 중개업을 한 바 있어 친분이 있는 상하이 금융계 인사이자 마피아인 청방青幫과 홍방紅幫 우두머리들과 우호관계를 유지하고 있었다.

당시 상하이는 중국 최대의 항구도시로 상공업과 금융업이 발달하면서 영국과 프랑스 등 외국인들의 주요 활동무대였다. 또 1919년 이후에 노동운동의 중심지이기도 했다. 상하이 마피아 청방은 많은 도시 노동자들을 조종하고 있었다. 1927년 3월 18일, 공산당의 저우언라이가 주도하는 상하이 노동조합은 80만 명의 노동자를 동원해 총파업을 벌였다. 4일 만에 노조 행동대원들은 상하이에 주둔한 북양군벌 장쭝창(張宗昌 장종창) 부대를 북방으로 내쫓았다. 장제스의 북벌군은 전투가 끝난 3월 23일에야 상하이에 도착했다. 장제스는 국민당 우파와 상하이 자본가 그룹, 청-홍방 등 상하이 마피아의 지원을 받아 4·12쿠데타를 일으켜 국민당의 최고 실세가 되었다. 4월 18일, 장제스는 쑨원 국민당의 정통성을 내세워

'난징정부'를 세우고, 3개월 만에 우한 좌파 국민당 정부를 무너뜨려 국민당의 실
질적 지배자로 군림했다. 장제스는 그 뒤 북벌을 끝내고 공산당을 축출하기 위해
대규모의 포위공격 소탕전에 돌입한 것이다.

유격전

마오가 처음 징강산에 들어갔을 때만 해도 병력은 1천여 명이 채 되지 않았다. 주더와 마오 군이 합류하면서 병력이 1만여 명으로 불어났다. 이때 후난과 장시의 국민당군이 여러 차례 포위공격을 해왔다. 홍군은 처음 3년 동안 힘든 시기를 보냈다. 장제스가 다섯 차례의 대규모 포위공격 소탕전을 벌이기 직전에 홍군의 병력은 4만여 명으로 늘어났다. 장제스는 제1차 공격 때 10만 명, 제2차 공격 때 20만 명, 제3차 공격 때 30만 명, 제4차 공격 때 50만 명, 제5차 공격 때 100만 명 등 다섯 차례에 걸쳐 대대적인 공산당 포위공격 소탕전을 펼쳤다. 1930년 10월, 장제스가 제1차 포위공격 소탕전을 벌이기 전에 마오는 군중 동원 대회에서 전투 요령을 응집한 16자로 된 대련對聯을 써준 일이 있었다. 대련은 이러했다. **46**

적이 전진하면 우리는 퇴각한다(敵進我退 적진아퇴). 적이 멈춰 진을 치면 우리는 교란한다(敵駐我擾 적주아요). 적이 피로하면 우리는 공격한다(敵疲我打 적피아타). 적이 퇴각하면 우리는 추격한다(敵退我追 적퇴아추). 유격전에 승산이 있다. 빠르게 진격하고 퇴각한다(大步進退 대보진퇴). 적을 깊숙이 유인한다(誘敵深入 유적심입). 병력을 집중한다(集中兵力 집중병력). 각개격파한다(各個擊破 각개격파).

운동전으로 적을 섬멸하자.

홍군의 유명한 이 '16자결字訣'은 마오의 군사 전략적 지도사상을 고도로 응집해 개괄한 것이다. '16자결'은 주더와 마오가 인솔한 홍군이 유격전을 벌이면서 겪은 경험을 총결해 마오가 창안해낸 것이다. 마오가 수이촨(遂川 수천)성에서 전적위원회와 완안(萬安 만안)현위원회 연석회의를 주재할 때인 1928년 1월에 처음 거론했다. 그때에는 '적이 전진하면 우리는 퇴각한다/적이 멈춰 진을 치면 우리는 교란한다/적이 퇴각하면 우리는 추격한다' 등 12자였다가 이후 16자결로 완성되었다. 병력이 4만여 명으로 늘어나고 대규모의 적에 대항하기 위해 홍군은 유격전에서 운동전으로 전략을 바꾸면서 후반부 16자결이 만들어졌다. 장시성 중앙소비에트에 대한 장제스의 다섯 차례 소탕전에 맞서 세 차례는 마오가 부대를 지휘했다. 제4차 때는 주더와 저우언라이가 이끌었다. 네 차례에 걸친 반反 포위공격 소탕전은 모두 '적을 깊숙이 유인해 각개격파'하는 운동전을 벌여 승리했다. 1928년 말에 신중국 건국 후 10대 원수의 두 번째 자리에 오른 펑더화이(彭德懷 팽덕회)가 인솔한 대부대가 징강산에 합류해 홍군의 전력이 크게 강화되었다. 펑더화이는 앞서 7월에 후난성 군벌 허젠(何健 하건) 군단에서 근무하다가 핑장(平江 평강)에서 폭동을 일으켜 실패한 뒤 8천여 명의 군대를 이끌고 징강산에 들어왔다.

'유일대장군'
펑더화이

펑더화이는 마오보다 다섯 살 아래로 1898년 9월에 마오의 고향과 얼마 떨어져 있지 않은 후난성 샹탄(湘潭 상담)현의 한 농촌 빈농 집안에서 태어났다. 펑더화이는 6세 때 사숙에서 『삼자경』, 『논어』, 『맹자』, 『대학』 등을 배웠다. 8세 때 어머니가 세상을 떠나고 아버지가 병들면서 가세가 기울었다. 6개월밖에 안 된 넷째 동생은 어머니가 숨진 뒤 1개월 만에 굶어 죽었다. 10세 때 집안 생계를 떠맡아야 했다. 정월 초하루에는 집에 밥 지을 쌀이 없어 둘째 동생을 데리고 부잣집을 찾아가 동냥질하는 거지 노릇도 했다. 어떤 때는 70세 된 할머니와 네 살배기 셋째 동생을 데리고 구걸에 나선 적도 있었다. 산에서 나무를 해 시장에 팔아 근근이 연명했다. 엄동설한에도 짚신을 신고 나무를 했다. 펑더화이는 가족을 먹여 살리기 위해 물고기를 잡아 팔았고, 탄을 캐다 파는 등 닥치는 대로 일을 했다.

펑더화이는 어린 시절에 같이 사는 큰할아버지로부터 많은 영향을 받았다. 큰할아버지가 틈틈이 해주는 청나라 말 홍수전의 '태평군'에 관한 이야기를 비분강개하며 들었다. 펑더화이는 모두가 잘 먹고 잘 살려면 자기들만 아는 토호나 악질지주들을 타도하고 가난한 사람들을 도와야 한다는 마음이 싹텄다. 펑더화이는 10세 때부터 2년 동안은 부농인 류劉씨네 집에 가서 2마리의 소를 봐주면서 꼴 베는 일을 했다. 13세 때부터 2년 동안은 탄광에서 일했다. 탄광이 도산해 광산주가 달아나 노임을 한 푼도 받지 못하고 빈손으로 집에 돌아왔다. 펑더화이는 이때 부농과 자본가들이 일꾼들을 얼마나 잔혹하게 착취하는지를 알았다고 했다. 펑더화이가 15세가 되던 해에 큰 가뭄이 들어 기근이 심각했다. 굶주린 사람들이 폭리를 취하고 있는 대지주의 집에 찾아가 평상가격에 쌀을 팔 것을 간청했으나 거절당했다. 지켜보던 펑더화이는 기민들과 함께 대지주의 창고를 털었다. 그 일로 인해 외지로 도망가야 했다. 그는 달아난 샹인(湘陰 상음)현에서 제방 공사장의 인부가 되었다. 제방 관리들의 임금 착취가 얼마나 심한지를 몸으로 체험했다. 펑더화이는 훗날에 이런 유·소년기 때의 빈한하고 힘들었던 생활이 자신을 단련시켰고, 항상 이때의 생활을 기억해 부패하지 않도록 했으며, 가난한 인민들의 생활을 잊지 않았다고 회상했다. **47**

펑더화이는 18세가 되던 1916년 3월에 후난군(湘軍 상군) 사병으로 들어갔다. 그때는 북양군벌 독군 탕샹밍(湯薌銘 탕향명)이 성장으로 있었는데 대혁명을 진압하고 수없이 많은 사람을 죽여 후난 사람들이 축출운동을 벌이고 있었다. 쑨원과 광시 군대가 후난인을 도와 탕샹밍을 공격하고 있었다. 펑더화이는 "어떻게 부국강병을 해 나라를 구하겠는가 하는 기만적인 자산계급의 애국사상에 동감하고, 집안을 먹여 살리기 위한 것이 입대 동기였다"고 술회했다. 펑더화이는 후난 육군 제2사단 제3여단 제6연대 제1대대 제1중대에 이등병으로 들어가 원수까지 오른 입지전적 군 생활을 했다. 그때 제2사단장은 반쑨원파였고, 여단 연대장은 쑨원 옹호파였다. 1917년 북양군벌의 푸량줘(傅良佐 부량좌)가 새로운 독군으로 후난에 와 헝산(衡山 형산) 일대에서 후난군과 치열한 전투를 벌였다. 북양군 함대가 창장을 거슬러와 기습적으로 웨저우(岳州 악주)를 점령했다. 1918년 1월, 후난-광시 연합군은 후퇴할 수밖에 없었다. 이어 북양군벌 장징야오(張敬堯 장경요), 우페이푸, 펑위샹이 대거 후난에 진격해 후난-광시 연합군은 계속 후퇴했다.

1918년 7월, 펑더화이는 적진인 성도 창사에 들어가 북군(북양군벌)의 동향을 정탐하라는 대대장 위안즈(袁植 원식)의 지시에 몰래 살피다가 붙잡혀 거의 죽다시피

한 고문을 받고 보름 남짓 갇혀 있다 풀려났다. 펑더화이는 후난군이 4차례에 걸친 전투 끝에 북양군벌 장징야오를 물리칠 즈음 정식으로 소대장이 되었다. 후난군은 후난을 되찾았지만 군 내부는 갈등의 연속이었다. 펑더화이는 군 생활 6년을 청산하고 고향에 돌아와 농사를 지었다. 1922년 6~7월께 군대 동료이자 군내 비밀조직인 구빈회救貧會 회원 황궁뢰(黃公略 황공략)와 리찬(李燦 이찬) 등이 후난 육군군관 강무당에 함께 들어갈 것을 권유했다. 이들은 집에까지 찾아와 설득했다.

펑더화이는 시험에 합격해 소정의 과정을 거쳐 졸업한 뒤에 제6연대 제1중대장에 임명되었다. 1925년 가을에 들어서면서 후난군벌 내부 갈등이 첨예화하기 시작했다. 자오헝티와 허야오쭈(賀耀祖 하요조) 등의 군벌은 국민혁명군인 광둥의 북벌군과 탕성즈가 연계하는 것을 두려워해 탕성즈를 선제공격하여 격파할 것을 논의하는 등 군내 분위기가 흉흉했다. 펑더화이 부대는 국민혁명군인 탕성즈군에 가담하게 되었고, 우창(武昌 무창)성 남쪽을 공격하기로 했다. 우창성을 점령한 뒤 펑더화이 소속의 제1사단은 제35군단장 허젠(何鍵 하건)의 부대에 배속되었다. 펑더화이는 북양군벌 우페이푸의 잔당들을 소탕하라는 임무를 받고 사단 정치비서장 돤더창(段德昌 단덕창)과 위취안산(玉泉山 옥천산)에 진주했다. 위취안산은 송백松柏이 울울창창하고 지세가 험요했다. 『삼국지연의』에 묘사된 관운장이 현신했다는 성스러운 곳으로 규모가 큰 관제묘關帝廟가 있었다. 펑더화이와 돤더창은 관우 사당에 배알하러 갔다. 돤더창이 펑더화이에게 관운장을 어떻게 생각하느냐고 물었다. [48]

"관우는 봉건통치자들의 도구인데, 현재도 여전히 통치계급에 이용당하는 도구에 불과하다. 흥미 없다."

"어떤 일을 하는 것이 의미가 있다고 생각하는가?"

"노동자와 농민들을 위해 일하는 것이 뜻있다고 본다."

"국민혁명군의 최종 목적이 어떻게 될 것으로 보는가?"

"현재 매일 제국주의, 군벌, 탐관오리, 토호와 악덕지주를 타도하고 토지세를 25퍼센트 감세하라는 목소리가 나오지 않는가. 나는 당연히 경자유전(耕者有其田 경자유기전) 원칙을 실행하고 감세해야 한다고 생각한다."

"진정한 혁명가는 경자유전 원칙을 즉각 실행한다. 생산방식을 사유제에서 공유제로 바꿔 수요에 따라 일한 만큼 배분하는 공산주의 제도로 가야 한다. 공산당은 이런 이상을 실현하기 위해 투쟁하고 있다. 러시아 볼셰비키는 10월혁명을 승리로 이끈 뒤에 이미 일한 만큼 분배하는 제도를 실행해 계급착취를 소멸시키고 있다. 공산당원은 바로 이런 이상사회를 실현하기 위해 평생 분투한다."

공산주의를 설명한 돤더창이 펑더화이에게 물었다.

"국민당에 가입할 것인가?"

"가입 안 한다. 가입할 생각이 없다."

"왜?"

"당신, 이자들을 보지 않았는가? 탕성즈와 허젠 등등. 모두 군벌 대지주다. 불교를 믿는 척하면서 사람을 기만하고 있다. 허젠 등은 아편을 흡입하고 팔면서 제국주의와 결탁하고 있다. 토지감세도 반대하고 있다. 어느 구석에 혁명이 있는가?"

돤더창은 묵묵부답이었다. 펑더화이가 물었다.

"국민당 중앙당 상황은 어떤가?"

"장제스, 후한민, 쑨커(孫科 손과: 쑨원의 아들), 쑹쯔원(宋子文 송자문), 다이지타오(戴季陶 대계도) 등 모두가 가짜 혁명이고 반혁명분자다."

평과 돤은 2시간여 동안 기탄없는 대화를 나누었다. 평과 돤의 대화는 그 이후에도 계속되었다. 대화 내용은 펑더화이가 활동하고 있는 구빈회救貧會 회원들에게 전달되었다. 구빈회 회원들은 사병위원회士兵委員會를 조직해 야간학교 형식으로 운영했다. 실제적으로는 정치와 시사문제 등 일종의 의식화 교육이었다. 돤더창 정치비서장을 초청하는 강좌가 제일 많았다.

1927년 펑더화이가 소속한 제1사단이 웨이저우에 급파되었다. 며칠 뒤인 5월 21일에 마일馬日사변이 터졌다. 4·12쿠데타를 일으킨 장제스와 우한 국민당 좌파 정부수반 왕징웨이의 사주를 받은 쉬커샹(許克祥 허극상)과 허젠 등의 국민당 군벌이 후난성 창사를 포위공격해 노동조합과 농민협회의 공산당원, 회원들을 검거해 무자비하게 살해한 사건이었다. 1927년 9월 말, 여단장이 된 펑더화이는 공산당 가입을 적극 모색했다. 10월 14일 황혼 무렵에 특별위원인 장쾅(張匡 장광)이 평을 찾아왔다. 나이는 스물대여섯 살 되어 보였다. 펑더화이는 "당신의 이름을 안 지오래되었다"며 친근감을 표시한 뒤에 그가 주도한 이틀 전 쌍십절 공작을 칭찬했다. 펑더화이는 토호와 악질지주들에 대한 공격은 잘한 일이다, 그러나 큰 모험이었다, 군내 당 조직의 비밀이 폭로될 수도 있다며 조심해야 한다고 충고했다. 펑더화이는 그가 공산주의자라는 것을 알고 있었다. 펑은 이렇게 말했다. **49**

"나는 공산당원이 아니다. 군대 내에서 다들 나보고 국민당 좌파라고 한다. 나는 부인도 긍정도 하지 않았다. 국민당에 가입하고 싶지 않기 때문이다. 지난 1월 기념식장에서 저우판(周磐 주반)이 장교들은 모두 국민당 당원이라고 말했다. 회의도 없이 당비를 걷고 있지만 입당원서를 쓴 일이 없다."

장쾅이 긴장하는 빛을 보이자 펑더화이는 분위기를 누그러뜨리며 말을 이었다.

"긴장할 필요가 없다. 나는 공산당을 마음으로 지원하는 사람이다. 북벌전쟁 때 우창을 공격할 무렵부터 마일사변 전까지 돤더창 동지와 비교적 친밀했다. 그는 우리 사단 정치부 비서장이었다. 나에게 많은 도움을 주었다. 나는 그와 여러 차례 이야기하면서 공산당에 가입할 수 있도록 소개해달라고 간청했다. 그는 공산당 중앙이 제8군에 공산당원 확장을 결정하지 않았기 때문에 나의 간청을 들어줄 수 없다고 했다. 그를 보고 싶은데 마일사변 뒤 볼 수 없다. 나는 지금 공산당 가입이 절실하다. 국민당은 철두철미 반혁명집단이다."

며칠 뒤 장쾅이 펑을 찾아왔다. 돤더창 동지가 펑더화이의 공산당 가입을 추천했고, 특위위원들이 토론을 거쳐 공산당 입당을 통과시킨 뒤 성위원회에 보고했는데 비준하는 대로 알려주겠다고 말했다. 1928년 2월 하순께 펑더화이는 입당식을 열고 공산당원이 되었다. 그는 군내에 공산당지부를 설치해 서기가 되었다. 4월 말, 펑더화이 사단은 핑장(平江 평강)에 진주했다. 옌중루(閻仲儒 염중유) 여단은 현지의 토호와 지주들이 조직한 민단과 향단을 동원해 무자비하게 공산당원과 군중들을 살육했다. 농민 유격대들은 계속 저항했다. 옌 여단 부대원들과 민단 패거리들은 가옥에 불을 지르고, 소나 돼지, 닭 등 주민들의 가축을 약탈하는가 하면 농민들의 물건을 보는 대로 빼앗아 토비들보다도 악랄했다. 주민들은 이런 만행에 치를 떨면서도 두려움으로 숨을 죽이다가 펑더화이의 사단장 저우판이 핑장에 들어올 때 70여 만 명의 인파가 거리에 쏟아져 나와 '부모가 살아 다시 돌아온 것'처럼 환영했다. 펑더화이는 공산당원이 계속 검거되고 군 동료 황궁퉤마저 체포되자, 후난성위원회에서 특파한 텅다이위안(騰代遠 등대원) 등과 함께 7월 22일에 기의起義를 일으켜 펑장을 개혁하기로 결의했다. 펑더화이는 7월 22일 오전 10시 30분에 펑장 동문 밖 제1대대 연병장에서 펑장기의 출정식을 열었다. **50**

펑더화이는 연단에 올라 사자후를 토했다.

"우리는 노동자와 농민에 복무하고, '노동자 · 농민 · 군인'의 혁명정부를 세우고 노농홍군을 창설한다. 장 · 사병은 평등하고 장교는 사병위원회에서 선거한다. 공산당을 옹호하고, 지주들의 토지를 몰수하여 경자유전 원칙을 실천한다. 지금 펑장 현청으로 진격해 경비단 등 국민당군을 토멸하고 일체의 반혁명기관을 해산시킨다. 구속된 인민군중을 석방하고 반혁명분자를 체포해 법의 심판을 받도록 한다. 우리는 용감하고 견결하게 혁명 임무를 완수하자. 제국주의와 국민당 정부를 타도하자!"

펑더화이의 봉기군들은 붉은 띠를 머리에 두르고 오후 1시에 현청으로 진격해 3시께 현청을 점령했다. 펑더화이는 23일 오후에 텅다이위안을 홍5군 당대표로 성위원회에 건의했다. 다음 날 오전에 열린 사병위원회에서 펑더화이는 홍5군 군사령관 겸 제13사단 사단장으로 선출되었다. 덩핑(鄧萍 등평)은 참모장이 되었다. 7월 25일, 국민당군이 펑장성으로 쳐들어 왔다. 27일에는 성 밖에서 양쪽이 치열한 전투를 벌였다. 다음 날, 펑더화이는 성으로 공격하던 국민당군 300여 명을 살상했으나, 펑 쪽도 수십여 명이 죽었다. 펑더화이는 중과부적으로 펑장성을 내주고 철수하기로 했다. 펑더화이는 징강산의 '주-마오' 부대와 합류하기 위해 8월 장시성 쪽으로 남하하면서 슈수이(修水 수수)성을 공격해 국민당군 1개 대대를 궤멸시키고 민단원 200~300명을 사살했다. 펑더화이는 국민당군의 공격을 뿌리치고 8천여 명의 홍5군을 인솔해 징강산에 도착했다.

1929년 1월 초, 후난과 장시성의 국민당군이 징강산 근거지에 대한 포위공격 소탕전에 나섰다. 마오는 1월 4일, 닝강 바이루(柏路 백로)촌에서 전적위원회, 각 현위원회, 홍군 제4, 5군 군사위원회 연석회의를 열었다. 마오는 이 자리에서 '위나라를 포위하여 조나라를 구원한다(圍魏救趙 위위구조: 위나라를 포위하여 조나라를 구함. 즉, 포위군의 근거지를 공격해 포위당한 우군을 구출하는 계책)'는 전략을 세워 홍4군 주력부대가 장시성 남쪽으로 우회한 뒤, 적을 공격하고 홍5군과 홍4군 제32연대가 징강산을 지키기로 했다. 1월 14일에 마오와 주더, 천이는 3천6백여 명의 홍4군을 이끌고 츠핑(茨坪 자평)을 출발해 장시성 남쪽으로 진군했다. 엄동설한의 맹추위가 기승을 부렸다. 행군 부대 앞쪽에는 국민당군이 길을 막고 있고, 뒤에서는 적군이 추격하는 어려운 상황에 부닥쳤다. 주-마오 부대는 눈보라를 맞으며 산을 넘고 재를 넘는 고난의 행군을 하며 매일 10여 리를 진군했다. 어떤 때는 부대원들이 밥을 짓는 사이 적군이 들이닥쳐 전투를 벌이기도 했다. 2월 2일, 부대가 쉰우(尋烏 심오)현 탄전(潭圳 담수) 마을에 숙영했다. 다음 날 새벽에 아침 식사를 준비하고 있는데 갑자기 총소리가 가까워지고 있었다. 장시성 국민당군 류스이(劉士毅 유사의)와 라이스황(賴世璜 뢰세황)이 인솔한 2개 연대가 마을을 포위했다. 절체절명의 순간이었다. 이때 주더와 부인 우뤄란(伍若蘭 오약란)은 방 안에서 총소리를 듣고 포위당한 사실을 직감했다. 우뤄란은 주더에게 남아서 엄호할 테니 빨리 포위망을 뚫고 탈출하라고 재촉했다. [51]

주더는 배 속에 아이를 갖고 있는 부인을 남겨놓고 혼자 탈출할 수 없었다. 부부가 설왕설래하는 사이 10여 명의 국민당군들이 총을 들고 주더 부부가 묵고 있는 방 쪽으로 돌진해 왔다. 우뤄란은 순간 기지를 발휘해 그들이 방으로 들어오기 전에 재빨리 주더의 모제르총을 빼앗아 주더를 겨냥하더니 그들이 보는 앞에서 "여태 여기에서 뭐 하느냐, 빨리 주더 사령관에게 세수할 뜨거운 물을 갖다 드려라"라고 큰 소리로 명령했다. 주더는 몸을 빼 바깥으로 나가려 했으나 이들이 총으로 막았고, 다른 장교 차림의 군인이 우뤄란의 총을 빼앗았다. 그는 우뤄란에게 주더를 손으로 가리키며 "누구냐"고 물었다. 우뤄란은 "취사반장"이라고 대답했다. 그들이 주더를 보니 사병 군복을 입고 있는 데다가 얼굴이 수염투성이여서 높은 사람 같지 않아 보였다. 그들은 우뤄란에게 "주더가 어디 있느냐"고 물었다. 우뤄란은 "뒤쪽 방에 있다"고 손으로 뒤쪽을 가리켰다. 이들은 큰 공을 세울 기회가 왔다며 "옳다구나" 하고 후다닥 바깥으로 뛰어나갔다. 주더는 조그만 물통을 들고 잽싸게 방을 나갔다. 우뤄란도 뒤따라 나가려 했으나 이들이 쏜 총탄에 다리를 맞아 그 자리에 쓰러져 붙잡혔다. 주더는 마오가 있는 군 지휘부로 달려가 경호대와 함께 마오를 엄호하며 뒷문으로 탈출했다. 우뤄란은 1926년에 공산당에 입당해 후난폭동에 참여했고, 주더와 함께 징강산에 들어왔다. 그녀는 전적위원회 노농 운동위원으로 있으면서 군중 공작업무뿐만 아니라 전투도 잘했다. 우뤄란은 항상 몸 좌우에 활을 차고 다녀 '노농홍군의 쌍권총 여협'이라는 별칭을 얻었다. 국민당군들은 우뤄란에게 중요 기밀을 빼내기 위해 공중에 매달아놓고 때리거나 고춧가루 물을 코에 붓는 등 온갖 고문을 했으나 굴복시키지 못했다. 회유도 했다. 공산당을 탈당하고 주더와 부부관계를 끊는다는 공개성명을 하면 목숨을 살려주겠다고 했다. 우뤄란은 단호했다. [52]

"꿈을 깨라. 공산당원은 죽는 것을 두려워하지 않는다. 내가 너희들에게 고개를 숙인다면 서쪽에서 태양이 떠오를 뿐만 아니라 간(灨 감)강의 물이 거꾸로 흐를 것이다."

2월 12일, 우뤄란은 간저우청(灨州城 감주성)에서 총살되었다. 26세였다. 국민당군은 우뤄란의 배를 갈라 태아를 빼내 칼로 저미는(肉醬 육장) 천인공노할 만행을 저질렀다. 그의 주검은 간저우청에 3일 동안 효시되었다. 주더는 눈꽃이 하늘 가득 춤출 때 한 줄기 난꽃이 시들어 떨어지는 겨울날, 우뤄란의 효시 소식을 듣고 비처럼 쏟아지는 눈물을 뿌리며 부인을 추모하는 시를 썼다. [53]

맑고 그윽한 난초꽃 향기 높은 나무 숲 아래 뿜어져 나오네. 변함없이 스스로 뭇풀 곁에 뿌리를 휘감고 있구나. 설사 음미하는 사람 없다 하더라도, 의연하게 스스로 향기를 머금는 구나.
幽蘭吐喬林下, 仍自盤根衆草傍. 縱使無人見欣賞, 依然得地自含芳.
유란토교림하, 잉자반근중초방. 종사무인견흔상, 의연득지자함방.

주더는 우뤄란의 처참한 죽음이 평생 한이 되어 고통 속에 살았다고 한다. 주더는 부인의 이름 끝 자인 '난蘭'의 난초를 우뤄란으로 생각하며 평생 동안 지독하게 난을 사랑했다. 주더는 집에서는 물론 출장을 갈 때도 곁에 항상 난을 갖고 다니며 홀로 난을 보면서 부인을 그리워했다.

1929년 3월, 주-마오 부대는 징강산을 떠나기로 했다. 징강산 지역이 빈한하고 홍군 합류부대가 늘어난 데다가 국민당군의 봉쇄로 식량과 물자 공급 등이 어려워 새로운 근거지가 필요했기 때문이다. 이들 홍군은 장시와 푸젠성의 경계에 있는 광둥과 가까운 지역으로 가고 펑더화이가 징강산을 지키며 후위 방어를 하기로 했다.

남녘의 봄바람이 온 산에 푸른 기운을 불어넣고 있었다. 마오는 그런 계절인 1929년 3월, 홍4군을 이끌고 정들었던 징강산을 떠났다. 마오는 처음으로 남쪽인 푸젠성 쪽으로 홍4군을 전개하면서 귀펑밍(郭鳳鳴 곽봉명)의 비군匪軍 3천여 명을 전멸시키고 그를 죽였다. 마오는 승기를 잡아 창팅(長汀 장정)성을 점령했다. 이 전투의 승리는 푸젠 서쪽 지방의 모든 형세를 바꿔놓아 장제스 통치 기반을 크게 흔들었다. 반면 공산당 지방당 조직과 인민들은 크게 고무되었다. 움츠러들었던 각종 혁명활동이 적극적으로 펼쳐졌다. 룽옌(龍岩 용암)현위원회는 '홍군이 룽옌에 오는 것을 환영하고 천궈후이(陳國輝 진국휘)를 타도하자!'는 플래카드를 걸어놓았다. 놀란 천궈후이는 밤을 도와 1개 여단을 바이투(白土 백토)에 급파해 민란에 대비했다. 하지만 융딩의 시난(溪南 계남)과 진펑(金豐 금풍)의 무장세력은 후레이(湖雷 호뢰)로 진격해 국민당군을 내쫓았다. 마오의 홍4군은 5월에 두 번째 푸젠 서쪽 지방으로 밀고 들어갔다. 천궈후이와 장전(張貞 장정) 등 비군은 광둥 군벌과 전투를 벌이고 있었다. 홍4군은 전광석화처럼 룽옌성과 칸스(坎市 감시)를 각각 점령했다. 홍4군은 상항上杭으로 진격해 바이사(白沙 백사)에 있는 루신밍(盧新銘 노신명)의 1개 연대를 궤멸시켰다. 다시 룽옌성을 공격해 천궈후이 부대원 3천여 명을 전멸시키는 대승을 거두었다. 천궈후이는 겨우 몇십 명의 부하만 거느리고 가까스로 탈출했다.

이로부터 푸젠성 서쪽 지역이 크게 안정되어 푸젠의 공산혁명은 새로운 전기를 맞게 되었다. 이 지역은 토지혁명 투쟁 강령을 만들어 토지 분배, 부채 탕감, 남녀

평등, 혼인 자유, 상점 보호, 반혁명 숙청, 혁명위원회와 적위대 건립 등을 실현해 갔다. 홍4군은 룽옌에서 제7차 당대표대회를 열어 주더가 인솔한 제2, 3군단이 다톈(大田 대전)과 더화(德化 덕화)로 진격하기로 결정했다. 제1군단은 푸젠 서쪽 지역인 융딩과 상항, 창팅 등에 병력을 나누어 주둔하면서 지방당과 무장세력을 도와 지주들의 무장대인 민단과 토비들을 공격하도록 했다.

마오는 푸젠 서부당이 개최한 제1차 당대표대회에서 근거지를 공고하게 장악하는 3대 조건을 제시했다. 첫째, 토지혁명을 심화시켜 실시하고 둘째, 철저하게 민단과 토비를 소멸해 노농무장을 발전시켜 물결이 번져가는 파도식으로 대외발전을 꾀하고 셋째, 당을 발전시켜 정부를 세우고 반혁명세력을 숙청하는 등의 내용이었다.

1929년, 1920년대의 마지막 겨울이 서서히 다가오고 있었다. 매섭게 몰아치는 삭풍이 쑤자포(蘇家坡 소가파) 산마루를 윙윙거리며 쉼 없이 핥고 지나간다. 불꽃처럼 타올랐다가 시들어버린 나무 이파리가 바람에 말려 세차게 흐르는 계곡물에 흩날린다. 이파리가 하나둘씩 물결에 실려 떠내려간다. 또다시 추운 겨울이구나! 주더는 지금 어디에 있을까. 부대원들에게 솜옷이나 입혀 겨울을 지낼 수 있는지. 천이가 상하이 중앙에 보고하러 간 지도 벌써 4개월이 지났구나. 언제쯤 돌아오려나.

마오는 이러저런 생각을 하며 홰나무 당 누각 아래를 거닐면서 담배를 피워 물고 깊은 상념에 젖었다. 마오가 홍4군과 전적위원회를 떠난 지도 벌써 4개월이 넘었다. 지난 7월, 악성 학질에 걸려 여기저기 전전하다가 쑤자포에서 몸조리를 하며 지방당의 일을 지도하고 있었다. 몇 차례 위중한 고비를 넘겼다. 이즈음 모스크바의 코민테른 본부는 마오가 '병사病死'한 것으로 잘못 알고 영문판 기관지 『국제신문통신』에 부고訃告를 실어 세계를 놀라게 했다. [54]

중국 소식에 따르면 중국공산당의 창시자이자 중국 유격대의 창립자이며 중국홍군의 창건자 중 한 사람인 마오쩌둥 동지가 오랫동안 폐결핵을 앓아오다 상태가 악화되어 푸젠 전선에서 서거했다. 이것은 중국공산당과 중국홍군 및 중국 혁명사업의 중대한 손실이다. 당연히 추호도 의심할 여지없이 적들은 기뻐할 것이다.

갑자기 덩쯔후이(鄧子恢 등자회)가 누각으로 뛰어올라왔다. 덩쯔후이는 "천이 동지가 돌아왔다"고 큰 소리로 외쳤다. 마오는 "아 ~" 탄성을 지른 뒤 덩쯔후이가 건넨 편지 겉봉을 뜯고 급히 읽었다.

중앙에서 돌아와 22일 사령부에 도착했습니다. 우리들 간의 쟁론은 정확하게 해결되었습니다. 제7차 당대표대회에서 제가 잘못을 저질렀습니다. 제8차 당대표대회 때 제가 끼어든 것은 더욱 큰 잘못이었습니다. 편지를 보고 귀대하시기 바랍니다. 우리가 마중하러 사람을 파견하겠습니다.

편지글은 비록 몇 자였지만 마오는 그 뜻을 헤아리고 있었다.
"천이야, 천이! 제7차 당대표대회 때 너희들의 그런 방법은 동의할 수 없었다."
내용은 이러했다. 홍4군의 주력부대가 징강산을 내려와 장시성 남쪽과 푸젠성 서쪽 지역을 전전하며 전투를 벌이면서 혁명 근거지를 만들어 상대적으로 안정적인 발전 환경을 일구어왔다. 마오와 주더 등은 새로운 형태의 인민군대가 어떻게 경험을 쌓을지 이론과 경험에 근거해 이런 방식을 채택했다. 그러나 인식이 일치하지 않아 늘 깊은 토론과 쟁론이 벌어졌다. 6개월여 전에 홍4군은 중앙으로부터 '2월 내신二月來信'을 받았다. 편지글은 이러했다.

객관적인 형세와 주관적인 역량을 평가해볼 때 비관적이다. 홍4군을 소부대로 쪼개 '후난-장시' 변계의 각 향촌으로 보내라. 주더와 마오 두 사람은 결연히 대오를 떠나 큰 목표를 위해 몸을 숨겨라.

'2월 내신'은 부대에서 격렬한 논쟁을 불러일으켰다. 5월 초, 막 소련에서 학습을 마치고 돌아온 류안궁(劉安恭 유안공)은 닝두(寧都 영도)에 도착해 홍4군에 배속되었다. 그는 얼마 뒤 임시 군사위원회 서기 겸 제4군 정치부 주임이 되었다. 류안궁은 임시 군사위원회를 주재하면서 "전적위원회는 행동문제에 대해서만 토론할 뿐 군대의 다른 문제에 대해서는 관여하지 말라"며 "마오가 '가부장적 전제', '서

124

기 독재', '스스로 원칙을 만들고, 중앙 지시에 복종하지 않았다"고 질책했다. 린뱌오(林彪 임표)도 마오에게 편지를 보내 주더가 '봉건적'이라고 비난했다. 혁명의 앞날에 대해 비관적인 여론을 퍼뜨렸다. 류안궁과 린뱌오의 이런 행위로 홍4군 간부와 전사들은 극도의 사상 혼란을 겪었다. 심지어 파벌 현상까지 나타났다.

마오는 린뱌오의 흔들리는 마음을 잡아주고 혁명에 대한 확신을 심어주기 위해 '작은 불씨가 광활한 들판을 태운다(星星之火 可以燎原 성성지화 가이요원)'는 내용의 편지를 린뱌오에게 보냈다. 전적위원회는 갈라진 의견을 해결하고 해이해진 기강을 바로잡기 위해 제7차 당대표대회를 열었다. 마오는 이 회의에서 자신이 주장한 당-군의 건립 방안이 받아들여질 것으로 생각했다. 하지만 회의를 주재한 천이는 오히려 당-군을 이끌어온 마오와 주더를 비판했다. 충직하고 온후한 성격의 주더는 듣기만 했다. 마오는 다시 한 번 각종 정치적 문제에 대해 자신의 주장을 편 뒤 "천이가 나에 대해 많은 비판을 하는 만큼 더 이상 변론을 하지 않겠다. 앞으로 어떤 방안이 맞는지 증명될 것"이라며 말을 아꼈다. 이 회의에서 마오는 중앙이 임명한 전적위원회 서기에 뽑히지 못하고 천이가 서기로 당선되었다. 마오는 분노를 억누르고 홍4군을 떠나 병 치료에 나선 것이다. 천이도 중앙에 업무 보고를 하러 상하이로 떠났다. 대리 전적위원회 서기가 된 주더는 제8차 당대표대회를 열었으나 이견을 좁히지 못한 채 격렬한 논쟁을 벌여 갈등의 골만 깊게 파였다.

이런 때 천이가 상하이에서 돌아와 자신의 잘못을 거리낌 없이 솔직하게 편지에 써 보낸 것이다. 마오는 깊은 감동을 받았다. 천이는 쑹위안(松源 송원)에서 주더를 만났다. 천이는 마오가 옳았고 그를 서기로 복직시키라는 것이 중앙의 지시라고 말했다. 이때 홍4군이 메이(梅 매)현을 공격하다가 광둥군벌과 광시군벌 간의 전투가 끝나 회군하던 광둥군의 반격을 받아 1천여 명의 사상자가 발생했다. 제2군단 사령관 류안궁도 전사했다.[55]

홍4군은 이 전투에서 참패해 큰 손실을 입었다. 간부들과 전사들은 마오를 그리워했다.

"만약 마오 대표가 있었더라면 이런 꼴은 당하지 않았을 것이다."

"마오 대표가 있을 때 부대도 많았고, 전투도 잘했고, 모두가 한마음이었다. 그런데 지금은……."

"우리는 마오쩌둥 동지가 홍4군에 돌아오기를 강력하게 요구한다!"

11월 28일 저녁 무렵, 마오는 말을 타고 딩저우에 도착해 주더와 천이를 반갑게 만났다. 환난을 같이 나눈 전우들이 한때 품었던 서운한 마음은 봄날에 눈 녹듯 사라졌다. 이날 소집된 전적위원회 확대회의에서 천이가 전달한 '9월 내신'의 내용은 이러했다.

"먼저 농촌 홍군이고 뒤에 도시 정권이다. 이것이 중국혁명의 특징이다. 이것은 중국 경제기초의 산물이다. 홍군의 존재를 회의懷疑하는 사람이 있으면 그 사람은 혁명의 실제를 이해하지 못하는 사람이다. 홍4군을 쪼개 분산해서는 안 된다. 홍군 발전과 전국의 정치적 영향에 막대한 위험이 따르기 때문이다. 당의 모든 권력은 전적위원회 지도기관에 집중된다. 이것이 정확한 것으로 절대 동요해서는 안 된다. 주-마오 동지는 전적위원회 공작을 수행한다. 마오 동지를 전적위원회 서기로 임명한다."

한 달 뒤인 12월 28일, 홍4군당軍黨 제9차 당대표대회가 구텐(古田 고전) 시베이(溪背 계배)촌 수광(曙光 서광) 소학교에서 열렸다. 마오는 정치 보고에서 이렇게 말했다.

"홍4군 당내에 비무산자 계급사상이 존재해 당의 정확한 노선을 집행하는 데 큰 걸림돌이 되고 있다. 이런 사상을 철저하게 바로잡지 않으면 중국의 위대한 혁명투쟁 임무를 부여받은 홍4군의 책임을 수행할 수 없다. 당의 조직 기초가 대부분 농민과 소자산계급 출신으로 구성되어 있다. 당의 지도기관이 당원들에게 이에 대한 정확한 노선의 교육을 시켜 단결해 견결한 투쟁을 할 수 있도록 해야 한다. 하지만 지도기관이 파당주의로 흘러 조직을 훼손시키고 당원들의 사기를 저하시키는 등 심각한 부작용을 연출해 당의 확대 발전을 저해하고 있다. 이런 잘못된 지도기관의 정확한 사상 결핍을 바로잡아야 한다."

1930년 4월, 국민당군 공격으로 징강산을 떠나 장시성 남부에서 활동하던 펑더화이의 홍3군단은 루이진(瑞金 서금)에서 주더의 홍군 주력부대와 다시 합류했다.

1930년 6월, 주더의 홍1군단과 펑더화이의 홍3군단이 합쳐 홍군 제1방면군을 편성했다. 주더가 총사령관, 마오가 정치위원이 되었다. 이때 마오는 홀연 중앙 지도자 리리싼의 명령을 받았다. 마오가 홍1군단을 인솔해 난창을 공격하고, 펑더화이의 홍3군단이 창사로 진격해 두 도시를 빼앗은 뒤 두 군단이 우한에서 합류하라는 내용이었다. 마오는 이 명령을 받고 중앙이 또 잘못된 지휘를 하고 있다고 통탄했다. 마오는 지난해 후난성위원회가 양카이밍(楊開明 양개명)과 두슈징(杜修經 두수경)을 파견, 지휘를 잘못해 홍4군이 실패한 8월의 후난성 봉기를 떠올렸다. 1년여의 힘든 노력 끝에 겨우 이런 국면을 꾸렸는데 리리싼이 난창과 창사성의 대도시를 점령하라는 것은 불을 지고 섶으로 뛰어드는 거나 다름없었기에 마오는 고통스러워했다. 난창과 창사는 장시와 후난성의 성도로 국민당군이 최신 무기와 장비, 월등한 병력으로 철통같이 방비하고 있었다. 홍군이 보유한 낡은 장비와 중과부적인 병력으로는 일패도지가 불 보듯 뻔했다. 하지만 당중앙의 책임자 리리싼의 명령이 아닌가? 가지 않으면 항명이고, 이것은 공산당의 철칙인 기율이 용납할 수 없는 일이었다.

특히 마오가 난감해한 것은 리리싼이 파견한 특사가 직접 장시성 싱궈(興國 흥국)에 와 독전督戰한다는 대목이다. 마오와 리리싼의 처지가 뒤바뀐 것이다. 복잡다단하게 흐르는 시대의 조류가 리리싼을 공산당 중앙의 지도자로 밀어 올릴 줄을 누가 생각이나 했겠는가. 상하이의 중앙은 코민테른의 지시를 받아 지도부를 취추바이와 저우언라이, 리리싼으로 구성했다. 리리싼이 실질적인 중앙 최고의 책임자가 되었다. 모스크바의 코민테른 지시를 받는 리리싼 등 '28인의 볼셰비키'들의 중국혁명 기본전략은 노동자 폭동과 대도시 점령이 그 축을 이루고 있었다.

마오는 낙후한 농업국가인 중국의 혁명은 중국 현실에 맞게 농민을 주축으로 한 농촌 근거지가 중심이 되어 도시를 포위공격해야 한다는 전략전술을 내세워 이들과 충돌했다. 이때 리리싼은 국민당의 내부투쟁과 1929년 세계를 휩쓴 경제대공황 등으로 폭동 분위기가 무르익었다고 확신했다. 리리싼은 코민테른의 지시에 따라 더욱 공격적인 혁명전략을 수립했다. 1930년 7월 11일, 마오가 이끄는 홍군 제1군단은 장시성 싱궈에서 대규모 궐기대회를 열었다. 홍1군단은 난창으로 진군했다. 홍1군단은 잇따라 칭장(淸江 청강)과 가오안(高安 고안) 두 현을 공격해 국민당군 1개 연대를 궤멸했다. 7월 30일, 마오는 난창 교외에 있는 신젠(新建 신건)현 시산(西山 서산)에서 회의를 열고 불필요한 인명 손실을 막기 위해 난창 공격을 하지 않는 게 좋다고 설득했다. 모두들 마오의 견해에 동의했다. 펑더화이는 창사를 공격해 성을 점령했다. 그때 군벌 성장인 허젠(何健 하건)의 주력부대가 창사에 없었다. 창사성을 빼앗겼다는 보고를 받은 허젠은 15개 여단을 동원해 공격에 나섰다. 펑더화이는 중과부적으로 성에서 철수했다. 창사성을 탈환한 허젠은 11일 동안 성을 펑더화이에게 점령당한 일로 크게 체면을 구겨 분노를 터뜨렸다.

허젠은 양카이후이를 잡아오도록 지시했다. 양카이후이는 추수폭동에 나선 마오와 헤어진 뒤 고향인 반창에 있었다. 양카이후이는 마오가 떠난 뒤 편지를 한 통도 받지 못해 창사의 『민궈르바오(民國日報)』에 아는 사람을 찾아가 마오의 거처를 수소문했다. 마오가 추수폭동 뒤 징강산에 들어갔고 주더, 천이와 합류해 있으며, 나중에 펑더화이가 홍5군을 이끌고 징강산에 합류했다는 사실을 알았다. 양카이후이는 얼마 뒤 주더의 부인 우뤄란이 살해되었다는 소식을 듣고 그녀를 추도하는 시를 지었다. 양카이후이는 더욱 마오가 보고 싶었다. 여름이 가고 가을이 오면서 날씨는 하루가 다르게 싸늘해졌다. 갑자기 기온이 뚝 떨어지고 삭풍이 몰아치는 계절이 다가오자, 양카이후이는 마오를 그리며 '우감시偶感詩'란 제목의 시를 지었다.[56]

날씨 음울하고 삭풍이 불어, 차디찬 기운 뼛속을 파고든다. 멀리 떠난 이 생각하니, 마음이 출렁거리네. 다리 아픈 것은 나았는지, 겨울옷은 준비나 했는지. 홀로 잠자리는 누가 보살피는지, 처량하고 고통스럽지는 않은지. 서신을 전달할 수 없어, 묻고 싶어도 물어볼 사람 없네. 두 날개가 없는 게 한이로다, 날아가 당신을 볼 수 있으련만. 당신을 보지 못하니, 낙담한 마음 이길 수 없을 때 마음이 오래도록 답답하고 우울하네. 어느 날 다시 당신을 만날 수 있으리오.
天陰起朔風, 濃寒入肌骨. 念玆遠行人, 平波突起伏. 足疾已否痊, 寒衣是否備. 孤眠誰愛護, 是否亦凄苦. 書信不可通, 欲問無人語. 恨無雙飛翅, 飛去見茲人. 茲人否得見, 惆悵無已時. 心懷長鬱鬱, 何日復重逢.

양카이후이는 시를 다 썼을 때 갑자기 바깥이 소란스러워지자, 급히 방 뒤에 있는 벽돌 틈새에 이 시를 숨겼다. 다시는 시를 꺼내 볼 수 없었다. 그로부터 58년이 지난 어느 날, 현지 정부가 양카이후이의 옛집을 수리하다가 이 시를 발견했다. 많은 사람들이 이 시를 읽고 남편에 대한 양카이후이의 가없는 사랑의 마음에 깊이 감동받아 뜨거운 눈물을 흘렸다고 한다. 이처럼 양카이후이가 마오에 대한 그리움을 이기지 못하고 있을 때, 핑장(平江 평강)에서 마오가 홍군 제1방면군을 이끌고 창사를 치러 왔다는 얘기를 들었다. 양카이후이는 마오가 떠난 뒤에 노모를 봉양하고 세 아이를 부양하면서도 늘 주변 현을 바쁘게 돌아다니며 상부의 지시를 전달하는 등 지하조직 투쟁을 계속해왔다. 후난성위원회는 연계를 맺고 있었던 양카이후이를 나중에 안위안(安源 안원)이나 더 먼 지역으로 보내 공작을 시켰다. 이처럼 분주한 혁명활동으로 양카이후이는 반창을 비워두다시피 했다. 이 때문에 마오와 연락이 끊겼다. 양카이후이는 지금 마오가 대군을 이끌고 창사 교외의 톈신차오(田心橋 전심교)에 진을 치고 창사를 공격하려고 한다는 소식을 들은 것이다. 그녀는 남편을 만나볼 수 있다는 희망을 갖고 급히 핑장에서 창사로 달려왔다.

마오는 홍군 제1방면군의 2개 군단을 이끌고 톈신차오에 진주했다. 마오는 1927년의 추수폭동 이후, 창사를 떠난 뒤에 처음 온 것이었다. 창사성의 우뚝 솟은 톈신거(天心閣 천심각)를 바라보자 감회가 새로웠다. 후난 성립 제1사범학교에서 공부했던 시절, 양카이후이의 고향 반창과 아이들, 그리고 양카이후이가 주마등처럼 뇌리를 스치고 지나갔다. 국민당군은 창사성 방위를 위해 성 주변에 전기철조망을 깔아놓고 견고한 토치카를 세워 철옹성을 방불케 했다. 마오는 방어시설을 살펴보고 탄식을 금치 못했다. 홍군 장비로 철통방어의 창사성을 공격한다는 것은 계란으로 바위를 치는 격이었기 때문이다.

홍군, 창사성 전투
대참패

마오는 수년 동안 징강산과 장시성 남쪽 일대에서 전투를 하며 국민당의 후난군과 장시군의 전력을 샅샅이 파악했다. 후난군은 강하고 장시군은 약했기 때문에 마오의 주요 공격 대상은 장시군이었다. 지난번 펑더화이가 창사성을 점령할 수 있었던 것은 주력군이 바깥에 나가 가능했으나 지금은 달랐다. 허젠의 친위부대 4만 명의 병력에다가 대포도 많고 병력도 많았다. 허젠은 공성 방비에 대비해 창사성 주변 수로망(해자)의 이점을 충분히 활용하고 있었다. 지하의 수로망에 목책을 세우고 전기 철조망을 가설해 전기가 통하도록 했다. 철조망을 잘못 건드리면 감전해 죽게 되어 있었다. 홍군이 몇 문의 대포만 있더라도 공격을 해볼 수 있었겠지만 겨우 박격포 몇 문에다 총도 상당히 부족한 상태였다. 그런데 어떻게 성을 공격할 수 있겠는가. 마오는 자신도 모르게 한숨이 터져나왔다.

그나마 다행인 것은 리리싼이 독전督戰으로 파견한 창장국(長江局 장강국)의 대표 저우이리(周以栗 주이율)가 지난번 특사와는 달리 전투를 해본 사람이란 점이었다. 마오는 눈앞의 엄연한 현실에서 사상자를 줄이기 위해서는 전국시대 때 제나라 톈단(田單 전단)이 구사한 공격방법이 최선이라고 생각했다. 톈단이 연나라의 군사를 깨뜨릴 때 쓴 공격법으로 '불소(火牛 화우)'가 상대방 진陣으로 뛰어들어 부수는 '화우충진火牛沖陣' 전략이었다. 병법兵法에 둘째가라면 서러워할 마오의 구상은 이러했다. 수십 마리의 물소(水牛 수우)를 사서 소의 꼬리에 폭죽 다발을 묶어 맨 뒤 물소들을 전기 철조망 쪽을 향해 세워놓고 폭죽에 불을 붙이면 놀란 소들이 앞으로 달려가 쇠뿔로 철조망을 끊을 수 있다고 생각한 것이었다. 이론은 그럴듯했다.

그러나 누가 알았겠는가? 꼬리에 매단 폭죽 다발에 불을 붙이자 놀란 소들은 마오의 심정을 헤아리지 못했다. 폭죽 소리에 놀라 혼비백산한 소들이 앞으로 내 달리는 게 아니라 방향을 바꾸어 거꾸로 홍군 진영을 향해 성난 모습으로 달려들 었다. 폭죽에 불붙인 전사들이 채 방어도 하기 전에 돌진하는 소의 뿔에 받히거 나 짓밟혀 죽는 돌발 사태가 벌어져 아수라장이 되었다. 돌격 태세를 갖추었던 홍군은 진중으로 뛰어들어 좌충우돌하는 '성난' 소에 놀라 전사들이 이리 피하 고, 저리 피하느라 전열이 무너지면서 지리멸렬해버렸다. 뜻밖의 사상자가 속출 했다. 기발하다고 생각했던 '화우충진' 계책이 실패하자, 대포 등 중화기가 없는 홍군은 그저 보병총이나 큰칼을 빼들고 앞으로 돌격할 수밖에 없었다. 홍군 전사 들은 전기 철조망과 기관총이 빗발치고 대포를 쏘아대는 적진을 향해 몸을 던지 며 진격했으나 성문 앞에 무더기로 널브러지고 말았다. 홍1군단과 홍3군단은 하 루 종일 격전을 벌였으나 3천여 명이 사망하는 대참패를 당했다. 57

마오는 시산혈해尸山血海를 이루고 있는 홍군의 주검을 보고 망연자실했다. 3천 여 명, 이게 어떤 병력인가. 마오는 온갖 고생을 해 이만큼 무장역량을 키웠는데 한 방에 날아가자 가슴이 찢어질 듯했다. 대패로 충격과 비통한 마음에 빠진 마오 는 더 이상의 전투는 무의미하다고 판단했다. 마오는 리리싼이 파견한 독전관 저 우이리를 인내심 있게 설득했다.

"내가 당신보다 더 창사성을 공격하고 싶다. 창사성을 쳐부수고 내 처자를 만 나고 싶다. 나는 벌써 3년 동안 집사람과 아이들을 보지 못했다. 그런데 동지들 이…… 현재 장제스는 펑위샹, 옌시산과 중원전쟁을 끝냈다. 승리한 장제스는 창 사성을 지원하기 위해 백군(국민당군)을 계속 내려보낼 것이다. 우리가 지금 부대 를 이동하지 않으면 당신과 나를 포함해 홍군 제1방면군은 적들의 만두소가 된다.

지안(吉安 길안)이 비어 있으니 그곳을 점령하면 근거지와 연결할 수 있어 혁명역량을 장대하게 키울 수 있다."

저우이리는 머리를 끄덕이며 "룬즈 형의 말이 맞소. 창사전투는 절대 이길 수 없는 싸움인데 리리싼이 명령을……" 하며 말을 잇지 못했다. 멀리서 대포와 총소리가 더욱 세차게 들렸다. 저위이리가 벌떡 일어나 마오에게 "룬즈 형, 즉시 창사에서 부대를 철수합시다. 리리싼이 추궁하더라도 내가 모든 책임을 지겠소. 당적에서 제명하거나 내 목을 치거나!"라며 단호하게 말했다. 마오는 감격해하며 저우이리에게 "제명을 겁낼 필요 없다. 나는 이미 한 번 제명당한 바 있다. 전쟁의 오류를 막는 게 중요하다"며 위로했다. 9월 13일, 마오는 홍군 제1방면군을 창사에서 철수해 지안으로 진격했다. 홍군 제1방면군은 10월 3일에 지안을 공격해 총기 1천여 정을 노획했다. 이렇게 해 홍군은 난창 이남의 장시성 남쪽 지구와 간저우(贛州 감주)를 포함해 거의 장시성 절반을 손에 넣게 되었다. 홍군은 지안에 노농 민주정부를 건립해 징강산 시대와 비견할 만큼 새로운 기상을 활짝 펼쳤다.

형장의 이슬로 사라진
양카이후이

양카이후이는 마오가 이미 창사에서 철수한 줄 모르고 황급히 창사로 돌아왔다. 양카이후이는 거리에서 홍군이 모두 철수했다는 소식을 듣고 마오가 떠났다는 것을 알았다. 낙담한 양카이후이는 급히 반창으로 돌아갔다. 양카이후이의 어머니는 딸을 보고 깜짝 놀라 "샤(霞 하)야, 너 어떻게 이럴 때 돌아왔느냐? 홍군이 철수한 뒤 허젠이 곳곳에서 사람들을 체포하고 있어. 이곳은 대단히 위험하다"고 근심스럽게 말했다. 양카이후이는 "알아요. 소문이 무성해요. 반창 일대에 있는 당원들을 철수시켜야 합니다. 자신 스스로도 보살필 수 없는 어려운 시국이에요. 어머니, 마음 놓으세요. 이 일을 끝내고 곧바로 반창을 떠날 거예요"라며 어머니를 안심시켰다. 양카이후이는 바깥에 밀정이 수두룩하다는 것을 조심했다. 한데 50여 세쯤 되는 천(陳 진)이라는 노회한 끄나풀이 매일 질항아리를 메고 반창을 왔다 갔다 하며 탐문하다가 양카이후이를 발견했다. 이 끄나풀은 현지 퇀방쥐(團防局 단방국)에 총알같이 신고했다. 퇀방국장은 10여 명의 사병을 데리고 양카이후이 집으로 달려왔다. 이들은 양카이후이를 붙잡아 갔다. 1930년 10월 하순께로 마오가 지안에 노농 민주정부를 세웠을 때였다.

　양카이후이가 다음 날 창사로 끌려갈 때였다. 양카이후이는 입 주위에 핏자국이 선명했으나 얼굴은 편안해 보였다. 양카이후이는 마을 사람들에게 "여러분, 마지막입니다. 안녕히 계세요. 제가 여러분에게 많은 폐를 끼쳤습니다. 널리 이 해해주시기 바랍니다"라고 말한 뒤에 하늘을 쳐다보며 꼿꼿한 자세로 걸어갔다. 허젠은 양카이후이가 체포되었다는 소식을 듣고 환호했다. 일부 악질지주들은 양카이후이를 총살하라고 요구했다. 허젠은 이를 거부하고 양카이후이와 창사의 영향력 있는 신문사 기자의 면회를 주선해주었다. 기자는 양카이후이가 붙잡혀 있는 육군감옥소에 들어갔다가 온갖 고문을 받아 숨이 넘어갈 듯 반¥송장이 된 모습을 보고 자지러지게 놀랐다. 기자가 분개해 "천인공노할 죽일 놈들, 어찌 사 람을 이렇게까지 할 수 있다는 말인가"라며 욕을 퍼부었다. 양카이후이가 겨우 실눈을 뜨고 힘겹게 물었다. [58]

"당신은 허젠이 보냈는가? 그자가 허락하지 않으면 들어오지 못한다는 것을 알고 있다."

"양 선생, 오해하지 마시오. 내가 근무하는 신문사를 양 선생도 알 것이오. 창 사에서 가장 개명되고 진보적인 신문입니다. 창사의 각계 인사들이 당신의 부친 양창지 노老선생의 얼굴을 생각해서 출옥할 수 있도록 보석을 청원하고 있습니 다. 신문사에서도 당신이 보석될 수 있도록 노력하고 있어요. 현재 대표들이 허젠 을 만나 타협을 보았습니다. 첫째, 인격에 대한 모독이기 때문에 전향서를 쓰지 않는다. 둘째, 지하공산당의 명단을 제출하지 않는다. 이렇게 했고, 단지 하나의 조건만 받아들이면 감옥에서 나갈 수 있습니다."

"어떤 조건입니까?"

"마오쩌둥과 부부관계를 청산한다는 성명을 발표하면 됩니다."

"그것은 절대로 있을 수 없는 일입니다. 내가 마오를 사랑하는 것은 내 스스로 의 생명을 사랑하는 것보다 더 고귀합니다."

"존경합니다. 양 선생, 당신은 정말로 위대한 사람입니다."

"마오쩌둥과 부부관계를 끊는다는 성명은 근본적으로 불가능한 일입니다. 우 리는 부부고, 더욱 중요한 것은 전우입니다. 부부관계 청산을 선포하는 것은 정치 적으로나 믿음에 비춰보더라도 배반행위입니다. 나의 인격으로는 도저히 용납할

134

수 없는 일입니다."

"그 아버지에 그 딸입니다. 양 선생, 당신은 정말로 양창지 노선생의 딸로 부끄럽지 않습니다."

보름 후인 1930년 11월 14일 새벽, 육군감옥소 뜰에는 "양카이후이, 끌어내!"라는 감옥소장의 소리가 새벽의 정적을 깨뜨렸다. 감옥에서 고생을 같이한 사람들이 일제히 양카이후이의 감방을 쳐다보았다. 양카이후이는 새로 지은 흰 상의를 입고, 겉에는 중국 여성의 전통 의상인 푸른색 치파오(旗袍 기포)를 걸쳤다. 2명의 옥리가 지켜보는 가운데 양카이후이가 천천히 감방에서 나왔다. 8세인 큰아들 마오안잉(毛岸英 모안영: 한국전에서 미군 비행기 폭격으로 사망)이 뒤에서 "엄마!" 하며 울음을 터뜨렸다. 양카이후이는 뒤도 돌아보지 않았다. 적들에게 좋은 빌미를 주지 않기 위해서였다. 사형감독관이 뒤에서 울며 따라 나오는 마오안잉을 옥리들이 막고 있는 것을 보았다. 감독관이 탄식하며 말했다.

"양 선생, 한 어머니로서 정말 세 어린아이들을 버리려 하십니까? 지금이라도 마오쩌둥과 부부관계를 끝낸다고 말해도 늦지 않습니다."

"쓸데없는 시간을 낭비하지 마세요. 죽는 것은 아깝지 않습니다. 룬즈의 혁명이 이른 시일 안에 성공하기를 바랄 뿐입니다. 목은 자를 수 있으나, 믿음은 절대로 바뀔 수 없습니다."

"유언은 없습니까?"

"내가 죽은 뒤에 일반인들이 하는 장례를 하지 말라고 저의 가족에게 전해주면 고맙겠습니다."

"마음 놓으십시오. 내가 꼭 당신의 말을 양 큰부인(양카이후이 어머니)께 전해드리겠습니다. 세 아이들도 집으로 돌려보내 부양할 수 있도록 하겠습니다."

양카이후이는 고개를 끄떡였다. 사형감독관은 서류를 확인한 뒤 "공산당 중요 범인에게 판결한다. 마오쩌둥의 처, 양카이후이를 사형에 처한다. 지금 곧 스쯔링(識子嶺 식자령) 형장에서 총살형을 집행한다"고 큰 소리로 말했다. 그날 오후 1시, 창사성 류양먼(瀏陽門 유양문) 바깥 스쯔링 형장에서 총소리가 울려 퍼졌다. 양카이후이의 나이 29세였다. [59]

양카이후이의 총살 소식은 신문을 통해 마오에게 전달되었다. 마오는 지안 사령부에서 문서 초안을 작성하고 있었다. 허쯔전은 홍군이 국민당군에서 빼앗아온 신문을 마오에게 건네주었다. 당시 홍군은 무전기가 없어서 상하이 중앙과 연락을 할 수 없었다. 마오는 징강산에 있을 때부터 백구(국민당군 통치구역)에서 빼앗아온 신문을 보고 국내외 정세를 파악했다. 신문을 뒤적이던 마오의 눈에 창사 『민궈르바오』에 실린 깜짝 놀랄 만한 기사 제목이 들어왔다. '공산당 주요 범죄자 마오쩌둥의 처 양카이후이 어제 사형' 표제의 기사였다. 마오는 기사를 보는 순간 현기증으로 비틀했고 허쯔전이 급히 부축했다. 마오는 두 손으로 얼굴을 감싸고 대성통곡했다. 허쯔전은 영문을 몰라 얼떨떨해하다가 신문을 읽고 모든 사실을 알았다. 큰 눈망울에서 굵은 눈물이 뚝뚝 떨어졌다.

마오는 울음을 그친 뒤에 허쯔전에게 부의금을 준비시키고, 처가에 보내는 편지를 썼다. 양카이후이 살아생전에 허쯔전과 부부의 연을 맺은 마오는 이 편지에서 '카이후이의 죽음은 백번을 죽더라도 속죄할 수 없다(開慧之死, 百身莫贖 개혜지사, 백신막속)'고 썼다. 저우언라이는 이때 소련에서 상하이로 돌아왔는데, 그는 장제스 쪽에서 마오의 아이들을 해칠까봐 지하당에 밀명을 내려 상하이로 데려와 보살폈다. 막내 안룽(岸龍 안룽)은 요절했고, 안칭(岸靑 안칭)은 옮겨 다니다가 뇌에 부상을 당했다. 중앙은 마오의 큰아들 안잉과 안칭을 소련에 보내 국제보육원에서 양육하고 가르치도록 했다. 항일전쟁이 끝난 뒤에 이들 형제는 옌안에 돌아와 아버지 마오와 상면했다.

제 3 장

장제스의 대규모 공산당 소탕

제1차
포위공격 소탕전

1930년 10월, 장제스는 군벌 펑위샹, 옌시산과 물고 물리는 전투를 휴전한 뒤 허잉친(何應欽 하응흠)에게 10만 명의 병력을 동원해 중앙 소비에트 지역에 대한 대대적인 공격을 명령했다. 허잉친은 제1차 포위공격 소탕전(圍剿 위초)을 위해 장시성 주석 겸 제9로군 총지휘 루디핑(魯滌平 노척평)을 총사령관, 장후이짠(張輝瓚 장휘찬)을 전선 총지휘로 임명했다. 홍군은 4만 명의 병력이었다. 국민당군은 북쪽에서 남진하면서 서쪽은 뤄린(羅霖 나림)의 제77사단이, 지안(吉安 길안) 동쪽은 류허딩(劉和鼎 유화정)의 제56사단이 맡도록 했다. 그리고 800리가량 떨어진 동－서 사이에 좌·우로군의 병력을 투입해 진격했다. 좌로군은 주사오량(朱紹良 주소량)이 지휘하는 마오빙원(毛炳文 모병문)의 제8사단과 쉬커샹(許克祥 허극상)의 제24사단 등 2개 사단으로 짜였다. 우로군은 총지휘관인 장후이짠의 제18사단과 탄다오위안(譚道源 담도원)의 제50사단, 공빙판(公秉蕃 공병번)의 제28사단 등 3개 사단으로 구성되었다.

12월 24일, 마오는 홍군이 집결하고 있는 닝두의 샤오부(小布 소포) 지구에서 군민 궐기대회를 열어 적을 섬멸할 것을 결의하는 등 전투 분위기를 고조시켰다. 마오는 일찍이 겪어보지 않은 이번 대규모 전투에서 자신이 창안한 유격전과 운동전을 섞어 적을 아군의 진지에 깊숙이 유인해 섬멸하는 전략을 쓰기로 했다.

12월 27일 밤, 마오는 부대를 간(贛 감)강 쪽으로 이동해 장수(樟樹 장수)와 푸저우(撫州 무주) 지역에 도착한 뒤에 위안수이(袁水 원수) 유역에 포진한 적을 공격하는 척하며 국민당군을 괴롭혔다. 또 부대를 둥구(東固 동고)와 난궁(南龔 남공), 룽강(龍岡 용강) 쪽으로 이동하기도 하고 다시 장수와 푸저우를 거쳐 위안수이에 진을 치고 있는 국민당군을 위장 공격하다가 철수했다. 이처럼 두 차례 위장 공격을 하자 국민당군들은 녹초가 되고 말았다. 홍군 전사들도 불만을 터뜨렸다. 적들이 코앞에 있는데 공격하는 시늉만 거푸 했기 때문이다. 마오는 "우리가 위안터우에 큰 함정을 파놓고 적들이 그곳을 공격하도록 유인작전을 펴고 있는데 우세지역을 벗어나려 하지 않고 있다. 이때 우리가 공격하면 큰 대가를 치러야 한다"며 인내심 있게 기다릴 것을 명령했다. 국민당군 총지휘관 장후이짠은 사단본부와 2개 연대를 이끌고 둥구에서 난궁에 도착한 뒤 동쪽으로 행군할 태세를 보였다. 마오는 주력부대를 비밀리에 황피(黃陂 황피) 서쪽 쥔부(君埠 군부) 일대에 매복해놓았다. 그날 해가 질 무렵에 장후이짠이 인솔한 부대가 쥔부에서 20리 떨어진 룽강에 도착했다. 쥔부와 룽강 사이에 황주링(黃竹嶺 황죽령)이라는 고개가 있다. 국민당군들이 동쪽으로 진군하려면 이곳을 지나도록 되어 있다. 마오는 황주링을 전장戰場으로 보고 이 일대에 주력군을 매복했다.

공산당군은 홍3군과 홍12군이 좌로군으로 쥔부에서 룽강으로 전진하고, 우로군인 홍4군과 홍3군단은 한샤(漢下 한하)에서 샤구(下固 하고)로 진격하기로 했다. 싱궈(興國 흥국)지구의 홍군 제35사단은 별동부대로, 홍군 주력부대가 공격할 때 남쪽에서 북쪽으로 우회해 적의 배후를 치도록 했다. 주더와 마오는 황주링 뒤에 있는 조그만 산에 지휘부를 세우고 전투를 지휘하기로 했다. 장후이짠은 장시에서 홍군을 전멸시키겠다고 호언장담했으나 진세를 보면 독 안에 갇힌 쥐의 형국이었다. 주더와 마오는 산 정상 지휘부에서 전투 상황을 살피며 피아간에 격렬하게 쏘아대는 총소리를 들었다. 주더가 마오에게 밝은 표정으로 말했다. [60]

"우리 군이 적 1개 사단본부와 2개 연대를 완전히 포위했소이다. 1시간 전에 적들이 돌파를 시도하고 있으나 우리 군이 공격하고 있어요."

"좋습니다. 날이 밝기를 기다렸다가 다시 총공세를 펴 전멸시킵시다. 총사령관, 보시오. 정말로 하늘이 우리를 돕고 있어요. 삼국시대 제갈량은 동남풍을 빌어 적을 대파했는데, 오늘 우리는 새벽안개를 틈타 적들을 섬멸합시다."

주더와 마오는 박장대소했다. 날이 밝았으나 짙은 안개가 여전히 룽강 주위 산을 자욱하게 뒤덮었다. 층층의 산봉우리가 안개 속에 묻혀 설핏 나타났다가 사라지며 숨바꼭질을 하고 있었다. 총공격 명령이 떨어졌다. "돌격", "와!" 하는 소리와 총소리, 수류탄 터지는 소리가 온 산골짜기를 뒤흔들었다. 장후이짠은 부대를 동쪽으로 틀면서 산 쪽으로 오르려 했으나 매복군의 질풍노도와 같은 공격을 받고 부대원들이 산지사방으로 흩어졌다. 오후 3시께 홍4군과 홍3군단이 룽강 북쪽의 높은 산에서 일제히 뛰쳐나오며 총공격을 퍼부었다. 전투는 2시간도 채 지나지 않아 끝났다. 전방부대에서 장후이짠을 사로잡았다는 보고가 지휘부로 날아왔다. "장후이짠을 생포했다!"는 전사들의 함성이 여기저기서 터져나왔다.

언제 그랬느냐는 듯, 한 치 앞을 분간할 수 없을 만큼 짙게 깔렸던 안개가 사라지고 구름 한 점 없는 하늘이 펼쳐졌다. 쪽빛 하늘 아래 쭉쭉 뻗어 오른 푸른 소나무와 잣나무가 홍군의 기상인 양 한결 돋보였다. 끝없이 이어지는 붉은 홍기가 바람 따라 춤추었다. 산골짜기마다 희희양양喜喜洋洋하는 홍군들이 포로와 전리품을 챙겨 산 아래의 지휘부로 몰려들고 있었다. 홍군의 완벽한 승리였다. 국민당군의 1개 사단본부와 2개 여단 병력이 흔적도 없이 사라졌다. 말 1필, 군사 1명도 포위망을 뚫지 못했다. 생포한 포로만도 9천여 명이 넘었다. 포위공격 소탕전의 총지휘관 장후이짠은 후줄근한 사병 복장을 한 채 마오 앞에 끌려나와 "룬즈(潤之)선생!"을 외치며 허리를 굽혀 절하고 경례하는 비굴함을 보였다. 룽강 첫 전투에서 대패했다는 소식을 들은 탄다오위안 부대는 황망한 나머지 동쪽으로 달아나기 시작했다. 해가 바뀌어 1930년대 첫해 새해인 1931년 1월 1일, 홍군 주력부대는 탄다오위안 군을 추격해 둥사오(東韶 동소)에서 수천 명을 섬멸하고 생포하는 전과를 올렸다. 이 두 차례 전투로 사로잡은 포로가 1만여 명이 넘었다. 마오는 이날의 승리를 그해 봄날에 지은 시 '어가오 반제1차위초漁家傲-反第一次圍剿'에서 이렇게 읊었다. **61**

빽빽이 들어찬 나무 추운 겨울 붉은색(홍군)이 흐드러졌네, 천병의 노기가 하늘을 찌른다. 룽강을 자욱하게 뒤덮은 안개 수많은 산봉우리 감추었네, 선봉에서 장후 이짠을 사로잡았다고 일제히 소리친다.

萬木霜天紅爛漫, 天兵怒氣冲霄漢. 霧滿龍岡千樟暗, 齊聲喚, 前頭捉張輝瓚.
만목상천홍난만, 천병노기충소한. 무남룡강천장암, 제성환, 전두착장휘찬.

대승을 거두었지만 이 전투를 앞두고 홍군 내부에서 마오의 '양손을 펼쳐 적을 깊숙이 유인(放開兩手 誘敵深入 방개양수 유적심입)'하는 전략과 관련해 펑더화이가 이끌고 있는 제3군단에서 반대의 목소리가 높았다. 펑더화이는 적을 근거지로 유인해 공격하는 전략방침은 심모원려의 전술이라며 적극 찬성했다. 하지만 리리싼주의를 추종하는 장시성 행동위원회(성위)는 우경 기회주의이고, 도망주의라고 비판하면서 마오가 이끄는 최고지휘부인 전적위원회에 반기를 들었다. 이들은 이간책을 들고 나왔다. 홍군 초기인 당시에 마오는 당의 핵심 지도자가 아니었다. 홍군은 보통 "마오, 주(더), 펑(더화이), 황(궁뤠)"으로 부르는 병칭을 썼다. 펑더화이는 마오를 '슝장(兄長 형장)' 또는 '룬즈 형' 하는 식으로 불렀다. 제3군단 내 리리싼 추종자들이 행동위원회의 지시를 받아 마오를 '주, 펑, 황' 등 세력과 분리하는 이간책을 퍼뜨렸다. '옹호 주-펑-황, 타도 마오쩌둥'이라는 표어를 붙이고 전단을 뿌렸다. 펑더화이의 제3군단은 간강을 건너 둥구, 둥산(東山 동산) 평원 일대에 주둔했다.

이때 중앙 소비에트 지역에서는 'AB단'에 대한 숙청이 벌어지고 있었다. 'AB단'은 제1차 국공합작 당시의 대혁명 때 국민당 신우파의 반공조직으로 'AB'는 영문 이니셜 Anti-Bolshevik(반볼셰비키)의 약자를 뜻한다. AB단은 북벌군이 난창을 점령한 뒤에 공산당이 장악한 장시성 국민당부의 지배권을 빼앗기 위해 국민당 중앙당 조직부장 천궈푸(陳果夫 진과부)가 돤스펑(段錫朋 단석붕) 등을 보내 1927년 1월 비밀리에 조직한 단체였다. 4월에 국민당 좌파와 공산당이 이끌었던 '4·2폭동'을 진압한 뒤 'AB단'은 조직 목적을 달성하고 해체되었다. 따라서 마오가 벌였던 반혁명분자들에 대한 숙청을 하면서 'AB단'을 내세운 것은 무리라고 할 수 있었다. 'AB단' 숙청으로 포장한 당내 노선투쟁은 국민당군의 제1차 포위공격 소탕전을 눈앞에 두고, 끝내 푸톈(富田 부전)에서 리리싼 추종세력의 반란 사건으로 이어졌다. [62]

마오는 1930년 10월, 홍군이 지안을 점령하고 문건을 정리하던 중 1928년대 싱궈와 퉁구에서 유격대 활동을 하며 지역 소비에트와 제3군단의 기반을 마련해 장시성위원회 서기가 된 리원린(李文林 이문림)의 가족이 국민당군과 연계된 사실을 밝혀내고, 12월에 리원린을 'AB단' 인물로 체포했다. 마오의 홍군 제1방면군 전적위원회는 리원린과 함께 유격대 활동을 벌였던 리샤오주(李韶九 이소구)를 푸톈으로 보내 장시성위원회가 숙청운동을 돕도록 지시했다. 쩡산(曾山 증산)이 장시성 행동위원회 위원 겸 소비에트 주석을, 천정런(陳正仁 진정인)이 장시성 행동위원회 선전부장 겸 대리 서기를 각각 맡고 있었다. 리샤오주는 성위원회 대부분의 간부가 'AB단'에 연루된 바 이들을 처결하도록 쩡산과 천정런에게 전적위원회의 뜻을 전달했다. 리샤오주는 전적위원회에서 특파한 마오의 비서 구바이(古柏 고백)와 함께 제3군단 제20군에 가서 사단장 류톄차오(劉鐵超 유철초)와 정치위원 쩡빙춘(曾炳春 증병춘)에게 부대 내의 'AB단' 숙청을 요구했다. 리샤오주와 구바이는 2개월 동안 군과 지방 소비에트에서 4천여 명의 간부를 체포했다. 이 숫자는 홍군 제1방면군과 후난–장시 홍군 총수의 10분의 1에 해당했다. 리샤오주는 동향인 제20군 제174연대 정치위원 류디(劉敵 유적)를 찾아가 'AB단' 분자들이 류디를 'AB단' 인물이라고 진술했다는 뜻을 넌지시 알려주었다. 놀란 류디는 부대로 돌아와 참모들과 상의해 반란을 일으키기로 결정했다. 류디는 1개 대대를 이끌고 군 본부를 포위해 사단장 류톄차오를 사로잡고, 체포된 정치부 주임 셰한창(謝漢昌 사한창)을 석방했다. 셰한창은 제20군을 이끌고 푸톈으로 진격해 장시성 소비에트 정부를 포위하고 'AB단 분자'로 체포된 100여 명을 석방했다. 리샤오주는 도망가다 잡혔고, 쩡산과 구바이는 총소리에 놀라 밤을 도와 달아났다. [63]

이때 장제스의 포위공격 소탕군은 소비에트 지구 변경으로 진격하고 있었다. 적을 눈앞에 둔 엄중한 상황에서 당과 홍군의 분열상은 제3군단을 지휘하는 펑더화이의 향배에 눈길이 쏠렸다. 펑더화이가 위기 타개책을 모색하고 있던 12월 중순 어느 날 밤, 홍3군단 전적위원회 비서장 저우가오차오(周高超 주고초)가 이름도 모르는 젊은이가 갖고 왔다는 편지 한 통을 들고 펑더화이를 찾아왔다. 편지는 마오가 비서 구바이에게 보내는 것으로 되어 있었다. 편지글 중에 펑더화이가 'AB단' 소속 인물인 것으로 씌어 있었다. 편지와 별도로 『동지와 민중에 고함』이라는 책자에는 "당내에 이미 대난大難이 도래했다. 마오쩌둥이 배반하고 적에게 투항했다. 타도 마오쩌둥, 옹호 주(더), 펑(더화이), 황(공뤠)" 등이 씌어 있었다. 펑더화이는 편지를 보고 크게 놀랐다. 비서장 저우에게 편지를 갖고 온 사람을 데려오라고 말했다. 저우가 나간 뒤에 텅다이위안과 위안궈핑, 덩펑 등이 들어왔다. 편지를 돌려본 뒤 텅다이위안은 "가짜 편지 음모"라고 했고, 위안궈핑은 "이간시키는 편지"라고 말했다. 펑더화이는 편지의 필적이 마오의 필적을 위조한 것임을 알았다. 특히 마오는 날짜를 쓸 때 아라비아 숫자로 쓰지 않는데, 아라비아 숫자로 쓴 것도 가짜 편지임을 뒷받침했다. 펑더화이는 급히 200자가 채 되지 않는 '홍3군단 선언'을 내어 "'타도 마오쩌둥, 옹호 주-펑-황'의 구호는 적들이 홍군을 분열시키려는 음모다. 제1, 3군단은 일치단결하여 마오쩌둥을 지지하고, 총 전적위원회의 지도를 옹호한다"고 밝혔다. 펑더화이는 다음 날 홍3군단 전적위원회 긴급 확대회의를 소집하고 "장제스 군대의 포위공격 소탕전에 대해 총 전적위원회가 '적을 근거지로 깊이 유인해 섬멸'하는 작전은 군중과 유리한 지형지물을 이용해 이길 수 있는 전략으로 정확한 판단이다. 위조 편지는 동지를 음해하고 제1, 3군단 분열을 획책하는 것이다. 총 전적위원회와 마오를 옹호한다. 제1, 3군단이 일치단결해 국민당군의 진군을 분쇄하자"고 선언한 뒤, 마오에 대한 전폭적인 신임과 지지를 보냈다. [64]

다음 날 펑더화이는 제3군단을 샤오부로 이동했다. 여기서 마오가 있는 황피의 총 전적위원회까지는 15리 남짓 떨어져 있었다. 펑더화이는 직접 마오를 찾아가 제3군단 간부회의에 참석해 연설해줄 것을 요청했다. 마오는 흔쾌히 수락하고 제3군단에 와 간부들에게 공산혁명의 믿음을 심어주어 마오의 위상을 다졌다. 이때 국민당군 총지휘 장후이짠은 홍군 내에 내분이 발생한 것으로 착각하고 빠르게 룽강에 진격해 전멸당하는 꼴이 되었다.

주더,
소하의 고사를 따르다

국민당군의 제1차 포위공격 소탕전 때 홍군이 우로군 탄다오위안 부대를 격파하면서 15대의 무선통신기를 노획한 일이 있었다. 당시 무선통신기는 신병기로 상당히 귀해 다룰 줄 아는 사람이 극히 드물었다. 홍군은 무선통신기뿐만 아니라 통신기를 다룰 줄 아는 전문 인력이 거의 없었다. 통신기를 노획했더라도 제대로 활용하지 못해 전문가 양성이 시급했다. 군사령관 황궁뢔는 노획한 15대의 무선통신기를 보고 크게 만족했으나 다룰 줄 아는 전문 인력을 사로잡지 못해 아쉬워했다. 황궁뢔는 주더에게 "무선통신기는 신과학의 장비로 일반 병사들은 다룰 줄 몰라 전문 인력이 시급하다"고 말했다. 주더는 "무선통신기는 홍군이 애지중지하는 보물인데 꼭 다룰 줄 알아야 한다. 현재 몇몇 사람만 겨우 사용할 줄 아는데 턱없이 부족하다. 포로 중에 통신기를 사용할 줄 아는 사람을 잔류시켜 홍군에 복무할 수 있도록 해야 한다"고 했다. 두 사람의 얘기를 듣던 주더의 경호원이 풀어준 포로 가운데 전문가가 있었다는 이야기를 했다. 경호원은 그의 이름이 탄다오칭(譚道淸 담도청)인데 국민당군 제50사단 사단장 탄다오위안 집안의 동생으로 이미 떠났다고 보고했다. 주더는 소하의 고사를 떠올리고 이렇게 말했다. **65**

"서한 초기에 '소하 달빛 아래 한신을 쫓다(蕭何月下追韓信 소하월하추한신)'라는 고사가 있다. 오늘이 마침 음력 11월 15일 보름이다. 하늘에 별이 총총하고, 달빛이 밝고 맑다. 우리는 홍군의 무선통신 부대를 만들어야 한다. 마땅히 달빛을 밟으며 탄다오칭을 쫓아가 그를 데려와야 한다!"

경호원이 자신들이 갔다 오겠다고 하자, 주더는 "어떻게 그럴 수 있나. 탄다오칭이 무선통신의 중요한 인재인데 달밤이라도 내가 직접 가야 한다. 그에게 홍군의 성의를 보여야 한다. 탄다오칭이 우리와 연루되는 것을 겁내어 싫다고 한다면 더욱 내가 가서 홍군의 포로 우대정책을 설명하고 염려를 풀어주어야 한다"고 말했다. 주더는 즉시 말을 타고 쫓아갔다. 주더가 첫 초소에 도착했을 때 초병은 탄다오칭이 떠난 지 2시간 가까이 된다며 추격을 만류했다. 주더는 "홍군 사전에는 '곤란困難'이라는 두 글자가 없다. 꼭 탄다오칭을 데리고 올 것"이라고 말한 뒤에 말에 채찍을 가해 질풍처럼 달렸다. 주더는 초소 몇 개를 더 통과한 뒤 탄다오칭을 따라잡았다. 그때는 이미 달이 기운 여명黎明이었다. 탄다오칭은 홍군 총사령관이 직접 자기를 데리러 온 것을 알고 큰 감동을 받아 눈물을 글썽거렸다. 그는 주더에게 깊은 경의를 표했다. 주더는 끈질기고 성실하게 탄다오칭을 설득해 홍군에 끌어들였다. 인재를 중시하는 주더의 용인관用人觀을 드러낸 한 사례다.

'소하 달빛 아래 한신을 쫓다'는 고사는 기원전 3세기 한나라 유방劉邦이 한중왕이 되어 한중에 들어갈 때 소하가 한신을 중용하도록 유방에게 추천한 데서 나왔다. 그러나 소하의 추천과는 달리 유방은 한신을 치속도위라는 하급 장교에 임명했고, 거기에 불만을 품은 한신이 달아났다. 이 소식을 들은 소하가 밤을 도와 뒤쫓아가 한신을 설득해 데려왔다. 유방은 한신을 대장군으로 임명했다. 한신은 항우와 유방의 천하쟁탈전에서 혁혁한 공을 세워 한나라가 천하통일을 하는 데 결정적 구실을 했다. 이 고사는 지도자들이 필요한 인재를 영입할 때의 마음가짐을 보여주는 전범이 되고 있다. 소하는 한나라가 천하를 통일한 뒤에 승상丞相으로서 고종명考終命한 그림자 처신의 상징적 인물로 2인자 행동거지의 표상이 되고 있다. 중국인들은 마오 그늘에서 26년간 총리를 한 저우언라이를 그에 비유하기도 한다. 한신은 토사구팽兎死狗烹의 고사성어를 남긴 비운의 인물로, 비정한 권력세계의 단면을 보여주는 상징으로 꼽히고 있다. 10대 원수로 국가 창건 원훈

이자 국방부장(장관)을 지낸 펑더화이도 한신의 전철을 밟아 마오의 '토사구팽'으로 통한의 삶을 마감해야 했다.

또 한 차례 노선투쟁의 회오리바람이 중앙 소비에트 지구에 몰아쳤다. 1931년 1월, 중앙 제6기 4중전회에서 왕밍[王明 왕명: 본명 천사오위(陳紹禹 진소우)]이 내놓은 '두 가지 노선', 즉『중공중앙이 더 가열찬 볼셰비키 투쟁을 위하여』라는 소책자가 일파만파의 풍파를 불러일으켰다. 이때는 마오가 주장했던 농촌 근거지의 무장투쟁 혁명활동이 비교적 안정화하면서 자리를 잡아가고 있었다. '28인의 볼셰비키' 리더인 왕밍은 좌파 교조주의적이고 종파주의적 인사들을 대거 발탁해 중앙에 포진시키며 당중앙의 지도권을 지배했다. 리리싼보다 더 좌경적인 노선을 취한 왕밍은 중간진영이나 제3지대의 존재를 인정하지 않았다. 왕밍은 또 현재 중국에는 홍군이나 노동자, 농민을 대표하는 진정한 정부가 없다는 모욕적인 발언도 서슴지 않았다.

중앙에서 파견한 왕밍 추종자들은 4월 소비에트 지구에서 회의를 열어 소비에트를 공고히 하는 작업을 포기하고 대도시로 진격하는 모험주의를 채택했다. 마오 노선을 부정한 것이었다. 왕밍 노선 추종세력 선발대인 '4중전회' 대표들은 중앙과 소비에트 지구를 조정하는 기구인 '소비에트 중앙국'을 장악하고, 각 지역 각급의 지도기관이 왕밍 노선을 적극 추진하도록 독려했다. 이들은 전쟁을 몰랐고, 3년 동안 유격전쟁으로 수많은 희생을 치르며 피땀 흘려 일구어온 농촌 근거지 홍군 지도자들의 의견을 들으려 하지 않았다. 또 당면한 국민당군의 제2차 포위공격 소탕전에 대해서는 묻지도 않고 중앙의 3월 지시인 왕밍 노선 선전에만 혈안이 되었다. 마오는 이들에게 제1차 포위공격 소탕전에 맞서 승리하게 된 과정을 상세하게 소개하고 피아간의 전력을 깊이 있게 분석해 설명했다. 하지만 왕밍 노선 추종자들은 귀 기울이지 않은 채 중앙 소비에트 지구를 쓰촨성으로 이전해 새로운 근거지를 건립해야 한다고 주장했다. 마오는 도망주의라며 맹렬하게 비판했다. 각 군 사령관과 정치위원, 홍3군단 총지휘, 총정치위원 등이 참석한 확대회의가 열렸다. 마오는 국민당군의 제2차 포위공격 소탕전의 전력 분석과 전망을 설명

했다. [66]

"적군은 20만 명으로 병력은 많지만 장제스의 직계부대가 아니기 때문에 내부 모순이 많다. 약점이 많고 보급 운송이 힘든 데다가 지형에 익숙하지 못하다. 반면 우리 군은 사기 왕성하고 상하 단결과 싸우려는 마음이 간절하며 준비가 충분하다. 군중들은 홍군을 열렬히 옹호하고 적들에게는 원한을 품고 있다. 승리할 수 있는 조건이 지난 제1차 반 포위공격 소탕전 때보다 더 유리하다. 현재의 문제는 우리가 끝까지 싸울 것이냐, 아니냐."

토론이 시작되자 홍군 고위간부들은 비분강개하며 군건히 싸울 것을 주장했다. 특히 장시성 남부와 푸젠성 서쪽 지역의 간부들은 중앙의 소비에트 지구 이전에 반대하고 적극적으로 끝까지 싸울 것을 천명했다. 싸워야 한다는 분위기가 고조되면서 소비에트 지구를 이전해야 한다는 왕밍 추종자들의 '도망주의'는 사그라졌다. 마오가 왕밍 노선을 제압한 첫 번째 논전이었다. 마오와 코민테른의 지지를 받고 있는 왕밍의 노선투쟁은 1937년 11월 이후에 전개되는 건곤일척의 본격적 사상투쟁의 예고편에 불과했다. 마오는 첫 노선투쟁의 승리로 국민당군의 제2차 포위공격 소탕전을 분쇄할 기초를 마련했다.

제2차
포위공격 소탕전

장제스는 제1차 포위공격 소탕전이 실패한 지 채 3개월도 되지 않은 1931년 4월, 병력 20만 명을 동원해 제2차 포위공격 소탕전에 나섰다. 허잉친을 총사령관으로 임명하고, 차이팅카이(蔡廷凱 채정개)의 제19로군과 쑨롄중(孫連仲 손연중)의 제26로군, 주사오량(朱紹良 주소량)의 제8로군을 주력으로 중앙 소비에트 지구를 공격했다. 국민당군은 차근차근 곳곳에 진을 쳐가며 엄밀하게 방어하면서 전투하는 전술을 구사했다.

국민당군의 기세가 자못 흉맹스럽자 홍군은 대응전략을 놓고 의견이 분분했다. 홍군 주력부대를 분산해 근거지 바깥에서 적을 둘러싸고 유격전을 펼치자는 작전 전략이 나왔다. 마오는 강하게 반대했다. 적의 세력이 비록 사나우나 약점을 갖고 있다. 차이, 쑨, 주의 부대는 비교적 강하나 나머지 부대들은 약하다. 왕진위(王金鈺 왕금옥)의 제5로군은 막 북방에서 도착해 두려움을 갖고 있고, 그 좌익인 궈화쭝(郭華宗 곽화종)과 하오멍링(郝夢齡 학몽령) 두 사단도 비슷하다. 주력군을 피하고 허약한 부대에 병력을 집중해 공격해야 한다. 먼저 왕진위 부대를 공격한다. 동쪽에서 밀고 들어가 섬멸하며 적들을 각개격파한다는 전략이었다. 그러나 싱궈에 있는 차이팅카이 부대가 룽강에서 북쪽으로 이동하고, 궈화쭝 부대가 바이푸

(百富 백부)와 피샤(陂下 피하)를 압박해 둥구 쪽으로 향할 때 홍군은 먼저 푸톈에 주둔한 왕진위 부대를 공격한 뒤 차이와 궈, 두 부대 사이를 뚫고 지나가야 한다. 그 간격은 50리 남짓하다. 홍군은 닝두의 칭탕(青塘 청당)에서 친허의 둥구까지 수백 리 산길을 행군해야 한다. 행군 속도를 신속히 하고 추호의 빈틈없이 은폐해야 한다. 소의 뿔과 뿔 사이를 뚫고 공격하는 '좐니우자오(鑽牛角 찬우각)' 전략이었다.

이렇게 작전방침을 결정하고 칭탕에서 홍3군과 수천 명의 군중들이 참가한 군민 동원 대회를 열었다. 마오는 적을 궤멸시킬 수 있다고 전의를 불태웠다. 4월 20일, 홍군은 룽강 지구로 부대를 이동하기 시작했다. 이어 둥구 일대에 은밀히 병력을 집결해 은폐시켰다. 3~4만 명의 병력을 협소한 지역에 매복해 몹시 붐볐다. 3면은 모두 적이었다.

5월 14일, 왕진위와 공빙판의 2개 사단이 각각 둥구로 향했다. 홍군도 15일부터 부대를 이동해 우회하면서 적을 포위했다. 마오는 다음 날 주더와 함께 바이윈산(白雲山 백운산)에 올라 전투를 지휘했다. 몇 차례 격렬한 전투가 벌어졌다. 국민당군이 산꼭대기로 맹렬하게 포를 쏘아댔다. 초연이 앞을 가리고 총탄과 돌덩이가 주위를 날아다녔다. 산 아래에 있던 국민당군이 개미 떼처럼 기어오르기 시작했다. 마오는 탄알을 아끼고 돌로 적들을 공격하라고 명령했다. 국민당군은 비 오듯 하는 돌덩이에 밀려 잠시 주춤하다가 "홍군이 총알이 떨어졌다. 공격!" 하는 구령을 신호로 벌떼처럼 산 위로 기어올랐다. 마오와 주더는 주위에 매복한 홍3군과 홍4군에 공격명령을 내렸다.

국민당군은 홍군 주력부대의 협공에 걸려들었다. 불과 1시간 사이에 전멸했다. 공빙판 부대의 제28사단과 제47사단 1개 연대 대부분이 궤멸되었다. 노획한 총이 5천여 정이었다. 승기를 잡은 홍군은 동쪽으로 진격해 들어갔다. 제47사단 1개 연대 패잔병과 제43사단 일부를 패퇴시켰다. 총기 4천여 정을 빼앗았다. 전투는 5월 16일에 시작되어 30일에 끝났다. 15일 동안 홍군은 장시 간 강변의 구피(固陂 고피)와 푸톈에서 공격해 푸젠성의 젠닝(建寧 건녕)에 이르기까지 장장 700리를 휩쓸면서 다섯 번의 전투를 벌였다. 국민당군 3만여 명이 죽었다. 총기도 2만여 정

을 노획했다. 마오는 시 '어자오漁子傲'에서 승리의 기쁨을 이렇게 읊었다. [67]

700리를 15일 동안 내달렸네, 간 강수 아득하고 푸젠산 푸르구나. 대규모 부대 일
거에 휩쓸었네, 어떤 사람 눈물 흘리며, 촘촘하게 쌓은 진지 어찌할지 탄식한다.
七百里驅十五日, 贛水蒼茫閩山碧, 橫掃千軍如卷席, 有人泣, 爲營步步嗟何及.
7백리구십오일, 감수창망민산벽, 횡소천군여권석, 유인읍, 위영보보차하급.

이 시의 '어떤 사람(有人)'은 장제스를 말한다. 장제스는 참패한 뒤 난창에서
소집한 고위 지휘관 회의에서 부대의 무능을 크게 질타하고 통곡을 금치 못했다
고 한다.

장제스는 제2차 포위공격 소탕전에서 대패한 지 1개월밖에 안 되었지만 또다
시 제3차 포위공격 소탕전에 나섰다. 이번 포위공격 소탕전은 30만 명의 대규모
병력을 투입키로 했다. 뿐만 아니라 두 차례 포위공격 소탕전에 동원된 잡동사니
군대와 달리 장제스의 최강 직계부대 10만 명이 합류하고 장제스가 직접 총사령
관을 맡아 전투를 지휘하기로 했다. 외국의 군사고문들도 행영行營이 있는 난창
에 합류했다. 홍군은 '주력부대를 피하고 약한 곳을 찌르는' 전략과 함께 '맷돌'
전술을 쓰기로 했다. 장제스는 압도적으로 우세한 대군을 앞세워 일거에 홍군을
섬멸한다는 전략을 세웠다. 국민당군은 3만여 명의 홍군 병력보다 10배가량 많았
다. 게다가 홍군은 두 차례의 포위공격 소탕전에 맞서 싸우느라 전력이 크게 떨어
졌고 휴식도 제대로 취하지 못한 상태였다. 장제스는 30만 명의 병력을 사면팔방
에 배치해 그 기세가 하늘을 찌를 정도로 호호탕탕했다.

마오는 홍군 주력부대를 장시성 남쪽 뒤에 집중 배치했다. 찌는 듯한 7월의 무
더운 날씨에 병력을 1천 리나 떨어진 싱궈 동남쪽의 인컹(銀坑 은갱)지구로 이동
해 집결시켰다. 국민당군을 남쪽으로 유인한 뒤 빈틈을 보이는 후방을 겨냥해 치
고 들어가는 전술을 구사하기 위해서였다. 홍군은 가오싱웨이와 싱궈 서북쪽의
라오잉판(老營盤 노영반) 일대에서 푸톈을 공격하려 할 때 국민당군의 주력부대가

밀집해 있는 것을 발견했다. 마오는 공격을 포기하고 곧바로 밤을 틈타 부대를 동쪽으로 이동해 싱궈 동북쪽의 롄탕(蓮塘 연당)에 주둔시켰다. 이 부대 이동은 40리 사이를 두고 남과 북에 포진한 국민당군의 한복판을 뚫고 행군하는 아슬아슬한 작전이었다.

홍군은 롄탕에 도착한 뒤 북쪽에 비교적 약한 부대인 상관윈샹(上官雲上 상관운샹)의 잔여부대 제47사단과 제54사단이 있는 것을 발견했다. 마오는 곧바로 공격에 들어가 2시간 만에 1개 여단을 궤멸하고 연대장 탄쯔쥔(譚子鈞 담자균)을 사살했다. 승기를 잡은 홍군은 량춘(良村 양촌)을 공격해 제54사단의 1개 연대를 격파했다. 상관윈샹과 하오멍링 두 사단장은 놀라서 그대로 도망쳤다. 국민당군 제3군단이 거의 무너졌다. 마오가 동쪽의 황피에서 마오빙원(毛炳文 모병문)의 제8사단을 격멸시키자 서쪽의 국민당군이 일제히 동쪽으로 이동했다.

홍군 주력부대가 국민당군이 밀집한 틈새를 비집고 서쪽으로 나아갔다. 홍군은 밤새 행군해 싱궈의 바이스(白石 백석)와 펑볜산(楓邊山 풍변산)에 매복한 뒤 휴식을 취했다. 홍군으로서는 이 작전이 제3차 포위공격 소탕전에서 가장 정채精彩하고 아슬아슬한 장면이었다. 홍군은 보름 동안 쉬면서 부대를 정비했다. 국민당군이 기다리다 지쳐 피로해지자 철수하기 시작했다. 홍군은 바로 이때다 싶어 질풍같이 추격해 가오싱웨이와 라오잉판 등지에서 국민당군 1개 여단 이상과 팡스링(方石嶺 방석령)에서 한더친(韓德勤 한덕근)의 6개 여단, 장딩원(蔣鼎文 장정문) 사단의 일부를 섬멸했다.

이로써 장제스가 직접 지휘했던 제3차 포위공격 소탕전도 물거품이 되고 말았다. 3차례에 걸친 장제스의 포위공격 소탕전을 쳐부수면서 개략적인 마오의 전략전술의 형체가 드러났다. 특히 제3차 포위공격 소탕전은 마오의 전략전술을 응집한 결정판이었다. 이 전략전술은 일찍이 중국 병가兵家들의 책에도, 외국의 군사서적에도 없었던 중국혁명 시기에 만들어진 특징을 지니고 있다. 구체적인 전투를 통해서 축적된 산물이었다. 이 전략전술의 핵심은 '운동전'과 '섬멸전'이었다. 운동전은 부단히 부대를 이동해 적을 홀리면서 착각을 유발시켜 함정에 빠진 적을 섬멸하는 전술이다. 마오는 항상 이렇게 강조했다. [68]

"적을 공격할 때 열 개의 손가락을 상처 내봤자 손가락 하나를 확실하게 절단하는 것만 못하다. 같은 이치로 적의 10개 사단을 흠집 내봤자 1개 사단을 몰살시키는 것만 못하다."

이것은 마오의 전략전술 중 가장 사납고 독랄毒辣한 수법의 섬멸전 요체다. 섬멸전은 첫째, 적들에게 최대의 공포감을 주어 근본적으로 전투력을 잃게 한다. 둘째, 상대방을 전멸시킴으로써 아군의 부족한 장비와 보급을 보충해 아군의 역량을 강화시켜준다. 셋째, 적을 섬멸하기 위해서는 병력을 집중하고 우회하는 포위전술을 써야 한다. 운동전과 섬멸전의 전략전술은 20여 년에 걸친 혁명전쟁에서 더욱 발전해 인민해방군의 전유물이 되었다. 이 전략전술은 인민해방군의 '군사법보軍事法寶'가 되어 점점 정채해지고 풍부해졌다. 인민해방군의 지휘관들이 운동전과 섬멸전의 베테랑이 되었다. 이들은 광활한 전쟁터를 종횡무진 누비면서 상승군常勝軍의 위명을 떨쳤다.

펑더화이가 1947년 서북부 전쟁터에서 싸울 때였다. 펑더화이의 병력은 고작 3만여 명에 불과했다. 국민당군의 후쭝난(胡宗南 호종남)은 30만 명의 병력을 거느리고 있었다. 10대 1의 엄청난 열세인 펑더화이군은 운동전을 펼치면서 섬멸전을 벌였다. 2년도 안 되어 기세등등했던 후쭝난군은 서서히 무너져갔다. 장병들은 혼비백산해 산베이(陝北 섬북) 대탈출극이 벌어졌다. 다른 전쟁터도 이와 비슷했다. 인민해방군은 이렇게 해서 120만 명의 병력으로 증강했고, 그들은 미국이 국민당군에 지원했던 수백만 달러의 장비와 무기류를 야금야금 먹어 치웠다. 끝내는 장제스를 타이완으로 내쫓고 신중국을 세우는 위업을 달성했다. 중국은 지금도 군부에서 이 전략전술을 지고지선至高至善의 보배로 여기고 있다고 한다.

루이진
홍색정권

1931년 1월 초순, 코민테른을 업고 왕밍이 리리싼의 뒤를 이어 중앙 제6기 4중전회에서 중앙의 지도자가 되었다. 리리싼보다 더 좌쪽인 왕밍의 좌경주의가 4년 동안 무소불위의 당권을 휘두르는 시대가 도래한 것이다. 마오는 훗날 이 시기에 대해 "나는 1931년부터 1934년까지 4년 동안 중앙에서 아무런 발언권이 없었다"고 회상했다. 4월 중순, 상하이의 중앙 대표단(3인단)이 루이진(瑞金 서금) 중앙 소비에트에 들어와 4중전회 결의사항을 전달했다. 그들은 당과 홍군의 지도공작을 장악했다. 이어 8월 30일에 상하이로부터 1만 2천 자에 달하는 '중앙이 소비에트 중앙국과 홍군 총 전적위원회에 보내는 지시 편지'가 도착했다. 이 서신은 홍군과 중앙 혁명 근거지 각 방면의 일 처리에 대해 전면적으로 질책하는 내용이었다. 특히 이런 내용을 강조했다.

현재 당내의 주요 위험 사상은 우경 기회주의다. 이에 따라 다음과 같이 중앙 혁명 근거지에 요구한다. 확고한 볼셰비키에 대한 신념과 강고한 레닌주의로 코민테른과 중앙의 모든 지시를 집행하고, 그동안의 모든 과오를 고치면서 일체의 부정확한 경향에 반대하고 코민테른을 위해 투쟁해야 한다.

중앙의 서신 지시에 따라 공산당 중앙 소비에트 제1차 대표대회(간난회의 '贛南會議 감남회의')가 루이진현 예핑(葉坪 엽평)에서 열렸다. 중앙대표단이 회의를 주재하고 소비에트 중앙국을 대표해 마오가 보고했다. 회의는 대표단이 기초한 정치, 홍군, 당 건설, 청년단 공작, 소비에트 노동운동 등 5항의 결의안을 통과시켰다. [69]

1. 마오쩌둥이 정확한 계급노선과 군중공작의 결핍으로 계급 이질분자, 즉 지주와 토호의 자제, 부농, 상인들을 혼재시켜 정부와 혁명조직을 구성하고, 간부 중에는 이런 이질분자들이 들끓고 있는 등 중앙 근거지에서 매우 중대한 과오를 저질러 질책한다.

2. 토지분배 문제와 관련해 마오는 중앙이 제시한 '지주에게 토지를 나눠주지 않는다'와 '부농에게는 나쁜 토지를 분배한다'는 정책을 집행하지 않아 마오쩌둥을 질책한다. 그리고 중앙 근거지에서 시행하고 있는 '많은 쪽에서 뽑아내어 적은 쪽에 보탠다(抽多補少 추다보소)'라는 정책은 토지혁명의 계급투쟁을 모호하게 하는 것으로 이는 '부농노선'이며, 지주와 토호 및 부농들에게 양보하는 우경 기회주의를 범하는 과오를 저질렀다.

3. 홍군 문제와 관련해 마오는 진정한 노농홍군을 만들지 않아 홍군이 지금까지 유격주의 전통을 완전히 벗어나지 못하고 있고, 마오가 제정한 전략전술은 '협애한 경험론'과 '농민의 낙후사상'으로 '진지전陣地戰, 시가전, 백병전' 등을 교련해야 한다.

4. 반혁명분자 숙청 문제와 관련해 중앙 소비에트 지구가 '군중 동원을 하지 않는' 등 큰 과오를 저질러 지금 AB단과 개조파, 사회민주당 등 반혁명 조직들이 근거지에 널리 퍼져 있다.

5. 당 건설과 당내 투쟁 문제와 관련해 중앙 소비에트 지구가 당내 교육훈련을 하면서 큰 차이가 발생해 이론 수준과 정치 수준이 현저히 떨어지고, 당내에 행정 실무주의가 대단히 팽배해 있다. 아울러 정치적으로 협애한 경험론을 부정하는 '부정이론'이 존재해야 한다. 이에 따라 회의는 다음과 같은 것을 제시한다. 당 건

설의 중심 임무는 코민테른과 4중전회의 정신을 기초로 공작 전반을 철저하게 전환하여 견결하게 집행한다. 당내에 폭넓은 사상투쟁을 전개하여 모든 잘못된 사상과 경향, 행정실무주의, 협애한 경험론, 농민의 낙후의식, 일체의 비무산자계급의 사상에 반대한다. 이와 함께 입으로는 코민테른의 노선이 정확하다고 하면서 실제적으로는 면종복배面縱腹背하는 기회주의자를 온 힘을 다해 폭로한다. 실제 공작을 철저하게 전환하는 데 대해 방해하는 기회주의를 강력하게 반대한다.

회의는 "당의 두 노선투쟁을 최고도로 발전시켜 당의 눈앞에 있는 주요 위험, 즉 우경右傾을 반대하는 데 화력을 집중한다"고 특별히 강조했다. 회의의 마지막 결정은 홍군 제1방면군 총부기관의 편제를 폐지한다고 밝혔다. 이 결정은 실제적으로 마오의 홍군 제1방면군 총 전적위원회 서기와 총정치위원의 직무 배제를 의미했다. 간난회의의 창끝은 마오쩌둥을 겨냥했다. 마오를 대표로 한 주장은 '협애한 경험론', '농민의 낙후의식', '부농노선', '심각한 우경 기회주의'였다고 비판한 것이다. 홍군 제1방면군의 반反 제3차 포위공격 소탕전의 승리 이후에 임시중앙과 소비에트 지구 중앙국은 여러 차례에 걸쳐 간저우, 지안, 난창, 주장(九江 구강) 등 간강 유역의 중심도시를 점령할 것을 제의했다. 이것은 장시성과 그 인근 성 지역에서 첫 승리를 쟁취하기 위한 조처였다.

11월, 공산당은 루이진에 중화 소비에트 임시 중앙정부 수립을 선포했다. 노동자와 농민 등 무산자 민주독재의 홍색정권紅色政權이 들어선 것이다. 마오는 11월 27일에 열린 중화 소비에트 공화국 중앙 집행위원회 제1차 회의에서 주석으로 선출되었다. 샹잉(項英 항영)과 장궈타오가 부주석으로 뽑혔다. 또 중앙정부의 행정기관인 인민위원회는 마오를 주석으로 뽑았다. 이때의 '두 주석' 명칭이 '마오 주석'의 유래가 되었다. 덩샤오핑은 "'마오 주석' 칭호가 장시 근거지에서 나왔다. 중화 소비에트 임시 중앙정부 주석이어서 그렇게 불렸는데, '마오 주석'은 그에 대한 인민들의 존경과 경애를 나타내는 뜻이 담겨 있다"고 말한 바 있다. 1932년 1월 9일, 임시 중앙은 소비에트 중앙국에 '간저우 긴급 공격' 명령을 내렸다. 임시 중앙의 결의와 명령 하달을 전후로 소비에트 중앙국은 루이진에서 회의를 열고 간저우 공격 문제를 반복적으로 검토했다. 마오는 강경하게 반대했다. 그러나 중앙국과 중앙혁명군사위원회의 지도자들 다수는 중앙의 지시에 따라 간저우 공격을 지지했다. 33일 동안 전투를 벌였지만 간저우 함락은커녕 많은 사상자만 발생했다. 홍군 확대와 소비에트 지구를 공고히 하고 확장할 수 있는 귀중한 시간과 유리한 혁명 형세를 잃어버린 꼴이 되고 말았다. 왕밍 좌경 모험주의 노선이 중앙 소비에트 지구에 조성한 악과惡果의 시작이었다.

병권 빼앗긴
마오

홍군이 간저우의 포위를 푼 뒤에 마오는 홍군의 집중역량을 적의 통치역량이 약하고, 당과 군중기초가 비교적 좋으며, 지형조건이 유리한 장시성 동북지역과 푸젠성 북방지역으로 공격하는 방안을 제시했다. 그러나 다수의 중앙국 사람들은 임시 중앙의 주장을 견지하며 마오의 생각을 중심도시 탈취의 뜻을 이해하지 못하는 우경 기회주의의 관념이라고 혹독하게 비판했다. 그들은 계속 간강 유역을 중심으로 한 북쪽 지역의 진출 방침을 고수했다. 혁명군사위원회는 소비에트 중앙국의 결정에 따라 3월 18일에 제1군단과 제5군단을 중로군中路軍으로 개편해 간강 동쪽 지역에서 활동하도록 했다. 제3군단을 서로군西路軍으로 해 간강 서쪽 지역에 머물다가 양로군이 간강을 협공해 북쪽으로 진격하도록 했다.

하지만 장제스가 6월 16일에 50만 대군을 동원해 전국 각 소비에트 지구와 홍군에 대해 제4차 포위공격 소탕전에 나서면서 이런 계획은 무산되었다. 장제스는 제4차 포위공격 소탕전을 2단계로 나누었다. 제1단계는 병력을 집중해 '후베이, 허난, 안후이성(鄂豫皖 악예환)'과 후난, 후베이 서쪽 근거지로 진격해 우한에 대한 홍군의 위협을 제거하면서 중앙 근거지에 대해서는 방어적 공격을 하기로 했다. 제2단계는 다시 병력을 집중해 중앙 근거지를 본격적으로 공격하기로 했다.

이에 따라 소비에트 중앙국은 홍군 제1방면군을 7월 하순에 신펑(信豊 신풍)과 난슝(南雄 남웅)을 거쳐 북쪽으로 진군하도록 하고, 8월 상순께 싱궈와 위두(于都 우도) 지구에 도착하도록 지시했다. 그러나 북상작전에 이견이 생겼다. 마오는 북상후에 먼저 적의 수비가 약한 러안(樂安 낙안), 이황(宜黃 의황), 난펑(南豊 남풍), 난청(南城 남성) 등지를 공격해 북진하는 도로망을 확보하고, 장시성 동북쪽과 연락망이 통하도록 해야 한다고 제의했다. 소비에트 중앙국은 홍군 제1방면군이 북상한 뒤에 신속히 간강 유역의 중심도시를 점령해 장시에서 먼저 승리해야 한다고 주장했다.

소비에트 중앙국의 전략을 관철하기 위해 중앙국 3인단으로 온 저우언라이는 직접 루이진에서 전선으로 달려가 7월 21일에 홍군 제1방면군 총사령부가 있는 신펑에 도착했다. 저우언라이가 전선에 나가자 런비스(任弼時 임필시)가 대리 소비에트 중앙국 서기를 맡았다. 마오는 어떤 군사적 지도 직무가 없었기 때문에 임시 중앙정부 주석의 신분으로 작전 결정 과정과 지휘에 형식적으로 참여하고 있었다. 마오는 대단히 불편해했다. 보다 못한 저우언라이와 주더, 왕자샹(王稼祥 왕가상)은 7월 25일에 연명으로 "전방의 작전 지휘를 원활하게 하기 위해 정부 주석직을 취소하고 총정치위원회를 만들어 마오를 총정치위원으로 임명하면 좋겠다"고 중앙국에 건의했다.

중앙국은 8월 8일, 저우 등의 제의를 받아들여 마오를 홍군 제1방면군 총정치위원으로 임명하고, 제1, 3, 5군단에 러안과 이황 전투를 명령했다. 중앙국은 또 전방에 저우언라이, 마오, 주더, 왕자샹 등 4명으로 최고군사회의를 구성하고 저우를 주석으로 삼아 전방의 행동방침과 작전계획을 처리하는 책임자로 임명했다. 하지만 전투 작전계획을 놓고 '임시 중앙-소비에트 중앙국'과 전방의 저우, 마오, 주더, 왕자샹 집단은 첨예한 갈등을 드러냈다. 9월 26일, 전방 지휘기관은 급속히 바뀌는 형세 변화와 전장戰場의 실제 필요에 따라 후방 중앙국의 잘못된 의견을 배척하고 과감한 조처를 취했다. 홍군 제1방면군 총사령관 주더와 총정치위원 마오쩌둥의 이름으로 '훈령'을 발표했다. 이 때문에 '임시 중앙-소비에트 중앙국'과 마오는 더욱 격렬한 논쟁을 벌여 양쪽은 서로가 돌아올 수 없는 다리를 건너게 되었다. [70]

10월 상순, 전방인 닝두에서 중앙국 전체회의가 열렸다. 마오가 도시 중심 공격을 배척하는 데 대해 불만을 품어온 임시 중앙은 '닝두회의'에서 마오를 격렬하게 비판하고 질책했다. 닝두회의는 전선 최고군사회의 제도를 취소하고, 저우언라이를 전투 총책임자로 임명했다. 또 마오를 후방으로 돌려 중앙정부의 일을 하도록 결정했다. 저우는 전투 경험이 풍부한 마오를 후방으로 빼는 결정을 거부하고 두 가지 의견을 내놓았다. 하나는 저우가 전투에 대한 모든 책임을 지고 마오를 '보조'로 쓰겠다는 것이고, 또 하나는 마오가 전투를 지휘하는 전 책임을 지고 저우가 행동방침의 집행을 감독한다는 내용이었다. 회의는 마오를 저우 '보조'로 쓰는 안을 통과시켰다.

하지만 임시 중앙은 마오에게 잠시 병가를 주고 필요할 때 전방에 보낸다는 방침이었다. 중앙이 마오에게서 홍군 지도의 지위, 즉 병권兵權을 빼앗기 위한 술책이었다. 10월 26일, 중앙은 저우가 홍군 제1방면군 총정치위원을 겸하도록 임명했다. 마오는 이때부터 쭌이(遵義 준의)회의 때까지 전방으로 돌아가지 못했다. 저우가 총지휘한 반反 제4차 포위공격 소탕전도 홍군의 승리로 끝났다. 하지만 장제스가 제1단계 전략에 따라 비교적 공격이 쉬운 장궈타오의 '후베이-허난-안후이' 근거지를 장악해 장궈타오와 쉬샹첸(徐向前 서향전)이 이끄는 홍군 제4방면군은 쓰촨성으로 부대를 이동할 수밖에 없었다. 또 후난과 후베이 서쪽에 웅거하던 허룽(賀龍 하룡)의 홍군 제2, 6군단도 '후베이-후난-쓰촨'의 변계지역으로 대이동을 해야 했다. 이렇게 해서 공산당은 창장(長江 장강) 유역의 비옥하고 인구가 조밀한 이 일대를 버리고 생존을 위해 궁벽한 서쪽으로 달아나야 했다.

제5차 포위공격 소탕전, 100만 대군 총공세

1933년 1월, 보구(博古 박고; 본명은 秦邦憲 진방헌)가 이끌던 상하이의 공산당 임시 중앙은 장제스의 잇단 압박으로 중화 소비에트 임시 중앙정부가 있는 장시성 루이진으로 옮겼다. 보구도 코민테른의 지원을 받고 있는 소련 유학파 '28인의 볼셰비키' 일원이었다. 코민테른이 파견한 독일 출신 오토 브라운(중국명 리더 '李德 이덕')도 10월에 루이진으로 왔다. 군사에 관해 경험이 없는 보구는 리더를 군사고문으로 임명해 홍군의 사실상 총사령관이 되었다. 이들은 임시 중앙과 합쳤다. 새로 성립한 당중앙은 군 지휘계통에 관한 인사를 단행했다. 당중앙은 5월에 중앙혁명군사위원회를 최전선에서 루이진으로 옮겼고, 샹잉을 사령관 대행으로 임명했다. 저우언라이는 종전 그대로 홍군의 총정치위원이고, 주더는 총사령관이 되었다. 1933년 말부터 시작된 장제스의 제5차 포위공격 소탕전에 대항해 홍군은 유격전과 운동전을 포기하고 정규전으로 맞서는 군사전략을 채택했다.

이듬해 1월에 열린 중앙 제6기 5중전회는 "중국혁명이 새로운 단계로 접어드는 즉각적인 혁명 상황이 존재한다"면서 "반反 포위공격 소탕전 투쟁을 벌여 혁명의 완전한 승리를 쟁취하자"고 선언했다. 이 회의는 왕밍이 모스크바의 코민테른에서 총지휘하고, 보구가 현장에서 집행하는 좌경 모험주의 노선에 따라 움직였다. 취추바이와 리리싼에 이은 왕밍의 3차 좌경노선이었다. 이들은 국민당군에 비해 엄청나게 열세인 홍군의 전력을 감안하지 않고 진지전과 주력부대에 의존하는 정규전을 밀고 나갔다. 마오의 전략인 유인과 급할 때는 달아나는 '퇴각 도망주의'는 용도폐기되었다. 대신 공격 모험주의에 매달렸다. 장제스는 제5차 포위공격 소탕전에 100만 대군을 동원해 중국 전역에 있는 소비에트 지구에 대해 총공세에 들어갔다. 중앙이 있는 장시성 루이진 포위공격 소탕전에는 50만 명의 병력을 투입하기로 했다. 장제스는 독일 출신 장군이 제시한 '토치카 전술'을 구사했다. 이 전술은 점령지역을 중세의 작은 성과 같은 요새와 요새를 잇는 선으로 연결한 뒤 그 안을 봉쇄하는 것이었다. 각 요새는 전투지역이 서로 겹칠 정도로 촘촘하게 포진해놓았다. 전진은 느렸지만 매번 전진할 때마다 참호를 구축해 홍군의 기습공격을 쉽게 막아낼 수 있었다.

전술은 성공적인 것으로 드러났다. 국민당군은 몇 달 동안 꾸준히 전진하면서 주요 거점들을 손에 넣었다. 1월과 3월에 루이진을 향해 차근차근 진격해 들어갔다. 4월이 되자 루이진 관문에 해당하는 도시 광창(廣昌 광창)을 공격하기 시작했다. 보구와 리더는 홍군을 6개군으로 나누어 국민당군과 전투를 벌였으나 대패를 당해 큰 손실을 입었다. 광창을 점령한 국민당군은 곧바로 중앙 소비에트 근거지인 루이진으로 진격했다. 풍전등화의 중앙 지도부는 끝까지 싸우다 죽느냐, 아니면 근거지를 버리고 탈출하느냐의 갈림길에 섰다. 지도부는 총서기 보구와 리더, 저우언라이 등으로 짜였다. '3인단'이었다. 1934년 10월, 중앙 지도부는 갑자기 루이진 소비에트 근거지를 떠난다고 밝혔다. 은밀한 결정이었다. 홍군은 창졸간에 대이동을 해야 하는 상황에 직면했다. [71]

이에 앞서 9월 초, 장제스는 장시성 루산(廬山 여산)에서 비밀 군사회의를 열었다. 제5차 포위공격 소탕전에 관한 전략회의였다. 이 비밀 군사회의는 웨이창(圩場 우장)에서 그리 멀리 떨어지지 않은 강당에서 열렸는데 경비가 매우 삼엄했다. 참석자는 장시, 후베이, 후난, 허난, 산둥 등 5개성 주석과 군사령관, 사단장, 고급 참모 등 200여 명이었다. 장제스가 회의를 주재했다. 난창(南昌 남창) 임시병영 비서장 양융타이(楊永泰 양영태), 장시성 주석이자 임시병영 제1청 청장 슝스후이(熊

루산

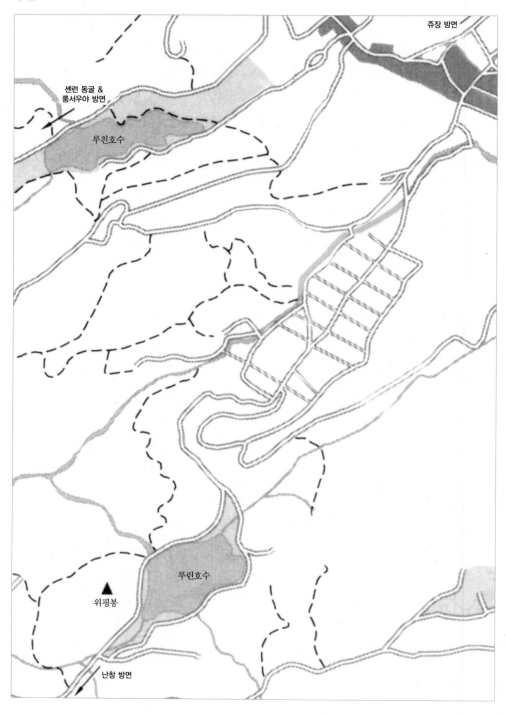

쥬장 방면

센런 동굴 &
룽서우야 방면

루친호수

루린호수

위핑봉

난창 방면

式輝 웅식휘)가 군 배치 등 구체적 회의 내용과 작전계획 등을 설명했다. 제5차 포위공격 소탕전의 작전명은 '철통포위 소탕전(鐵桶圍剿 철통위초)'으로 장제스의 군사고문인 독일 출신 장군이 입안했다. 국민당군이 50만 명의 대군과 비행기 270대, 대포 200문으로 루이진, 위두, 후이창(會昌 회창), 싱궈 등 중앙 소비에트 혁명 근거지를 정해진 날짜에 사면팔방에서 동시에 기습하여 포위공격 소탕전을 벌이는 내용이었다. 포위 반경은 루이진에서 150킬로미터였다.

벽에 걸린 작전지도에는 포위망이 거미줄처럼 물샐틈없이 겹겹으로 짜여 포위공격 담당 부대들의 위치와 토치카들이 빽빽하게 들어차 있었다. 탄약고, 식량과 여물 창고, 병원, 포로수용소 등의 건립 위치도 상세하게 표시되어 있었다. 매일 루이진을 향해 7~8리씩 진군하면서 1리 때마다 철조망을 치고, 5리 간격으로 토치카를 세워 교차 봉쇄망을 그물망처럼 짜놓았다. 루이진까지 토치카는 30겹으로 둘러싸고 곳곳마다 지뢰밭을 만들어 홍군이 달아나지 못하도록 진陣을 치기로 했다. 또 돌발 상황에 대비해 기동력 있게 병력을 수송할 수 있도록 미군 군용트럭 1천 대를 난창에 대기시켜놓았다. 포위망을 구축하기 전에 홍군을 헷갈리도록 유도하기 위해 12개 사단을 파견해 홍군을 공격하는 척하며 시간을 버는 전략을 구사하기로 했다. 포위망이 완전히 구축되면 이 12개 사단을 철수한 뒤에 소비에트 지구를 완전 봉쇄하면서 홍군의 물자공급을 전면 차단하도록 했다.

장제스는 1주일간의 회의를 마치면서 "지금 포위공격 소탕전은 이미 승기를 잡았다. 각 부문 책임자들은 작전계획을 적극적으로 집행해 공을 세우라"고 격려했다. 200여 명의 참석자들은 이번에야말로 공산당을 완전 소탕하겠다며 굳건한 결의를 다졌다. 참석자들은 겉표지에 극비문건으로 표시된 소책자를 들고 각 부대로 돌아갔다. 이 책자에는 상세한 포위망 도표와 작전계획서, 진공 노선, 장제스의 지시 문건 등이 담겨 있었다. [72]

극비문서
전달작전

루산회의에 참석한 장시간베이(江西贛北 강서감북) 제4구區 포위공격 소탕전 보안 사령관 모슝(莫雄 막웅)은 이 극비문서를 갖고 어둑어둑할 무렵에 더안(德安 덕안) 의 보안사령부로 돌아왔다. 모슝은 식사도 거른 채 불도 켜지 않은 사무실 의자에 앉아 깊은 상념에 젖어 시간 가는 줄을 몰랐다. 그때 주임비서 류야포(劉啞佛 유아 불)가 모슝에게 다가와 "사령관님, 루 참모장이 오셨습니다"라고 낮은 목소리로 말했다. 모슝은 들어오라는 손짓을 했다. 보안사령부 기밀비서 샹위녠(項與年 항 여년)과 루즈잉(盧志英 노지영)이 들어왔다. 모슝은 루즈잉의 손을 꽉 잡고 악수하 며 떨리는 목소리로 "이번에 공산당은 끝났다!"고 비감스럽게 말했다. 모슝은 이 들에게 회의 내용이 담긴 극비문서를 건넸다. 문건을 넘길 때마다 오른쪽 상단에 푸른색으로 '극비'라는 도장이 찍혀 있었다. 내용을 들춰 본 이들 세 사람은 얼굴 이 흙빛으로 변했다. 홍군의 생사존망이 걸린 극비정보였기 때문이다. 공산당원 인 이들 세 사람은 자리에서 벌떡 일어났다. 루즈잉이 모슝과 굳게 악수를 나누며 "당을 대표해 고맙다는 말씀을 드립니다. 모 사령관님, 모 따꺼(형님)! 홍군은 따 꺼를 영원히 잊지 못할 겁니다"라고 감격 어린 목소리로 말했다.

모슝은 일찍이 국민당 내 군부에서 '모 따꺼' 또는 '5색 장군'으로 통했다. 5색

장군은 폭넓은 인간관계를 맺고 있는 마당발이라는 뜻이었다. 마오보다 두 살 위인 모숭은 16세 때인 1907년에 쑨원의 동맹회에 가입했다. 그는 2년 뒤에 광둥 신군新軍에 들어가 군인의 길을 걸으면서 광둥 북벌군의 소대장과 중대장을 거쳤다. 광둥군벌 천지융밍이 쑨원에 반기를 들었을 때 '서로 토적군' 4만여 명을 이끌고 광저우에서 천지융밍군을 깨뜨려 쑨원이 광저우에서 제3차 혁명정부를 세우는 데 큰 기여를 했다. 모숭은 이 공로로 31세에 장군이 되어 여단을 이끌었다. 장제스는 북벌이 끝나자 모숭의 군권을 빼앗고 한직으로 보냈다. 불만을 품은 모숭은 군벌 장파구이(張發奎 장발규)가 장제스에 반기를 들었을 때 두 차례 가담한 적도 있었다. 모숭은 1930년에 쑹메이링(宋美齡 송미령: 장제스의 부인)의 오빠인 국민당 재정부장 쑹쯔원(宋子文 송자문)의 추천으로 상하이에서 국민당 정치주임으로 일했다. [73]

모숭은 그때 우연히 공산당원 류야포와 샹웨녠을 알게 되었다. 모숭은 상하이에서 공산당 지도자 저우언라이, 리커눙(李克農 이극농)과 연계를 맺고 여러 차례 공산당 가입을 요청했으나 저우언라이는 그가 당 바깥에서 일해줄 것을 설복했다. 모숭은 1934년에 장제스의 지낭智囊인 난창 임시병영 비서장 양융타이의 추천을 받아 보안사령관이 되었다. 모숭은 부임하기 전에 상하이 중앙과 협의해 10여 명의 공산당 지하당원을 '군대 전우'라고 위장해 데리고 갔었다. 모숭이 극비문건을 보여준 세 사람은 이때 심은 공산당 당원이었다.

류야포와 샹웨녠, 루즈잉 등 3명은 즉시 행동에 나서 '철통포위 소탕전' 계획서의 핵심부분을 급히 루이진 중앙에 전보로 보고했다. 그들은 극비문건의 상세한 내용을 암호로 학생사전에 필사해 루이진에 보내기로 했다. 문제는 누가 갖고 가느냐 하는 것이었다. 죽음과 동행하는 길이었기 때문이다. 루이진으로 가는 길은 이미 봉쇄작전이 실시되어 겹겹의 초소가 세워지고 있었다. 죽고 죽이는 포위 공격 소탕전으로 국민당군은 핏발을 곤두세우고 있었다. 발각되면 죽음을 뜻했다. 하지만 수만 명의 생사가 걸린 극비정보가 아닌가. 누군가는 가야 했다. 세 사람은 서로 가겠다고 다투었다. 샹웨녠이 결연하게 말했다. 두 사람은 안후이와 산둥 출신으로 장시성 말투가 아니기 때문에 위험성이 높다, 일이 생겼을 때 개인이 죽는 것은 작은 일이지만 당의 생사문제는 큰 문제다, 장시성과 외지의 말을 모두 구사하는 자신이 가야 한다는 논리였다. 두 사람은 더 고집하지 않았다. 그저 말 없이 샹위녠과 악수를 할 뿐이었다.

샹위녠은 네 권의 사전을 꾸러미에 넣고 군복 대신 장삼을 입어 학교 선생처럼 변장했다. 더안에서 루이진까지 가는 데는 중간에 융슈(永修 영수), 신젠(新建 신건), 난창, 펑청(豊城 풍성), 충런(崇仁 숭인), 러안, 링두, 스청(石城 석성) 등 8개현과 시를 거쳐야 한다. 산길로 2천 리 떨어진 이 거리를 요즘 자동차를 타고 가더라도 이틀이 걸리는 길이었다. 당시에는 이리와 표범, 호랑이가 출몰하고 높은 산과 급류가 흐르는 내천이 가로막아 매우 험난한 노정이었다. 두 발로 며칠 안에 간다는 것은 생각조차 하기 어려운 일이었다. 문약한 선생으로 변장한 만큼 빠른 걸음으로 걷는 것은 백군(국민당군)의 의심을 사기에 충분했다. 마음이 급하고 초조했지만 낮에는 느긋하게 여유 있는 발걸음으로 걷고, 밤에는 낮에 까먹은 시간을 벌충하기 위해 산길을 골라 비호처럼 달려야 했다.

샹위녠은 루이진에 가까이 갈수록 검문초소가 늘어나 신분을 바꿔야겠다고 생각했다. 농민으로 변장하자니 발음이 푸젠 서쪽 지역의 짙은 음색이어서 1천 리 떨어진 외지 농민이 이곳에 왔다는 것은 의심을 살 만했다. 선생 노릇을 계속하자니 홍군 중에는 지식분자가 적잖아 아무래도 꺼림칙했다. 게다가 밤에 산길로 가다보니 옷이 여기저기 찢어지고 몰골이 흉해 선생 모습 같지도 않았다. 네 권의 사전도 골칫거리였다. 샹위녠은 거지로 변장하기로 마음먹었다. 네 권의 사전에 암호로 발췌한 내용을 더욱 간추려 얇은 종이에 적어 신발 밑창에 숨겼다. 거지로 보이기 위해 벽돌로 자신의 앞니를 가격했다. 4개의 이가 부러지고 붉은 피가 흥건하게 쏟아졌다. 두어 시간 뒤 한 거지가 메이(梅 매) 강가 언저리에 나타났다. 입이 시퍼렇게 퉁퉁 붓고 피딱지가 더덕더덕 달라붙은 일그러진 얼굴에 봉두난발이었다. 행인들은 기겁을 하고 달아났다.

10만여 명의 홍군 생사여탈권을 쥐고 있는 '철통포위 소탕전' 극비문건은 마침내 샹위녠의 손을 거쳐 홍군 총정치위원이자 최고 의사결정 기구 '3인단'의 한 사람인 저우언라이에게 전달되었다. 장제스가 루산 비밀회의를 끝낸 지 채 1주일이 안 걸렸다. 이에 따라 홍군은 '철통포위 소탕전'의 포위망이 완전히 구축되기 전에 루이진 근거지를 떠나 공전절후空前絶後의 2만 5천 리 장정 길에 오를 수 있었다. **74**

임시 중앙의 최고 의사결정 기구인 '3인단'은 루이진 철수계획을 극비에 부치고 업무를 나누어 준비에 들어갔다. 총서기 보구가 정치부문, 리더가 군사부문, 저우언라이는 철수계획과 병참업무 부문을 각각 맡았다. 당과 군 고위 지도자들조차도 마지막 순간에 통보를 받았다. 부대가 어디로 이동하는지도 몰랐다. 누가 남고 누가 떠나는지도, 어떤 기준에 따라 결정했는지도 알려지지 않았다. 우선 부상 장병과 여성, 어린이와 나이 든 사람들이 남아 있을 수밖에 없었다. 홍군 주력부대가 탈출하기 위해서는 엄호부대가 필요한 만큼 1만 6천여 명의 잔류 병력을 지휘하고, 이후 남방지역에서 유격전을 벌일 지도자도 남아야 했다. 샹잉과 부상 중인 천이(陳毅 진의), 탄전린(譚震林 담진림), 총서기를 지낸 취추바이, 공산당 제1차 대표의 한 사람인 허쑤헝 등이 남기로 했다.

애초엔 마오도 잔류 명단에 끼어 있었다. 마오보다 열다섯 살 아래인 보구와 리더는 마오를 스트레스 주는 '짐 보따리'로 여겨 떨구고 갈 작정이었다. 이때 보구는 한 살 위인 모스크바 중산대학 동기생이자 '28인 볼셰비키' 리더인 코민테른의 왕밍이 '태상황太上皇'이라면, '금상今上'으로 당정군黨政軍의 막강한 권력을 오로지하고 있었다. 반면에 마오는 징강산에서 온갖 간난고초를 겪으며 최고의 혁명 근거지를 만들고 최강의 노농홍군을 창건하며 중앙 지도기관에 '해방구'를 제공했지만 끈 떨어진 쪽박 신세에 불과했다. 마오는 우경 기회주의와 유격주의, 부농노선 등의 총 우두머리로 비판의 표적이 되어 허울뿐인 소비에트 중앙 주석으로 기신기신하고 있었다. 그나마 소비에트 지구 군민들이 마오를 '당대표'와 '총정치위원', '마오 주석'으로 높여 부르고 국민당군은 '비적 우두머리'로 꼽아 보구는 마오를 아주 '팽烹'할 수 없는 처지였다. 보구가 회의를 주재할 때 마오는 말석에 쪼그리고 앉아야 하는 수모도 당했다.

보구의 군사고문 리더는 이렇게 회상한 바 있다.

"보구는 마오가 추종하는 군 간부들에게 겉으로는 보구에 복종하되 속으로는 반대하라고 했다는 떠다니는 이야기를 믿고 있어, 마오가 때를 기다리며 자신의 능력을 숨기는 도광양회韜光養晦 계책을 쓰고 있는 것으로 알고 있었다."

보구는 그런 마오가 짐이 되어 호랑이를 산에서 끌어내 허점을 이용해 공격하는 '조호이산調虎離山' 계책을 쓰기로 했다. 보구와 리더는 한때 마오가 건강이 좋지 않아 중앙의 고위층 활동에 거의 참가하지 못하자 소련에 보내 치료하라는 빌미를 내세워 떼어내려 했다. 골칫거리를 먼 소련에 보내면 신경 쓸 필요가 없었기 때문이다. 마오를 왕밍과 코민테른, 스탈린의 감시 아래 두면 '뛰어봤자 벼룩'으로 '알 먹고 꿩 먹는' 격이어서 적극 추진했다. 하지만 마오가 거부했고 코민테른 또한 장제스의 포위공격 소탕전이 한창 벌어지는 긴급상황에서 마오를 근거지에서 뽑아버리는 것은 좋지 않다고 판단해 무산되었다. 보구와 리더는 헛물만 켰다. 보구는 루이진 대탈출을 앞둔 지금, '짐 보따리'를 쳐버리는 데 적기라고 생각했다. 코민테른도 마오가 근거지를 떠나는 것을 원치 않고 있어, 코민테른의 뜻에 따라 소비에트 지구를 사수하도록 명령하면 그뿐이었기 때문이다. 보구와 리더는 잔류 명단에 마오를 넣고 함구했다.

출발을 얼마 앞두고 마오의 경호원이 군수 공급처에서 장병들이 행군에 필요한 헝겊신발, 짚신, 각반, 배낭, 겨울에 입는 솜 군복 등 각종 장비물자를 수령하고 있는 모습을 보았다. 경호원은 군수 공급처에 달려가 마오와 자신의 군수품을 수령하기 위해 명단을 확인했으나 마오의 이름을 찾을 수 없었다. 경호원은 중앙과 혁명군사위원회에 달려가 따졌다. 마오가 부대 이동 명단에서 빠졌다는 소식이 알려지자 의논이 분분했다. 당중앙을 비판하는 여론도 높아졌다. 홍군 지도간부와 당 책임자들이 당중앙에 문제 제기를 했고, 일부 간부들은 마오와 함께 남겠다고 격앙했다. 마오의 명망과 영향력 때문이었다. 문제가 불거지자 보구가 수습에 나섰으나 대세는 마오가 부대와 함께 이동해야 한다는 것이었다. [75]

주요 이유 중 하나는 마오가 중앙 소비에트와 홍군을 실제 적수공권赤手空拳으로 창건했는데 빼놓고 가는 것은 도리가 아니라는 얘기였다. 보구는 안팎 상하가 혼란한 데다 경험이 풍부하고 따르는 도당이 많은 마오가 자신이 일구고 발흥한 이곳에서 권토중래한다면 남겨놓고 가는 것이 오히려 부담이 될 듯싶었다. 호랑이를 산으로 돌려보내는 '방호귀산放虎歸山' 꼴이 되는 게 아닌가 하는 의구심이 들자 생각을 바꾸었다. 보구와 리더는 차라리 마오를 자기들의 손바닥에 올려놓고 중앙기관에서 마오의 역할을 끊어버리는 것이 안전하다고 생각했다. 그들은 마지못해 여론을 수렴한 척하면서 저우언라이와 장원톈(張聞天 장문천)의 동의를 받아 마오를 데리고 가기로 했다. 보구와 리더는 미운 놈 떡 하나 더 주듯 속내와는 달리 마오가 학질을 앓았기 때문에 중상을 입은 왕자샹(王稼祥 왕가상)처럼 들것에 누워 갈 수 있도록 선심을 쓰기도 했다.

제 4 장

장정

전략적
대이동

국민당군의 제5차 포위공격 소탕전에 대비해 중국 전역에서 홍군의 대이동이 잇따랐다. 맨 먼저 근거지를 탈출한 홍군부대는 제7군을 이끄는 팡즈민(方志敏 방지민) 부대였다. 팡즈민은 '북상항일 선견대北上抗日先遣隊'라는 기치를 내걸고 제일 남쪽 푸젠성 북부에서 국민당군의 봉쇄선을 뚫고 북쪽으로 치고 올라갔다. 두 번째 부대는 샤오커(蕭克 소극)가 지휘하는 제6군으로 징강산 지구에서 이동을 시작했다. 샤오커는 후베이와 후난 변계지역에 있는 허룽이 이끄는 부대와 합류해 홍군 제2, 6군단을 결성하고 '후난-후베이-쓰촨'의 경계지역에 소비에트 근거지를 마련했다. 세 번째 부대는 '후베이-허난-안후이' 변계에서 근거지를 마련했던 장궈타오와 쉬샹첸, 리셴녠(李先念 이선념) 부대로 이들은 쓰촨지역으로 떠났다. 이곳에 잔류했던 쉬하이둥(徐海東 서해동)과 우환셴(吳煥先 오환선)이 인솔하는 제25군은 후난-안후이 근거지에서 산시(陝西 섬서)로 북진했다.

이에 따라 국민당군은 루이진 중앙 소비에트 지구에 대한 봉쇄와 공격을 더욱 강화했다. 병권을 틀어쥐고 부대 이동 계획을 총괄한 리더에 따르면, 애초 10월 말이나 11월 초에 포위망을 뚫고 탈출하기로 했었다. 그러나 제7군과 제6군이 국민당군의 봉쇄선을 돌파해 탈출하면서 9월에 들어 장제스의 직계부대들이 본격 군사행동에 나서기 시작했다. 중앙홍군은 국민당군의 남쪽 포위망을 책임지고 있는 광둥군벌 천지탕(陳濟棠 진제당)과 비밀협상을 벌여 안전한 탈출로를 보장받아 앞당겨 10월 상·중순께 이동을 하기로 했다. 이런 중대한 군사정책 문제임에도 보구와 리더는 군사회의는 물론 정치국에서 토론 한 번 거치지 않고 결정해버렸다. 중앙의 서기 중 한 사람이었던 장원톈은 "나는 아무런 권한이 없다는 것을 알았다. 불만이 가득했다"고 당시를 회상한 바 있다.

리더는 나중에 독일에서 "마오가 이때의 상황을 이용하여 당의 지도자들을 비방했다. 마오는 특히 보구와 저우언라이가 장정 준비를 충분히 하지 않았다고 책망했다"며 자신에 대한 비판과 책임을 은폐했다. 이때부터 보구와 저우언라이도 각자의 길을 걷게 되었다. 10월 상순에 접어들어 중앙홍군의 탈출구인 소비에트 남쪽 전선에서 긴급보고가 계속 올라왔다.

장정을 앞두고 보구와 리더는 계획대로 준비를 해왔다고 주장하나, 마오나 당군 고위간부들은 주먹구구식의 '도망주의'라고 비판했다. 중앙의 핵심지도부 3인단이 8만여 명의 홍군의 진로에 대해 정확히 언제, 어디로, 어떻게 혁명역량을 보존할지에 대한 구체적 전략이 없었다는 것이다. 신중국 건국 후 10대 원수가 된 제1군단 정치위원 녜룽전(聶榮臻 섭영진)은 이렇게 회상했다. 76

"제1군단 소속부대들은 10월 16일부터 잇따라 루이진을 떠나 콴톈(寬田 관전)과 링베이(嶺背 영배)로 이동하면서 근거지 군중들에게 고별인사를 한 뒤 위두(于都 우도)강을 건너 장정에 올랐다. 위두강을 건널 때 저녁노을이 지고 있었다. 나도 많은 홍군 장병들과 마찬가지로 감정이 매우 격해져 수도 없이 뒤돌아보며 중앙 근거지의 산천을 보고 또 보았다. 강변에 줄지어 서서 환송하는 전우와 군중들에게 고별인사를 했다. 우리가 2년 10개월 동안 전투하며 머물렀던 곳으로, 근거지의 인민들은 중국을 위해 큰 희생과 공헌을 했다는 것을 내 눈으로 직접 보았다. 인민들은 우수한 자녀들을 홍군에 보내주었다. 홍군 전사戰士들의 대부분이 장시성과 푸젠성 출신이었다. 근거지 인민들은 홍군에게 최대한의 물질적 지원과 정신적 지지를 아끼지 않았다. 차마 떠날 수 없다는 격한 마음이 울컥 치밀었다. 홍군 주력부대가 떠나면 근거지 인민과 잔류한 동지들이 적들에게 유린당할 것을 생각하니 그들의 앞날에 대한 걱정이 태산이었다. 이별이 아쉬워 발걸음이 무거웠다. 앞에서 전령들이 '빨리!'라고 외치는 소리에 후다닥 정신을 차리고 새로운 노정을 향해 달려갔다."

조선인 양림과
무정

보구와 리더는 중앙홍군의 이동 경로에 대해 푸젠성 북쪽을 거쳐 샹장(湘江 상강)을 도강한 뒤에 후난과 후베이 일대에 근거지를 갖고 있는 허룽의 홍군 제2군단과 합류해 새 소비에트 근거지를 만든다는 계획뿐이었다. 홍군은 4개의 봉쇄선을 뚫어야 했다. 관건은 장제스의 최정예부대가 지키고 있는 네 번째 샹장 봉쇄선 돌파에 달려 있었다. 이런 개략적인 홍군 대이동, 실제적으로는 '홍색국가' 천도나 다름없는 장정 전야에 마오는 어린 아들 '마오마오(毛毛 모모)'를 잔류하는 허쯔전의 여동생에게 맡기고 떠날 수밖에 없었다. 허쯔전은 임신한 몸으로 부대를 따라 나섰고, 저우언라이 부인 덩잉차오(鄧穎超 등영초)는 폐결핵을 앓는 상태에서 떠날 수밖에 없었다. 장정에 나선 여성은 30명에 그쳤다.

홍군의 장정 대오 중에는 외국 국적의 홍군들도 참여했다. 그중에는 조선인 '양림楊林' 이름의 김훈金勛과 '무정武亭'으로 불리는 김무정金武亭이 있었다. 양림은 소비에트 지구 중앙에서 조선인민을 대표해 중화 소비에트 공화국 중앙 집행위원으로 홍군대학紅軍大學 교무를 주관했다. 장정 때는 홍군대학을 간부여단(干部團 간부단)으로 개편해 여단 참모장을 맡았다. 무정은 펑더화이의 제3군단에 있다가 소비에트 지구 혁명군사위원회가 직속부대로 포병대대를 창설하자 초대

대대장을 맡았다. 양림은 선봉으로, 무정은 중국 '포병의 아버지(炮兵之父 포병지부)'로 위명을 떨쳤다. [77]

양림은 양주평楊州平이라는 이름도 썼는데 잠시 소비에트 지구에 온 뒤 비스터(畢士悌 필사제)로 이름을 바꾸었다. 양림은 구한말인 1901년에 평안북도의 한 애국지사 가정에서 태어났다. 10세가 되던 1910년, 일본 제국주의가 '한일병탄조약'을 체결해 조선을 삼켜버리고 가혹한 통치와 탄압을 하자 어린 양림은 빼앗긴 나라의 설움을 겪으며 광복 염원의 불씨를 키웠다. 양림은 평양고보에 다닐 때 반일 애국 학생운동에 적극 참여해 학생들에게 큰 영향력을 미쳤다. 1919년 3월 1일, 일제에 저항해 전국적으로 '3·1운동'이 일어나자 양림은 아버지와 평양에서 민중봉기에 참여했다. 일제는 만세운동 참가자를 살해하는 등 잔혹하게 3·1운동을 진압했다. 양림의 아버지는 그때 살해되었다. 그는 반일 애국단체에 가입해 열성적으로 반일운동을 펼쳤다. 1919년 가을, 일제가 양림을 눈엣가시로 여겨 체포하려 하자 낌새를 챈 양림은 중국으로 망명했다. 양림은 그해 말에 무장투쟁으로 빼앗긴 나라를 찾기 위해 간도지역으로 망명한 이회영李會榮 등 애국지사들이 지린성 통화현 합리하에 설립한 신흥무관학교에 들어가 독립군이 되었다. 신흥무관학교는 국내외 청년들에게 구국이념과 항일정신을 고취시켜 조국 광복을 이끄는 독립군을 양성하기 위해 건립되었다. 교육과정은 하사관반 3개월, 장교반 6개월, 특별훈련반 1개월 등 3개 과정을 두었다. 1920년 폐교될 때까지 2천1백여 명의 독립군을 배출했다. 신흥무관학교 출신 독립군들은 1920년 10월에 김좌진이 지휘한 청산리전투를 대승으로 이끄는 데 크게 기여했으며, 만주 벌판 곳곳에서 일본군과 전투를 벌여 혁혁한 공을 세웠다. 양림은 6개월간 군사훈련 과정을 마친 뒤 북로군정서 사관양성소의 교관으로 있다가 청산리전투에 참가해 과단성 있는 지휘와 용감한 전투로 찬사를 받았다. [78]

청산리전투에 앞서 일제는 5월에 만주군벌 장쭤린과 조선독립군을 토벌하기 위해 대규모의 군대와 경찰을 동원해 반일단체와 무장투쟁 세력에 대한 대대적인 공격을 펼쳤다. 양림이 소속한 독립군 부대는 중과부적으로 8월에 백두산 밀림으로 이동해 다른 항일 무장세력과 합류했다. 청산리전투에 참가한 양림의 부대는

10월 19일에 화룡현 청산리 백운평 지대로 이동해 수림이 울창한 깊은 산골짜기에 매복했다. 양림은 1개 중대를 거느리고 좌, 우, 중간 3개의 진지 중 정면 진지를 맡았다. 20일 오전 8시께 일본군 선두부대 1천여 명이 한 갈래밖에 없는 오솔길을 따라 양림의 부대가 매복한 지점으로 들어오고 있었다. 양림 소속부대의 보총 600여 정과 중기관총 6정, 박격포 2문이 일제히 불을 뿜었다. 조선독립군은 일본군 1천5백여 명을 섬멸하는 등 청산리전투를 청사靑史에 길이 남겼다. 대패한 일본군은 독립군에 대한 대대적인 소탕전을 벌여 양림의 부대는 시베리아로 퇴각했다.

양림은 중국 해방을 통해 조선민족의 독립이 가능하다고 보고 군사학을 더 배우기로 했다. 1920년 말, 양림은 동북지역을 떠나 상하이와 광저우 등 2천여 리의 길을 걸어 천신만고 끝에 1921년 초 윈난성 쿤밍(昆明 곤명)에 도착했다. 양림은 양저우핑楊州平이라고 이름을 바꾼 뒤 윈난강무학교 제16기 포병과에 들어가 1924년에 우수한 성적으로 졸업했다. 양림은 중국혁명의 중심지 광저우에서 장제스가 교장으로 있는 황푸군관학교에 들어가 교관에 임명되었다. 양림은 1925년 2월, 황푸군관학교 정치부 주임 저우언라이가 인솔한 광둥 국민혁명군의 제1차 동정東征 때 제3기 학생대 대장으로 2개 학생연대를 이끌고 진격에 나서 광둥군벌 천지융밍군을 격파해 큰 공을 세웠다. 6월에는 저우언라이의 제2차 동정군과 광저우에서 합류해 윈난군벌과 광시군벌의 반군을 물리치는 등 많은 전과를 올렸다. 양림은 이때 공산당에 가입했다. 11월에는 예팅(葉挺 엽정)이 이끌고 있던 광둥 국민혁명군 제4군 독립연대에 파견되어 제3대대장을 맡았다. 1926년 4월, 황푸군관학교에 복귀해 중좌 기술주임 교관에 임명된 양림은 국민혁명군의 북벌과 광저우 폭동에도 참가했다.

1927년 장제스가 '4·12쿠데타'를 일으켜 수많은 공산당원을 살해하고 검거 선풍이 전국을 휩쓸자, 당중앙은 양림을 부인 이추악李秋岳과 함께 소련 모스크바 중산대학으로 유학을 보냈다. 양림은 1년간 마르크스-레닌주의 등 공산주의 사상을 공부하고 육군 보병군정대학에 들어가 1년간 군사학을 배웠다. 1930년 봄에 상하이로 돌아온 양림 부부는 중앙혁명군사위원회의 명령으로 공산당 만주성위원회에 파견되었다. 성위원회는 양림을 동만주 특위 군사위원회 서기로 파견해 군사부문의 공작을 맡겼다. 그는 동북에 온 뒤 적극적으로 농민 무장조직을 만들었다. 연길과 화룡, 왕청 등 지역의 중국-조선 군중을 동원하여 악질지주를 응징하고 반일 유격대를 조직했다. 1931년에 일제가 만주 침공을 자행한 '9·18사변' 이후, 공산당 만주성위원회는 12월 선양(瀋陽 심양)에서 하얼빈으로 옮겼다. 1933년 7월, 만주성위원회 군사위원회 서기가 된 양림은 중앙 소비에트 지구로 가기까지 하얼빈에 10개월 정도 머물렀다.

만주성위원회는 동북 전역의 항일유격전을 지휘하는 등 실질적으로 항일연군의 지휘부였다. 군사위원회 서기 양림은 인민 군중을 무장하여 유격전쟁을 펴면서 반석지구에 반석 노농의용군을 창립했다. 이 무장 대오는 이후 남만주 유격대로, 동북항일연군 제1군으로 발전했다. 1933년 7월, 중앙의 지시로 장시성 중앙 소비에트 지구에 온 양림은 노농홍군 제1방면군 보충사 사장에 임명되었다. 그는 저우언라이의 조직에서 포로 재교육과 신병훈련 공작을 맡아 전선에 보내는 일을 했다. 양림의 부인 이추악은 동북 만주 벌판의 항일투쟁사에서 '항일 여 영웅'으로 추앙받고 있는 인물이다.

이추악은 1901년 평안남도에서 태어났다. 본명은 김금주金錦珠이며, 항일투쟁을 하면서 장일지와 류옥명이라는 가명을 썼다. '3·1운동' 때 평양 숭실여학교에 다니던 이추악은 반일 학생운동에 뛰어들어 선봉에 서는 등 민족의식이 투철했다. 이때 양림과 뜻이 맞아 항일투쟁을 하며 평생을 같이하기로 언약했다. 이추악은 일제의 체포령을 피해 양림이 황푸군관학교에 있을 때 중국 광저우로 가 양림과 결혼했다. 1925년 2월, 이추악은 광둥혁명군의 제1차 동정 때 선전대에서 군세게 싸웠으며, 그해 가을 중국공산당에 가입했다. 그녀는 혁명활동에 걸맞은 이름을 짓기 위해 중국의 근대 여걸인 추근秋瑾의 이름에서 '추' 자를 따고, 남송의 충신인 장군 악비岳飛의 이름에서 '악' 자를 따와 합자해 '추악'이라고 지었다. 김금주는 이때부터 이추악으로 불렸다. 하얼빈에 있던 양림이 1933년 7월에 장시 소비에트 지구로 갔으나 이추악은 하얼빈에 남아 반일회와 반제동맹 등 혁명조직

활동을 벌였다. 이추악은 1936년 2월에 통하지구에서 동북항일연군 제3군의 물자 후원사업을 하는 등 근거지 창설 공작을 추진하다가 동족인 안병수의 밀고로 체포되었다. 일본군은 이추악이 갖은 고문과 악형에도 굴복하지 않자, 그해 9월 3일에 통하현성 서문 밖에서 총살했다. 그의 나이 35세였다. [79]

무정은 '을사늑약'이 체결되던 1905년 함경북도 경성군에서 태어났으나 어렸을 때부터 서울에서 자랐다. 1919년 3월 1일, 일제에 항거해 전국적으로 '3·1운동'이 벌어지자 무정도 만세운동에 참가했다. 중앙고보에 다니던 무정은 빼앗긴 나라를 되찾기 위해 공부도 중요하지만 임시정부가 있는 중국 상하이로 가 독립투쟁을 해야겠다는 일념으로 1923년 초에 학교를 중퇴하고 압록강을 넘었다. 하지만 무정은 만주군벌 장쭤린 부대에 붙잡혀 강제로 군 생활을 하다가 베이징으로 탈출했다. 무정은 1924년 톈진 바오딩(保定 보정)육군 군관학교 포병과에 들어갔다. 1925년 공산당에 가입한 무정은 1926년에 국민당 북벌군과 만주 군벌 장쭤린 부대가 격돌한 난커우(南口 남구) 전투에서 국민당군으로 참가해 전투 경험을 쌓았다. 제1차 국공합작 때였다. 군관학교를 졸업한 무정은 산시성(山西省 산서성) 군벌 옌시산(閻錫山 염석산) 부대에 들어가 포병 소위로 임관했다. 무정은 22세 때인 1927년에 중위로 진급했다. 무정은 물고 물리는 군벌 간의 전투에 염증을 느끼고 우한(武漢 무한)으로 가 공산당 지하조직에서 일했다. 무정은 우한에서 열린 '반일 대동맹회'에 조선 대표로 참가했다. 무정은 1927년 장제스의 '4·12쿠데타' 이후 우한 국민당 좌파정부가 무너지고 공산당원 검거 선풍이 불 때 체포돼 투옥되었다. 우한지역 노동자와 농민, 대학생 등 1만여 명이 공산당원들의 석방을 요구하며 시위를 벌여 무정은 가석방으로 풀려났다. 우한정부는 무정을 풀어준 뒤 죽이려 했으나 마침 법원의 공산당원이 이런 소식을 무정에게 알려주어 상하이로 도피할 수 있었다. [80]

무정은 상하이에서 공산당 장쑤성(江蘇省 강소성)위원회 파난(法南 법남)지부의 한국인지부에서 일했다. 1928년 여름, 한국인지부 결성식에서 조봉암이 지부서기, 여운형은 부서기로 뽑혔다. 지부위원에는 무정을 비롯해 홍남표, 김원식, 구연흠, 김희원, 홍경천, 유준현, 최창익, 오명 등이 선출되었다. 무정은 오명, 허추

열 등과 발기해 만든 '중국본부 조선청년동맹 상하이지부'에서 집행위원에 선임되어 재정부장을 맡았다. 1929년, 중앙 지도자 리리싼이 주도한 도시폭동의 좌파 모험주의가 극성을 떨 때 무정도 당의 지시에 따라 상하이에서 '한국 독립운동자 동맹'과 '조선 청년동맹'의 회원들을 규합해 '한인규찰대'를 만들어 공산당 규찰대와 함께 폭동을 일으켰다. 무정은 영국 조계지에서 체포되어 2개월 동안 옥살이를 했다. 무정은 그해 12월에 석방되자, 장제스의 백색 테러를 피해 홍콩으로 갔다가 공산당 지하당의 지시에 따라 장시성 중앙 소비에트로 들어왔다. 무정은 토지 혁명투쟁 공작을 벌이다가 펑더화이의 제3군단 포병 연대장이 되었다. 당시 홍군에서 포를 다룰 줄 아는 사람은 펑더화이와 무정 정도였다. 중화기는 박격포가 고작이었으며, 대포는 없었다. 무정은 이때부터 군 지휘관으로 전장을 누비게 되었다.

1930년 7월 초, 무정이 소속한 펑더화이 부대가 후난성 웨저우(岳州 악주)에 주둔한 국민당군 왕둥위안(王東原 왕동원) 부대를 격파한 뒤 75밀리 야포 4문과 산포 山砲 몇 문을 노획했다. 허울뿐인 포병연대가 본격적으로 위력을 과시하기 시작했다. 패퇴하는 왕둥위안 부대를 엄호하며 둥팅후(洞庭湖 동정호) 쥔산(君山 군산)으로 달아났던 영국과 미국, 일본의 연합함대들이 웨저우성 반대편 강기슭에 집결해 포를 쏘아대는 등 맹렬하게 공격했다. 펑더화이와 무정은 빼앗은 포를 은폐시킨 뒤에 적들의 함대가 가까이 다가왔을 때 일제히 포격했다. 10여 발이 영, 미, 일 연합 함대를 명중시켰다. 놀란 함대들이 달아나 웨저우성에 접근하지 못했다. 홍군은 앞서 벌어진 황스강(黃石港 황석항) 전투에서는 포가 없었기 때문에 속수무책이었으나 이번엔 달랐던 것이다. 홍군 전사들은 외국 함대들이 포에 맞아 불붙은 채 달아나거나 침몰되는 모습을 보며 사기충천해 '제국주의를 타도하자!'는 구호를 외치며 환호했다. 이날의 전투로 무정의 이름은 순식간에 홍군에 퍼졌다. 홍군은 무정이 귀신같은 재주를 지녔다고 해서 '신포수神砲手'라고 떠받들었다. 무정은 이후 펑더화이 군단에서 네 차례에 걸친 국민당군의 포위공격 소탕전에 맞서 승리를 거두면서 성가를 높였다. [81]

광둥군벌 천지탕,
홍군과 비밀협상

광둥군벌 천지탕(陳濟棠 진제당)은 깊은 상념에 빠졌다. 장제스가 홍군에 대한 제 5차 포위공격 소탕전을 준비하면서 자신을 '남로군 총사령관'으로 임명했기 때문이다. 광둥은 이미 나의 천하가 아닌가. 남들이 나를 중국 남쪽을 지배하는 '난톈왕(南天王 남천왕)'이라고 하지 않는가? 그동안 포위공격 소탕전이라는 명목으로 장제스로부터 매월 60만 원을 끌어다 쓰고 있는데 홍군을 공격하지 않을 수도 없고, 공격하자니 병력도 큰 손실이 불가피하고……. 장제스가 방휼지쟁蚌鷸之爭을 노려 어부지리漁夫之利를 얻겠다는 꼼수가 불 보듯 훤한데 어쩐다? 그랬다. 장제스는 '광둥-광시-후난(粵桂湘 월계상)' 군대와 홍군이 전투를 벌여 홍군 소멸과 군벌 전력 약화라는 일거양득의 전략을 구사하고 있었다. 장제스는 최강 직계부대의 막강한 화력을 북쪽 샹장(湘江 상강) 북안에 배치해 중앙홍군이 허룽 군과 합류하는 것을 막는다는 미명 아래 네 번째 봉쇄선을 맡아 병력 소모를 줄일 속셈이었다. 홍군이 중무장한 북쪽보다는 군벌들의 이해타산으로 봉쇄망이 느슨한 남쪽을 택해 달아날 수 있도록 출로를 열어 홍군과 남쪽 지방 군벌들 간에 전투를 벌이게 하는 '차도살인借刀殺人'의 계책이었다. 그동안 장제스는 광둥지방의 지배를 둘러싸고 천지탕과 각축을 벌였으나 호각지세로 '권력을 나누어 분할통치(均權分治 균

'권분치)'할 수밖에 없어 광둥은 사실상 반半독립 상태였다. 장제스는 차제에 암적 존재인 천지탕을 제거해버리고 싶었던 것이다. 천지탕은 부하들에게 근심스럽게 말했다. **82**

"우리와 홍군의 이번 전쟁은 져도 안 되고, 이겨도 안 되는 전쟁이다. 만약에 우리가 져 홍군이 광둥으로 밀고 들어오면 장제스가 옳다구나 하고 우리를 대신해 홍군을 소탕한다는 명분으로 진격해 광둥을 통째로 먹게 된다. 우리가 이겨 홍군을 물리쳐도 홍군과의 싸움으로 우리 병력이 극도로 지친 틈을 타 장제스가 광둥을 잘 통치하겠노라고 덤벼들면 어쩔 수 없이 넘겨주어야 한다. 진퇴유곡이다."

천지탕은 두 가지를 상정했다. 하나는 희망사항으로 홍군이 국민당군 주력의 공격을 천연시켜 국민당군이 장시에서 광둥으로 진격하는 것을 막아주었으면 하는 생각이었다. 둘째는 우려사항으로 홍군이 천지탕군의 허점을 노려 광둥군에게 반격해 광둥군이 양면작전에 걸려들어 불리한 상태에 놓이는 경우였다. 심사숙고를 거듭하던 천지탕은 '쑹커(送客 송객)'라는 묘책을 찾아냈다. 손님을 배웅하는 전략이다. 이는 홍군이 반드시 거쳐야 하는 길에 대한 방어 공사를 하되 느릿느릿 쉬엄쉬엄 해 장제스가 잡고 있는 약점을 피하고, 또 한쪽으로는 토치카 봉쇄선을 불완전하게 구축해 홍군이 서쪽으로 지나가도록 길을 열어준다는 계책이었다. 홍군이 지나가는 앞을 막거나 허리를 자르지 않고 단지 꼬리 부분만 공격하되 그나마도 후위부대에게 '일찍 지나가라(送客무走 송객조주)'고 주문하는 것이다.

천지탕은 이렇게 하면 홍군의 광둥 공격과 장제스가 뻗치는 마수를 막을 수 있어 광둥지역을 보존할 수 있다고 생각했다. 그럼 어떻게 자신의 '호의'를 홍군이 알 수 있도록 할 수 있을까? 천지탕은 생각 끝에 중간에 사람을 넣어 우선 홍군과 접촉해 홍군의 '카드(속내)'를 알아보는 방법이 중요하다고 판단했다. 일이 되느라 천지탕의 호위병 중에 홍군 제9군단 군단장 뤄빙후이(羅炳輝 나병휘)의 손아래 처남을 아는 병사가 있었다. 뤄빙후이의 처남은 광둥에서 사업을 하고 있었는데 타진한 결과 소비에트 지구에 가 뜻을 전달하겠다고 선선히 응낙했다. 천지탕은 곧바로 저우언라이에게 한 통의 편지를 썼다.

나는 귀당이 공동(국민당과 공산당)으로 항일투쟁을 해야 한다는 주장에 전적으로 찬동한다. 나는 쌍방의 협조관계를 위해 참모장 양유민(楊幼敏 양유민), 사단장 황쉬추(黃旭初 황욱초), 황쯔원(黃質文 황질문) 3인을 협상대표단으로 파견하겠다. 나는 귀당 쪽의 광둥·장시성 군구사령관 허창궁(何長工 하장공)을 총대표로 파견해 비밀회담을 하는 것이 좋다고 제의한다. 지금 서신을 갖고 가는 사람에게 회담 지점과 기타 관련 사항을 상의해 알려주기 바란다.

천지탕은 뤄빙후이 처남을 단독으로 만나 "도중에 각별히 조심해야 한다. 편지를 갖고 있기 때문에 절대로 잘못되는 일이 없어야 한다. 꼭 저우언라이를 만나 직접 편지를 전하고, 속히 돌아와야 한다"며 신신당부했다. 1934년 9월 하순, 밀사(뤄빙후이의 처남)는 홍군 보위국保衛局 국장 리커눙(李克農 이극농)을 만난 뒤 그의 안내로 저우언라이와 주더를 비밀리에 만났다. 밀사는 저우언라이에게 편지를 전달했다. 하지만 당내 최고 권력과 군권을 보구와 리더가 갖고 있어 저우와 주더는 천지탕과 회담을 할지, 말지에 대한 아무런 권한이 없었다. 저우와 주더는 이 사안을 보구, 리더와 상의했고, 보구는 저우와 주더가 전권을 갖고 회담할 수 있도록 권한을 부여했다.

저우와 주더는 고심 끝에 허창궁과 판한녠(潘漢年 반한년)을 홍군 대표단으로 확정했다. 허창궁은 장시·광둥 군구사령관과 정치위원, 장시·광둥 성위 상임위원이며 선전부장이었다. 허창궁은 또 광둥군과 가장 근거리의 군구사령관으로 6개월 넘게 근무해 광둥군 상황을 잘 알아 적임자였다. 판한녠은 중앙국 선전부 부부장이며, 1년 전 중화 소비에트 정부와 노농홍군 대표로 국민당 제19로군 대표 쉬밍훙(徐名鴻 서명홍)과 '항일반장(抗日反蔣: 일본에 항거하고 장제스에 반대)' 문제에 대해 비밀회담을 벌이는 등 풍부한 회담 경험을 갖고 있었다. 판한녠과 허창궁은 10월 8일에 비밀회담 장소인 우뤄탕(烏羅塘 오라당)진鎭에 도착해 3박 3일 동안의 회담을 벌였다. 양쪽은 5개 협의사항에 합의했다. **83**

1. 전쟁을 중지하고 모든 적대행위를 하지 않는다.

2. 유선전화를 통해 서로 정보를 교환한다.

3. 봉쇄를 해제한다.

4. 양쪽은 서로 통상을 하며, 필요 시에 홍군은 천지탕군 방어구역 후방에 병원을 세울 수 있다.

5. 필요 시에 양쪽은 서로 길을 빌릴 수 있다. 홍군은 행동하기 전에 먼저 천지탕군에게 통보하면 천지탕군은 40리를 철수한다. 홍군은 단지 길을 빌려 지나가며, 광둥 내지로 들어오지 않는다는 것을 보증한다. 홍군 인원이 천지탕군 방어구역으로 들어올 때는 천지탕군이 발급한 신분증을 사용한다.

3겹 봉쇄선 돌파

1934년 10월 10일 밤, 중앙홍군 5개 주력군단과 중앙, 중앙혁명군사위원회 종대 등 8만 6천여 명이 앞날의 명운을 헤아릴 수 없는 상황에서 비통하고 비장한 마음으로 장정長征 길에 올랐다. 10월 14일 저녁 무렵에서 18일 땅거미가 질 때까지 위두(于都 우도) 경내에 있는 중앙 주력 홍군과 중앙 야전종대 등의 부대는 장정에서 첫 번째 강인 위두강을 건너 대이동을 하기 시작했다. 홍1군단, 홍3군단, 홍5군단, 홍8군단, 홍9군단으로 나누어 강을 건너 집결했다. 중앙 '홍싱(紅星 홍성)' 종대(제1야전종대와 제2야전종대)는 중앙 지도기관 부속팀으로 편제를 개편해 짰는데, 18일 저녁 무렵에 위두현 청둥면(城東門 성동문)에서 위두강을 도하해 리춘(利村 이촌)과 상핑(上坪 상평)을 거쳐 안위안(安遠 안원) 허터우(合頭 합두) 일대에 집결했다. 중앙과 혁명군사위원회 지도자들로 보구, 저우언라이, 리더, 마오쩌둥, 장원텐, 왕자샹 등이 이 종대에 편입되었다. 홍군 총사령부는 천지탕과 맺은 '서로 길을 빌릴 수 있다'는 비밀협약에 따라 천지탕에게 전령을 보내 홍군들이 길을 빌리려(借道 차도)한다고 통보했다. 천지탕군은 비밀협약을 지켜 홍군이 행군하는 방향에서 40리를 철수해 '비밀통로'를 확보해주고, 각 부대에 "적이 우리를 습격하지 않으면 공격하지 말고, 적이 우리를 공격하지 않으면 총을 쏘지 말라"고 엄명을 내렸다.

10월 21일, 홍군 주력부대가 장시성 안위안과 신펑(信豊 신풍) 사이에서 포위망을 뚫는 전투가 벌어졌다. 광둥군은 길을 빌려주는 약속을 지키면서 낮에 헛총을 쏘았다. 그들은 싸우는 척하며 철수했다. 홍군은 순조롭게 국민당군의 제1봉쇄선을 돌파해 광둥 북쪽인 난슝(南雄 남웅) 경내로 진입했다. 장제스는 홍군이 제1봉쇄선을 돌파했다는 보고를 받고 맥이 풀렸다. 장제스는 홍군의 행군 방향이 장시 남쪽에서 후난 남쪽이나 또는 후난 남쪽의 뒤로 행군해 '후베이-안후이' 소비에트 지구로 북진하기를 바랐다. 장제스는 홍군이 광둥 북쪽에서 돌파구를 찾아 이동하는 행군은 장제스의 최전방을 교란하는 것으로 작전상 좋지 않다고 판단했다. 장제스는 광둥군 천지탕과 후난군 허젠(何鍵 하건) 두 부대에게 급히 출병해 진로를 막도록 지시했다. 장시와 후난 경내에 있는 모든 비행대의 항공기가 출격해 협동작전을 펼치면서 홍군을 제2봉쇄선과 제3봉쇄선에서 막아 전멸시키도록 명령을 내렸다. **84**

10월 27일, 혁명군사위원회는 제1봉쇄선을 뚫은 홍군이 후난과 광둥 변경으로 진격해 제2봉쇄선을 돌파하도록 명령했다. 천지탕은 사오관 잔취(韶關戰區 소관전구)사령관 리한훈(李漢魂 이한혼)이 인솔하는 독립 3사단과 독립 경위여단 부대를 런화(仁化 인화), 러창(樂昌 낙창), 루청(汝城 여성)으로 이동해 방비하도록 했다. 리한훈은 예하 군관들에게 "광둥군은 홍군과 상호 불가침협약을 맺었다. 홍군이 서쪽으로 가도록 길을 열어줘라. 부대장들은 협약을 잘 지킬 수 있도록 더욱 조심하기 바란다. 적이 우리를 사격하지 않으면 우리도 총을 쏘지 말라. 적이 우리를 습격하지 않으면 우리도 적을 공격하지 않는다. 전쟁터의 기율을 엄격히 집행하기 바란다"며 홍군의 진로를 막지 말도록 했다. 홍군은 11월 4일에 제2봉쇄선을 돌파했다. 『궈원저우바오國聞週報』는 대단히 비분강개한 문투로 이렇게 보도했다.

우리가 가장 걱정하는 것은 광둥군과 중앙군의 통일적이지 못한 작전 조율의 약점을 비적들이 이용하는 것이다. 현재 비적부대들이 과연 봉쇄선을 돌파해 장시-광둥 변경 서쪽으로 달아났다. 정말로 대단히 원통한 일이다.

중앙홍군이 제2봉쇄선을 돌파한 뒤인 11월 6일, 장제스는 난창 임시병영에서 '차단 소탕(堵剿 도초)'하라는 긴급 전령을 각 부대에 내렸다. 이 전령은 홍군이 계속 이장(宜章 의장) 방향으로 도주하는 것으로 판단해 제3봉쇄선에 수백 개의 토치카를 세워 차단을 강화하도록 했다. 홍군은 국민당군이 병력을 완전히 집결하기 전에 곧바로 천(郴 침)현을 공격해 후난군을 견제하고, 또 한편으로는 이장을 점령해 광둥군을 저지하면서 주력부대가 중앙을 돌파해 자허(嘉禾 가화)와 린우(臨武 임무)로 진군했다. 11월 13일, 홍군은 일거에 이장현을 점령하고 15일에는 린우현성을 공격했다. 홍군은 천지탕과의 협약을 지키기 위해 광둥 내지로 들어가지 않고 광둥과 후난, 장시 변계 서쪽으로 행군했다. 이렇게 해서 홍군은 행군 중에 광둥군의 완강한 저항을 받지 않고 순조롭게 제3봉쇄선을 뚫을 수 있었다.

1개월도 안 되어 홍군이 신속하게 장제스가 온 힘을 기울여 구축한 3겹 봉쇄선을 돌파하자, 봉쇄 부대들이 서서히 혼란에 빠졌다. 장제스는 천지탕이 자신의 부대를 보호하기 위해 명령을 집행하지 않은 것을 알고 노발대발했다. 장제스는 천지탕에게 보낸 전화 통지문에서 "이번에 군대를 움직이지 않아 공비들이 서쪽으로 달아났다. 가로막아 공격하지 않아 우리 국민혁명군에 천추만세의 오점을 남겼다. 즉시 27개 여단으로 란산(藍山 남산), 자허, 린우 사이를 차단해 이제까지의 잘못을 만회하고 속죄하도록 하라. 그렇지 않으면 본 위원장(장제스)이 법 집행으로 바로잡을 것이다"라고 겁박했다. [85]

천지탕은 장제스의 앙갚음에 대비해 홍군과 맺은 비밀협약 관련 서류들을 불태워버리고, 예자오(葉肇 엽조)와 리한훈, 리전치우(李振球 이진구) 등 사단장에게 후난으로 달아나는 홍군을 추적해 공격하라고 명령했다. 이를 보고 장제스의 참모인 난창 임시병영 제1청 부청장 안다오강(晏道剛 안도강)은 '쑹커(送客 송객)'식 추격이라고 씁쓸해했다.

칼 2자루로
혁명한 허룽

중앙홍군이 세 번째 봉쇄선을 돌파하자 장제스는 40만 명의 대군을 3로路로 나누어 후난 서쪽의 샹시(湘西 상서)에 제4차 봉쇄선을 구축해 홍군의 앞을 가로막고 뒤를 추격해 샹장(湘江 상강) 언저리에서 섬멸하려 했다. 중앙 총서기 보구와 군사 총책임자 리더는 홍군이 장시, 광둥, 후난, 광시 변경에 다다르자 샹시에서 홍군 제2, 6군단과 합류하려 했다.

'후난-후베이' 서쪽에는 허룽이 이끄는 제2군단과 런비스, 샤오커(蕭克 소극), 왕전(王震 왕진)이 인솔하는 제6군단이 소비에트 혁명 근거지를 일구어 활동하고 있었다. 신중국 건국 후 10대 원수가 된 허룽은 마오보다 세 살 아래로 1896년에 후난성 상즈(桑植 상식)현의 홍자관(洪家關 홍가관) 마을에서 빈농의 아들로 태어났다. 허룽은 집안 형편이 어려워 인근 사숙에서 5년 동안 사서삼경 등 구학문을 공부했다. 허룽은 어려서부터 향리에서 의를 중시하고 재물을 가볍게 보며 불의에 맞서 싸우는 의리남아로 이름이 났다. 1911년, 중국을 뒤흔든 신해혁명에 영향을 받은 허룽은 1914년에 쑨원이 이끄는 중화 혁명당에 가입해 후난성 상즈와 스먼(石門 석문), 완링(浣陵 완릉)현 등지에서 반제반봉건 무장투쟁을 벌이다 3차례 투옥되기도 했다. 허룽은 1924년부터 1927년까지 3년 동안 국민혁명 시기에 쑨원의

'소련, 공산당과 연합하고 노동자와 농민을 지원하는(聯俄, 聯共, 扶助農工 연아, 연공, 부조농공)' 3대 정책을 적극 지지했다.

허룽은 제국주의와 군벌 타도의 기치를 높이 들고 1926년 여름에 국민혁명군 제9군단 제1사단 사단장으로 북벌전쟁에 참여했다. 그는 좌파 장군으로 알려졌다. 허룽은 북벌전쟁 중 혁혁한 공을 세워 1927년 6월에 국민혁명군 제20군단 군단장으로 승진했다. 허룽은 국민당 좌파 군벌 장파구이(張發圭 장발규) 휘하에 있었다. 허룽은 1927년에 장제스가 '4·12쿠데타'를 일으켜 공산당원과 국민당 좌파 인사들을 대거 숙청하자 공산당과 노동자, 농민의 편에 서서 그해 8월 1일 봉기한 난창기의에 군대를 이끌고 참가했다. 허룽은 난창기의군起義軍이 광둥지역으로 남하했을 때 공산당에 가입했다. 허룽은 광둥에서 기의군이 패퇴하자 홍콩으로 탈출해 상하이를 거쳐 '후난–후베이' 서쪽 지역으로 가서 징장(莉江 형강) 양안 녠관(年關 연관)폭동과 샹시(湘西 상서)기의를 일으켰다.

허룽은 2자루의 식칼로 '혁명'을 일으켰다는 유명한 일화를 갖고 있다. 1928년 초, 허룽이 어느 마을에 들어가 청나라 때 청 왕조 타도 비밀조직인 가로회哥老會 회원들과 폭동 거사를 논의하고 있을 때 국민당 징세원들이 마을에 들어왔다. 허룽은 2자루의 식칼을 들고 마을 청년들과 함께 징세원들을 습격해 죽이고 호위병들을 무장해제시킨 뒤 권총과 소총을 빼앗아 농민군들을 무장시켜 폭동을 일으켰다는 데서 연유했다. 허룽은 저우이췬(周逸群 주일군), 돤더창(段德昌 단덕창)과 함께 '후난–후베이 서쪽 지역(湘鄂西 상악서)'에 소비에트 혁명 근거지를 만들었다. [86]

중앙홍군은 허룽과 런비스가 이끄는 제2, 6군단과 합류하기 위해 샹장 도하작전에 들어갔다. 그러나 홍군은 5~6배에 이르는 압도적인 병력과 중화기로 무장한 국민당군의 강력한 공격에 부닥쳐 샹장을 피로 물들일 수밖에 없었다. 제2, 6군단의 허룽과 런비스는 홍군의 도하작전을 돕기 위해 샹시에서 강력한 공세를 펼쳐 융순(永順 영순), 다융(大庸 대용), 상즈, 탸오위안(桃源 도원), 츠리(慈利 자리)현 등을 잇따라 공격하고, 창더(常德 상덕)를 포위해 창사와 웨양(岳陽 악양)을 위협하면서 기세를 크게 떨쳤다. 광시(廣西 광서) 전현 남쪽 샹장 동안에서는 1주일 동안 처절한 격전이 벌어졌다. 샹장전투에서 혁명군사위원회 직속의 포병부대를 이끌고 있던 조선인 무정武亭은 맹활약을 펼쳤다. 무정은 홍군 제3군단 제5사단을 엄호하며 광시군의 공격을 막았다. 무정이 장시 간난에서부터 갖고 온 독일제 75밀리 4문의 산포가 맹렬하게 불을 뿜었다. [87]

홍군 피로 물들인
샹장전투

1934년 11월 말, 중앙홍군은 만신창이가 되어 최후 봉쇄선을 뚫고 힘겹게 샹장을 건넜지만 전투 결과는 경천동지할 만했다. 8만 6천여 명으로 출발했던 홍군이 3만여 명으로 줄어들었기 때문이다. 애초 대부대가 떠날 때부터 모든 계획을 극비에 부치고 독단적으로 판단한 보구와 리더의 전략전술 부재가 빚은 참화였다. 홍군은 다먀오(大苗 대묘)산맥을 따라 북상하면서 여전히 홍군 제2, 6군단과 합류하려고 시도했다. 12월 11일, 중앙홍군은 후난과 광시 변계의 퉁다오(通道 통도)성을 점령했다. 이때 장제스는 미리 샹장 서구지역에서 홍군을 섬멸하기 위해 '추격소탕전(追剿 추초)' 전략을 짜놓고 있었다. 장제스는 '추격소탕전 총사령관'에 후난군벌 허젠(何健 하건)을 임명한 뒤 홍군이 샹시 쪽으로 이동할 것으로 확신하고, 4겹의 토치카 진지선을 구축하도록 지시했다. 허젠은 급히 후난군과 후난군의 장제스계인 '중앙군' 쉐웨(薛岳 설악) 부대 등 15개 사단의 병력을 소집해 퉁다오성 북쪽 지구인 우강(武岡 무강), 수이닝(綏寧 수녕), 징셴(靖縣 정현), 후이퉁(會同 회동), 즈장(芷江 지강), 쳰양(黔陽 검양) 일대에 병력을 배치해 홍군을 차단하도록 했다.

이와 함께 장제스는 중앙군 저우훈위안(周渾元 주혼원) 군단이 셴수이(咸水 함

수)에서 홍군을 추격하고, 광시군 제7군단 군단장 랴오레이(廖磊 요뢰)는 제24사단을 이끌고 룽성(龍勝 용승)으로 진격하도록 했다. 또 광시군 제15군단 군단장 샤웨이(夏威 하위)에게 룽성과 시옌(西延 서연) 일대로 진군하라고 명령했다. 국민당군의 각 로군路軍의 군세를 살펴볼 때 유일하게 구이저우(貴州 귀주) 동쪽(黔東 검동)을 방비하고 있는 구이저우군이 그나마 약한 편이었다.

국민당군의 이런 병력 배치로 중앙홍군이 샹시에서 홍군 제2, 6군단과 합류해 새로운 근거지를 마련한다는 전략적 이동계획은 이미 실현 가능성이 희박했다. 그러나 보구와 리더는 샹시전투에서 대패를 당해 엄청난 손실을 당한 데다가 장병들이 피곤에 지쳐 사기와 전투력이 크게 떨어진 상황에서도 홍군 제2, 6군단과 합류하기 위해 샹시로 진군한다는 원래의 계획을 밀고 나가려 했다. 마오는 거칠게 반대했다. 마오는 계속 서쪽으로 진군해 구이저우 내지로 들어가야 한다고 건의했다. 뤄푸(洛甫 낙보; 장원톈의 자. 당시 통상 명칭)와 왕자샹이 마오를 지지했다. 뿐만 아니라 '3인단'의 저우언라이도 가세했다. 마오의 건의가 채택되었다. 리더가 결정한 방안대로 부대를 이동했더라면 국민당군이 겹겹으로 쌓은 토치카 선인 '호구虎口'로 들어가 전군이 전멸할 수도 있었다. 이런 위기 상황에서 마오는 홍군 제2, 6군단과의 합류를 버리고 국민당군의 방어가 약한 구이저우로 진군해 부대가 휴식하며 정비할 수 있도록 한 것이다.

홍군은 퉁다오성에서 이동 방향을 바꾸어 구이저우 리핑(黎平 여평)으로 방향을 틀어 진군했다. 샹장 서쪽에서 홍군을 몰살하겠다고 별렀던 장제스의 계획은 산산조각이 났다. 12월 14일, 홍군은 리핑 현성을 점령했다. 12월 18일에 정치국은 리핑에서 회의를 열고 행군 방향 문제를 토론했다. 이 회의는 마오가 주장한 구이저우로의 진군이 옳았고, 보구와 리더의 견해는 잘못되었다는 평가를 했다. 이 회의에서 '중앙정치국의 쓰촨-구이저우(川黔 천검) 변계에 새로운 근거지를 건립한다는 결의'가 통과되었다. 이 '결의'에 따라 홍군은 리핑에서 출발해 파죽지세로 구이저우로 진격해 잇따라 큰 현성縣城들을 공격했다. 홍군은 12월 말에 즈다오(直搗 직도) 우장(烏江 오강)변에 있는 허우창(猴場 후장)에 도착했다. 1935년 새해 1월 1일, 정치국은 허우창에서 회의를 열어 다시 '샹시로 가야 한다'는 잘못

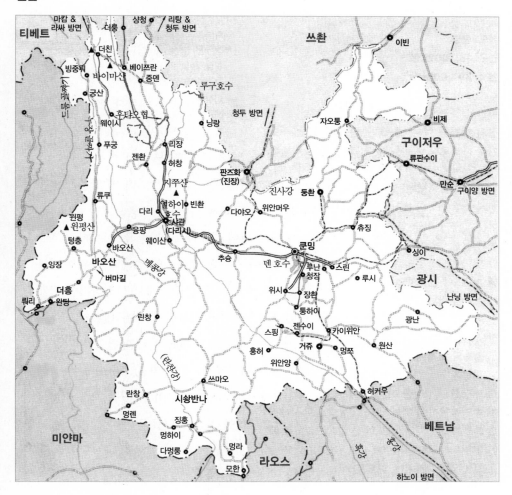

윈난

티베트
마캄 & 라싸 방면
더룽
샹청
리탕 & 청두 방면
쓰촨
이빈
더친
빙중뤄
바이마산
베이쯔란
중뎬
루구호수
청두 방면
자오퉁
비제
구이저우
궁산
웨이시
닝랑
류판수이
후탸오협
리장
판즈화(진장)
만슌
구이양 방면
푸궁
젠촨
허창
진사강
둥촨
지주산
빈촨
다야오
위안머우
추징
싱이
뤼쿠
다리
얼하이호수
사관(다리시)
원펑
원펑산
융핑
웨이산
쿤밍
광시
텅충
바오산
멍룽강
바오산
추슝
뎬호수
루난
청장
스린
루시
난닝 방면
잉장
버마길
위시
장촨
통하이
광난
더훙
뤼리 완딩
린창
스핑
젠수이
카이위안
원산
홍허
거쥬
멍쯔
위안양
허커우
란창
시솽반나
쓰마오
베트남
멍롄
징훙
멍하이
다멍룽
멍라
모한
라오스
하노이 방면
미얀마

된 의견을 부결하고 우장으로 갈 것을 결의했다. [88]

　정치국은 '도강 후 새로운 행동방침에 관한 결정'에서 '쓰촨-구이저우' 지구에서 반격하기로 결정하고, 장제스 주력부대와 전투해 적의 포위공격 소탕전을 분쇄한 뒤 '쓰촨-구이저우'에 새로운 소비에트 근거지를 건립키로 했다. 정치국은 이를 위해 먼저 쭌이(遵義 준의)를 중심으로 한 구이저우 북쪽 지역에서 쓰촨 남쪽 지역으로 발전시켜나가는 것이 당면한 중심적인 임무라고 밝혔다. 장제스는 중앙홍군이 구이저우로 들어간 뒤 허룽의 제2군단과 런비스와 샤오커, 왕전이 이끄는 홍군 제6군단이 구이저우 북동쪽으로 에둘러 중앙홍군이 있는 곳으로 가 합류하는 것을 두려워했다. 장제스는 직계부대인 쉐웨에게 주력부대를 인솔해 후이퉁會同과 즈장 일대를 경유해 구이저우로 진군토록 했다. 후난군과 구이저우군의 일부 부대가 리핑과 진핑(錦屛 금병)으로 나아가 홍군의 후미를 공격해 중앙홍군이 제2, 6군단과 합류하지 못하도록 긴급명령을 내렸다. 장제스는 또 허젠과 쓰촨-후베이 변계의 쉬위안취안(徐源泉 서원천)이 이끄는 제10군단이 연합해 홍군 제2, 6군단에 대한 포위공격을 강화하도록 했다.

이로 인해 중앙홍군은 제2, 6군단과 합류할 수가 없게 되었다. 중앙홍군이 쭌이를 중심으로 한 구이저우 북부지역에 진군하게 되면, 곧 북쪽으로는 홍군 제4방면군이 있고 동쪽으로는 홍군 제2, 6군단이 주둔해 '솥발형국'으로 서로 호응하고 협동할 수 있어 홍군 발전에 더없이 유리한 환경이었다. 구이저우는 비록 인력과 물자가 부족하고 전국적인 정치 영향력 등의 방면에서 불리하지만 근거지를 건립하는 데 유리한 조건이었다. 이곳은 벽지로 산이 많은 데다가 교통이 불편하고 중앙에서 멀리 떨어져 장제스의 통치력이 비교적 약한 편이었다. 게다가 장제스의 세력이 약하고 계파가 많아 왕자례(王家烈 왕가열), 허우즈단(候之擔 후지담), 여우궈자이(猶國材 유국재), 장자이전(蔣在珍 장재진) 등 크고 작은 군벌들이 할거해 내부 모순이 돌출하고 있었다. 또한 많은 인민들이 극빈에 시달려 혁명에 대한 욕구가 분출하고 있는 것도 근거지 조건으로서는 안성맞춤이었다. 중앙홍군은 3로路로 부대를 나누어 우장(烏江 오강) 도강을 강행해 1월 7일에 구이저우성 북쪽의 큰 도시 쭌이를 점령했다. **89**

쭌이회의

중앙은 1935년 1월 15일부터 17일까지 쭌이 옛성(遵義舊城 준의구성)에 있는 군벌 바이후이장(柏輝章 백휘장)의 공관 건물 2층에서 정치국 확대회의를 열었다. 이 회의에는 정치국 위원인 보구, 저우언라이, 마오쩌둥, 주더, 장원톈, 천윈(陳雲 진윈), 그리고 정치국 후보위원인 왕자샹, 류사오치(劉少奇 유소기), 덩파(鄧發 등발), 카이펑(凱豊 개풍: 본명은 何克全 하극전)이 참석했다. 또 총참모장 류보청(劉伯承 유백승), 총정치부 대리 주임 리푸춘(李富春 이부춘), 제1군단 군단장 린뱌오(林彪 임표), 제1군단 정치위원 녜룽전, 제3군단 군단장 펑더화이, 제3군단 정치위원 양상쿤(楊尚昆 양상곤), 제5군단 정치위원 리줘란(李卓然 이탁연: 회의 시작 뒤 도착)이 참석했다. 덩샤오핑(鄧小平 등소평)은 당중앙 비서장 신분으로, 우슈취안(伍修權 오수권)은 리더의 통역원으로, 그리고 리더가 참석했다. 회의 도중 펑더화이는 부대에 전투가 벌어져 일찍 떠났고 제9군단 군단장 뤄빙후이(羅炳輝 나병휘)와 제9군단 정치위원 차이수판(蔡樹藩 채수번)은 우장을 건너지 못해 참석할 수 없었다.

회의를 주재한 보구는 15일 회의에서 장제스의 제5차 포위공격 소탕전과 그 이후 상황에 대해 보고했다. 보구는 정치, 군사상 당의 지도는 정확했고, 군사상의 실패 원인은 적의 역량이 강했기 때문에 어쩔 수 없었다는 투의 자기변호에 급급했다. 저우언라이가 군사문제 부副보고 발언에 나섰다. 저우는 군사에 관한 총결 보고에서 '3인단'이 군사를 지휘하는 데 큰 과오를 저질렀다고 자아비판을 하고 책임을 인정했다. 이어 장원톈이 중앙 지도자들의 단순방어 군사노선에 반대한다는 '보고', 이른바 '반보고'를 했다. 참석자들은 경악했고, 보구와 리더는 바늘방석에 앉은 듯 불안한 기색이 역력했다. 보구는 잠시 휴회를 선언했다. 휴회 뒤 시작한 회의에서 첫 발언에 나선 마오는 이론에서부터 실천, 국내정세에서 군사정세, 공산당의 종지宗旨와 혁명 전쟁의 특징에서 정치, 군사책략에 이르기까지 때로는 고전을 인용하면서, 때로는 흥미진진하게, 때로는 익살스럽고 유머스럽게, 때로는 엄숙하고 진지하게 이야기했다. 마오는 군사문제에 관해 좌경 모험주의의 소극 방어와 방어에서 나타나는 보수주의, 즉 진공進攻 시의 모험주의와 이동할 때의 도망주의를 비판했다.

마오는 리더의 군사 지휘가 "전사들이 가는 길, 식사하는 것, 자는 것 등을 고려하지 않았다. 가는 길이 산길인지, 평원인지 또는 강가 길인지조차 묻지 않는 '탁상지휘'"라며 날카롭게 힐책했다. 마오는 또 약도에 표시 하나 해놓고 제한된 전투(단병전)를 하게 하니 당연히 싸움에 질 수밖에 없다고 비판했다. 마오는 군사상 좌경 모험주의의 잘못된 주장을 실전에 집행해 반反 제5차 포위공격 소탕전을 실패로 이끌어 홍군이 엄청난 희생을 치르게 했다고 지적했다.

1시간에 걸쳐 이어진 마오의 발언은 참석자들의 생각과 의견을 반영해 대다수 사람들의 열렬한 박수를 받았다. 4명이 긴 발언을 했지만 누구도 최고 권력의 문제에 대해서는 언급하지 않았다. 많은 사람들의 마음속에는 마오쩌둥 이외에 다른 대안이 없다고 생각하고 있었지만 누가 이 민감한 문제를 건드리느냐 하는 것이 관건이었다.

왕자샹은 마오의 발언을 들은 뒤에 더욱 마오를 지지해야겠다는 생각이 굳어졌다. 왕자샹은 추호의 망설임도 없이 의자에서 일어났다. 일어나는 순간 심한 통증으로 넘어질 뻔했다. 그는 상처의 통증에도 불구하고 격동적으로 발언했다. 왕자샹의 발언은 길지 않았지만 결연했다. 왕자샹은 보구와 리더의 군사 지휘와 군사 이론상의 문제를 비판했다. 뿐만 아니라 단도직입적으로 3개의 의견을 내놓

왔다. [90]

1. 마오쩌둥의 발언에 완전히 찬동한다.

2. 홍군은 마오쩌둥처럼 실제 경험이 풍부한 사람이 지휘해야 한다.

3. 리더와 보구의 군사 지휘권을 취소하고 3인단은 해산해야 한다.

왕자샹의 폭탄발언은 보구와 리더를 아연실색케 했다. 왕자샹은 소련 유학을 다녀온 해외파로 왕밍, 보구와 같이 '28인의 볼셰비키' 중 한 사람으로 코민테른의 노선과 지시를 충실히 따른 인물이었다. 이런 점에서 왕자샹은 왕밍과 보구의 좌경 교조주의적 종파 진영에서 나온 첫 번째 사람이 되었다. 왕자샹이 마오를 견결하게 지지한 것은 왕밍 좌경노선의 파산을 의미했다. 마오는 훗날 "그(왕자샹)가 공을 세웠다. 그가 교조주의자들 가운데 제일 먼저 나와서 나를 지지했다. 쭌이회의의 절체절명 시기에 결정적인 1표를 던졌다"고 왕자샹을 높이 평가했다. 왕자샹에 이어 저우언라이, 주더, 펑더화이, 류사오치, 녜룽전, 리푸춘 등이 잇따라 발언에 나서 마오를 지지했다. 린뱌오는 리더의 단병전을 지지했기 때문에 말을 아꼈다. 보구와 리더, 카이펑은 고립되었다. 회의는 마오와 왕자샹, 장원톈 등 3인의 발언을 기초로 '결의'를 작성했다. [91]

1. 반反 제5차 포위공격 소탕전은 군사 지휘에서 잘못을 저질렀다. 보구의 총결보고는 기본상 부정확하다. 우리가 반反 제5차 포위공격 소탕전에서 승리할 수 없었던 제일 큰 이유는 군사 지휘상 전략전술의 기본이 잘못되었기 때문이다. 군사 지휘의 과오를 저지른 원인은 우경 기회주의적 단순 방어노선이다. 작전을 지휘하는 데 1)운동전 거부와 적의 측면 활동 2)적색 보루의 소모전으로 소비에트 보위 기도 3)적들의 6로路 분산 진공에 병력을 분산해 방어하는 등으로 피동적 위치에 처하게 했다. 뿐만 아니라 우리의 주력을 집중하지 않아 전선 곳곳에서 역량 부족으로 적의 공격을 받게 되었다. 군사상 지도의 과오는 A(리더 지칭)와 보구, 저우언라이 세 동지에게 있으며 A와 보구 동지가 주요 책임을 져야

한다.

2. 회의는 중앙 지도기구를 개편하기로 결정했다. 3인단과 보구, 리더의 군사지휘권을 취소한다. 주더와 저우언라이는 여전히 최고 군사수장으로서 군사를 지휘하며, 저우언라이는 당이 위임한 군사문제를 최후 결정하는 책임자다. 마오쩌둥을 정치국 상무위원으로 임명하고, 마오쩌둥 동지는 저우언라이 동지의 군사지휘를 보좌한다.

3. 장원톈은 쭌이회의 결의를 기초해 상무위원회의 심사를 거쳐 지부에 보내토론에 부의토록 한다. 장원톈이 보구를 대신해 중앙의 모든 책임을 관장할 수 있도록 권한을 명확히 규정한다.

쭌이회의는 중국공산당 사상 처음으로 코민테른의 관여 없이 독립적이고 자주적으로 자신들의 명운을 결정했다는 점에서 역사적인 사건으로 기록되고 있다. 뿐만 아니라 공산당은 왕밍의 좌경 교조주의로 풍전등화의 위기에 몰린 당을 구한 역사적 전환점으로 평가하고 있다. 쭌이회의는 또 마오가 실질적으로 당과 홍군의 지도자 반열에 오르는 디딤돌이 되었다. 이와 함께 '보구·리더·저우언라이'로 구성되었던 '3인단'은 '왕자샹·저우언라이·마오쩌둥'으로 구성된 '신3인단'으로 대체되었다. 쭌이회의는 코민테른파에게 하루아침에 병권을 빼앗긴 마오의 와신상담臥薪嘗膽의 성과물이었다.

이에 앞서 1934년 5월 하순, 보구는 중앙서기처 회의를 주재하면서 루이진 소비에트의 관문 구실을 한 광창廣昌을 국민당군에 빼앗긴 뒤에 반反 포위공격 소탕전의 전략방침을 토론했다. 이 회의에는 보구, 장원톈, 저우언라이, 샹잉(項英 항영), 리더가 참석했다. 리더는 홍군이 마땅히 중앙 소비에트 지구를 떠나 국민당군의 포위망을 뚫고 부대를 이동해 광활한 새 작전구역을 확보하기 위해 만전의 준비를 해야 한다고 건의했다. 회의는 더 좋은 방법이 없는 상황에서 이 건의를 받아들여 주력부대가 중앙 소비에트 지구를 철수하는 전략적 대이동을 실행하기로 했다. 보구는 코민테른에 보고했고, 6월 25일에 코민테른이 동의한다는 회신을 보내와 비밀리에 장정 준비에 나섰다.

중앙서기처 회의에서는 보구와 리더, 저우언라이를 '3인단'으로 팀을 짜서 부대 대이동의 준비를 맡겼다. 하지만 실질적으로 보구와 리더가 군사 지휘 대권을 독단했다. 그들은 홍군의 전략적 대이동을 단순히 중앙기관을 루이진 소비에트 지구에서 샹시(湘西 상서)로 '이사(搬家 반가)'하는 수준으로 가볍게 보았다. 보구는 1943년의 정치국 회의 발언에서 "장정은 이사다. 홍군은 대단히 약화되어 있었다. 가마 타고 가는 이사다. 당시 군사계획은 샹시로 가는 준비와 이사였다. 제6군단이 선두부대였다"며 전략적 이동을 '이사'로 안이하게 생각했음을 시인했다.

마오,
병권을 잡다

장제스는 1934년 11월 11일에 홍군의 전략적 의도를 파악하고 12일 허젠을 '추격 포위공격 소탕전'의 총사령관으로 임명했다. 장제스는 직계부대를 이끌고 있는 쉐웨에게 전방을 총지휘하도록 하고 샹장에 제4봉쇄선을 구축했다. 샹장에서 홍 군을 섬멸한다는 전략이었다. 마오는 추격군 주력인 쉐웨와 저우훈위안 부대가 연합하기 전에 반격해 국민당군 일부를 격파함으로써 전황을 바꿀 수 있는 기회 라고 보고 중앙에 계책을 건의했다. 홍군 제3군단 군단장 펑더화이도 마오와 비슷 한 생각이었다. 장제스의 군부 개편을 틈타 기동전으로 적을 공격해 새로운 전기 를 마련할 것을 중앙에 건의했다. 하지만 모두 묵살당했다. 보구와 리더는 싸울 엄두를 접은 채 샹장을 도하해 허룽의 부대와 합류하는 데만 목을 매었다. 결과는 샹장전투에서 공전의 대참패를 당해 3만여 명의 선혈을 샹장에 흘려보내야 했다. 장정 1개월 만에 무려 5만여 명이 전사하는 엄청난 손실을 입었다.

　참담한 상황을 목격한 마오는 보구와 리더의 군사 지휘는 공산혁명의 숨통을 끊어놓는 맹목적 교조주의라고 확신했다. 위기의식을 느낀 마오는 지도부를 바꾸 는 길밖에 없다고 생각했다. 뜻을 같이하는 사람이 필요했다. 마오는 왕자상과 장 원톈을 지지세력으로 끌어들이기로 하고 먼저 왕자상의 의중을 타진하기로 했다.

왕자샹은 '홍색교수'형의 인물로 일찍이 소련 유학을 다녀와 마르크스-레닌주의에 조예가 깊었다. 그는 1930년대 초에 귀국한 뒤 빠르게 공산당 내 주요 직무를 맡았다. 장정 중인 이때 왕자샹은 비록 정치국 후보위원이었지만 홍군 총정치부 주임, 공산당 혁명군사위원회 부주석을 맡고 있었다. 게다가 모스크바에서 돌아온 보구, 장원톈과 함께 3명의 코민테른파 중 1명이었다. 왕자샹은 당과 홍군에서 여전히 발언권이 높았다. 1933년 4월, 왕자샹은 비행기 공습을 받아 복부가 파열하는 중상을 입었다. 그는 의료 환경이 열악해 마취약을 사용하지 않은 채 8시간에 걸친 대수술을 받았으나 파편을 적출하지 못하고 수술을 끝냈다. 그로 인해 장정에 오르면서 들것을 이용해야 했다. [92]

마오도 학질을 앓은 뒤끝이라 몸이 허약해 장정 출발 때 들것을 이용하면서 왕자샹과 동행했다. 둘은 같이 숙영宿營하고 이야기를 나누며 서로가 서로를 많이 알게 되는 기회가 되었다. 왕자샹은 마오의 학식과 이론 수양, 공산혁명에 대한 독특한 견해, 해박한 군사지식과 전투 경험 등을 폭넓게 알게 되었다. 왕자샹은 혁명의 성공을 위해서는 실천 경험이 풍부한 마오가 필요하다는 것을 은연중 마음속에 담아두게 되었다.

마오가 왕자샹을 처음 알게 된 것은 1931년 4월께였다. 그해 1월에 열린 중앙 제6기 4중전회에서 왕밍이 실질적으로 중앙 지도권을 장악했다. 왕밍은 중앙 소비에트 지구에 대한 통제를 강화하고 좌경노선을 전파하기 위해 중앙 대표단을 파견했다. 그때 왕자샹은 단장 런비스, 구쭤린(顧作霖 고작림)과 함께 중앙 소비에트 지구에 왔다. 1932년 10월, 닝두에서 중앙 소비에트 지구 확대회의가 열려 장제스의 반反 제4차 포위공격 소탕전 대응책을 놓고 토론이 벌어졌다. 전방과 후방의 지도자들 사이에 심각한 이견이 노출되었다. 회의는 마오에 대한 비판 일색으로 흘렀다. '중심도시 탈취방침에 태업을 벌인다', '상산上山주의', '적을 유인한다는 미명 아래 토끼가 와 죽어주기를 바라는 수주대토守株待兎주의자', '적의 진공을 전문으로 기다리는 우경주의자' 등 마오에 대한 비판이 봇물을 이루었다. 심지어 마오를 전방에서 빼내 후방으로 돌려야 한다고 했다. 왕자샹이 자리에서 일어나 "큰 적을 앞두고 장수를 바꿔서는 안 된다. 중임을 맡겨 지휘하게 해야 한다. 그가 없으면 이룰 수 없다"며 마오를 강력하게 지지했다. 왕자샹의 지지가 대세를 바꾸지는 못했지만 마오는 그의 용기와 자신에 대한 지지를 잊지 않고 있었다.

왕자샹과 마오는 장정 길을 함께 걸으며 얘기하는 사이에 가까워지게 되었다. 그 무렵, 왕자샹의 친한 친구이며 모스크바 중산대학 동기동창인 뤄푸(洛甫 낙보)가 자주 찾아와 어울렸다. 세 사람은 점차 친밀감을 더해갔다. 마오보다 일곱 살 아래인 장원톈이 마오를 알게 된 것은 1920년 초쯤으로 거슬러 올라간다. 그때 마오와 장원톈은 거의 동시에 청년진보조직 단체인 '소년중국학회'에 가입했다. 이 소식이 1920년 2월에 출판된 『소년중국』에 실려 서로가 이름을 알게 되었다. 1931년 2월, 장원톈은 소련에서 귀국한 지 몇 개월이 안 되어 중앙의 임시정치국 상무위원이 되었다. 장원톈은 이때부터 왕밍의 '좌경 중앙'의 주요 구성원이 되었다. 1933년 1월, 보구가 임시 중앙으로 루이진 중앙 소비에트 지구에 온 뒤부터 장원톈은 보구를 도와 마오 공격에 힘을 보탰다. 그러다 얼마 뒤에 광창을 빼앗기자 장원톈이 군사 지휘 책임을 물어 보구와 리더를 비판하면서 틈이 벌어지기 시작했다.

마오는 장원톈을 좌경 지도부에서 분리시킬 좋은 기회라고 생각했다. 마오는 장정 전야에 장원톈과 긴 얘기를 나눈 적이 있었다. 장원톈은 마오에게 보구, 리더의 지도와 군사 지휘에 대해 불만을 털어놓았다. 마오는 훗날 이때의 상황을 소련 통역비서인 스저(師哲 사철)에게 이렇게 말했다. [93]

"장원톈은 중앙 소비에트 지구에서 상당히 영향력 있는 인물이다. 그가 지위나 신분뿐만 아니라 인품을 지녔기 때문이다. 그래서 나는 장정 길에서 인내심 있게 꾹 참으며 그에게 접근해 간곡하게 일깨우고 설복했다. 장원톈을 얻으면 일의 절반은 해결된 거나 마찬가지라고 생각했다."

장원톈은 1943년 '옌안정풍' 일기에서 "장정 출발 후 나와 마오쩌둥, 왕자샹 동지는 함께 지냈다. 마오쩌둥 동지는 우리에게 반反 제5차 포위공격 소탕전과 관련해 중앙의 군사 지도 과오를 설명했다. 나는 얼른 그의 의견에 동의했다. 아울러 정치국에서 리더와 보구에 대한 투쟁을 시작했고 이런 상태가 쭌이회의에까지 이르게 되었다"고 적었다. 샹장전투 이후 마오는 왕자샹과 장원톈에게 보구와 리더의 눈먼 지휘는 더 이상 안 된다고 명확하게 말했다. 1934년 말, 중앙홍군이 장정에 나선 지도 벌써 3개월이 지났다. 들것에 누운 왕자샹은 새해를 코앞에 두고 만감이 교차했다.

'당과 홍군에게 새해의 새로운 1년에는 새 희망을 심어주어야 한다.'

이렇게 생각한 왕자샹은 옆에서 이마를 잔뜩 찌푸리고 있는 마오에게 작지만 단호한 목소리로 "리더와 보구를 끌어내려야 한다"고 말했다. 왕자샹은 마오의 섬광처럼 반짝이는 눈빛을 보고 깊은 침묵에 빠져들었다. 왕자샹은 마오가 무슨 생각을 하고 있는지 알았다. 많은 사람들이 리더와 보구에게 불만이 많지만 그들이 실권을 장악하고 있다는 게 문제였다. 게다가 코민테른이 뒤에 있어 그들을 끌어내리기란 현실적으로 매우 어려운 일이라 고민하는 것일 터였다. 마오가 근심스럽게 말문을 열었다.

"가능할까? 우리 쪽 사람이 적다."

"쭌이에 도착해 회의를 열어 그들을 끌어내려야 한다."

"좋다. 나도 찬성이다. 단, 움직여야 한다."

왕자샹은 고개를 끄덕였다. 왕자샹은 눈을 감고 어떤 사람을 찾아 움직여야 할지 생각해보았다. 제일 먼저 떠오르는 사람이 저우언라이였다. 저우는 '3인단'의 한 사람이었지만 보구나 리더와는 달랐다. 위인이 정직하고 마오쩌둥을 십분 존경하는 것 같았다. 자신도 저우와 여러 번 얘기해보았지만 마오가 군사적 재능이 대단하다고 하지 않았던가. 앞서 있었던 퉁다오회의와 리핑회의에서 저우는 이미 보구, 리더와 사이가 틀어져 자신의 건의를 지지할 것으로 여겼다. 주더를 생각했다. 주더는 마오가 홍군을 지휘하는 것을 지지해왔다. 주더와 마오는 오랫동안 '주-마오'라고 할 만큼 불가분의 관계이고, 수없는 전투를 하면서 승리를 해 '주마오 홍군'이라는 이름을 만들어왔다. 당연히 지지할 사람이라고 왕자샹은 확신했다. 뤄푸를 떠올렸다. 자기와는 둘도 없는 친구다. 유학 동기동창인 데다가 정의감이 강하고, 장정 길에 셋이 많은 얘기를 하며 믿음을 굳혀왔다. 확신, 그 자체였다. 왕자샹은 이어 병력을 지휘하는 장군들을 생각했다. 펑더화이, 류보청, 녜룽전……. 그들은 군사를 지휘하며 리더에 대해 많은 불만을 터뜨렸다. 그리고 마오의 전략전술에 경의를 표한 바 있다. 특히 펑더화이와 류보청은 리더와 여러 차례 충돌을 했다. 주도면밀하게 주판알을 튀겨본 왕자샹은 곧바로 장원톈을 찾아갔다. 단도직입적으로 말했다.

"보구와 리더를 쳐버리고 마오를 지도자로 세우자. 네가 보기에 어떤가?"

"좋다. 홍군은 마오쩌둥을 떠날 수 없다. 그를 지도자로 옹립하는 것은 당연한 일이다."

"좋아. 그럼 쭌이에서 회의를 열어 당의 군사노선에 대해 결판을 내자."

왕자샹은 저우언라이를 찾아갔다. 그리고 대단히 완곡하게 자기의 견해를 얘기했다.

"저우 부주석, 곧 쭌이에 도착합니다. 그곳에서 정치국 확대회의를 열어 군사 문제를 중점적으로 논의해야 하지 않겠습니까?"

저우는 왕자샹의 의도를 간파했다. 저우는 흔쾌하게 말했다.

"지난번 정치국에서 이미 회의를 열기로 결정하지 않았습니까. 바꿀 수 없어요. 내가 보기에 쭌이회의는 잘될 겁니다."

왕자샹은 한시름을 놓았다. 저우언라이와 장원톈이 회의를 열기로 했으면 쭌이 회의는 열릴 수밖에 없었기 때문이다. 왕자샹은 펑더화이와 류보청을 찾아가 그들의 지지를 이끌어냈다. 마오도 움직였다. 마오는 장원톈을 찾아가 정치국 상무위원으로 보고할 때 군사 지휘의 잘못을 따지고 들 것을 주문했다. 군사를 모르는 장원톈은 난색을 표했다. 마오는 "당신은 중앙의 주요 책임자 중 한 사람이다. 또 대수재大秀才다. 회의 보고에서 명정언순名正言順하게 해야 한다. 나와는 다르다. 그러나 내가 얘기는 한다. 보고는 당신이 작성해야 한다. 나와 자샹이 돕겠다"며 호주머니에서 군사 관련 기록과 관련 문건들을 정리한 자료를 꺼내 건넸다. 쭌이회의에서 장원톈은 이 자료를 가지고 '반보고反報告' 문건을 만들어 '보고'한 것이다. [94]

중앙홍군은 쭌이회의 이후에 중앙의 사령탑인 지도부가 바뀌고 군사 지휘권도 새롭게 정립하면서 면모를 일신했다. 중앙의 최고 권력인 총서기직을 보구 대신

장원텐이 행사하기로 했다. 군사 지휘권은 저우언라이가 장악해 마오가 군사업무를 보좌하기로 했다. 당정군黨政軍의 최고 핵심기관인 '3인단'을 없애고 '저우언라이·마오쩌둥·왕자샹'을 축으로 한 비공식기구 '신 3인단'이 머리 구실을 했다. 저우가 형식적으로 군권을 장악했지만 실질적으로는 마오가 전투를 총괄 지휘하는 시스템이었다. 3년여의 공백을 깨고 마오가 전투 현장으로 돌아온 것이다. 산에서 내려온(出山 출산) 마오가 곧바로 전투를 지휘할 수밖에 없는 급박한 상황이 기다리고 있었다. 중앙홍군이 우장 도강을 강행해 쭌이지구로 진군했을 때 장제스의 직계부대인 중앙군의 저우훈위안과 우치웨이(吳奇偉 오기위) 두 군단의 8개 사단병력이 홍군의 오른쪽 측면을 따라 추격해 구이양(貴陽 귀양)을 거쳐 추칭(出淸 출청)진에서 북상하고 있었다. 또 후난군 류젠쉬(劉建緒 유건서) 부대의 4개 사단은 구이저우 동쪽 우장 동안에 방어진지를 구축했다. 쓰촨-후베이 언저리에 있는 쉬위안취안 부대는 여우양(酉陽 유양)과 슈산(秀山 수산)에서 류젠쉬 부대와 연합하여 중앙홍군이 동진東進해 홍군 제2, 6군단과 합류하지 못하도록 가로막기로 했다. 쓰촨군벌 류샹(劉湘 유상)은 쓰촨군을 쓰촨-구이저우 변계로 진입시켜 홍군의 북상을 저지키로 했다. 장제스는 또 윈난군 룽윈(龍雲 용원)에게 구이저우로 병력을 파견해 헝장(橫江 횡강)을 봉쇄하도록 했다. 광시군 랴오레이 부대의 3개 사단은 구이저우 남쪽의 두산(獨山 독산)과 두윈(都匀 도균)을 방어하기로 했다. 구이저우군의 여우궈자이와 바이후이장 부대는 북쪽에서 우장을 도하해 쭌이를 압박하도록 했다.

이처럼 장제스는 쓰촨, 윈난, 후난, 광시, 구이저우성 등 각로 군벌은 물론 자신의 직계 중앙군과 연계해 사면팔방에서 홍군을 포위공격해 들어가도록 했다. 홍군은 창장과 우장의 중간 지점에 있어 구이저우 북쪽으로 선회할 여지가 없어지자, 북쪽의 포위군을 공격해 새로운 근거지를 마련하겠다는 애초의 계획은 무산되었다.

호화진용의
칭강포 전투

중앙과 마오는 국민당군의 급속한 변화에 직면해 부득이 '쓰촨-구이저우' 변계에 소비에트 지구 근거지를 건립하려던 계획을 포기할 수밖에 없었다. 국민당군이 완전히 포위하기 전에 쭌이에서 북상해 북쪽에서 창장을 도강, 쓰촨 서쪽 지역으로 들어가 포위와 추격을 벗어나야 했다. 1월 19일, 중앙홍군은 쭌이를 떠나 퉁즈(桐梓 동재)와 쑹칸(松坎 송감)을 거쳐 구이저우, 쓰촨 변계의 츠수이(赤水 적수) 쪽으로 전진했다. 루저우(瀘州 노주)와 이빈(宜賓 의빈) 사이에서 창장을 건너 홍군 제4방면군과 합류하기 위해서였다. 홍군과 국민당군은 모두 유리한 고지를 확보하기 위해 츠수이 쟁탈전을 벌였다. 쓰촨군벌 류샹의 최정예인 궈쉰치(郭勛祺 곽훈기) 부대와 산 하나를 사이에 두고 앞다투어 행군했다. 홍군은 험한 산길을, 궈쉰치 부대는 큰 도로를 따라 진군했다. 홍군은 투청(土城 토성)에서 길을 막고 있던 허우즈단(侯之擔 후지담)의 3개 연대를 일거에 격파하고 투청으로 진격했다. 군중들이 도로 양쪽으로 줄지어 나와 폭죽을 터뜨리며 홍군을 열렬히 환영했다. 특히 군벌들의 착취가 심했던 지역이라 헐벗고 굶주린 인민들은 국민당군을 증오했다.

투청전(鎭 진)은 같은 구이저우성 마오타이전(茅台鎭 모태진)의 명주 마오타이술(茅台酒 모태주)로 유명했다. 바닥까지 훤히 보이는 맑고 투명한 츠수이 강물이 투청을 관통하며 흐른다. 예부터 이곳 사람들은 수질이 좋은 이 물로 마오타이 술을 빚어왔다. 홍군 장병들은 모처럼 휴식을 취하며 마오타이를 흠뻑 마셨다. 술을 하지 못하는 장병들은 행군으로 부르트거나 상처 난 발에 부어 마오타이를 소독약으로 사용했다.

쭌이회의 이후에 군사 지휘권을 잡은 마오는 츠수이를 건너기 전에 홍군 후미를 추격하고 있는 궈쉰치 부대를 격파하기로 했다. 전투 장소는 구이저우 시수이(習水 습수)현 투청전에 있는 칭강포(靑杠坡 청강파)였다. 칭강포는 투청에서 3킬로미터 떨어져 있는 전략상의 요충지였다. 홍군은 이곳에 포위망을 구축했다. 그런데 국민당군인 쓰촨군이 길을 에돌아 홍군의 머리 위쪽에서 공격을 퍼부었다. 정보를 잘못 입수한 결과였다. 형세가 크게 불리했다. 홍군 제3군단은 단지 남쪽에서 강공을 펼 수밖에 없었다. 총사령관 주더는 황급한 나머지 간부연대 진지로 달려가 전투를 직접 지휘했다. 쌍방이 각각 3천여 명의 사상자를 내는 치열한 격전을 벌였다. 전황은 홍군에게 불리했다. 정치국과 혁명군사위원회는 마오의 의견에 따라 철수키로 하고 서쪽에서 츠수이를 건너기로 했다. 쭌이회의 이후 마오의 첫 전투는 패전의 쓴맛을 봐야 했다. 이때 보구는 "봐라. 견문이 좁은 경험론자는 이길 수 없다"며 마오를 조롱했다.

이 칭강포 전투는 인민해방군 역사상 참전 인원의 '급별級別'로는 최고의 전투로 기록되고 있다. 신중국 건국 이후에 마오쩌둥과 덩샤오핑 등 공산당 제1, 2대 지도자 2명과 국가주석을 지낸 마오쩌둥, 류사오치, 양상쿤 등 3명이 참전했다. 또 국무원 총리를 지낸 저우언라이, 국방부 장관을 지낸 펑더화이, 린뱌오, 예젠잉(葉劍英 엽검영), 겅뱌오(耿飚 경표), 장아이핑(張愛萍 장애평) 등 5명이 참가했다. 10대 원수 가운데 주더, 펑더화이, 린뱌오, 류보청, 녜룽전, 뤄룽환(羅榮桓 나영환), 예젠잉 등 7명이 참전했고, 국가 원훈 둥비우(董必武 동필무), 린보취(林伯渠 임백거), 당 총서기를 지낸 후야오방(胡耀邦 호요방)과 장군 출신 200여 명이 참전한 초호화 전쟁판이었다. [95]

1월 20일, 홍군 총사령부는 '도강 작전계획' 명령을 하달했다. [96]

"우리 야전군의 당면 기본방침은 구이저우 북부지역에서 쓰촨 남부지역을 경

쓰촨

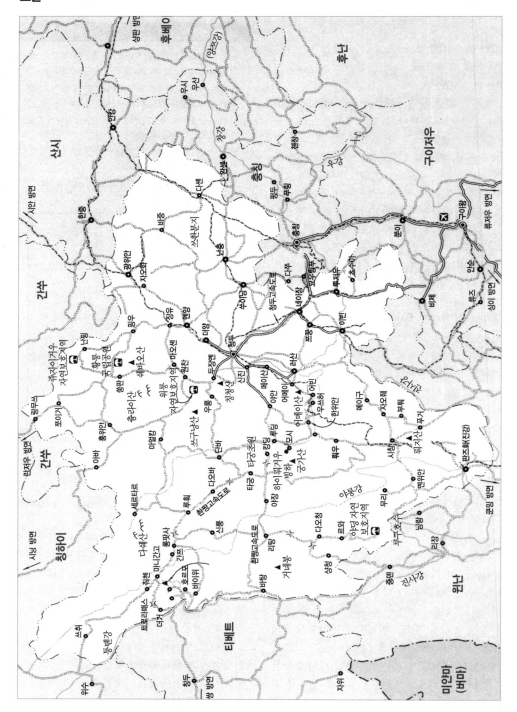

유해 창장을 건너 새로운 지역으로 이동한다. 그 뒤에 제4방면군과 협동해 쓰촨 서북방면에서 총반격을 펼친다. 홍군 제2, 6군단은 쓰촨, 구이저우, 후난, 후베이 교계交界에서 기동작전을 벌이며 쓰촨 동남쪽을 포위하는 적들을 견제한다. 이후 합동작전으로 반격을 펼쳐 새로운 포위공격 소탕전을 분쇄하고 쓰촨을 적화赤化 시킨다. 이 도강 작전계획이 창장 연안에서 쓰촨지역 적敵 부대들의 저지로 실패 할 경우 다른 방안을 실시한다. 즉 우리 야전군은 쓰촨 남쪽 지역에서 잠시 전투 를 벌이며 진사장(金沙江 금사강) 도하 준비를 한다. 그런 다음에 쉬저우(叙州 서주, 지금의 宜賓 의빈) 상류에서 도강한다."

1월 22일, 정치국과 혁명군사위원회는 홍군 주력이 쓰촨으로 진격한다는 것을 홍군 제4방면군에게 전보로 통보하고, 야전군이 쓰촨 서쪽으로 들어가 루저우 상 류에서 도강할 예정이라고 전했다. 중앙의 의도는 장제스의 주력군이 쓰촨에 완 전히 들어가기 전에 쓰촨 서북지역으로 들어가 반격을 펼치면서 홍군 제4방면군 과 합동작전을 벌여 먼저 적들을 격파해 쓰촨을 적화시킨다는 계획이었다.

장제스는 홍군이 북쪽에서 도강할 것으로 예측하고 급히 쓰촨군 류상에게 창장 남안南岸에 병력을 집중 배치해 홍군을 요격하라고 명령을 내렸다. 쓰촨군벌 류 상은 중앙홍군이 쓰촨으로 진공해 홍군 제4방면군과 합류하여 쓰촨 전역을 공산 화한다는 데 깜짝 놀랐다. 류상은 총력을 기울여 홍군을 막기 위해 북쪽을 지키고 남쪽을 공격하는 '북수남공北守南攻'의 양면작전을 쓰기로 했다. 즉 쓰촨 북쪽의 홍군 제4방면군에 대해서는 수세를 취하고, 쓰촨 남쪽으로 진입하려는 중앙홍군 에게는 공격을 퍼붓기로 했다. 류상은 중앙홍군이 북쪽에서 도강하는 것을 막기 위해 쓰촨군 12개 여단의 총 36개 연대병력을 소집해 창장 연안을 봉쇄, 철통같은 방어를 구축했다. 중앙홍군이 구이저우 북쪽에서 쓰촨 남쪽으로 진입할 경우에 각로各路의 국민당군도 동시에 쓰촨 남쪽으로 이동하게 되었다.

이때 중앙홍군은 원래 계획대로의 도강은 불가능하다고 판단했다. 만약 도강을 못한다면 홍군은 창장 연안에서 앞뒤로 적을 맞게 되어 그 결과는 상상을 초월할 수밖에 없었다. 당중앙과 마오는 홍군의 생존역량을 보존하기 위해 잠시 도강계 획을 접기로 결단을 내리고 운동전으로 적을 공격하는 전략을 채택했다. 홍군 각 부대가 쓰촨과 윈난, 구이저우 변계에서 기동작전을 펴면서 쓰촨에서 남쪽으로 꺾어 윈난 동북쪽 자시(扎西 찰서)에 집결하도록 했다.

2월 16일, 당중앙과 혁명군사위원회는 '전체 전사들에게 보내는 글'을 하달했다. [97]

지난번 당중앙과 중앙혁명군사위원회는 쓰촨 전역을 공산화하기 위해 홍군 제4 방면군과 밀접한 연락과 협력을 갖고 중앙홍군이 창장을 도강해 쓰촨 북쪽 지역으로 전개하려 했다. 그리하여 쭌이를 중심으로 한 쓰촨, 구이저우 변계지구를 버리고 창장 연안으로 계속 전진했다. 그러나 쓰촨과 윈난의 군벌들이 창장의 천험을 이용해 병력을 집중 배치, 방어하면서 우리를 가로막고 있다. 당중앙과 중앙혁명군사위원회는 홍군의 생존역량이 희생당하는 것을 막기 위해 쓰촨 북쪽 지역 부대 전개를 중지한다. 최종적으로 윈난과 구이저우, 쓰촨 지구에 근거지를 건립하기로 결정했다.

마오 군사전략의 백미
츠수이 전투

마오가 창안한 기동력을 생명으로 한 운동전運動戰으로 츠수이(赤水 적수)강을 네 번씩 건너다니며 싸우는 '츠수이 전투'가 시작되었다. 홍군이 윈난성 자시에 도착했을 때 국민당군의 쓰촨, 구이저우, 윈난, 후난군과 장제스의 직계부대 중앙군은 홍군을 일제히 추격하고 있었다. 그러다보니 추격군의 후방이 비어 있었다. 홍군은 두 번째 츠수이를 건너 후방의 빈틈을 이용해 신속하게 퉁즈를 점령했다. 구이저우 군벌 왕자례(王家烈 왕가열)는 급히 쭌이와 주변 일대의 부대를 동원해 러우산관(婁山關 누산관)에 방어진지를 구축하고 홍군의 진격을 막으려 했다. 홍군 제3군단 제10, 11, 12, 13연대가 러우산관과 반차오(板橋 판교) 사이에서 왕자례군을 격파하고 그날 밤에 쭌이를 두 번째 점령했다. 쭌이성에 있던 왕자례는 자신의 군대가 패전한지도, 홍군이 쭌이성에 진주한지도 몰랐다. 뒤늦게 쭌이성이 점령당한 것을 알게 된 왕자례는 허겁지겁 거의 맨몸으로 달아났다.

장제스는 분노가 치밀어 도망온 구이저우 군벌인 구이저우성 주석 왕자례의 정강이를 걷어찼다. 장제스는 '아편 주석'이라 불린 왕자례를 내치고 구이저우성을 관료 정객인 우중신(吳忠信 오충신)에게 넘겼다. 장제스 직계 중앙군을 이끌고 있던 쉐웨는 구이양(貴陽 귀양)에 있다가 홍군이 쭌이를 점령한 것을 알고 우치웨이

군단에 증원 요청을 했다. 홍군 제1, 3군단과 조선인 양림이 참모장으로 있던 간부여단이 란반덩(濫板凳 남판등)과 차이시(才溪 재계 ; 지금의 鴨溪 압계) 사이에서 안돈되지 않은 우치웨이 증원군을 맹공격해 라오야산(老鴉山 노아산) 부근에서 2개 사단 대부분을 섬멸했다. 홍군은 승기를 잡고 맹추격을 벌여 도주하는 패잔부대를 들쑤셔놓았다. 혼비백산한 패잔병들은 산지사방으로 달아나다 심지어는 홍군부대를 우군友軍부대로 착각하고 달려왔다 놀라서 다시 도주하다 잡히는 기상천외한 일도 일어났다. 홍군에 쫓긴 군단장 우치웨이는 참모 몇 사람만 대동하고 우장을 건너면서 홍군의 추격을 뿌리치기 위해 부교浮橋를 매단 동아줄을 끊어버렸다. 이 때문에 부교가 급류에 휩쓸려 떠내려가 달아나려던 1천여 명의 패잔병들이 모두 포로로 잡혔다. 중앙홍군은 제2차 츠수이 전투에서 왕자례 8개 연대와 우치웨이 2개 사단을 대파해 장정 이래 최대의 승리를 거두는 전과를 올렸다. **98**

3월 24일, 장제스는 참패를 당하자 노기충천해 급히 충칭(重慶 중경)에서 비행기를 타고 구이양으로 달려와 직접 모든 부대를 지휘하기로 했다. 마오는 쭌이에서 런화이(仁懷 인회)로 돌아 세 번째 츠수이를 도강했다. 장제스는 홍군이 창장을 도하하려는 줄 알고 급히 쉐웨를 쓰촨 남쪽 지역에 보내 요격하도록 하고, 쓰촨군이 쉬융(敍永 서영) 일대를 방어하며 퉁즈 이북을 지키도록 했다. 또 쓰촨군 귀쉰치, 판줘(潘佐 반좌), 웨이카이(魏楷 위해), 구이저우군 장자이전(蔣在珍 장재진), 허우한여우(侯漢佑 후한우), 후난군 왕둥위안(王東原 왕동원), 중앙군 저우훈위안, 우치웨이 등으로 제5로 군단을 만들어 일제히 런화이를 압박, 진군하도록 했다. 장제스는 윈난군이 비제(畢節 필절)에서 후미를 추격토록 하는 한편, 퉁즈, 쏭칸, 지밍관(鷄鳴關 계명관), 야시(鴨溪 압계), 탄창(譚廠 담창), 런화이 사이와 츠수이, 투청 사이에 토치카 군群을 대거 수축했다. 쭌이, 퉁즈 서쪽과 츠수이강 동쪽 일대에 큰 포위망을 구축해 홍군이 걸려들면 일망타진할 생각이었다. 홍군은 런화이에서 세 번째 츠수이강을 건너 국민당군을 쓰촨 남쪽과 구이저우 북쪽 일대로 끌어들인 뒤 갑자기 뒤돌아 츠수이강을 네 번째 건넜다. 국민당군이 밤낮으로 만들었던 토치카 군群은 아무런 구실도 못했다. 장제스가 득의만만했던 걸작품인 '포위망'은 말짱 허깨비가 되었다. **99**

이때 마오는 홍군에게 국민당군을 미혹시키기 위한 몇 개의 진陣을 펼치도록 했다. 일부 부대는 구이양을 거짓 공격하게 하고, 일부 부대는 가장 빠른 속도로 동쪽의 윙안(瓮安 옹안)과 황핑(黃平 황평)으로 쉬지 않고 달려가 홍군 제2, 6군단과 회합하는 모양새를 갖추도록 했다. 그리고 제9군단은 런화이 일대에 남아 국민당군을 견제하도록 했다. 홍군이 구이양을 거짓 공격할 때 구이양 주변은 텅텅 비어 단지 3개 연대가 지키고 있을 뿐이었다. 홍군이 구이양성에서 20리 남짓 떨어진 비행장을 전격 점령하자, 장제스는 급히 윈난군벌 룽윈(龍云 용운)에게 밤을 도와 구이양을 구원하도록 했다. 장제스는 또 중앙홍군이 홍군 제2군단과 합류하는 것을 막기 위해 비상을 걸어 부대 배치를 하는 등 벌집 쑤신 듯 난리법석을 떨었다. 홍군은 룽윈의 부대가 구이양 부근으로 이동하고 바촨(把川 파천)과 구이저우, 후난의 각 성 군벌과 쉐웨 부대가 구이저우 북쪽과 동쪽, 그리고 후난 서쪽으로 전개하는 틈을 타 구이저우 남쪽으로 진군했다. 3월 31일, 홍군은 두 번째로 우장(烏江 오강)을 건너 딩판(定番 정번), 창순(長順 장순), 광신, 쯔윈, 안룽, 싱런, 싱이 등 현청을 잇따라 공략했다. 홍군은 무인지경으로 아무런 저항을 받지 않고 구이저우 남쪽에서 윈난으로 들어갔다. 장제스는 뒤늦게 홍군의 윈난 진입을 알고 전군을 동원해 뒤쫓게 했으나 이미 닭 쫓던 개 꼴이 되었다. 장제스는 그저 허탈한 모습으로 호호탕탕하게 윈난으로 들어간 홍군의 그림자만 쳐다볼 뿐이었다.

홍군은 츠수이를 네 번 건너고 쭌이를 두 번 점령하는 동안 광범한 지역을 확보하며 전진하고 우회하는 등 고도로 긴밀하고 민활하게 움직이면서, 유리한 시기를 잡으면 우세병력을 집중해 국민당군을 격파했다. 전사들은 이 기간 동안 매일 몇십 킬로미터씩 구보하는 것은 기본이었고, 어떤 때는 밤낮으로 100킬로미터 이상을 행군했다. 중국에서는 츠수이 전투를 허허실실과 성동격서의 전술에 마오의 군사사상 백미인 기민하게 치고 빠지는 운동전을 종횡무진으로 펼친 명전투名戰鬪로 평가하고 있다. 마오 또한 1960년 5월에 자신을 방문한 영국의 몽고메리 원수가 가장 만족할 만한 전투를 물은 데 대해 '츠수이 전투(四渡赤水戰役 사도적수전역)'라고 답했다. 그만큼 마오가 군사전략가로서 진면목을 드러낸 전투로 손꼽히고 있다. 이로써 홍군은 진사장(金沙江 금사강) 상류에서 창장을 도강할 수 있는 발판을 마련하게 되었다.

진사장
도강작전

1935년 4월 29일, 마오쩌둥과 저우언라이, 주더는 윈난 쉰뎬(尋甸 심전)현 사오커우(哨口 초구)촌에서 혁명군사위원회 명의의 '야전군 진사장(金沙江 금사강) 도강 쓰촨 서쪽 소비에트 지구 건립에 관한 지시' 문건을 공표했다. [100]

2개월 동안 기동작전을 펼치면서 우리 야전군은 이미 서쪽에 유리한 조건을 쟁취했다. 그러나 적들이 70개 여단 이상의 병력을 동원해 우리를 추격하고 있다. 홍군은 더 이상 윈난에서 기동작전을 펼칠 필요가 없다. 진사장 양안兩岸이 비어 있다. 정치국은 우리 야전군이 현재의 유리한 시기를 이용해 신속하게 진사장을 건너 쓰촨 서쪽으로 진입해 적을 섬멸하고 소비에트 지구 근거지를 건립하기로 결정했다.

4월 30일, 마오와 군 지휘관들은 피곤을 무릅쓰고 쉰뎬현 단구이(丹桂 단계)촌에서 진사장 도하 강행 행동계획 작전을 논의했다. 윈난성 산악지대를 지나는 진사장은 양안에 들어찬 수천 미터에 이르는 산의 깎아지른 층암절벽 사이를 휘감으며 빠르게 흘러 물살이 급했다. 국민당군은 홍군의 도강을 막기 위해 이 일대의 도하 지점을 모두 점령하고 운항하는 나룻배를 강 북안으로 끌어다 불태워버렸다. 홍군은 주변의 산자락에서 대나무를 베어다 죽교竹橋를 만들기 시작했다. 하지만 많은 시일이 걸려 추격하는 국민당군에게 공격당할 위험이 높았다.

마오가 군사 지휘를 총괄하면서 총참모장으로 복귀한 류보청(劉伯承 유백승)은 연안 북쪽 기슭 자오핑(皎平 교평) 나루터의 국민당군이 이용하는 배를 빼앗기 위해 수비대 진지를 점령하기로 했다. 홍군 간부여단 참모장 조선인 양림은 1개 대대를 이끌고 하루 100여 리를 강행군해 다음 날 저녁 무렵에 자오핑 나루터에 도착했다. 이들은 국민당군 복장으로 위장한 뒤 수비대를 급습해 힘들이지 않고 자오핑 나루터를 장악했다. 강 건너 국민당군 진영에 부서지지 않은 두서너 척의 배가 보였다. 이들은 배를 끌어오기 위해 무장해제시킨 국민당군 장교를 압박해 정부군이 왔다고 전달한 뒤에 의심 없이 보내준 배를 타고 강을 건넜다. 국민당군으로 위장한 홍군은 수비대 초소를 손쉽게 점령했다. 다음 날 정오 무렵부터 홍군의 선두부대들이 자오핑 나루터에 도착하기 시작했다. [101]

1935년 5월 3일에 중앙홍군이 쓰촨, 윈난 변계에서 3개월 동안 국민당군의 포위 추격과 차단 전략에 기동전으로 뚫고 달아나는 숨바꼭질을 한 뒤, 참모장 류보청 휘하의 간부연대 양림의 선봉부대가 진사장을 도강할 수 있는 발판을 마련해 병력을 수송할 수 있는 배를 끌어모았다. 말을 타고 꼬박 하루를 달려온 마오와 저우언라이는 간부연대 연대장 천경(陳賡 진갱)의 호위를 받으며 5월 4일 여명 직전에 캄캄한 밤기운이 채 가시지 않은 어둠을 헤치고 강을 건넜다. 배에서 내린 마오와 저우언라이는 류보청을 찾았다. 그들은 도강문제를 집중적으로 논의했다. 류보청은 양림이 이끈 간부연대 부대가 자오핑 나루터를 빼앗아 진사장 도강을 위한 교두보를 마련했지만 배가 단 2척뿐이라고 보고했다. 2척의 배로 병력을 실어 나르는 데 왕복 40분이 걸려 밤낮을 쉬지 않고 나르더라도 1천2백 명 남짓 건너갈 수 있을 뿐이었다. 이런 속도로는 전군이 다 도강하려면 한 달여가 족히 걸렸다. 나중에 인근에 사는 도사공 장차오서우(張朝壽 장조수) 등의 도움으로 배 4척을 찾아 도강작전의 속도를 낼 수 있었다. 하지만 18명의 사공은 너무 적어 사공을 더 찾아야 할 형편이었다. 사공들을 번갈아 쉬게 해야 수만 명의 홍군을 실어 나를 수 있었다. 보고를 듣고 난 마오는 "돼지와 양을 잡아 사공들을 잘 먹이고, 품삯도 두둑하게 주어야 한다"고 말했다. 마오와 류보청은 사공이 늘어날 경우, 교대해 밤낮으로 실어 나르면 1만 명의 홍군을 도강시킬 수 있다는 결론을 내렸다. 마오는 제1군단이 룽제(龍街 용가)에서, 제3군단은 훙먼(洪門 홍문)에서 각각 도강하기로 한 애초의 계획을 바꾸기로 했다.

류보청은 마오의 지시에 따라 곧바로 주더에게 전통을 보내 "자오핑 나루터에 배 6척이 있고, 하루 밤낮으로 1만 명을 실어 나를 수 있어 군사위원회 군단을 5일이면 도강시킬 수 있다"고 보고했다. 주더가 강을 건너왔다. 마오의 경호원 천창펑(陳昌奉 진창봉)이 주더를 마오가 있는 곳으로 안내했다. 마오와 주더는 전군이 신속하게 도강하는 문제를 논의했다. 국민당군의 대군이 추격하고 있어 시간이 촉박했다. 마오는 류보청이 '도강 수칙'을 만들어 잘 처리하고 있다고 말한 뒤에 제갈량의 남만정벌 당시를 얘기했다.

"삼국시대 때 제갈량이 3월에 청두(成都 성도)를 출발해 남만정벌에 들어가 5월에 루수이(瀘水 노수)를 건너 불모지로 깊숙이 들어갔다. 루수이가 바로 지금의 진사장이다. 마대馬岱가 2천 명을 이끌고 루수이를 건너다가 독수毒水로 1천5백여 명을 잃었다. 정말로 우연의 일치치고는 너무 신기하다. 우리도 5월에 루수이를 건너고 있다. 그러나 우리는 사람 한 명, 말 한 필도 잃어서는 안 된다. 그렇지 않으면 역사에 무어라 얘기할 수 있겠는가!"

이때 전령이 달려와 사공 우두머리 장차오서우가 진사장 양안 지역에서 18명의 뱃사공을 더 구해 사공이 36명으로 불어났고, 홍군이 어선 1척을 찾아 배가 7척이 되었다고 보고했다. 마오는 우뚝 솟은 진사장 북안 중우산(中武山 중무산) 아래 강물결이 철썩철썩 절벽을 때리고 습기가 차 눅눅한 데다가 물이 흥건히 고인 깎아지른 동굴에서 수만 명의 홍군 도강을 지휘했다. 제3군단 제13연대가 훙먼에서 건너려고 가설한 부교가 물에 떠내려가 마오와 주더는 즉시 제3군단에 연락해 자오핑 나루터에서 도강하도록 명령했다. 5월 3일, 마오는 쿤밍을 거짓 공격하던(佯攻 양공) 제1군단에 전통을 보내 최대한 빨리 진사장 자오핑 나루터로 회군해 도강하도록 지시했다. 제1군단은 하룻밤에 48차례의 급류를 건너며 120리에 걸친 미끄러운 돌길을 구보하다시피 행군해 시간에 맞추어 자오핑에서 도강할 수 있었다. 마오와 저우언라이, 주더, 류보청이 지휘한 도강작전은 홍군 제1, 3, 5군단이 5월 9일 모두 진사장을 도하해 아슬아슬하게 끝났다. 밤낮으로 아흐레가 걸린 도하작전이었다. 제9군단은 윈난 후이저(會澤 회택) 서쪽 수제(樹節 수절)와 옌징핑(鹽井坪 염정평) 지구에서 무사히 도강을 마쳤다. 이렇게 해 중앙홍군은 국민당군 수십만 명의 추격을 따돌릴 수 있었다. 장제스 직계의 중앙군 쉐웨(薛岳 설악) 부대가 진사장 자오핑 강변에 도착했을 때는 홍군이 강을 건넌 지 1주일이 지난 16일이었다. 강만 바라보며 탄식할 뿐이었다. **102**

'외눈박이 전신'
류보청

중앙홍군은 진사장을 도강한 뒤에 장궈타오와 쉬샹첸이 이끄는 홍군 제4방면군과 합류해 쓰촨 북쪽 지역에 소비에트 지구를 건립하려면, 북상하면서 다두허(大渡河 대도하)를 건너야 했다. 혁명군사위원회는 제1군단 주력부대가 루구(瀘沽 노고)로 행군할 것을 명령하고 류보청을 선봉부대 사령관으로 임명했다. 류보청은 10대 원수 중 한 사람으로 군신軍神이라 불릴 만큼 지략이 뛰어난 명장이다. 그는 애꾸눈 장군으로도 유명하다. 신중국 건국 후, TV에 전쟁 장면이 나오면 채널을 돌릴 정도로 전쟁영화나 드라마를 보지 않았다고 한다. 류보청은 한 사람의 뛰어난 군사 지휘관은 수만 명 장병들의 희생 속에 나오기 때문에 명장으로 꼽히는 것을 달가워하지 않았다.

　류보청은 마오보다 한 살 위로, 1892년 12월 4일에 쓰촨성 카이(開 개)현에서 태어났다. 할아버지는 고수로 광대였다. 아버지 류원빙(劉文炳 유문병)은 신분이 미천하지만 공부를 열심히 해 현청에서 베푸는 과거시험 수재에 응시하러 과거장에 나갔다가 볼품없는 집안이라고 쫓겨나는 수모를 당했다. 실의에 빠진 류보청의 아버지는 푸리허반(浦里河畔 포리하반)의 낙척 문인으로 유명했다. 그는 자신의 꿈을 류보청에 걸고 5세 된 아들을 사숙에 보냈다. 류보청은 그 후 수재 출신

런셴수(任賢書 임현서) 사숙에서 공부했다. 런셴수는 제국주의 침략에 분개하고, 부패하고 무능한 청 왕조를 질타하는 등 우국지사였다. 그의 언행과 가르침은 류보청에게 깊은 영향을 주어 청나라에 저항해 사회를 개조해야겠다는 생각을 싹틔웠다. 1904년, 류보청은 한시(漢西 한서)서당으로 전학해 공부했다. 서당 선생 류화잉(劉華英 유화영)은 유신양무維新洋務파 인사들과 폭넓게 접촉해 서양문화와 개량주의 사조 영향을 받은 '교육구국' 논자였다. 그는 스스로 자금을 염출해 가난한 집안의 우수한 학생들을 데려와 가르쳤다. 학비 면제뿐만 아니라 책과 문구류, 식사 등을 무료로 제공했다. 류보청도 그들 중의 한 사람이었다.

류보청은 류화잉의 지원으로 진보적 교사들이 많은 고등소학당에 우수한 성적으로 합격했다. 그는 그곳에서 서양문물을 접하고 진보적 사상에 눈을 떴다. 하지만 류보청은 15세 때 아버지가 병사하자, 7남매 집안의 장남으로 집안을 꾸려나가기 위해 부득불 학업을 중단할 수밖에 없었다. 류보청의 청년시절은 쑨원이 이끈 신해혁명이 잉태되던 시기였다. 구국제민의 뜻을 품고 있던 류보청은 1910년 쑨원과 동맹회를 찾아 무작정 상하이를 헤매고 다녔다. 시골뜨기인 그로서는 상하이는 망망대해였고, 아는 사람도 없어 뜻을 이루지 못하고 고향으로 돌아왔다. [103]

1911년 10월 10일, 신해혁명이 터지자 류보청은 강개한 어조로 "대장부는 마땅히 창검을 들고 도탄에 빠진 인민을 구해야 한다. 어찌 자기 일신의 부귀만을 생각할 수 있겠는가"며 변발을 자르고 쑨원이 지도하는 민주혁명 대열에 뛰어들었다. 그는 군사구국軍事救國의 소망을 품고 충칭 수군(蜀軍 촉군)정부가 설립한 군사학교 장볜(將弁 장변)학당에 들어갔다. 류보청은 술과 담배를 하지 않고 도박은 눈길 한 번 주지 않는 등 모범생으로 통해 '보살'이라는 별명을 얻었다. 매달 받는 월급은 책값 이외에는 모두 어머니에게 보냈다.

1912년 말, 군사학교를 졸업한 류보청은 소대장으로 임명되었다. 위안스카이(袁世凱 원세개) 부대와 쓰촨지역에서 전투를 벌이던 류보청은 위안스카이 패당인 후징이(胡景伊 호경이)가 검거령을 내려 상하이로 달아났다. 그 후 고향에 돌아온 류보청은 위안스카이가 제위帝位에 오르자 펑제(奉節 봉절)와 푸링(涪陵 부릉) 등지의 혁명당원, 가로회哥老會 수령과 유지들을 규합해 200여 명의 기의부대를 만들어 '쓰촨 호국군 제4지대'를 이끌었다. 류보청 부대는 동에 번쩍 서에 번쩍, 신출귀몰하게 위안스카이의 북양군벌 부대와 전투를 벌여 유명해졌다. 병력도 2천여 명으로 늘어났다. 류보청은 1916년 3월에 부대를 이끌고 펑두(豊都 풍도)에서 전투를 벌이다가 오른쪽 눈을 총에 맞아 실명했다. 충칭진 수사守使 겸 제5사단 사단장 슝커우(熊克武 웅극무)는 한 눈은 실명했지만 장재將才가 있는 류보청을 제9연대 참모장으로 임명했다. 류보청은 대담한 용병술과 기묘한 전략으로 늘 승리를 이끌어냈다. 그는 직접 일선에 나가 선두에서 돌격하는 등 용감하고 두려워하지 않는 정신으로 무장한 군인이었다. 류보청은 쓰촨지역에서 10여 년에 걸친 수많은 전투를 승리로 이끌며 쓰촨의 명장으로 널리 알려졌고, '외눈박이(獨眼龍 독안룡) 장군'이라는 별호를 얻었다.

전투 중 대퇴부에 총을 맞아 중상을 입은 류보청은 양병養病하면서 군벌 간의 끝없는 전투로 민중들이 어육이 되는 현실에 환멸을 느끼고 새로운 길을 모색하기 시작했다. 쓰촨의 새 군벌로 떠오른 류샹(劉湘 유상)과 양썬(楊森 양삼)은 류보청의 상관이었던 슝커우를 밀어내고 쓰촨의 패자가 되었다. 류보청은 진보 인사였던 친구 우위장(吳玉章 오옥장)의 공산당 입당 제의를 받아들여 쓰촨을 떠나 공산당의 형세를 살펴본 뒤 가입 여부를 결정하기로 했다.

1924년 늦가을, 류보청과 우위장은 구이저우, 후난을 거쳐 상하이로 갔다. 류보청은 1925년 2월에 우위장과 함께 베이징으로 가 우위장의 제자인 공산당 베이징시위원회 책임자 자오스옌(趙世炎 조세염)과 쓰촨 출신 공산당원들을 만나보았다. 우위장은 자오스옌의 소개로 공산당에 가입했으나 류보청은 더 형세를 살펴보고 결정하기로 했다. 류보청은 자오스옌의 소개장을 갖고 다시 상하이로 가 공산당 총서기 천두슈와 비서장 왕뤄페이(王若飛 왕약비)를 만나 공산당의 상황을 좀 더 자세히 알게 되었다. 이때는 5·4운동의 열기가 계속 번져가던 시기로 공산당이 주도해 20만여 명의 노동자들이 파업을 벌이고 5만여 명의 학생들이 동맹휴학을 하는가 하면 많은 상인들이 철시를 하며 제국주의 세력들에 항거하고 있었다. 또 전국 수십여 개 도시에서 상하이 노동자들의 파업을 지지하는 연대파업을 벌였다.

류보청은 6개월 동안 중국 전역을 돌아다니며 직접 현장을 고찰한 결과 공산당이 진정한 구국구민을 할 수 있을 것이란 확신이 들자, 1926년 5월 13일에 양안궁(楊闇公 양암궁)과 우위장의 소개로 공산당에 입당했다. 류보청은 이듬해인 1927년 8월 1일에 저우언라이, 주더 등과 난창기의에 참가한 뒤 루이진 중앙 소비에트 지구로 들어가 홍군 총참모장이 된 바 있었다. 선봉부대 사령관으로 임명된 류보청은 녜룽전과 리저우(禮州 예주)를 출발해 19일 밤에 몐닝(冕寧 면녕) 현 경내인 쑹린(松林 송림)에 도착했다.

이족과
삽혈결맹

류보청 선봉부대는 쑹린을 거쳐 새벽에 루구전에 다다른 뒤, 오후에 지휘관 회의를 열었다. 루구에서 다두허(大渡河 대도하)를 건너는 길은 두 갈래가 있었다. 하나는 샹잉(相營 상영)과 웨시(越西 월서)를 거쳐 다수바오(大樹堡 대수보)에서 다두허를 도강하면 곧바로 쓰촨 서쪽 지역인 야안다다오(雅安大道 아안대도)에 이른다. 두 번째는 몐닝 다차오전(大橋鎮 대교진)과 퉈우(拖烏 타오)를 거쳐 안순창(安順場 안순장)에서 다두허를 건너는 길이다. 두 번째 길은 험한 산길로 행군하기 힘든 데다가 한족漢族들이 두려워하는 이족彝族들의 집단 거주지역이 있었다. 지휘관들의 설왕설래 끝에 류보청이 최종 결정했다.

"적들은 이미 홍군이 시창(西昌 서창)으로 가 다수바오에서 다두허를 건널 것으로 판단하고, 다수바오 대안 푸린(富林 부림)에 집중 방어선을 구축하고 있다. 그렇다면 우리 홍군 주력부대는 몐닝에서 안순창으로 행군로를 바꿔야 한다. 즉시 혁명군사위원회에 전통을 보내 이런 내용을 건의해야 한다."

류보청과 녜룽전은 선봉부대 제1여단을 몐닝 현청으로 보내 혁명군사위원회와 연락을 취하도록 하고, 제2여단은 줘취안(左權 좌권)이 인솔해 웨시에서 다수바오로 대규모 행군을 시켜 홍군이 이곳에서 도하하는 것처럼 국민당군을 현혹시키는 작전을 짰다. 오후에 줘취안과 류야러우(劉亞樓 유아루)가 제2여단을 인솔해 루구를 출발한 뒤, 석양 무렵에 홍군 선봉부대 제1여단이 몐닝 현청으로 떠났다. 시창 북쪽에 있는 몐닝현은 주민 17만 명 가운데 이족들이 3분의 1을 차지하고 있었다. 국민당 군벌과 지방 토호세력, 한족 극단주의자들은 이족을 착취하고 잔인하게 살해해 이족들의 불신과 적대감을 샀다. 그런 만큼 홍군이 순조롭게 이족 집거지를 통과하는 것은 쉬운 일이 아니었다. 21일 새벽, 홍군은 은밀하게 몐닝 현청에 진입해 성당에 지휘부를 설치했다. 이때 혁명군사위원회에서 답신이 왔다. 혁명군사위원회가 류보청 선봉부대의 의견을 받아들여 홍군 주력의 행군노선을 몐닝에서 안순창으로 바꾸었다는 내용이었다. 홍군 주력부대는 국민당군의 비행기 공습과 쓰촨의 찜통더위를 피하기 위해 대부분 야간행군을 하며 류보청 선두부대를 뒤따랐다.

류보청은 회의를 소집해 이족 집거지 통과에 대해 세밀하게 검토했다. 이족은 소수민족의 하나로 쓰촨, 윈난, 구이저우, 광시 등지에 살고 있었다. 한족은 이들을 비하해 뤄뤄주(猓猓族 라라족)라고도 불렀다. 마오는 전 부대원들에게 이족은 우리 형제라며 멸칭인 '뤄뤄주'로 부르지 말고 '이주'로 부르도록 했다. 현지 정찰과 수집한 정보에 따르면 이족은 궈지(果基 과기), 라오우(老五 노오), 뤄훙(羅洪 나홍) 등 3개 지파支派로 나뉘어 경계를 이루며 관할지역을 통치하고 있었다.

퉈우허(拖烏河 타오하)에서 난야허를 건너면 곧바로 퉈우에 도착할 수 있다. 이 길은 노폭이 좁고 골짜기가 깊은 데다가 깎아지른 절벽들이 둘러싸고 있어 지세가 험악했다. 청나라 말의 쩡궈판(曾國藩 증국번)은 이곳에서 태평천국 농민군 10만 명을 이끌던 익왕翼王 스다카이(石達開 석달개)군을 추격해 전멸시킨 바 있다. 당시 스다카이는 북상을 하려고 선두부대가 안순창에 도착해 다두허 도강을 앞두고 있을 때 아들을 얻었다. 스다카이는 장병들에게 잔치를 벌여 호궤犒饋하는 등 사흘이라는 시간을 허비하는 바람에 추격해온 쩡궈판군의 포위망을 뚫지 못하고 몰살당했다. 홍군의 몐닝 도착 전야에 장제스는 이런 고사를 떠올려 홍군을 '제2의 스다카이' 제물로 만들자고 추격군 지휘관들을 독려했다. 장제스는 10만 명의 병력을 동원해 남쪽에서 홍군을 추격하고, 북쪽에서 막는 '다두허 회전會戰'을 구상해 진사장 북쪽, 다두허 남쪽, 야룽장(雅礱江 아룽강) 동쪽 지구에 홍군을 몰아넣어 전멸시킨다는 전략을 세웠다.

홍군은 국민당군이 이런 포위망을 완전히 짜기 전에 다두허를 건너야 했기 때문에 갈 길이 바빴다. 이족 집거지를 이른 시간 안에 통과하는 것이 관건이었다. 달아나려는 중앙홍군과 추격하는 국민당군의 지금 상황이 '쩡궈판과 스다카이' 재판과 흡사했다. 류보청은 지휘관 회의에서 "우리는 스다카이의 교훈을 잊지 말아야 한다. 우리는 공산당원이다. 결코 제2의 스다카이가 될 수 없다"고 힘주어 말했다. 네룽전은 "우호적인 민족정책을 집행하는 것이 이족 지구를 순조롭게 통과하는 유일한 길"이라면서 "간부들과 전사들을 교육시켜 민족 단결의 모범을 보여주어야 한다"고 말했다. 22일 여명에 다차오전을 출발한 선봉부대 제1여단은 이족 집거지 퉈우로 행군하면서 아이지(埃鷄 애계)와 어와(俄瓦 아와)를 거쳐 베이사(北沙 북사)촌 라마팡(喇嘛房 라마방)에 도착했다. 전위 중대들이 라마팡에 도착했을 때 무리를 지은 이족들이 대도大刀를 휘두르고, 사냥총을 허공에 들어 올리는가 하면 긴창(長矛 장모)을 메고, 화살을 쟁여 활을 쏘려는 모습을 하고 있었다. "밍허(鳴嗬 명하)……"라고 외치는 소리가 산속에서 들려왔다. 숲 속에서 이족들이 우르르 벌떼처럼 쏟아져나와 갈 길을 막고 나섰다.

전위 중대가 충돌을 피하려면 이들의 마음을 사로잡아 설득하는 방법 이외에는 달리 뾰족한 계책이 없었다. 부득불 행군을 중지하고 휴식을 취하기로 했다. 이때 후위 중대 부대에서 전령을 보내 더욱 긴장할 만한 소식을 전했다. 후미 중대 규모의 공병부대가 다리를 놓는 기자재와 공구들을 이족들에게 습격당해 강탈당하고 몇 명의 전사들이 희생당했다는 내용이었다. 류보청은 전군의 행군을 잠시 멈추고 전사들이 하이쯔판(海子畔 해자반) 초지에서 쉬면서 명령을 기다리도록 했다. 사방은 절벽과 골짜기로 둘러싸여 있고 숲 속에서 이족들이 하이쯔판으로 쏟아져 나왔다. 류보청과 네룽전이 조그만 언덕에 올라 주위를 살펴보았다. 통역원이 앞쪽은 궈지 계파, 동쪽은 라오우 계파, 서쪽은 뤄훙 계파로 홍군이 온다는 소식을 듣고 잠시 연대해 전투를 벌이려 한다고 말했다. 류보청은 부대원들에게 자위 방어진지를 구축하도록 명령했다. 네룽전은 선전대원과 통역원을 데리고 이족들에

게 다가가 당의 민족정책을 알리며 선무공작을 펼쳤다. 통역원이 큰 소리로 외쳤다. **104**

"우리는 공산당이 이끄는 노농홍군이다. 우리는 이족 인민들의 친형제다. 우리는 국민당 반동파들과 싸우고 있다. 우리는 길을 빌려 북상하려고 한다. 절대 이곳에 오래 머무르지 않는다……"

이런 정책 선전을 펼치자 동쪽의 라오우 지파의 이족들이 중립을 표시하고 인마人馬를 물렸다. 산골짜기 입구 쪽에서 갑자기 뿌연 먼지를 일으키며 몇 필의 노새가 하이쯔판 쪽으로 질풍처럼 달려오고 있었다. 가까이 다가오면서 윤곽이 드러났다. 몸피가 크고 흉맹스럽게 보이는 시커먼 노새에 체격이 장대하고 위풍당당한 모습을 한 이족이 타고 있었다. 50세가량으로 보이는 이 사내는 연갈색의 얼굴빛을 띠고 있었다. 양쪽 귀에는 은 귀걸이를 걸치고 있었다. 이 사내가 도착하자 왁자지껄하게 떠들어대던 이족들이 물을 끼얹은 듯 조용해졌다. 통역원이 샤오화(肖華 소화)에게 "이 사람은 궈지 지파의 두령 궈지웨다(궈지웨다는 곧 샤오예단 '小葉丹 소엽단'을 일컬음. 궈지는 성이고 웨다는 이름임)의 네 번째 숙부입니다. 그가 궈지웨다를 대신해 홍군 지도자와 연락을 취하려고 합니다"라고 말했다.

원래 궈지웨다는 홍군이 이곳을 지나간다는 얘기를 듣고 궈지, 라오우, 뤄훙 3개 지파가 뭉쳐 전투를 벌이려고 할 때 넷째 숙부에게 한어漢語에 정통한 가노家奴 사마얼(沙馬爾 사마이)을 데리고 홍군이 주둔한 라마팡으로 가 군중 속에서 홍군을 관찰하도록 했었다. 홍군의 기율이 매우 엄격할 뿐만 아니라 추호의 범법행위를 저지르지 않는 등 절도가 있었다. 과연 명불허전이었다. 장비도 좋았고 솜씨도 보통이 아닌 듯했다. 숙부로부터 이런 얘기를 들은 궈지웨다는 사자를 보내 홍군과 연락을 취하려 한 것이다.

샤오화는 지휘부에 달려와 류보청과 녜룽전에게 상황을 보고한 뒤에 "그들의 신임을 얻기 위해서는 류 사령관과 궈지웨다가 '삽혈결맹歃血結盟(옛날 제후들이나 협객들이 가축을 죽여 그 피를 입에 바르거나 술에 타 마셔 한마음, 한뜻의 굳건한 의지를 표현하는 의식)'으로 결의형제를 맺으면 홍군들이 이족들을 대우하고 성심성의를 다한다는 진정성을 보여주어 도움을 이끌어낼 수 있다"고 말했다.

사마얼이 통역에 나서 귀지웨다의 넷째 숙부에게 홍군 총사령관이 귀지웨다와 결의형제 맺는 것에 흔쾌히 동의했다는 뜻을 전달했다. 그는 대단히 감동해 기뻐하면서 비호같이 노새에 뛰어올라 흙먼지를 풀풀 날리며 이족 집거지를 향해 쏜살같이 달렸다. 류보청은 결맹 장소인 하이쯔볜(海子邊 해자변)에 도착했다. 미리 와 있던 귀지웨다가 무리를 이끌고 무릎을 꿇어 예를 올렸다. 류보청은 황급히 귀지웨다를 부축해 일으킨 뒤 "귀지웨다, 나의 친형제여!"라고 다정하게 말했다. 류보청은 만면에 웃음을 머금고 깊은 정을 담뿍 담은 눈빛으로 귀지웨다를 바라보며 열정적이고 간절하게 말했다.

"우리는 길을 빌려 북상해 국민당 반동파들을 쓸어버리려고 한다. 홍군과 각 부족 동포들은 모두 형제다. 국민당 반동파를 타도해 이족 인민들이 외래 압박에서 벗어날 수 있도록 도와주어 스스로 행복한 생활을 할 수 있도록 해야 한다……."

결맹의식은 하이쯔볜에서 거행되었다. 쪽빛 하늘 아래 해맑은 하이쯔볜 언저리의 초록빛 초지에는 맑고 깨끗한 물을 담은 군용 차 탕관 하나와 씩씩하고 기운 펄펄한 큰 붉은 수탉 한 마리가 놓여 있었다. 이것은 이족들의 습속에 따라 결맹의식에 필요한 제물이었다.

사마얼은 결맹의식이 시작되자 왼손으로 붉은 수탉을 잡아들어 올리고, 오른손으로는 번쩍번쩍하는 날카로운 비수를 집어 들었다. 사마얼은 맞은편에 어깨를 맞대고 무릎 꿇고 있는 류보청과 귀지웨다를 향해 손으로 하늘과 땅을 가리키며 주문을 왼 뒤 오른손에 든 비수로 수탉의 부리 아래 목덜미를 힘차게 찔렀다. 검붉은 피가 차 탕관에 뚝뚝 떨어졌다. 류보청은 '혈주血酒'가 든 차 탕관을 양손으로 받쳐 들고 굳건하고 근엄하면서도 밝고 낭랑한 목소리로 "하늘이시여, 땅이시여! 나, 류보청은 귀지웨다와 오늘 이곳 하이쯔볜에서 결의형제를 맺고자 합니다. 만일 나의 마음이 변하면 천벌을 내려 징치하여 주옵소서"라고 맹세했다. 류보청은 차 탕관 안에 있는 혈주를 반쯤 마셨다. 귀지웨다는 류보청이 들고 있는 차 탕관을 두 손으로 경건하게 받아 이마 한복판까지 들어 올리고 격동한 목소리로 "딴 마음을 품으면 여기 있는 닭처럼 목을 끊어 죽게 하소서"라고 우렁차게 맹세한 뒤에 탕관의 혈주를 다 마셨다.

홍군 전사들은 열렬하게 박수를 쳤고, 이족들은 그들의 특이한 구호인 "밍허, 밍허(嗚嗚, 嗚嗚)"라고 소리를 질러댔다. 삽혈결맹歃血結盟 의식은 성공적으로 끝났다. 류보청은 차고 있던 권총과 몇 정의 보총을 귀지웨다에게 선물로 주었다. 귀지웨다는 자신의 말을 답례로 류보청에게 주었다. 류보청은 귀지웨다를 홍군 진영으로 초대해 축하연을 베푼 뒤에 '중국홍군 과기지대 대中國紅軍果基支隊 待'라고 쓴 홍기를 귀지웨다에게 건네주었다. 류보청과 귀지웨다가 결맹을 맺었다는 소식이 이족 집거지에 신속히 전파되어 홍군은 연도에 나온 이족들의 환송을 받으며 가볍고 빠른 발걸음으로 무사히 이족 집거지를 통과했다. 홍군은 이족 집거지에 혁명의 씨앗을 뿌렸다. 그 결과, 많은 이족 청년들이 홍군에 가입해 병력을 충원할 수 있었다. [105]

아! 다두허
루딩교

다두허(大渡河 대도하)는 창장(長江 장강) 상류의 지류로 쓰촨성에서 흐르는 민장(岷江 민강)이 창장으로 흘러드는 일대의 강을 일컫는다. 강폭이 100미터, 수심 30미터, 유속流速이 매초 4미터 좌우로 대단히 큰 강이다. 멀리서도 거세게 흐르는 물소리가 들릴 정도다. 다두허는 홍군이 장정 이래 건너야 할 강 중에서 물살이 가장 세게 흐르는 강이다. 우장이나 진사장보다 급류다. 두 사람이 강가에서 큰 목소리로 말하지 않으면 상대방이 알아듣지 못할 정도로 여울이 많고 물살이 세찼다. 다두허를 건너려면 안순창 나루터를 이용해야 했다. 하지만 안순창 마을은 이미 국민당군이 장악한 뒤였다. 그들은 이 일대의 배를 모두 강 건너 북쪽으로 끌고 가 일부는 불태우거나 부숴버렸다. 단지 안순창에는 파견 수비대가 강 건너 쓰촨군과 연락하기 위한 작은 배 2척이 있었다.

류보청은 우선 안순창을 점령해야 했다. 홍군은 자오핑 나루터를 빼앗을 때처럼 기습작전을 벌이기로 했다. 홍군 제1군단 양더즈(楊得志 양득지)가 10여 명의 전사들을 이끌고 수비대를 급습하기로 했다. 이들은 국민당군 군복으로 갈아입고 간단하게 수비대원들을 제압한 뒤에 수비대장이 머물고 있는 유곽을 덮쳤다. 수비대장은 유곽 안방에서 아편을 피우며 여주인과 색정을 나눌 생각에 흠뻑 빠져 있었다. 류보청과 녜룽전은 다음 날인 5월 25일 동이 트기 전에 도강하기로 결정했다. 류보청과 녜룽전은 조그만 언덕에 올라 강 건너 국민당군의 진지를 살폈다. 중무장한 기관총 진지가 눈에 들어왔다. 강을 사이에 두고 전투가 벌어졌다. 홍군은 2문의 박격포와 기관총을 쏘아댔다. 쌍방의 총격전으로 총알이 빗발쳤다. 홍군 전사 17명이 목숨을 걸고 엄호 속에 조그만 배를 타고 적진으로 돌진했다. 돌격대는 국민당군의 공격을 뚫고 강변에 설치한 기관총 진지를 점령했다. 후속 부대들이 엄호를 받으며 강을 건넜다. 하지만 배가 너무 작아 한 번에 40명가량 실어 나를 수밖에 없었다. 바람이 거세게 불고 파도가 높아 부교도 설치할 수 없었다. 그저 배 한 척에 의존하는 게 고작이었다. 5월 26일, 류보청의 선봉부대인 제1사단 제2, 3연대가 안순창 나루터에 도착했다. 마오와 린뱌오도 왔다.

마오는 강가에서 회의를 열어 도하의 어려운 상황을 듣고 루딩차오(瀘定橋 노정교)를 빼앗기로 결정했다. 대부대가 이른 시일 안에 강을 건널 수 없을 경우, 진사장을 건넌 국민당군 추격부대 리윈헝(李韞珩 이온형)의 제53사단에게 공격당할 가능성이 높았기 때문이다. 홍군은 여전히 국민당군의 사정권에 들어 전멸될 위험이 있었다. 마오는 진격로를 두 방향으로 잡았다. 한쪽은 류보청과 녜룽전이 이끌고 있는 선봉부대 제1사단과 천겅(陳賡 진겅)의 간부여단이 다두허 맞은편 동안에서 북상, 루딩차오로 행군하도록 명령했다. 또 한쪽은 린뱌오가 제1군단 단부와 제5군단의 2개 사단을 통솔해 다두허 서안에서 북상하여 루딩차오로 치고 올라가도록 했다. 출발 지점인 안순창에서 루딩차오까지는 340리 길로 이틀 반 정도 걸린다. 마오는 류보청과 녜룽전에게 루딩차오를 빼앗으면 홍군 대부대가 다두허를 도강할 수 있어 스다카이의 전철을 밟지 않고 쓰촨으로 들어가 홍군 제4방면군과 합류할 수 있다며 작전의 중요성을 거듭 강조했다. 만일 실패하면 류보청과 녜룽전이 통솔하는 1개 사단은 쓰촨 서쪽에 새로운 근거지를 만들어야 했다. 뤄루이칭(羅瑞卿 나서경)과 샤오화(肖華 소화)도 이 부대에 합류했다. 녜룽전은 이때의 상황을 이렇게 말했다.

"제2사단 제4여단의 임무는 선두부대로 다두허 서안에서 북상해 루딩차오를 탈취하는 것이었다. 우리 두 갈래의 영웅적인 부대들은 서로 지원을 하며 다두허를 끼고 북상했다. 당시의 정경은 대단히 감동적이었다. 두 부대원들이 강을 사이에 두고 북상하면서 큰 소리로 얘기를 하는가 하면 손으로 의사표시를 하는 등 서로를 격려했다. 포효하는 물소리에 무슨 말인지 알아들을 수 없었지만 이런 모습은 전사들을 고무하고 사기를 진작시켰다. 모두가 발걸음을 빨리하며 루딩차오를 향해 행군했다."

제4여단 연대장 왕카이샹(王開湘 왕개상)과 정치위원 양청우(楊成武 양성무)는 5월 27일 새벽에 안순창에서 출발해 비호같이 행군했다. 이들 부대는 행군하다가 조우한 국민당군과 전투를 벌이면서 북상했다. 이들은 여러 차례 전투를 벌여 국민당군 대대장과 중대장 등 수백 명을 포로로 사로잡았다. 큰 비를 맞으며 밤에는 횃불을 들고 밤낮없이 달렸다. 하루에 240리를 달리는 속도로 구보하다시피 행군해 29일 새벽 6시께 루딩차오 서안에 도착할 수 있었다. 강물이 세차게 솟구치면서 울부짖는 소리를 내며 곤두박질치고 있었다.

1935년 당시, 루딩차오는 천 리를 흐르는 다두허에 유일한 현수교懸垂橋였다. 루딩차오는 루딩현 서쪽에 13개의 쇠줄로 서안과 동안을 연결하고 있다. 양안은 깎아지른 절벽이다. 이 다리는 쓰촨에서 시캉(西康 서강)과 시짱(西藏 서장; 티베트)으로 가는 주요 통로였다. 13개의 쇠줄 가운데 4개의 쇠줄은 양쪽 난간을 지탱하도록 했고, 중간의 9개 쇠줄은 그 위에 나무판을 깔아 폭이 90여 미터에 이르는 강에 가로질러 매어 있었다. 이때는 국민당군이 나무판을 파괴해 9개의 쇠줄만이 허공에 걸쳐 있었다. 쇠줄만 덜렁 남아 있어 사람들이 흘러가는 강물을 보면 순간적으로 현기증을 일으켜 눈앞이 아찔아찔해 쓰러질 듯했다.

홍군은 22명의 결사대를 조직했다. 5월 29일 오후 4시께 결사대가 서안에서 쇠줄을 틀어쥐고 포복해 전진할 태세를 갖추자, 다리 건너 국민당군 진지에서 기관총이 불을 뿜었다. 콩 볶듯 하는 굉음과 함께 총알이 빗발쳤다. 결사대 선두는 홍군의 엄호사격을 받으며 조금씩 전진하고, 뒤쪽에서는 확보한 쇠줄에 나무판을 깔면서 진격했다. 쌍방의 격렬한 총격전 속에 앞서 가던 한 전사가 총탄을 맞고 강물에 떨어졌다. 또 다른 결사대원 한두 명이 흩날리는 꽃잎처럼 낙하하며 포효하는 물소리에 파묻혔다. 결사대원들은 이에 굴하지 않고 쇠줄에 배밀이를 하며 국민당군 진지 가까이 전진했다. 쌍방의 총격전은 더욱 격렬해졌다. 국민당군이 동안東岸 근처의 철거하지 않은 나무판을 불태워 화염이 널름거리며 맹렬하게 타올랐다. [106]

결사대의 전진이 주춤했다. 순간 한 결사대원이 불길을 뚫고 돌진해 국민당군 진지에 수류탄을 투척했다. 요란한 폭발음과 불꽃이 일면서 진지 초소가 불길에 휩싸였다. 승기를 잡은 결사대의 전사들이 하나둘씩 쇠줄을 걸은 쪽에 다다르면서 허리와 등에 매단 수류탄을 잇따라 참호에 던졌다. 엄호하던 홍군 진영에서 일제히 만세 소리가 터져나왔다. 결사대의 뒤를 따라 나무판을 깔며 전진하던 홍군들이 계속 밀어닥쳤다. 세가 불리해진 국민당군은 달아나기 시작했다. 오도 가도 못한 100여 명은 포로로 붙잡혔다. 홍군은 2시간여의 격렬한 전투 끝에 아슬아슬하게 루딩차오를 탈취했다. 선봉부대인 제1사단 제2, 3연대와 몇 개 중대가 루딩성 밖에 도착했다. 제4연대는 국민당군이 방화해 활활 타오르는 큰 불을 무릅쓰고 진격해 루딩성을 점령하고 방어하던 국민당군 제28여단을 격파했다. 포로와 100여 정의 총, 탄약을 노획했다. 류보청과 녜룽전이 제3여단을 인솔해 비를 맞으며 다두허 동안에서 루딩성에 도착했을 때는 한밤중인 오전 2시였다. 류보청과 병이 난 녜룽전은 홍군 제4여단 정치위원 양청우를 대동하고 루딩차오 상황 등을 살펴보러 다리 한가운데에 섰다. 양청우가 밝혀준 등불에 의지해 이곳저곳을 둘러보던 류보청은 격동하는 마음을 주체하지 못하고 발을 구르며 외쳤다.

"루딩교야, 루딩교. 우리가 너를 위해 얼마나 많은 정력을 쏟았고, 얼마나 많은 심혈을 기울였는지 아느냐. 지금 우리는 승리했다."

류보청은 과거에 이곳에서 전투한 경험으로 루딩차오가 험준해 탈취하기 쉽지 않다는 것을 잘 알고 있어 마음이 복받쳤던 것이다. 녜룽전도 마음이 울컥해 "우리가 이겼다! 우리가 이겼다!"라며 목이 터져라고 소리쳤다. 제5군단과 린뱌오가 인솔한 제1군단 본대에 이어, 루딩차오를 빼앗은 3일 후에 마오쩌둥과 저우언라이가 이끄는 중앙홍군 대부대가 도착했다. 홍군 주력부대는 쉼 없이 흐르는 강물을 바라보며 루딩차오를 걸어서 다두허를 건넜다. 중앙홍군은 추격하던 장제스 직계의 중앙군을 완전히 따돌리고 유유히 쓰촨성으로 들어갔다.

사투 벌이며
설산을 넘어

쓰촨지방에 들어선 중앙홍군은 국민당군을 따돌려 급한 불을 껐다. 7개여 월 동안 국민당군에 쫓겨 수없이 많은 인명을 잃었으나 일단 혁명역량을 보존하는 데는 성공한 셈이었다. 하지만 안도하기에는 일렀다. 또 다른 시련과 고난의 행군이 그들을 기다리고 있었다. 자연에 대한 도전과 인간 한계의 시험이었다. 이 일대는 쓰촨 서쪽 지방에서 최대의 오지였다. 태산준령의 험준한 산들이 가없는 파도 물결을 일으키며 아스라이 펼쳐졌다. 때는 바야흐로 녹음방초綠陰芳草의 6월이었다. 하지만 최고봉이 해발 4천9백여 미터가 넘는 설산雪山 자진산(夾金山 협금산) 봉우리는 흰 눈을 이고 있었다.

자진산은 자고이래 거의 넘은 사람들이 없었다. 현지 사람들은 자진산을 신선만이 넘을 수 있다고 해서 선셴산(神仙山 신선산)이라고 불렀다. 자진산은 바오싱(寶興 보흥) 현청 서북쪽, 마오궁(懋功 무공) 이남, 리현理縣의 서남쪽에 우뚝 솟아 있었다. 또 다른 2개의 설산과 해발 3천6백여 미터가 넘는 충라이산(邛峽山 공래산) 멍비산(夢筆山 몽필산), 다구산(大鼓山 대고산) 등도 첩첩으로 이어졌다. 대낮 고원高原의 눈부신 태양은 피부에 화상을 입힐 정도로 강렬한 자외선을 뿜어댔다. 일기 변화가 심해 순식간에 함박눈이 펄펄 내리고, 밤에는 기온이 갑자기 영

232

하 20도로 떨어졌다. 장병들의 초라한 천막은 뼛속 깊이 파고드는 한기를 막지 못했다. 병기들은 얼어붙었다. 산이 높기 때문에 밥을 제대로 지을 수 없었다. 현기증이 나고 가슴이 울렁거리며 속이 메스꺼워 토악질을 해댔다. 산소가 부족해 혈압이 올라 장병들은 숙면을 취할 수 없었다. [107]

중앙홍군,
홍군 제4방면군과 합류

1935년 6월 상순 어느 날, 마오가 혁명군사위원회 종대를 이끌고 얼랑산(二郞山 이랑산)을 넘어 간주산(甘竹山 감죽산)에 오를 때였다. 마오와 경호원 등 여러 전사들이 힘들게 산허리쯤 올라갔을 때 개활지가 펼쳐졌다. 마오가 쉬었다 가자고 했다. 전사들이 마오를 둘러싸고 앉아 웃고 떠들었다. 갑자기 마오의 경호반장 후창바오(胡昌保 호창보)가 조용히 하라고 손짓을 했다. 모두들 머리 위쪽에서 웅웅대는 모터 소리를 들었다. 하늘을 쳐다보니 동남쪽 방향에서 비행기가 날아오고 있었다. 마오는 급히 은폐하라고 소리쳤다. 전사들이 은폐물을 찾아 숨기 전에 비행기가 급강하하면서 몇 발의 폭탄을 떨어뜨렸다. "휘이익—" 하며 폭탄이 떨어졌다. "콰아앙—" 폭탄 터지는 소리가 귀청을 찢었다. 경호반장 후창바오가 "주석……" 하며 민첩한 동작으로 돌진해 마오를 밀어냈다. 순간, 마오가 쉬고 있던 곳에 연기 기둥이 피어올랐다. 모두들 뛰어가보니 후창바오가 피투성이가 된 채 두 눈을 꼭 감고 땅바닥에 널브러져 있었다. 마오는 부상을 당하지 않았다. 흙먼지투성이인 마오는 후창바오 옆에 앉아 손으로 후의 머리를 쓰다듬으며 "샤오후(小胡 소호), 창바오 동지……" 하고 낮은 소리로 불렀다. 후창바오가 서서히 깨어나면서 실눈을 뜨고 마오를 바라보며 급히 물었다. [108]

"주석, 부상당하지 않으셨습니까?"

"샤오후, 나는 괜찮아."

"주석, 저는 안 되겠어요……."

"창바오, 걱정하지 마. 좋아져."

"주석……, 저는 안 돼요. 저는 아무 걱정이 없어요. 단지, 다시 주석의 경호를 할 수 없는 것이……. 주석……, 몸 보중하세요. 주석을 따라…… 목적지까지 갈 수 없어요!"

후창바오의 두 눈에 눈물이 가득 고였다. 굵은 눈물방울이 뚝뚝 떨어졌다. 잠시 후, 후는 얼굴을 돌려 자신을 둘러싸고 있는 경호원들을 향해 안간힘을 다해 천천히 말했다.

"동지들, 힘들어하지 마라! 나를 대신해 주석을 잘 보위해주게!"

경호원들은 "반장, 마음 놓으십시오! 우리가 책임을 다해 주석을 잘 보위하겠습니다!"라고 대답했다. 마오의 품속에 머리를 누인 후창바오는 모두를 훑어본 뒤 천천히 눈을 감았다. 머리가 꺾였다.

"반장! 반장!"

장정 초기에 중앙홍군은 장궈타오와 쉬샹첸이 이끄는 홍군 제4방면군과 부대 합류를 위해 단속적으로 무전 연락을 해오다 끊겼다. 양쪽은 소문이나 신문에 보도된 단편적 소식 등을 통해 상대방의 상황을 추론할 뿐이었다. 중앙홍군은 홍군 제4방면군이 대체로 쓰촨 서북쪽에서 활동하고 있을 것으로 추측했을 뿐 구체적인 지점은 몰랐다. 실제적으로 1935년 6월 초에 중앙홍군과 홍군 제4방면군은 불과 100여 리 떨어져 있었지만, 설산이 가로막고 있어 서로 어디에 있는지를 몰랐다. 장궈타오는 리셴녠(李先念 이선념)을 파견해 중앙홍군을 찾도록 했으나 중앙홍군이 있는 지점과 도착 기일 등을 잘 알지 못했다. 리셴녠은 부대를 이끌고 설산 북록의 마오궁을 점령한 뒤 중앙홍군을 수소문했다.

중앙홍군도 이 일대에서 홍군 제4방면군의 행적을 더듬고 있었다. 중앙홍군은 가도 가도 사람 그림자를 찾아볼 수 없었다. 태초의 원시 그대로였다. 산길은 없었다. 구불구불 빙빙 돌아 올라가며 길을 냈다. 구절양장九折羊腸이었다. 산길 아래는

까마득한 낭떠러지였다. 끝없는 절벽이 이어졌다. 홍군들은 짚신을 신고 행군했다. 어떤 전사들은 맨발로 걸어 피투성이가 되기도 했다. 홍군들은 대부분 무덥고 습지대인 화중華中, 화난(華南 화남) 지역 출신이 많았다. 그들은 추위와 한기를 이기기 위해 고추 삶은 물을 연신 마셔댔다. 행군 도중 삽시간에 한 치 앞도 안 보이는 안개가 뒤덮는가 하면 수시로 비가 내렸다. 폭풍설도 불어닥쳤다. 수없이 많은 홍군들이 얼어 죽었다. 일부는 미끄러져 얼음 절벽으로 추락해 흔적조차 찾을 수 없었다. 홍군들은 설맹雪盲과 산소 결핍으로 체력이 급격하게 떨어졌다. 어떤 전사들은 한번 앉으면 다시는 일어나지 못했다. 한 전사는 눈으로 뒤덮인 큰 덩어리를 보았다. 실은 동사한 전우의 시체에 눈이 쌓여 만들어진 것이었다. 1935년 6월 12일부터 7일 동안 하늘이 잿빛 구름으로 짙게 덮이고 눈보라가 휘몰아쳤다. 연면히 이어진 높은 봉우리가 우뚝 솟은 거봉巨峰 사이로 홍군 장병들은 서로 부축하며 가늘지만 굳건한 긴 줄을 이루면서 행군했다.

이런 고난에 찬 장정은 일찍이 20세기 인류사에서 찾아볼 수 없는 비장한 정경을 연출했다. 중앙홍군은 많은 사상자를 냈지만 구사일생으로 자진산을 넘기 시작했다. 6월 12일, 제1군단 제2사단 제4연대 선두부대가 4~5시간의 악전고투 끝에 설산의 정상에 올랐다. 이 부대는 우장(烏江 오강)을 돌파하고 루딩차오를 빼앗은 용맹을 떨쳤다. 이 부대가 하산하다가 뜻밖으로 홍군 제4방면군과 조우했다. 중앙홍군 선두부대와 홍군 제4방면군 파견부대의 합류 소식은 장정 이래 온갖 고생을 겪은 장병들을 극도로 열광시켰다. 천신만고 끝에 설산을 넘은 마오는 6월 14일 밤에 주더와 저우언라이 등 중앙 지도자들과 함께 다웨이(達維 달유)진鎭에 도착해 홍군 제4방면군 장병들로부터 뜨거운 환영을 받았다. 중앙홍군은 3개의 설산과 5개의 큰 산맥을 넘어 홍군 제4방면군과 합류할 수 있었다.

마오는 라마교 사원에 도착한 뒤에 홍군 제4방면군 제22사단 사단장 한둥산(韓東山 한동산)에게 부대 상황, 간부 성분, 전사들의 생활, 훈련 상태, 부대 전투력, 군민 관계 등을 자세히 물었다. 한둥산은 마오에게 상세하게 보고한 뒤 "우리 부대 장병들은 모두 '후베이, 허난, 안후이(鄂豫皖 악예환)'와 쓰촨성의 가난한 농민

출신들로 매우 억세고 용감하다. 전장에 나가 죽는 것을 두려워하지 않는다. 모두 죽음을 무릅쓰고 돌진한다"고 힘주어 말했다. 마오는 "그래! 그것이 바로 홍군의 태도다. 우리는 장시에서 오는 날부터 머리 위로 비행기가 날고, 적들이 추격해왔지만 이처럼 돌파해왔다!"고 말했다.

그날 밤, 중앙홍군과 홍군 제4방면군은 마오궁 다웨이진 밖에 있는 라마교 사원 부근 언덕배기에서 성대한 경축대회를 열었다. 저우언라이가 사회를 맡고 마오와 주더, 홍군 제4방면군 제22사단 사단장 한둥산이 경축사를 했다. 마오는 "이번 부대 합류는 위대한 역사적 의의로 홍군 전투사상 중요한 한 페이지를 장식했다. 중화 소비에트가 국민당 반동 정부를 이기고 북상해 항일 임무의 역량을 구현했다"고 강조했다. 마오는 홍군 제4방면군이 이룩한 성취와 중앙홍군의 장정 승리를 찬양했다. 마오는 "중앙홍군이 중앙 소비에트를 떠난 그날부터 매일 우리보다 수배나 많은 적들의 작전을 돌파했다. 적들은 우리를 포위하고 추격하며 차단해 소탕하려 했지만 도리어 우리가 대량으로 적을 무찔렀다. 전투 중 사상자가 적지 않았지만 우리는 단련되어 더욱더 굳세졌다. 우리는 또 혁명역량을 확대하고, 연도에 혁명의 씨앗을 뿌렸다"고 강조했다. 마오는 "부대 합류의 승리는 우리 홍군이 무적임을 증명한다! 우리 홍군 제1, 4방면군은 한가족이다. 당중앙의 지도 아래 장제스 반동파를 소탕하고 일본 제국주의를 내쫓는 데 공동 분투하자"고 역설했다.

마오의 연설은 장병들의 사기를 크게 고무시켰다. 마오는 한둥산에게 "중국의 혁명은 이제 막 시작되었다. 갈 길은 아직도 요원하다. 투쟁도 대단히 복잡해 꼭 끊임없이 학습하고 부단히 전진하며 노력해야 한다. 당과 혁명을 위해 끝까지 분투해야 한다!"고 강조했다. 다음 날 마오와 주더, 저우언라이 등은 마오궁으로 출발했다.

이때의 중국은 혁명 고조기의 전야였다. 홍군의 양대 주력부대의 합류는 중국 혁명이 새로운 단계에 접어든 것을 의미했다. 일본 제국주의는 중국 동북지방에서 화북지방으로 깊숙이 침투해 중국민족의 위기는 날로 심각해져갔다. 마오와 주더, 저우언라이 등은 중화 소비에트 공화국 중앙정부와 중화 노농홍군 중앙혁명군사위원회 명의로 '일본의 화북 병탄과 장제스 매국에 반대하는 선언'의 성명을 발표해 당중앙의 북상 항일 방침을 천명했다.

6월 16일, 마오는 마오궁에 도착했다. 중앙홍군을 영접한 홍군 제4방면군 제30군 정치위원 리셴넨을 만났다. 마오는 군용지도를 땅바닥에 펼쳐놓고 리셴넨 등 홍군 제4방면군 지휘관들에게 "전국적으로 항일 분위기가 고조되고 있어 모든 형세가 우리에게 아주 유리하다. 홍군 제1, 4방면군은 당중앙의 통일 지도 아래 상호 학습하고 친밀하게 단결해 당이 부여한 임무를 완성해야 한다"고 밝혔다. 마오는 또 "이후 홍군 제4방면군의 행동방침은 바로 북상 항일을 하면서 '촨산간(川陝甘 천섬감: 쓰촨, 산시, 간쑤성)' 혁명 근거지를 건립해 전국적으로 고조되고 있는 항일 분위기를 촉진 발전시켜나가야 한다"고 힘주어 말했다. 주더, 마오쩌둥, 저우언라이, 장원톈 등의 명의로 이날 성명을 내어 "오늘 이후에 홍군 제1, 4방면군의 모든 방침은 '촨산간' 3성을 점령해 소비에트 정권을 건립하는 것이다"라고 천명했다. 중앙은 홍군 제4방면군을 통솔하고 있는 장궈타오에게 이런 내용의 전통을 보내 홍군의 미래 행동 방향과 임무에 대해 설명했다. [109]

북상남하
논쟁

다음 날, 장궈타오는 당중앙에게 보낸 전통에서 "(홍군의) 동, 북쪽 발전 방침을 반대하고 쓰촨 서북쪽으로 나아가 아바(阿壩 아패)에 주력을 집중한 뒤에 칭하이(靑海 청해)와 신장(新疆 신강) 쪽으로 진출해야 한다. 곤란할 경우 잠시 남쪽으로 진공(즉, 서진 또는 남하)해야 한다"고 중앙과 다른 방침을 밝혔다. 이로부터 중앙과 장궈타오 사이에 북상이냐, 남하냐 하는 논쟁이 지루하게 반복적으로 전개되었다. 장궈타오가 주장하는 서진西進 또는 남하南下는 혁명 형세에 대한 비관적인 평가에 바탕을 두고 있었다. 장궈타오는 반反 제5차 포위공격 소탕전 실패를 엄중한 상황으로 보고 중국혁명이 침체 상태로 들어가 '총퇴각' 단계에 이르렀다고 판단했다. 장궈타오는 홍군이 소비에트 기치를 휘날리기 위해서는 서북부 변계의 먼 지방으로 퇴각해 국민당군과 휴전해야 한다는 생각을 갖고 있었다. 하지만 장궈타오의 방침은 전략상 오판이었다. 장제스는 홍군을 압박해 황허(黃河 황하) 서쪽 지역으로 내몰아 홍군이 북쪽이나 동쪽으로 진출하는 것을 막으려 했다. 이는 장제스가 홍군과 전국 혁명운동 세력과의 연계를 차단해 홍군을 서쪽 변방에 고립시키고 소탕하려는 전략이었기 때문이다. 또 이 지역은 산간벽지인 데다가 대부분 소수민족들이 거주하고 있다. 민족 간의 장벽으로 홍군이 이곳에 근거지를 마

전도(중국의 주요 성시)

구

헤이룽장성

하얼빈시 ●

지린성

창춘시 ●

선양시 ●

네이멍구 자치구

후허하오터시 ●   허베이성   랴오닝성

베이징시 ●

텐진시 ●

찬시   산시성   스자좡시 ●

타이위안시 ●

지난시 ●

산둥성

산시성   장저우저

시안시 ●   허난성   쟝수성

안후이성

상하이 ●

후베이성   허페이시 ●   난징시 ●

우한시 ●   항저우 ●

저장성

후난성   난창시 ●

장시성

창사시 ●   푸젠성   푸저우시 ●

자치구   광둥성   타이완성

닝시   광저우시 ●

홍콩 특별행정구 ●

마카오 특별행정구 ●

하이커 ●

난성

련할 경우 각종 필요한 물자공급뿐만 아니라 병력충원에도 많은 어려움을 겪을 수밖에 없었다. 따라서 서진이나 남하는 잘못된 방침이었다. [110]

마오를 대표로 하는 당중앙이 북상해 '촨산간' 근거지를 만들겠다는 방침은 중국혁명 형세를 객관적으로 분석해 도출한 전략이었다. 촨산간 근거지론은 이 지역이 비교적 좋은 조건을 갖추고 있는 데다가 깊은 뜻을 담고 있었다. 첫째, 지리적 환경이 화북지방에 가까워 홍군이 항일전선을 꾸려나가는 데 유리하다는 것이었다. 둘째, 비교적 좋은 군중 조건을 지니고 있어 홍군이 작전을 펴는 데 유리했다. 셋째, 이 지역에는 홍25군, 홍26군과 유격대가 활동하고 있었다. 중앙홍군이 이들과 합류를 할 경우 비교적 이른 시일 안에 공고한 혁명 근거지를 세울 수 있었다. 이렇게 되면 전국 항일구국 운동의 중심을 일떠세울 수 있었다. 마오와 당중앙이 제기한 이 방침은 유일 가능한 전략이었다. 그러나 장궈타오는 자신의 주장을 바꾸려 하지 않았다.

마오쩌둥과 장궈타오는 당의 '제1차' 대표다. 마오보다 네 살 아래인 장궈타오는 1897년 11월 26일에 장시성(江西省 강서성) 지융(吉永 길영)현 핑샹(萍鄉 평향)의 부유한 지주 집안에서 태어났다. 영어와 자연과학을 좋아한 장궈타오는 베이징대학 이학원 예과에 들어갔다. 그는 베이징대학 문과학장을 맡고 있던 천두슈가 발행한 잡지 『신청년』에 매료되어 사회과학에 관심을 쏟으면서 신사조운동에 뛰어들었다. 장궈타오는 1919년 중국 전역을 휩쓴 '5·4운동'의 핵심인물로 베이징대학 시위대를 이끄는 등 진보적 활동가로 두각을 나타냈다. 사교술이 뛰어난 장궈타오는 베이징대학에서 천두슈와 리다자오의 지우를 얻어 각계 인사와의 연락원으로 활동하면서 촉망받기 시작했다. 마오처럼 장궈타오도 리다자오로부터 큰 영향을 받아 마르크스주의를 연구하며 공산혁명 활동에 투신했다. 그는 천두슈가 상하이에서 공산당 창당 준비를 할 때 지근거리에서 보좌했다. '북이남진'의 연락책으로 베이징과 상하이를 오가며 큰 기여를 했다.

장궈타오는 공산당 제1차 전국대표대회 대표가 되어 공산당 창건자의 한 사람이 되었다. 1927년 8월 1일, 그는 난창기의와 광저우 폭동에 참가했다. 장궈타오는 그 후 3년 동안 소련 모스크바에 있다가 1931년 공산당 중앙위원으로 복귀해

'후베이-허난-안후이(鄂豫皖 악예환)' 지구 홍군 주석이 되어 홍군 제4방면군을 통솔했다. 장궈타오는 국민당군의 포위공격 소탕전에 쫓겨 1934년에 쓰촨성 서부 지역으로 진출해 장정 중인 중앙홍군과 합류하게 된 것이다. 엘리트 의식이 강한 장궈타오는 마오가 당중앙의 지도자 반열에 오른 1935년 1월 쭌이회의를 부정하고 있었던 차였다. 마오는 홍군 제4방면군 지도자 장궈타오가 홍군 제1방면군과 단결해 다른 부대들과 손을 맞잡고 촨산간 근거지를 창건하기를 바랐다. 6월 18일, 당중앙과 마오는 다시 장궈타오에게 전통을 보내 북상방침을 알렸다. 6월 20일, 당중앙과 마오는 장궈타오에게 또 전통을 보내 마오궁으로 와 전략방침을 상의할 것을 촉구했다. 마오와 주더, 저우언라이는 24일에 장궈타오를 만나기 위해 량허커우(兩河口 양하구)진에 도착했다. 당중앙은 이곳에서 정치국 회의를 열어 북상해 근거지를 건립하는 전략방침을 토론하기로 했다. 총정치부는 장궈타오를 영접하기 위하여 량허커우진 와이퉁(外通 외통)에서 홍차오산(虹橋山 홍교산) 방향의 큰 평지에 환영식장을 만들었다.

야심 드러낸
장궈타오

6월 25일 오전, 장궈타오는 흰색 준마를 타고 기병 30여 명의 호위를 받으며 량허커우진으로 달려왔다. 마오와 저우언라이, 주더 등 중앙 지도층과 홍군 제1방면군 지휘관들은 억수같이 쏟아지는 비를 무릅쓰고 길옆에 쳐놓은 환영식장 기름 천막 아래에서 장궈타오를 영접하기 위해 도열하고 있었다. 장궈타오는 오만한 태도로 환영식장까지 말의 속도를 늦추지 않고 그대로 달려왔다. 도열하고 있던 사람들은 말발굽에서 튀어 오른 흙탕물을 뒤집어썼다.

장궈타오는 홍군 제1, 4방면군 장병과 사병들이 모인 환영식장 연설에서 "이곳은 광대한 지역에 약소민족(티베트족, 회족)이 거주하고, 지세도 좋아 우리는 '촨캉신(四川, 西康, 新藏 사천, 서강, 신장: 쓰촨, 시캉, 티베트)' 지역에 근거지를 세울 좋은 조건을 갖추고 있다"고 밝혀 당중앙의 북상방침을 반대했다. 마오는 장궈타오를 환영하는 자리여서 반대의견을 말하지 않았다.

당중앙은 다음 날에 3일 일정의 정치국 회의를 열었다. 저우언라이가 중앙을 대표해 보고하고 중앙의 전략방침은 홍군을 북쪽으로 발전시켜 민산岷山산맥 이북지역에 '촨산간 근거지'를 세우는 것이라고 밝혔다. 저우는 홍군 제4방면군이 서쪽으로 발전시켜나가야 한다는 방침은 중앙의 전략방침과 다른 것이라고 지적했다. 저우는 새로운 근거지 건립은 첫째, 우리 작전에 편리하고 둘째, 국민당군 주력을 소멸시키는 데 유리해야 한다고 강조했다. 저우는 또 새로운 근거지는 지역이 넓어야 하고 선회할 여지가 커야 하며, 기동작전이 편리해야 한다고 주장했다. 저우는 총결에서 "중앙은 군중 조건이 좋고 인구가 많으며, 경제 조건이 양호한 '촨산간' 지역을 근거지로 결정해야 한다"고 제안했다. 마오는 저우언라이의 제안에 동의했다.

마오는 장궈타오의 홍군 제4방면군이 남하해 청두(成都 성도)를 공격하는 것에 대해 설명을 요구했다. 마오는 "우리의 전쟁은 방어나 도망이 아니라 진공進攻이다. 근거지를 세워 진공에 의존해야 한다. 우리는 산을 넘어 후쭝난(胡宗南 호종남) 군을 물리치고, 간쑤성 남동쪽을 점령한 뒤에 신속하게 전진해 적들을 깨뜨리고 근거지를 세워야 한다"고 주장했다. 마오는 장제스의 직계인 후쭝난군을 쳐부수고 신속히 전진해야 한다고 거듭 주장했다. 마오는 "오늘 결정하고, 내일 곧바로 행동해야 한다. 이 지역의 조건은 대단히 나쁘다. 후퇴에도 불리하다. 힘을 다해 6일 돌파한 뒤 쑹판(松潘 송번)을 거쳐 결정한 지역으로 나가야 한다"고 강조했다.

장궈타오는 '촨산간' 근거지 건립을 반대했다. 장궈타오는 쑹판을 공격해 간쑤성 남쪽으로 발전시켜나가는 방침에도 의견을 달리했다. 장궈타오는 "북쪽은 초지인 데다가 추워서 행군에 불리하고, 후쭝난이 20여 개 여단의 병력을 보유하고 있어 간쑤성 남쪽에 거점을 마련할 수 없다"고 주장했다. 장궈타오는 우선 서남쪽으로 나아가 청두를 공격해 촨캉(川康 천강; 쓰촨성과 시캉성) 변계에 근거지를 세우는 방안을 내놓았다. 회의에 참석한 사람들은 모두 마오와 저우의 의견에 동의했다. 장궈타오는 할 수 없이 자신의 견해를 포기해야만 했다. 6월 28일에 열린 회의는 만장일치로 '홍군 제1, 4방면군 부대 합류 후 전략방침 결정에 관하여'의 안건을 통과시켰다. 이 안은 1)홍군 제1, 4방면군 부대 합류 후 우리의 전략방침은 주력을 집중해 북쪽으로 진공하는 것이다. 2)운동전으로 적군을 대량 궤멸시키고 먼저 간쑤성 남쪽을 점령해 촨산간 근거지를 만든다. 3)중국 소비에트 운동의 기초를 더욱 공고하고 넓게 다져 서북 각 성을 차지한 뒤 전 중국의 승리를 이룩하자는 내용이었다. **111**

장궈타오는 량허커우 회의에서 중앙의 결정에 대해 마지못해 찬성했으나 여전히 남하南下를 생각하고 있었다. 장궈타오는 홍군 제1방면군이 장정을 하면서 병력과 총 등 무기 손실이 많아 홍군 제4방면군의 전력에 훨씬 못 미친다는 사실을 알았다. 병력은 거의 홍군 제4방면군의 8분의 1에 불과했다. 무기(화력)도 비교가 되지 않았다. 장궈타오는 야심을 드러냈다. 홍군 제1, 4방면군을 통일 지휘하는 문제를 들고 나왔다. 장궈타오의 제의는 실질적으로 당중앙과 혁명군사위원회의 개조를 뜻했다. 당중앙은 당연히 거부했다. 장궈타오는 회의 기간 동안에 회의보다도 홍군 제1방면군 고위 지휘관들을 포섭하는 데 더욱 관심을 쏟았다. 장궈타오는 펑더화이와 녜룽전에게 군대 파견의 뜻을 표시하는 등 호의를 보였다. 비서를 펑더화이에게 보내 말린 소고기와 쌀, 그리고 200~300원의 돈을 전달하는 등 선심공세를 폈다. 세勢 불리기였다. 이런 장궈타오의 행태는 되레 펑더화이 등 홍군 제1방면군 지휘관들의 의심을 샀다.

회의가 끝난 뒤에 장궈타오는 홍군 제4방면군 지휘부가 있는 자구나오(雜谷腦 잡곡뇌)로 돌아가 교회당에서 사단장급 간부회의를 열어 량허커우 회의를 빌어 자신의 남하방침을 선전했다. 6월 30일, 장궈타오는 중앙에 전문을 보내 량허커우 회의 결정을 뒤집어 남하방침을 제기하며, 북상해 촨산간 근거지를 건립하는 것을 반대했다. 장궈타오는 7월 1일에 또다시 중앙에 전문을 보내어 "우리 군은 속히 통일 지휘의 조직문제를 결정해야 한다"고 주장했다. 장궈타오가 조직문제를 거론한 것은 중앙에 자신의 더 높은 직위를 요구하는 '카드'였다. 중앙과 장궈타오 간의 투쟁이 본격화한 것이다. 이때에도 마오는 인내심 있게 장궈타오에 대한 설득 노력을 포기하지 않았다. [112]

마오와 장궈타오의
격돌

중앙 상무위원회는 6월 29일에 량허커우 회의 결정에 따라 저우언라이가 만든 '쑹판전투계획'을 통과시켰다. 회의는 쑹판지구로 출병하는 후쭝난군이 안정화되기 전에 선제공격해 북상 통로인 쑹판지구를 점령하기로 결정했다. 회의는 또 장궈타오를 중앙혁명군사위원회 부주석으로 임명했다. 혁명군사위원회는 7월 초에 쑹판 공격 임무를 장궈타오에게 맡겼다. 장궈타오는 '통일 지휘'와 '조직문제'가 해결되지 않았다는 이유를 내세워 고의로 홍군 제4방면군의 북상을 지연시켰다. 장궈타오는 7월 9일에 추종자들을 부추겨 '촨캉성위(川康省委 천강성위)'의 명의로 중앙에 전문을 보내 '반드시 총사령부를 강화해야 한다'고 주장했다. 또 총사령부를 개조해 홍군 제4방면군의 천창하오(陳昌浩 진창호)를 홍군 총정치위원에 임명할 것을 요구했다. 7월 18일, 천창하오는 한술 더 떠 주더에게 전문을 보내 장궈타오를 군사주석으로 임명할 것을 요구했다. 그렇지 않으면 순조롭게 적을 물리칠 수 없다고 중앙을 강박했다. 권력을 장악하려는 장궈타오의 속내가 적나라하게 드러난 것이다. 중앙은 거부했다. 마오와 당중앙은 대국적인 관점에서 홍군 제4방면군 장사병들과의 단결과 장궈타오의 태도를 바꾸기 위해 '조직문제' 해결 요구에는 동의했다.

중앙정치국은 이날 다시 회의를 열었다. 저우언라이는 이 회의에서 큰 적을 앞에 놓은 상황에서는 단결이 우선이라며 홍군 총정치위원직을 내놓았다. 장원톈도 총서기직을 사퇴하겠다고 밝혔다. 마오는 총정치위원직을 장궈타오에게 줄 수 있으나 당중앙의 직위인 총서기직은 불가하다고 반대했다. 혁명군사위원회는 7월 18일에 주더를 총사령관, 장궈타오를 총정치위원으로 임명했다. 또 모든 군대는 노농홍군 총사령관과 총정치위원이 균등하게 직접 지휘를 통솔한다고 규정했다. 7월 21일, 혁명군사위원회는 또 전적 총지휘부前敵總指揮部를 만들어 홍군 제4방면군 수장인 쉬샹첸(徐向前 서향전)을 총지휘, 천창하오를 정치위원에 각각 임명하고 예젠잉(葉劍英 엽검영)을 참모장으로 기용했다. 중앙이 장궈타오를 설득하기 위해 권한을 대폭 홍군 제4방면군에 넘겨주는 조직상 중대한 양보를 한 것이다. **113**

파워게임에서 장궈타오가 기선을 제압한 것을 뜻했다. 그런데도 장궈타오는 여전히 투정을 부렸다. 장궈타오는 총정치위원으로 홍군 제1방면군을 통제하면서 각 군단이 서로 정보를 교환하는 암호책을 회수했다. 자신이 직접 홍군 제1방면군을 장악해 총괄 지휘하며 권력을 강화하려는 의도였다. 이때서야 장궈타오는 주더와 홍군 제4방면군을 인솔하고 북상하기 시작했다. 혁명군사위원회는 당중앙과 마오가 통솔하는 홍군 제1방면군을 우로군右路軍으로, 장궈타오와 주더가 이끄는 홍군 제4방면군을 좌로군左路軍으로 나누었다. 분초를 다투는 시기에 속절없이 1개월이 그대로 흘러가버렸다. 8월 초, 후쭝난 부대는 동남쪽에서 핑우(平武 평무)로 밀고 들어왔다. 홍군이 애초 계획대로 쑹판으로 북상했다가는 소탕당할 위험에 처하게 되었다. 이런 국면을 타개하기 위해 혁명군사위원회는 8월 3일에 '샤허(夏河 하하)-타오허(洮河) 전투계획'을 세웠다. 홍군 주력의 절반이 서쪽으로 나아가 아후(阿胡 아호)를 공격한 뒤에 다시 북진해 간난(甘南 감남: 간쑤성 남쪽)으로 진공하기로 했다.

7월 말, 마오쩌둥과 중앙의 다른 지도자들은 마오얼가이(毛兒蓋 모아개)에 도착했다. 마오얼가이 부근에 장족藏族 마을인 사워(沙窩 사와)가 있다. 장궈타오는 이곳에서 또 정치국 회의 소집을 요구하고 '정치노선' 문제를 해결하자고 엉뚱한 문제를 들고 나왔다. 중앙은 8월 4일부터 6일까지 정치국 회의를 소집했다. 장궈타오는 회의에서 중앙과 홍군 제1방면군 지도자들이 전략상 과오를 저질렀다며 비판하고, 강박에 의해 중앙의 '환산간' 근거지 전략방침에 동의했다며 이 결의를 부정했다. 그는 사워회의에서 홍군 제4방면군 간부 9명을 정치국 위원으로 발탁할 것을 요구했다. 정치국을 장악하기 위해서였다. 결국 제1차 전국대표대회 대표인 고참 당원 마오와 장궈타오가 격돌할 수밖에 없었다. 마오는 "독군(민국 초기 성의 최고 군사장관)단 회의"라고 일갈했으나, 홍군 제4방면군과 북상하기 위해 마오와 중앙은 또다시 장궈타오에게 양보했다. 회의는 홍군 제4방면군의 천창하오와 저우춘취안(周純全 주순전)을 정치국 위원으로 임명하고, 천창하오를 홍군 정치부 주임을 겸하도록 했다. 회의는 또 홍군 제1방면군 총사령부를 다시 만들어 저우언라이를 총사령관 겸 정치위원에 임명했다. **114**

죽음이 어른거리는
대초지

중앙은 장궈타오가 남하(또는 서진) 주장을 견지하며 힘겨루기를 하는 바람에 두 달가량의 중요한 시기를 쟁론으로 허비해버렸다. 장제스는 이 두 달 동안 홍군이 마오얼가이에서 북상하려는 의도를 간파하고 30만 명의 대군을 동원해 마오얼가이에서 서북방향의 모든 중요 도로를 차단할 수 있는 3겹의 봉쇄선을 구축했다. 장제스는 홍군이 초지(草地: 늪지대)를 통해서 북상할 수 없다고 판단했기 때문에 이 일대에 병력을 배치하지 않았다. 마오쩌둥은 장제스의 의표를 찔러 초지를 통과해 북상한 뒤 '산간(陝甘 섬간: 산시, 간쑤)'지역으로 갈 것을 주장했다.

쓰촨 서북쪽 대초원은 늪지대인 거대한 소택沼澤이었다. 해마다 수초水草들이 무성하게 자라 뿌리가 휘감기고 줄기가 엉켜 소택을 덮어버린 저습지였다. 초지의 기후가 매우 나빠 때로 폭염으로 푹푹 찌다가, 때로 뇌성벽력이 친다. 또 광풍이 불고 폭우가 쏟아진다. 매년 5월에서 9월까지는 우기雨期다. 홍군이 이 초지를 지나야 할 시기는 8월로 온갖 꽃들이 만발한 시기였다. 하지만 꽃이 핀 수면 아래 곳곳에는 위험이 도사리고 있었다. 사람들이 잠시 한눈을 팔다 늪에 빠지면 빠져나오기 어렵다. 버둥거릴수록 점점 늪 속으로 가라앉는다. 몇 분 후에는 형체도 없이 사라지고 만다. 홍군들이 사투를 벌이며 설산 등 험산준령을 넘었으나, 이제 그들 앞에 사방 수백 리의 늪지대가 가없이 펼쳐져 사신死神이 입을 벌리고 있는 형국이었다.

홍군의 시련은 계속되었다. 마오얼가이와 보뤄쯔(波羅子 파라자)에 집결해 휴식을 취한 홍군은 자연에 대한 또 다른 도전에 나서야 했다. 루딩차오를 빼앗은 양청우(楊成武 양성무)가 이끄는 여단이 선발대로 뽑혔다. 마오의 부름을 받은 양청우는 기병 정찰대원과 함께 보뤄쯔 부근에서 당중앙이 주둔한 마오얼가이로 질풍처럼 달렸다. 마오얼가이에 도착한 양청우는 국가보위국장 덩파(鄧發 등발)의 안내를 받아 마오가 묵고 있는 집으로 갔다. 이 집은 장족藏族이 만든 2층의 목조 건물로 아래층은 짐승 우리이고, 위층에 사람이 산다. 오르내릴 때는 사다리를 이용해야 했다. 양청우를 만난 마오가 말문을 열었다. [115]

"왔구나, 아주 좋아 보이는구먼! 이번에 자네 제4여단이 선발대가 되었다. 초지에 음습한 안개가 자욱이 피어오르는 것을 알아야 한다. 수초가 무더기로 자란다. 어디가 어딘지 방향을 가늠할 수 없는 늪지대다. 자네 부대는 망망한 초지에서 북상하는 행군로를 꼭 찾아야 한다."

마오는 조금 뜸을 들였다가 말을 이었다.

"북상 항일노선은 정확한 노선이다. 중앙이 지금까지의 상황을 예의 분석해 내린 결정이다. 현재 후쫑난이 쑹판지구의 장라(潭臘 장랍)와 룽후관(龍虎關 용호관) 일대에 4개 사단을 집결시켜 둘러싸고 있다. 동쪽의 쓰촨군도 민장(岷江 민강) 동안東岸지역을 점령했다. 일부는 민장 서안의 자구나오를 점령했다. 우리를 추격하는 류원후이(劉文輝 유문휘) 부대가 마오궁에 도착해 푸볜(撫邊 무변)으로 전진하고 있다. 쉐웨(薛岳 설악)와 저우훈위안(周渾元 주혼원) 부대가 야저우(雅州 아주)에 집결하고 있다. 만약 우리가 남하한다면 그것은 바로 도망하는 길이다. 그러면 혁명은 포기할 수밖에 없다. 우리는 오로지 전진해야 한다. 적들은 우리가 위험을 무릅쓰고 초지를 가로질러 북쪽의 산시(陝西 섬서)와 간쑤(甘肅 감숙)로 가지 않고 동쪽에서 쓰촨으로 나아갈 것으로 판단하고 있다. 적들은 영원히 우리의 내심을 짐작하지 못할 것이다. 우리는 적들이 갈 것이라고 생각하지 않는 길을 가야 한다."

마오는 또 양청우에게 "곤란을 극복하는 가장 근본적인 방법은 맞닥뜨릴 수 있는 모든 어려움을 동지들에게 명확하게 말하고, 중앙이 왜 초지를 가로질러 북상해 항일투쟁을 해야 하는지를 정확하게 설명해야 한다. 동지들이 이런 것들을 알면, 나는 홍군 장병들이 어떠한 곤란이 있더라도 견딜 수 있을 것으로 믿는다"고 말했다. 양청우는 양식을 아끼고 연도에 있는 야채를 채취해 먹으면 초지를 건널 수 있을 것으로 본다고 대답했다. 다만, 의복이 문제로 한 사람당 홑옷이 두 벌밖에 없어 초지의 추위를 견딜 수 있을지 걱정했다. 마오는 길잡이를 물색했는지 물었다. 양청우는 60여 세 되는 장족 길잡이를 구해 들것에 태워 길 안내를 하도록 했다고 말했다. 마오는 "들것을 담당하는 동지들이 길잡이 노인을 안전하게 모시고, 모두가 소수민족을 존중하도록 교육해 그들과 단결해야 한다"고 당부했다. 마오는 한참 생각한 뒤에 "한 향도(길잡이)가 대부대의 행군을 해결할 수 없다. 자네들은 전진할 때 반드시 길을 표시하는 화살 표지를 만들어 갈림길을 만나면 견고하게 하나씩 땅에 꽂아야 한다. 그래야 뒤에 따라가는 부대가 길 표지를 따라 순조롭게 전진할 수 있다"고 주문했다.

8월 21일 새벽, 선발대인 제4여단을 이끌고 있는 양청우는 초지를 향해 진군했다. 이때의 정경을 양청우는 이렇게 회상했다. [116]

"초지의 광경은 정말로 보는 사람을 놀라게 했다! 눈을 들어 바라보면 가없이 아득하게 펼쳐진 초원이었다. 풀 더미에는 으스스하고 혼미한 짙은 안개가 자욱하게 뒤덮고 있어 동서남북을 가릴 수 없었다. 수초 밑에는 하천이 교차해 물이 범람하고 있었다. 물은 진흙 빛깔을 띠었다. 산지사방에 썩는 냄새가 진동했다. 이 광대무변한 수향水鄕에서 전혀 길을 찾을 수가 없었다. 발밑에는 풀줄기와 썩은 풀로 수렁을 이루었다. 밟으면 폭신폭신하지만 조금만 힘을 주면 발이 빠져 빼낼 수 없었다. 우리는 단지 길잡이가 탄 들것을 따라 그가 가리키는 비교적 탄탄한 초지로 한 사람, 한 사람씩 힘들게 전진했다."

곳곳에 죽음의 그림자가 드리운 초지에서 홍군 전사들은 열악한 자연조건뿐만 아니라 피로와의 싸움을 극복해야 했다. 그들은 초인적 힘으로 생명을 위협하는 기아, 진창, 추위, 피로 등을 이겨내야 했다. 신체가 비교적 강한 사람들이 약한 사람들을 부축해 어깨를 걸고 나아갔다. 마오는 이런 고난의 행군을 하면서 전사들과 동고동락했다. 밤엔 노천에서 숙영하고 낮엔 굶주림을 참아야 했다. 마오는 훗날 중앙 제8기 2중전회에서 "장정을 할 때 초지를 지나면서 집이 없어 노숙하고, 우리 부대들은 양식이 없어 나무껍질과 나무 이파리를 먹었다"고 회상했다. 하지만 잔혹 무정한 초지는 수많은 인명을 삼켜버렸다. 지금까지 정확한 수치는 발표되지 않은 채 '부지기수不知其數'라고만 기록하고 있다.

탈신지계

1935년 8월 26일, 홍군은 6일간의 사투 끝에 초지를 벗어나 바시(巴西 파서)지구에 도착했다. 바시에서 간쑤성 남쪽에 도착한 중앙과 마오는 바오쮜(包座 포좌)를 공격하기로 했다. 쉬샹첸과 천창하오는 중앙의 건의를 받아들여 홍군 제4방면군의 제30군과 제4군을 동원해 8월 29일에 전투를 벌여 30일에 바오쮜를 점령했다. 홍군 제1, 4방면군 부대 합류 이후의 첫 승리로 홍군이 간쑤성 남쪽에서 북상할 수 있는 발판을 마련했다. 바오쮜 전투가 벌어지고 있을 때 소집된 정치국 회의에서 마오는 유리한 전투 상황을 틀어쥐어 간난으로 북상할 것을 제안했다. 중앙은 우로군 주력이 동쪽으로 진출해 장궈타오가 이끄는 좌로군이 도착하면 소부대로 난핑(南坪 남평), 원(文 문)현을 거짓 공격하고, 주력을 집중해 동북방향의 우두(武都 무도)와 시구(西固 서고), 민저우(岷州 민주) 사이를 공격해 후쭝난 부대를 격파할 수 있는 유리한 고지를 확보하기로 했다.

그러나 장궈타오는 움직이지 않고 있었다. 마오는 쉬샹첸, 천창하오와 협의해 장궈타오의 좌로군이 빨리 북상하도록 재촉했다. 마오는 쉬샹첸, 천창하오와 공동 명의로 장궈타오에게 전보를 보내 좌로군이 남하할 경우 앞날이 극히 불리하다는 점을 지적하고, 재차 부대를 이끌고 북상할 것을 촉구했다. 장제스는 쉐웨와 후쭝난의 전보를 받고 홍군이 이미 초지를 지나 바시에 도착해 바오줘 방어선을 돌파한 사실을 알고 크게 놀랐다. 장제스는 홍군의 북상 저지를 위하여 제14사단을 새로 개편해 민현과 라쯔커우(臘子口 납자구)를 방어토록 지시하고, 후쭝난 부대를 간쑤로 회군시켰다. 장제스는 또 왕쥔(王均 왕균) 부대를 민현, 텐수이(天水 천수)와 우산(武山 무산) 지구에서 홍군을 막도록 명령했다.

9월 3일, 마오는 장궈타오로부터 뜻밖의 소식을 들었다. 장궈타오는 중앙에 전보를 보내 거취허(葛曲河 갈곡하)의 물이 불어 좌로군을 이끌고 가기 어렵다는 빌미를 내세워 중앙의 계획에 따라 행군할 수 없다고 통보했다. 장궈타오는 홍군 총사령관의 명의로 또 전보를 보내 당중앙과 우로군이 남하할 것을 요구했다. 이때 우로군 선봉인 제1군단은 9월 4일 바시에서 북상해 5일 어제(俄界 아계)에 도착했다. 중앙은 매일 회의를 열어 장궈타오의 북상문제 해결에 총력을 쏟았다. 전적위원회 총지휘부와 제4군, 제30군은 바시에 주둔했다. 마오와 장원톈, 보구 등은 바시에 있었다. 병중인 저우언라이와 왕자샹은 전적위원회 총지휘부에서 15리가량 떨어진 야눙(牙弄 아롱)에 머물고 있었다. 펑더화이의 제3군단도 그곳에 주둔했다.

9월 8일, 쉬샹첸과 천창하오는 장궈타오에게 전보를 보내 "우리의 뜻은 주력부대와 분산할 수 없다는 것이 원칙이며, 좌로군이 북상하는 것이 상책이고 우로군이 남하하는 것은 하책"이라며 북상을 촉구했다. 하지만 장궈타오는 곧바로 전보를 보내 쉬샹첸과 천창하오가 우로군을 통솔해 남하할 것을 명령했다. 당중앙과 장궈타오의 '북상남하' 쟁론은 끝내 첨예하게 맞서 홍군의 명운에 큰 영향을 미쳤다. 천창하오는 장궈타오의 전보 내용을 쉬샹첸과 상의했다. 쉬샹첸은 "이렇게 중대한 문제는 중앙에 보고하지 않으면 안 된다. 중앙에 달려가 논의해야 한다"고 말했다.

천창하오는 장원톈과 보구를 찾아가 협의했다. 그날 밤 병중인 저우언라이가 머물고 있는 거처에서 정치국 비공식 회의가 열렸다. 회의는 저우언라이, 장원톈, 보구, 쉬샹첸, 천창하오, 마오쩌둥, 왕자샹 등 7인이 연명으로 장궈타오에게 전보를 보내 다시 북상을 요구하기로 결정했다. 이들은 장궈타오에게 보낸 전문에서 "현재 홍군은 아주 엄중한 갈림길에 서 있다. 우리는 이 문제를 신중하고 또 신속하게 고려해 결정했다. 만약 좌로군이 남하하면 앞날은 대단히 불리한 상황에 처할 것"이라고 밝히고 북상을 요구했다. [117]

9월 9일, 장귀타오는 홍군 제4방면군인 쉬샹첸과 천창하오 등을 통해 중앙에 보낸 전문에서 다시 북상을 반대하고 남하를 주장했다. 천창하오가 장귀타오의 전보를 받고 태도를 바꾸어 남하에 동의했다. 쉬샹첸은 남하에 동의하지 않았으나 홍군 제4방면군이 분열하는 것을 원치 않아 남하하기로 결정했다. 그날 중앙은 장귀타오에게 전보를 보내 "중앙은 천창하오가 말한 우로군의 남하 전보 명령은 맞지 않다고 본다. 중앙은 간절하게 요구한다. 현재 북상만이 출로가 있다. 남하는 적정, 지형, 주민, 급양 등 모두가 불리하다. 홍군이 전에 없었던 어려운 환경에 빠질 수 있다. 중앙은 북상방침을 절대 바꿀 수 없다. 좌로군은 신속히 북상해 동쪽으로 나아가는 것이 불리하면 서쪽에서 황허를 건너 간쑤, 칭하이(靑海 청해), 닝샤(寧夏 영하) 지구를 점령해 동쪽으로 확대 발전할 수 있다"고 장귀타오를 설득했다.

장귀타오는 중앙의 북상방침을 거부하고 도리어 이날 천창하오에게 전보를 보내 우로군의 남하 명령을 내려 홍군을 분열시키고 중앙을 해코지하려 했다. 전적위원회 총지휘부 참모장 예젠잉은 이런 내용의 전보를 입수하고 즉시 마오에게 보고했다. 마오는 천창하오와 같이 있는 예젠잉이 위험에 처할 것을 고려해 은밀하게 일을 처리하도록 지시했다. 마오는 회의를 열어 제1, 3군단을 먼저 북상토록 결정했다. 몸을 빼내는 계책(脫身之計 탈신지계)이었다. 우로군을 총지휘하는 홍군 제4방면군의 쉬샹첸과 천창하오 세력의 '호구虎口'를 벗어나는 것이 급했기 때문이다. 마오는 곧바로 쉬-천의 동정을 살피기 위해 시치미를 떼고 쉬샹첸과 천창하오를 찾아가 그들의 의중을 떠보기로 했다. 마오는 쉬샹첸의 거처로 찾아가 마당에서 그의 속내를 살폈다. 쉬샹첸은 홍군 제1, 4방면군이 합류했는데 갈라지는 것은 옳지 않다, 하지만 홍군 제4방면군이 두 쪽으로 나뉘는 것은 좋지 않다고 했다. 마오는 쉬샹첸을 안심시키기 위해 일찍 쉬라고 말한 뒤 집을 나왔다. [118]

마오는 이어 천창하오를 찾아갔다. 천창하오는 마오에게 장귀타오가 남하하라고 보낸 전문 얘기를 했다. 사전에 예젠잉으로부터 보고받아 내용을 알고 있었지만 마오는 모른 체하고 '더듬수'를 썼다. 마오는 이렇게 된 바에야 남하문제를 정치국 동지들과 상의해야 한다고 말했다. 마오는 저우언라이와 왕자샹 동지가 양병養病하느라 제3군단에 있다, 나와 장원톈, 보구가 제3군단 사령부로 가서 회의를 열어 이 문제를 다시 논의해보겠다고 거짓말을 했다. 천창하오가 통제하고 있는 전적위원회 총지휘부에서 몸을 빼내기 위한 계책이었다.

천창하오와 헤어진 마오는 급히 바시 부근의 야능으로 달려가 장원톈, 저우언라이, 보구와 함께 저우의 거처에서 긴급회의를 열었다. 회의는 중앙의 북상방침을 관철하고 홍군 내부에서 발생 가능한 충돌을 피하기 위해 밤을 도와 제1, 3군단과 혁명군사위원회 종대 일부, 홍군학교 관계자들이 신속하게 북상해 간난(甘南 감남)으로 행군할 것을 결정했다. 마오는 은밀하게 북상하는 부대를 엄호하기 위해 예젠잉을 천창하오에게 보내서, 남하를 위한 양식이 필요한 만큼 내일 날이 밝는 대로 부대를 동원해 양식 준비를 하겠노라고 그를 속이도록 했다. 한밤중인 10일 오전 2시, 예젠잉은 홍군 제1방면군 관계자와 간쑤성 지도를 몸에 지니고 몰래 전적위원회 총지휘부를 빠져나왔다.

홍군이 어찌 홍군을
공격할 수 있나

마오와 펑더화이는 칠흑같이 어두운 캄캄한 밤에 홍군 제10여단과 함께 부대 후
미에서 전진했다. 펑더화이가 마오에게 "만약 그들이(쉬샹첸과 천창하오) 우리를 억
류하면 어떡해야 하느냐"고 물었다. 마오는 "그럴 경우 그들과 함께 남하할 수밖
에 없다"고 대답했다.

아침에 일어나 제1, 3군단이 북상한 사실을 알게 된 쉬샹첸과 천창하오는 대경
실색했다. 천창하오는 쉬샹첸에게 "홍군 제1방면군 부대가 이동했다. 우리가 부
대를 파견해 그들을 추격해야 하지 않겠는가"라고 펄펄 뛰었다. 쉬샹첸은 "어떻게
홍군이 홍군을 공격하는 게 도리라 할 수 있겠는가. 어떤 일이 있더라도 절대 공
격할 수 없다!"고 단호하게 말했다. 천창하오는 홍군 제4방면군 부참모장 리터(李
特 이특)에게 일군의 기병대를 거느리고 추격해 남하를 권유하도록 명령했다. 리
터는 마오 부대를 추격해 따라잡은 뒤에 큰 소리로 "원래의 홍군 제4방면군 동지
들은 돌아와라. 기회주의자들과 북상해서는 안 된다. 남하해 쌀밥을 먹으러 가자"
고 외쳤다. 마오는 리터를 길옆의 교회당으로 데리고 가서 이야기를 나누었다. 리
터는 "당신들은 도망가는 기회주의자"라고 힐난했다. 마오는 "북상은 정치국이
결정한 것"이라고 설득했다. 리터는 마오의 말을 듣지 않은 채 홍군 제4방면군 장

병들을 강제로 데려가겠다고 겁박했다. 마오는 리터한테 장궈타오와 천창하오에게 전해달라며 이렇게 말했다. [119]

"북상방침은 정확하다. '촨캉(川康 천강)'으로 남하하는 것은 불리하다. 형세를 바로 보아 부대를 인솔해 함께 가기를 희망한다. 만약에 일시적으로 생각이 미치지 않아 어쩔 수 없으면 나중에라도 깨달아 북상하면 중앙은 환영한다. 혁명의 대국적 상황을 중시하기 바란다. 어떤 의견이 있으면 수시로 전문을 통해 협의할 수 있다."

마오는 리터에게 "당신들은 남하해도 좋다. 믿음을 가지면 이후 다시 합류할 기회가 온다"고 좋은 말로 말했다. 마오의 비서 우슈취안(伍修權 오수권)은 이때의 상황을 회상록에서 "몇몇 동지들이 리터의 행위에 대해 대단히 화를 냈다. 하지만 마오는 줄로 묶어놓는다고 부부가 될 수 없다, 그들을 돌려보내라고 했다. 마오는 이후 그들 스스로가 돌아올 것이라고 말했다"고 술회했다.

이렇게 해서 북상하려는 사람들은 계속 북상하고, 남하하려는 사람들은 반여우(班佑 반우)로 돌아갔다. 마오는 부대를 따라 바시허(巴西河 파서하)를 지나 북으로 전진했다. 한편 당중앙과 장궈타오 사이에 북상과 남하를 둘러싸고 일촉즉발의 무력충돌 상황으로까지 번질 위험이 있자, 야눙에 주둔하고 있던 제3군단장 펑더화이는 15리 남짓 떨어져 있는 전적위원회 총지휘부에 매일 출근하다시피 했다. 당 총서기 장원톈과 마오가 그곳에 있어 안위가 걱정되었기 때문이다. 펑더화이는 만일의 사태에 대비해 마오가 머물고 있는 집 주변에 은밀하게 제11여단을 숨겨놓았다. 전적위원회 총지휘부 참모장 예젠잉은 펑더화이에게 린뱌오와 녜룽전이 이끄는 제1군단이 어제(俄界 아계)지구로 갔는데 향방을 알 길이 없다며 초조해했다. 장궈타오와 무력충돌을 벌일 경우 병력이 열세인 중앙으로서는 제1군단의 지원이 필요했기 때문에 이들과의 연락이 긴급한 상황이었다. 앞서 장궈타오는 직접 홍군을 통제하기 위해 각 군단끼리 연락할 수 없도록 무전암호 책을 모두 거두어들여 제1군단과 제3군단은 무전교신을 할 수 없었다. 망망 초원에 지도도 없는 상황에서 제1군단의 종적을 찾는다는 것은 몹시 힘든 일이었다. 무선연락 복원업무를 맡고 있는 양상쿤(楊尙昆 양상곤)과 제3군단 정치위원 리푸춘(李富春 이

부춘)은 펑더화이에게 지원 요청을 했다. 누군가를 보내 새로 마련한 무전교신 암호 책자를 종적이 묘연한 제1군단에게 전달해야만 연락할 수 있었다. 절체절명의 화급하고 중대한 임무였다. [120]

펑더화이는 심사숙고 끝에 이 중요한 임무를 능력 있고 믿을 수 있는 '중국포병의 아버지' 조선인 무정武亭에게 맡겼다. 무정은 나침반 하나만 달랑 들고 무작정 광대무변한 초원이 펼쳐진 북으로 달렸다. 길잡이도, 인가도 없어 물어볼 곳도 없었다. 모래에서 사금 채취하는 식이었다. 무정은 물을 찾아 나섰다. 많은 장병들이 이동한 만큼 물은 필수였기 때문이다. 또 하나의 실마리는 밥을 지어 먹은 흔적이었다. 먹어야 움직일 수 있기 때문이다. 무정은 실낱같은 희망을 갖고 물구덩이란 물구덩이는 다 헤집으며 북쪽으로 달렸다. 얼마나 걸었는지 알 수 없었다. 앞에서 가마뚜껑 하나를 발견할 수 있었다. 손을 대어보니 온기가 느껴졌다. 밥을 지어 먹은 지 얼마 안 되었음을 알 수 있었다. 무정은 죽어라 하고 달렸다.

그는 마침내 언덕 너머에 있던 제1군단의 대오를 따라잡을 수 있었다. 무정은 린뱌오와 네룽전에게 저간의 상황을 설명하고 무전교신 암호 책자를 전달했다. 제1군단과 제3군단의 교신이 이루어졌다. 마오는 제3군단에서 직접 무선통신을 통해 전문을 발송했다. 제1군단장 린뱌오와 정치위원 네룽전에게 '행동방침에 변동이 있으니 제1군단이 현지에서 주둔하고 있으라'는 내용이 무전암호에 의해 해독解讀되고 있었다. 그제야 긴장을 푼 무정은 중요 임무를 완수했다는 희열을 뒤로하고 다시 온 길을 되짚어 갔다.

이때의 급박한 상황은 마오가 쉬샹첸에게 보낸 밀서(密信 밀신)에서도 잘 드러난다. 신중국 건국 후에 10대 원수가 된 쉬샹첸은 회고록 『역사의 회고』에서 1935년 9월 9일 깊은 밤, 중앙홍군이 마오의 통솔 아래 장궈타오가 통제하고 있는 홍군 제4방면군에서 비밀리에 탈출해 북상한 사실을 뒤늦게 안 상황을 이렇게 묘사했다.

그날 오전, 전적위원회 총지휘부가 끓어올랐다. 사람들이 왔다 갔다 하면서 웅성웅성하는 소리가 소란스러웠다. 내 마음이 무척 좋지 않았다. 침대에 누워 있다

일어나 한마디 말도 하고 싶지 않았다. 천창하오는 매우 흥분했다. 듣기조차 민망했다. 중앙에서 사람을 보내 우리에게 부대를 이끌고 북상하라고 지시했다. 천창하오는 답신을 쓰고, 장궈타오에게 보고 전문을 보냈다.

'중앙에서 사람을 보내 지시했다'는 쉬샹첸의 회고록 속 인물은 홍군 제1방면군 사단 통신주임을 맡고 있었던 쩡스위(曾思玉 증사옥)였다. 그때 중앙은 쩡스위에게 1개 대대병력과 무전기 1대를 주어 홍군 제4방면군이 지나갈 한 갈림길에 대기했다가 마오의 친필을 쉬샹첸에게 전달하라고 지시했다. 9월 10일, 이미 빠르게 초지를 벗어난 중앙홍군 선두부대인 제1군단 제2사단은 당중앙의 지시에 따라 북쪽으로 길을 열어가고 있었다. 제2사단 전체 장병들은 장궈타오가 당중앙을 위해危害하고 홍군을 분열시키려 한 일을 모르고 있었다. 또 마오가 어젯밤 비밀리에 홍군 제3군단과 중앙종대를 이끌고 홍군 제4방면군 주둔지를 떠나 급히 북상해 제1군단에 합류해 홍군의 북상항일을 통솔하고 있다는 사실은 더욱 몰랐다.

9월 11일 새벽, 검은 구름이 온통 하늘을 뒤덮었다. 대략 오전 8시께 일지군마가 제2사단 주둔지로 질풍처럼 달려왔다. 천광(陳光 진광) 사단장과 샤오화(肖華 소화) 정치위원이 마오쩌둥, 저우언라이, 왕자샹, 장원톈, 보구, 린뱌오, 예젠잉, 네룽전 등 중앙의 지도자들을 영접한 뒤 머물고 있던 방으로 안내했다. 쩡스위 등 제2사단 사령부 참모들은 이렇게 많은 중앙의 지도자들이 갑자기 몰려와 긴급회의를 소집하는 것을 보고 '중대한 사건이 벌어졌구나'라는 것을 단박에 느꼈다. 모두들 긴장하면서 촉각을 곤두세웠다. 그랬다. 당중앙 지도자들은 하나같이 굳어 있는 모습이었다. 태풍전야의 팽팽한 긴장감이 묻어났다. 얼마 있다가 사단장 천광이 밖으로 나와 샤오화 정치위원과 함께 다른 방에서 쩡스위를 불러 그에게 중요 임무를 부여했다. 천광은 쩡스위에게 엄숙한 어조로 "쩡 주임, 매우 중요한 임무를 너에게 주겠다. 대단히 급한 임무다"라며 편지 한 통을 건네주면서 말했다. 121

"이것은 마오 주석이 홍군 제4방면군 쉬샹첸 전적위원회 총지휘에게 보내는 서신이다. 자네가 쉬 총지휘에게 화급히 이 편지를 전달할 것을 명령한다. 쩡 주임은 제6여단 제1대대와 사단에 있는 무전기를 갖고 최대한 빠른 속도로 어제 지나온 갈림길로 가라. 쉬 총지휘가 오늘 오후에 동쪽에서 서쪽으로 가며 그곳을 지나게 될 것이다. 그는 꼭 그 갈림길에서 마오얼가이 지구로 갈 것이다. 쩡 주임은 쉬 총지휘를 만날 수 있는 좋은 시간과 지점을 택해 있다가 편지를 전달하면 된다. 절대로 실수해서는 안 된다."

샤오화 정치위원도 쩡스위에게 "이 임무를 완성하기까지 여러 가지 일에 부닥칠 수 있다. 모두 융통성 있게 처리하고 서신 전달 임무에만 주력하기 바란다"고 강조했다. 사단장 천광은 거듭 당부했다.

"어떻게 마오 주석 친필 서신을 쉬 총지휘에게 전하느냐 하는 것은 당과 홍군 앞날의 명운이 달린 일이다. 이 임무는 어렵고도 막중하며 곤란한 일이 많을 것이다. 그러나 자네는 오랫동안 시련과 단련을 겪은 공산당원이고 홍군 간부다. 꼭 임무를 완성하는 방법을 생각해내야 한다. 만약 의외의 사태가 발생할 경우 자기희생을 두려워하지 말고 서신을 쉬 총지휘에게 전달하는 방법을 강구하기 바란다."

쩡스위는 "아무리 곤란한 일이 많더라도 임무를 완성하겠다"고 힘주어 말했다. 그런 연후에 두 사람은 쩡스위를 데리고 마오쩌둥 등 중앙 지도자들이 모여 있는 방으로 들어갔다. 천광이 마오에게 쩡스위를 소개했다. 쩡스위는 마오에게 "임무를 완수하겠다!"고 큰 소리로 외쳤다. 마오는 책상 위에 펼쳐진 지도를 손으로 가리키며 "쉬 총지휘가 동쪽에서 이 갈림길을 지나 마오얼가이로 갈 것이다. 쩡 주임은 꼭 시간에 대어 먼저 갈림길을 선점해 기다리고 있어야 한다"고 말했다. 쩡스위는 "주석, 마음 놓으십시오. 견결하게 임무를 완성하겠습니다!"라고 결연한 의지를 보였다. 마오는 머리를 끄덕이면서 "이 서신은 정말로 보통 편지가 아니다. 이 편지 전달은 큰 대가를 치르지 않을 수도 있지만, 피를 보는 희생을 치를 수도 있다!"고 강조했다.

쩡스위는 제1대대 대대장 쩡바오탕(曾保堂 증보당), 정치지도원 등과 급히 출발했다. 이들은 전력 질주해 오후 2시께 조그만 구릉을 이룬 초지 갈림길에 도착했다. 쩡스위는 길의 동, 서 양쪽을 살펴보았다. 비로 인해 땅바닥이 질퍽거려 기마대가 지나갔다면 자국이 남았을 터였다. 그들은 말 발자국이 발견되지 않은 것으로 미루어 쉬샹첸이 아직 지나가지 않은 것으로 보고 안도의 숨을 쉬었다. 쩡스위는 쩡바오탕에게 병력을 북쪽 언덕에 은폐시켜 돌발 사태에 대비토록 했다. 또 일부 간부를 관찰초소로 보내 깃발 신호로 연락할 수 있도록 했다. 쩡은 홍군 전사들과 갈림길 설송雪松 아래에서 기다렸다. 오후 4시께 관찰초소의 깃발이 펄럭였다. 동쪽에서 군마가 온다는 신호였다. 쩡스위는 쉬샹첸의 군마라고 생각했다. 과연 몇 분이 지나지 않아 몇 명의 선두 기병이 달려오고 있었다. 쩡스위는 앞으로 뛰어나가 "동지들, 정지! 정지!"라고 외친 뒤 "쉬 총지휘께서 오십니까?"라고 물었다. 질주하던 기병들이 말을 세웠다. 기병들은 모두 참신한 군장을 갖추고 등에 신식 무기를 메고 있었다. 쩡스위는 이들이 홍군 제4방면군의 군인이라는 것을 한눈에 알았다. 기병들은 남루한 군복 차림을 한 쩡스위를 보고 중앙홍군이라는 것을 알아차렸다. 쩡스위는 "어느 분이 쉬 총지휘냐"고 물었다.

모제르 총을 갖고 있던 한 기병이 손으로 뒤쪽을 가리키며 "저분이 바로 쉬 총지휘"라고 대답했다. 쩡스위는 앞으로 뛰어가 쉬샹첸에게 거수경례를 하고 편지를 건넸다. 쉬샹첸은 서신 겉봉에 마오가 친필로 쓴 '서총지휘수徐總指揮收'라는 글자를 보았다. 쉬샹첸은 겉봉을 뜯어 읽다가 미간을 찌푸리더니 얼굴빛을 엄숙히 하며 "어떻게 홍군이 홍군을 공격할 수 있다는 말인가"라며 버럭 화를 냈다. 쉬샹첸 곁에 있던 쩡스위는 바짝 긴장했다. 쉬샹첸이 잔뜩 찌푸렸던 이마가 오랫동안 펴지지 않았다. 쩡스위는 어떤 반응을 보일지 몰라 몸을 곧추세웠다. 쉬샹첸은 얼굴을 들어 멀리 광활하게 펼쳐진 초지를 망연히 바라보았다. 마치 무언가를 골똘히 생각하는 것 같았다. 쩡스위가 침묵을 깨고 "총지휘께 보고 드립니다. 회신이 있습니까?"라고 물었다. 쉬샹첸은 조금 생각하더니 "회신은 없다. 편지를 받았다는 표시로 내 이름을 서명하겠다"고 했다. 쉬샹첸은 "마오 주석과 저우언라이 부주석의 건강이 좋으냐"고 물었다. 쩡스위는 곧바로 "마오 주석과 저우언라이 부주석, 중앙의 다른 지도자들께서도 모두 건강하다"고 대답했다. 쉬샹첸은 미소를 지으며 머리를 끄덕이더니 곁의 홍군 전사가 들고 있던 종이와 붓을 받아들고 '마오 주석, 서신을 받았습니다'라고 쓴 뒤 '쉬샹첸'이라고 서명했다. 쩡스위는 서명확인서를 건네받자마자 쉬샹첸에게 경례를 하고 곧바로 몸을 돌려 갈림길을 떠났다. 쉬샹첸도 군마를 이끌고 질풍처럼 달렸다.

다음 날 오전에 쩡스위의 일지군마는 부대에 도착했다. 당중앙과 마오는 우로군을 이끌고 계속 북상해 장궈타오의 통제 범위를 벗어나 위험을 피할 수 있었다. 마오가 쉬샹첸에게 보낸 서신은 중앙홍군의 북상 사실의 진상을 설명하고, 쉬샹첸에게 홍군 제4방면군을 통솔해 북상할 것을 권유했다. 또 북상이 일시 어려울 경우에는 홍군 제4방면군의 광범한 장병들이 단결해 조건이 성숙되는 대로 북상 대오로 돌아오라고 했다. 절대로 친자親者를 마음 아프게 해서는 안 된다는 내용 등을 담고 있었다. [122]

'포의 원수'
쉬샹첸

쉬샹첸은 1901년에 산시성(山西省 산서성)의 우타이쉔 융안춘(五臺縣 永安村 오대현 영안촌)에서 태어났다. 10세 때부터 사숙私塾에 다니다가 13세에 소학교에 들어갔다. 집안이 가난해 16세 때 학교를 그만두고 허베이(河北 하북)로 가서 잡화점 점원 일을 했다. 19세 때 산시군벌 옌시산(閻錫山 염석산)이 세운 산시 성립 국민사범학교 속성반에 들어갔다가 5·4운동의 영향으로 진보활동에 참여했다. 1921년 산시성 양취(陽曲 양곡)현과 우타이현에서 소학교 교원으로 있다가 사직하고 1924년 5월에 황푸군관학교 제1기생으로 군문에 들어갔다. 9월에 쑨원의 호위대에 편입되어 북벌에 참가했다. 1925년 광시군벌 천지융밍을 토벌하는 제1차 동정東征 때 소대장이 되었으며, 1927년 3월 공산당에 가입했다. 혁명군사위원회의 파견으로 광저우(廣州 광주)로 가 광저우 기의에 참가했다.

광저우 기의가 실패하자 하이루펑(海陸豐 해륙풍) 지구로 간 쉬샹첸은 노농혁명군 제4사단 제10연대 당대표, 사단참모장, 사단장을 지냈다. 펑파이(彭湃 팽배) 등과 함께 둥장(東江 동강)전투를 벌였다. 1929년 6월, 혁명군사위원회가 후베이(湖北 호북) 동북지구로 파견해 쉬샹첸은 노농혁명군 제11군단 제31사단 부사단장과 후베이-허난 변계 혁명위원회의 군사위원회 주석을 지냈다. 1930년 4월, 제

1군단 부군단장 겸 제1사단장과 제4군단 참모장에 임명되었다. 1931년 7월, 제4군단 군단장에 임명된 쉬샹첸은 11월에 홍군 제4방면군 총지휘, 중화 소비에트 공화국 중앙혁명군사위원회 위원이 되었다. 쉬샹첸은 국민당군의 제3차 포위공격 소탕전 계획을 성공적으로 타격하고 '후베이-허난-안후이(鄂豫皖 악예환)' 소비에트 지구를 확대했다. 그는 홍군 제4방면군을 점차 발전시켜 홍군 3대 주력군의 하나로 키웠다. 쉬샹첸은 장궈타오의 '쉬지 않고 진공進攻'하는 군사모험주의 노선으로 국민당군의 제4차 포위공격 소탕전에 패퇴해 서쪽으로 이동하다가 국민당군의 포위망에 걸려 위험한 처지에 빠졌었다. 쉬샹첸은 장궈타오의 분산유격전分散遊擊戰 주장을 물리치고 병력을 집중해 적의 약한 곳을 공격하는 전략을 펼쳤다. 그때 성공적으로 일거에 포위망을 돌파해 홍군 제4방면군의 주력을 보존하는 데 크게 기여했다.

쉬샹첸은 또 순발력 있는 다양한 전술을 사용해 추격군을 따돌리고 친링(秦嶺 진령)과 다바산(大巴山 대파산)을 넘어 쓰촨성 통장(通江 통강)과 바중(巴中 파중) 지구로 들어가 '쓰촨-산시(川陝 천섬)' 소비에트 지구를 개척했다. 쉬샹첸은 이때 서북혁명군사위원회 부주석, 중화 소비에트 공화국 중앙집행위원 등의 직책을 갖고 있었다. 1935년 봄, 중앙홍군의 북상 장정을 돕기 위해 협동작전을 벌여 자링장(嘉陵江 가릉강) 전투를 지휘한 뒤 6월에 중앙홍군과 합류했다. 1927년 4월 12일, 쉬샹첸은 장제스의 쿠데타 뒤 공산당원 검거 선풍과 백색 테러가 횡행할 때 주변 사람들이 공산당을 떠나자 굳건한 신념을 갖고 '앞만 바라보고 가겠다(走向前 주향전)'는 뜻으로 원래의 이름 '쉬샹첸(徐象謙 서상겸)'과 발음이 같은 '쉬샹첸(徐向前 서향전)'으로 바꾸었다. 쉬샹첸은 신중국 건국 후 10대 원수 중 유일한 북방인이며, 거의 원수 복장을 하지 않아 '포의 원수布衣元帥'라는 별칭을 얻었다.

"홍군이 어떻게 홍군을 공격할 수 있겠는가?"라는 쉬샹첸의 한마디로 숨 막혔던 위기의 순간은 마침내 지나갔다. 떠오르는 아침 햇살을 받으며 바오쥐(包座 포좌) 강변의 구절양장 길을 걷는 마오와 8천6백여 명의 장병들은 북상항일을 위해 뒤돌아보지 않고 전진했다. 9월 11일, 어졔(俄界 아계)에서 제1, 3군단이 합류했다. 중앙은 다시 장궈타오에게 전보를 보내 좌로군을 인솔해 반여우와 바시로 전진할 것을 명령했다. 장궈타오는 다음 날에 답전을 보내 남하해서 쓰촨을 적화시키겠다며 북상을 반대했다. 9월 12일, 중앙은 간쑤성 데부(迭部 질부)현에서 정치국 확대회의를 열었다. 마오는 회의에서 '홍군 제4방면군 지도자와의 쟁론과 이후의 전략방침에 관한' 보고를 했다. 많은 지도자들이 장궈타오의 반당과 홍군 분열의 죄상에 대해 매우 분개하며, 당적 삭제를 요구했다. 마오는 동의하지 않았다.

"우리와 장궈타오와의 투쟁은 현재 당내 2개 노선의 투쟁이다. 조직의 결론이 필요하기 때문에 적절치 못하다. 장궈타오의 당적을 박탈하면 그가 여전히 수만 명의 군대를 통솔하기 때문에 그들을 기만하는 것이며, 이후 좋은 낯빛으로 만날 수 없다. 우리는 장궈타오가 어떻게 방해하고 파괴하든 온 힘을 다해 홍군 제4방면군의 북상을 이끌어내야 한다. 남하는 출로가 없다."

어제회의는 '장궈타오 동지의 잘못에 관한 결정'을 채택하고 중앙위원들에게 결정 내용을 전달했지만 전당全黨에 공포하지는 않았다. 회의는 또 제1, 3군단과 중앙종대를 중국 노농홍군 산간(陝甘 섬감: 산시, 간쑤성) 지대로 개편했다. 펑더화이를 사령관, 마오를 정치위원, 린뱌오를 부사령관, 왕자샹을 정치부 주임으로 각각 임명했다. 여기서 마오, 저우언라이, 펑더화이, 린뱌오, 왕자샹 등 5인단을 구성했다. 이들이 홍군 지도와 모든 중대한 군사행동을 처리하는 책임을 지도록 했다. 당중앙과 마오쩌둥은 다시 장궈타오에게 전보를 보내 남하를 취소하고, 중앙의 명령에 복종해 북상할 것을 촉구했다.

장궈타오는 중앙의 북상항일 방침은 '우경 도망주의'와 '기회주의'라고 맹공을 퍼부었다. 장궈타오는 아바에서 '쓰촨성위원회 확대회의'를 열고 중앙의 '어제회의'에 맞서면서 주더(朱德 주덕)를 공격했다. 주더는 홍군 총사령관으로 마오얼가이에서 마오와 헤어져 좌로군에 편입되어 장궈타오와 홍군 제4방면군을 통솔하고 있었다. 장궈타오의 '인질'이나 마찬가지였다. 9월 15일, 장궈타오는 '대거 남진정책 보장계획'을 제기하고 10월 5일에 쥐무댜오(卓木碉 탁목조)에서 '당중앙'을 만들었다. 그는 스스로 '중앙정부'와 '중앙군사위원회' 주석이 되었다. 장궈타오는 중앙의 이름으로 결의안을 통과시켜 "마오쩌둥, 저우언라이, 보구, 장원톈의 업무를 철회하고 그들의 중앙위원직과 당적을 박탈하며 지명수배한다"고 선포했다. 또 양상쿤과 예젠잉은 면직시키고 조사하여 처벌하기로 했다. 12월 5일, 장궈타오는 중앙에 전문을 보내 "너희들은 당의 북방국이다. 산간(陜甘 섬감)정부와 북로군으로 다시는 '중앙'의 명의를 쓰지 말라"고 경고했다. [123]

사태가 여기까지 이르자 마오와 중앙의 지도자들은 중앙과 장궈타오 사이의 의견 불일치를 당에 공포했다. 1936년 1월 22일, 중앙정치국은 '장궈타오 동지의 제2중앙 결성에 관한 결정'을 통과시켰다. 당중앙은 장궈타오의 이런 행위는 스스로 당과 중국혁명을 배척하는 것과 다름이 없다고 강력 비판했다. 마오의 말대로 남하는 출로가 없었다. 1936년 2~3월 사이에 홍군 제4방면군이 남하할 때 병력은 45개 여단 규모로 8만여 명에 이르렀으나 국민당군에 패해 28개 여단이 사라져 4만여 명으로 줄어들었다. 장궈타오가 남하해 근거지를 세우겠다는 전략은 처참하게 깨졌다. 점차 홍군 제4방면군 장병들은 현실 상황을 통해 북상이 정확했다는 것을 인식했다. 량허커우(兩河口 양하구)회의 이후 1년 뒤에 허룽이 통솔한 홍군 제2, 6군단과 홍군 제4방면군은 간쯔(甘孜 감자)에서 합류했다. 합류한 홍군 제2, 6군단과 제4방면군은 주더와 런비스, 허룽 등의 투쟁으로 장궈타오가 동의해 마침내 중앙이 있는 산베이(陜北 섬북)로 북상, 합류하게 된다.

마지막 관문
류판산을 향하다

중앙홍군은 1935년 9월 중순 저녁 무렵, 라쯔커우(臘子口 납자구)에서 얼마 안 떨어진 마을에 도착했다. 라쯔커우는 간쑤와 쓰촨 두 성 변계에 자리한 천험의 관문으로 홍군이 산베이로 가는 중요한 일관—關이었다. 9월 17일, 홍군을 새로 개편한 '산간(陝甘 섬감)지대'는 국민당군이 방어한 천험의 요새 라쯔커우를 돌파하고 민산岷山을 넘어 9월 20일에 간쑤 민현을 점령했다. '산간지대'는 민현과 시구(西固 서고) 사이에 있는 하다푸(哈達鋪 합달포)에 도착해 설산과 초지 지대를 완전히 벗어났다. 홍군 장정에서 하나의 중요한 전환점이었다.

홍군은 하다푸에서 휴식을 취하며 부대를 개편했다. 당중앙과 마오는 우체국에 있는 국민당 발행지 『다궁바오(大公報 대공보)』와 『산시르바오(山西日報 산서일보)』등의 신문을 보고 홍25군과 산베이 홍군이 합류한 사실을 알았다. 중앙과 마오는 산베이 지구에 홍군이 활약하고 있다는 것을 알고 환호작약했다. 산베이로 북상해 산베이 홍군과 부대를 합류하기로 결정했다. 9월 26일, '산간지대'는 퉁웨이(通渭 통위)현의 방뤄전(榜羅鎭 방라진)을 점령했다. 중앙은 이곳에서 휴식하면서 신문과 잡지를 통해 좀 더 많은 정보를 수집했다. 산베이 홍군과 근거지 상황을 자세히 알게 된 중앙은 방뤄전에서 회의를 열고 목전의 형세와 정치, 경제상황 등을 분석했다. 중앙은 '산간지대'가 신속히 산베이로 들어가 산베이 홍군, 홍25군과 합류해 소비에트 근거지를 만들기로 재확인했다. 회의는 어제(俄界 아계)회의 방침을 바꾸어 홍군 장정의 마지막 귀착지를 산베이로 채택했다. '산간지대'는 빠르게 북상해 잇따라 시안(西安 서안)과 란저우(蘭州 난주)의 큰길(大道 대도) 방어선을 돌파하고 류판산(六盤山 육반산)으로 행군했다. 류판산은 룽산(隴山 농산)산맥의 갈래 봉峰으로 홍군이 산베이로 가는 데 넘어야 할 마지막 큰 산이었다. 류판산은 홍군이 넘었던 설산에 비해 크거나 높지는 않았지만 오르내리는 데 60리 길이었다.

10월 7일, 중앙홍군이 류판산 주봉을 넘을 때 칭스쥐이(青石嘴 청석취)에서 국민당군과 한 차례 격전을 벌였다. 홍군은 200여 명을 사살하고 근 100명을 포로로 사로잡았다. 마오는 산베이로 가는 마지막 관문 류판산 정상에서 파노라마처럼 아스라이 펼쳐진 산베이 지역을 바라보며 '청평락-류판산'이란 시를 지어 간난신고의 장정을 마무리하는 심회를 읊었다. **124**

높은 하늘에 엷은 구름 흘러가고, 남쪽으로 날아가는 기러기 아득히 멀어 보이지 않네. 만리장성에 오르지 못하면 사내대장부가 아니다. 손가락을 꼽아보니 2만 리의 노정일세. 류판산 높은 봉우리에, 홍기가 서쪽 바람을 받아 펄럭인다. 오늘 내 손에 있는 긴 끈, 어느 때 적장을 결박지을 수 있을거나?
天高雲淡, 望斷南飛雁. 不到長城非好漢, 屈指行程二萬. 六盤山上高峰, 紅旗漫卷西風. 今日長纓在手, 何時搏住蒼龍?

삼국시대 때 촉나라 제갈량諸葛亮은 류판산을 넘어 위수渭水에서 남하해 위나라 창안(長安 장안: 西安 서안)을 공격하려는 담대한 전략을 펼치려고 기산祁山에 다섯 번이나 진출했으나 끝내 뜻을 이루지 못하고 오장원五丈原에서 한을 품은 채 숨을 거두었다. 시성詩聖 두보杜甫는 시를 지어 제갈량을 애도했다.

번거로운 삼고초려 천하계책 받들어, 두 대를 거쳐 보필한 노신하의 마음. 군사를 내어 이기지 못하고 몸 먼저 가니, 길이 영웅들로 하여금 눈물 흘려 옷깃 적시게 하네.

三顧頻煩天下計, 兩朝開濟老臣心. 出師未捷身先死, 長使英雄淚滿襟.

마오는 장제스에 쫓겨 궁벽진 만리장성의 언저리인 산베이 지역으로 도망가면서 류판산을 넘는 길이었다. 마오는 이 시에서 비록 지금은 쫓기는 몸이지만 '적장' 장제스를 무너뜨릴 결기를 굳세게 드러내고 있다. 마오가 이 시에서 인용한 '만리장성에 오르지 못하면 사내대장부가 아니다(不到長城非好漢 부도장성비호한)'라는 구절은 더욱더 유명해져 널리 회자되고 있다. 홍군은 류판산을 넘어 간쑤성 회족回族지역으로 들어갔다. 회족들은 이 일대에서 활동하고 있는 홍25군의 엄정한 기율 등으로 홍군을 좋아했다. 홍군이 환環현을 출발해 10여 리쯤 행군하다가 민둥산에서 쉬고 있었다. 멀리서 5필의 전마戰馬가 황토 먼지를 풀풀 흩날리며 질풍처럼 달려오고 있었다. 모두 20여 세 남짓한 젊은이들로 산 아래에 당도해 말에서 내렸다. 이들은 큰 목소리로 "마오 주석이 어디 있습니까?"라고 물었다. 장병들이 모두 호기심이 발동해 그들을 쳐다보았다. 마오의 경호원 천창펑(陳昌奉 진창봉)이 물었다.

"당신들은 어디서 오는가?"

"우리는 류즈단(劉志丹 유지단) 부대의 홍군입니다. 마오 주석에게 드릴 서신을 갖고 왔습니다. 마오 주석이 어디 계십니까?"

"당신들이 산베이 홍군인가!"

"예, 그렇습니다."

"우리는 정말 당신들을 보고 싶었다!"

"우리도 애타게 기다렸습니다!"

그들 가운데 비교적 나이가 많은 홍군이 천창펑에게 편지를 건넸다. 천창펑은 쏜살같이 마오에게 달려가 편지를 전달했다. 편지를 다 읽은 마오는 이들 5명의 홍25군 전사들과 일일이 악수를 나누었다. 산 위아래에서 많은 부대원들이 휴식을 하고 있었다. 마오는 큰 걸음으로 부대원들이 쉬고 있는 중간지점으로 가 선채로 손을 흔들며 흥분된 목소리로 즉석연설을 했다.

"동지들! 우리는 산베이 근거지에 도착했다. 우리의 홍25군과 홍26군이 동지들을 파견해 우리를 마중하러 왔다! 그들은 성공적으로 적들의 두 차례에 걸친 포위공격 소탕전을 물리쳤다!"

우레와 같은 박수소리가 울려 퍼졌다. 산천을 뒤흔드는 웃음소리도 터져나왔다. 홍군들은 괴성을 지르며 환호했다. 홍군 장병들의 눈에 눈물이 맺혔다. 홍군들은 기쁨에 겨워 눈물을 흘리면서 이리저리 펄쩍펄쩍 뛰었다. 격동하는 마음을 주체할 수 없어 서로 끌어안고 얼굴을 비벼댔다. 중앙홍군은 길라잡이인 홍25군 5명의 젊은이들을 따라 간쑤성과 산시성의 경계인 분수령에 도착했다. 분수령 산정상에 우뚝 선 큰 경계비가 눈에 들어왔다. 간쑤와 산시성 두 성의 경계선에 세워진 석비 정면에 '분수령分水嶺'이라고 큰 글자가 씌어 있었다. 홍군 전사들은 비 주변에서 휴식을 취했다. 마오는 석비石碑 뒷면을 살펴보다가 흥분된 어조로 "우리가 장시(江西 강서)에서 여기까지 오는데 10개의 성을 지났다. 산 아래로 내려가면 11번째 성, 산시(陝西 섬서)성이다. 그곳이 바로 우리의 근거지이자 우리의 '집'이다"라고 말했다.

10월 19일, 중앙홍군은 산베이(陝北 섬북) 근거지인 우치전(吳起鎭 오기진)에 도착해 홍25군과 합류했다. 홍군 제1방면군이 10월 20일에 장시성을 출발한 지 1년 만에 수없이 많은 '도망 전투'와 극한적인 자연환경과 싸우며 행군한 간난신고의 장정長征을 마무리하는 경이적인 기록을 세웠다. 당시 세계는 경악했다. 애초 8만 6천여 명의 홍군이 출발했으나 10분의 1인 8천5백여 명만이 우치전에 당도했다. 장정이 얼마나 처절하고 엄혹하고 혹독했던지를 잘 보여주고 있었다.

스노는 『중국의 붉은 별』에서 장정의 총결을 이렇게 묘사했다. [125]

통계적으로 살펴보아도 장정은 인상적이다. 평균 잡아 하루에 거의 한 번씩 전선 어딘가에서 전투가 있었으며, 모두 15일 밤낮을 대접전으로 보낸 때도 있었다. 총 368일의 여정旅程 중에서 235일이 주간행군이었고, 18일이 야간행군으로 소비되었다. 주로 소규모 전투 때문에 모두 100일 동안 행군이 정지되었다. 그 가

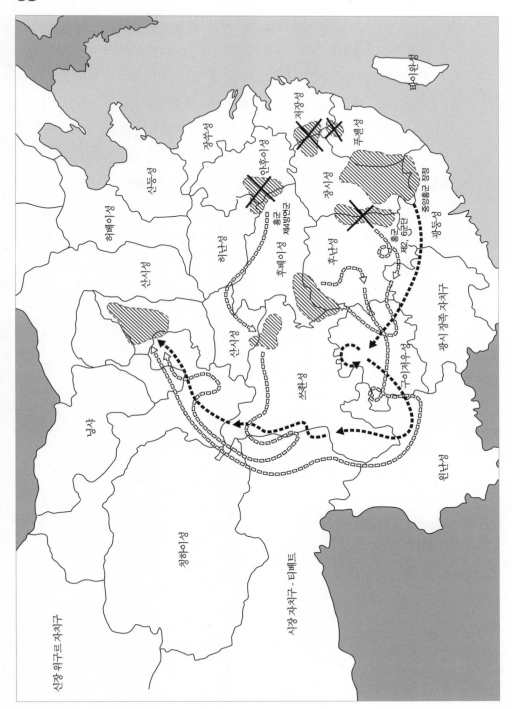

운데 56일은 쓰촨성 북서지방에서 보냈고, 나머지 44일 동안에 무려 5천 마일의 거리를 이동했다. 달리 말하자면 평균 잡아 114마일을 행군하고는 한 번씩 쉰 셈이다. 그 빈약한 수송수단으로 그처럼 대규모 군대가 지구상에서 가장 험난한 지형을 그런 평균 속도로 행군했다는 것은 실로 경이로운 일이 아닐 수 없었다.

쥐취안(左權 좌권) 사령관이 나에게 제공해준 자료에 따르면 홍군은 18개의 산맥을 넘었으며, 24개의 강을 건넜다. 특히 그 18개의 산맥 중에서 5개는 만년설로 덮여 있는 산맥이었다. 그들이 통과한 성省이 12개, 점령한 도시와 마을이 62개, 돌파한 지방 군벌군의 포위망이 무려 10개였다. 한니발의 알프스 원정 따위는 그것에 비하면 휴일의 소풍에 지나지 않는다. 모스크바로부터의 나폴레옹군 후퇴와 비교해보면 더 흥미롭겠지만, 당시 나폴레옹의 대군은 큰 타격을 입고 사기가 형편없이 저하되어 있었다.

막 내린 공전절후의
2만 5천 리 장정

1935년 8월, 척박한 황토고원이 끝없이 펼쳐진 산베이 지역. 쉬하이둥(徐海東 서해동)과 청쯔화(程子華 정자화)가 홍25군을 이끌고 '후베이-허난-안후이(鄂豫皖 악예환)' 소비에트 근거지를 출발해 산난(陝南 섬남)을 거쳐 장정 종착점인 산베이(陝北 섬북)에 도착했다. 시중쉰(習仲勛 습중훈)과 산간(陝甘 섬감: 산시, 간쑤성) 변계 군사위원회 주석 류징판(劉景范 유경범)이 융닝산(永寧山 영녕산)에 나아가 그들을 반갑게 맞이했다. 산베이 인민들은 홍25군을 대접하기 위해 쌀을 찧고 면을 빻느라 시끌벅적했다. 어떤 이들은 돼지와 양을 보내 홍군들을 뜨겁게 위로하고 환영했다.

9월에 홍25, 26, 27군이 합쳐 제15군단으로 개편해 쉬하이둥이 군단장, 류즈단(劉志丹 유지단)이 부군단장 겸 참모장에 각각 임명되었다. 그때 중앙홍군의 장정은 간쑤성 경내로 들어와 류판산을 넘고 있었다. 장제스는 10만 명의 병력을 동원, 산베이 지역에 대해 종전에 볼 수 없었던 대규모의 제3차 포위공격 소탕전에 나섰다. 장제스는 산간과 산베이 홍색 근거지를 일거에 쓸어버려 중앙홍군과 산베이군의 합류를 막으려 했다. 쉬하이둥과 류즈단은 제15군단을 이끌고 옌안(延安 연안) 이남의 라오산(勞山 노산) 지구에서 국민당군 1개 사단과 2개 대대를 섬멸하고 사단장 허리중(何立中 하립중)을 사살하는 대승을 거두었다. 하지만 좌파들이 반혁명분자를 숙청한다는 미명 아래 류즈단을 국민당군과 결탁한 우파분자라고 중상모략했다. 나중에는 류즈단에게 '백군 군관'과 '반혁명'이라는 딱지를 붙여 체포해 감옥에 가두었다. 좌파들은 산간 변계 근거지의 현 이상 간부와 홍26군 대대장 이상 간부들을 잡아들였다. 류즈단은 감옥에 갇힌 장병들에게 "우리는 죽더라도 거짓 자백을 해서는 안 된다"면서 "검은 구름이 항상 태양을 가릴 수 없다"고 태연자약했다. 지주와 부농, 반혁명분자들이 이런 틈을 타 홍군 근거지를 교란해 점점 위험한 상황에 직면했다.

류즈단은 산베이 지역에서 소비에트 지구를 개척한 선구자였다. 산시성(陝西省 섬서성) 북서쪽 바오안(保安 보안)에서 지주의 아들로 태어난 류즈단은 광저우 황푸군관학교에 들어가 1926년 소위로 임관했다. 류즈단은 이듬해 국민당 북벌군에 참가해 한커우(漢口 한구)까지 출정하기도 했다. 류즈단은 고향 바오안 일대에서 노농홍군을 조직해 1932년 산시성 북부 황토 구릉지대의 11개현을 장악했다. 1933년 초, 이 일대에 산시성 최초의 소비에트가 만들어져 1935년 중반까지 산간지구 22개현을 통치했다. 류즈단은 홍26, 27군의 5천여 명의 병력을 이끌면서 산베이 일대에서 활동하다가 9월에 쉬하이둥이 인솔한 홍25군과 합류한 것이다. **126**

류즈단이 감옥에 갇혔을 때인 1935년 10월 19일, 당중앙과 마오쩌둥, 저우언라이가 중앙홍군을 이끌고 산간 근거지 우치전에 도착했다. 사건의 자초지종과 근거지 인민들의 분노 등 그간의 상황을 들은 마오는 중앙 대표단을 와야오바오(瓦窯堡 와요보)에 보내 좌파들이 장악한 보안국을 접수해 관리하도록 지시했다. 마오와 저우언라이는 이후 와야오바오에 가서 류즈단과 체포된 사람들을 모두 석방시키고 그들의 업무를 회복시켰다. 마오와 저우는 좌파들의 '미친 듯이 날뛰는 병'을 엄히 추궁하고 비판했다. 저우언라이는 류즈단 등을 반혁명으로 몰아 체포한 보안국장 다이지잉(戴季英 대계영)에게 "류즈단과 같은 '반혁명'은 많으면 많을수록 좋고, 너희들이 하는 이런 '진혁명眞革命'은 하나도 없으면 좋다"고 강력하게 비판했다. 중앙은 다이지잉을 면직시키고 엄중 경고 처분을 내렸다. 중앙은 류즈단을 서북 혁명군사위원회 부주임(주임은 저우 부주석이 겸직), 중앙 소재지인 와야오바오 경비사령관, 홍군북로 총지휘, 홍28군 군단장에 임명했다. 마오가 머무는 우치전은 산시 서북부에 자리하며, 옌안延安지구의 서북쪽에 있다. 우치전 서북쪽으로는 딩벤(定邊 정변)현, 동남쪽으로는 즈단(志丹 지단)현, 동북쪽엔 징벤(靖邊 정변)현, 서남쪽으론 간쑤성 화츠(華池 화지)현과 각각 인접해 있다. 우치전은 중국 역사상 북방민족들이 만리장성을 넘어 중국을 침략하는 길목이었다. 기원전 272년에 진秦나라 소왕昭王이 흉노족의 남침을 막기 위해 이 일대에 장성을 쌓았다. 이곳은 황토고원이라서 대부분 황토에 돌을 섞어 축성한 장성이 북쪽을 가로막고 있다.

홍군 제1방면군 선두부대가 우치전에 도착했을 때 홍군 후미부대를 추격하는 일단의 국민당군이 있었다. 국민당군 동북군의 기병부대였다. 홍군 진영에서는 이들과의 전투를 놓고 의견이 엇갈렸다. 전투 반대론자들은 홍군이 오랜 장정으로 장병들이 지쳐 있는 데다가 주변 상황 또한 익숙하지 않아 섣부른 공격은 금물이라고 주장했다. 반대론자들은 이들을 소비에트 지구로 유인해 좀 더 상황을 파악한 뒤 전투 여부를 결정해도 늦지 않다고 했다. 마오쩌둥 등 전투론자들은 우리도 피로하지만 적들도 피곤하다, 우치전은 산간지역이다, 기병작전에 불리하다, 우리는 기병들을 물리친 경험이 있다, 또 우리는 이미 산베이 근거지에 도착했고, 군중들의 지지를 받는 등 좋은 조건을 갖고 있다, 전투에 유리하다고 주장했다. 설왕설래 끝에 중앙은 전투를 하기로 결정했다. 전투를 하되 적군을 소비에트 지구로 끌어들여서는 안 된다고 못 박았다. 혁명군사위원회의 배치에 따라 홍군은 전투 태세에 들어갔다. 전투 지휘는 펑더화이가 하기로 했다. 펑더화이는 정면에서 적과 대치하면서 주변 곳곳에 병력을 매복시켜 포위공격하는 '자루전술(口袋戰術 구대전술)'을 쓰기로 했다. **127**

장정 최후의
전투

허렌완(何連灣 하련만)에 집결한 국민당군은 10월 18일 새벽에 기병을 앞세우고 보병이 뒤따르는 진陣을 세워 일제히 홍군 공격에 나섰다. 사단장 바이펑샹(白鳳翔 백봉상)이 제6사단의 3개 기병연대를, 부사단장 장청더(張誠德 장성덕)가 제3사단의 2개 기병연대를 각각 지휘했다. 선봉엔 지형지물에 익숙한 제35사단 마페이칭(馬培淸 마배청) 기병여단을 배치했다. 이들은 홍군의 후미부대인 '꼬리'를 자르기 위해 죽더라도 홍군을 물고 늘어져 놓아주지 않는다는 비장한 결의를 보였다.

10월 19일 밤, 국민당군 선봉 마페이칭 기병여단이 홍군과 불과 10여 리 떨어진 톄볜(鐵邊 철변)성 부근에 진격해 숙영했다. 다음 날인 20일, 제25사단 기병여단이 중로中路로 길을 열고 측면 협공 태세에 들어갔다. 사단장 바이펑샹은 2개 기병사단을 정면에 배치하고 진군했다. 바이펑샹의 부대는 병력이 많고 최신장비를 갖추고 있어 저돌적인 기세로 밀고 들어갔다. 황혼 무렵 국민당군 제3사단 2개 기병여단이 홍군이 펼쳐놓은 포위망 안으로 진입했다. 양청쯔(楊城子 양성자) 산비탈에 매복한 홍군 제1종대 제4대대의 600여 명은 국민당군이 부대를 정돈하기 전에 맹렬한 공격을 퍼부었다. 2시간여의 치열한 공방전이 벌어졌다. 홍군은 서전에서 국민당군 400여 명을 사상시키고 100여 필의 전마戰馬를 노획하는 승전을 거두었다. 마오쩌둥은 뤄허(洛河 낙하) 서쪽의 핑타이산(平臺山 평대산: 지금의 勝利山 승리산) 팥배나무 아래에 지휘소를 설치하고 전투를 독려했다.

다음 날 오전 7시께 얼다오촨타얼완(二道川塔兒灣 이도천탑아만)에 매복했던 홍군 제1종대 제2대대가 국민당군 제35사단 기병여단을 공격하기 시작했다. 기습당한 국민당군은 혼란에 빠졌다. 혼비백산한 여단장 마페이칭은 10여 리쯤 달아나다가 매복한 홍군 주력의 협공을 받아 호위중대가 궤멸했다. 이를 신호탄으로 홍군이 총공격에 나섰다. 매복했던 홍군 좌우 양 날개의 협격夾擊으로 바이펑샹의 제6사단 1개 기병여단이 퇴로가 막혀 전멸하다시피 했다. 바이펑샹은 줄행랑을 놓았다. 홍군은 50여 리를 추격했다. 바이펑샹은 도주하다가 또다시 매복한 홍군에 공격당해 많은 병력을 잃고 패주했다. 2시간에 걸친 전투로 국민당군 제3사단 2개 기병여단과 제6사단 1개 기병여단이 전멸했다. 또 제6사단 2개 기병여단과 제35사단 마페이칭 기병단은 궤멸했다. 홍군은 1천여 명의 포로와 전마 1천6백 필을 노획하는 큰 전과를 거두었다. 박격포 몇 문과 중기관총 수십 정을 전리품으로 챙겼다. 중앙홍군이 장정 이래 끈질기게 추격하던 '꼬리'를 절단하고, 장정 최후의 전투를 승리로 장식했다. 이로써 1년여의 기나긴 홍군의 전략적 대이동인 2만 5천 리 장정을 마무리했다. 마오쩌둥은 펑더화이의 걸출한 군사 지휘 재능을 찬양하고 영용무쌍한 작전을 표창했다. 마오는 즉석에서 펑더화이의 용맹을 칭송하는 시를 지어주었다. **128**

산 높고 길은 멀어 구덩이 깊은데, 대군이 산지사방에서 몰려온다. 누가 감히 그들을 물리칠 수 있을 것인가? 오로지 나의 펑 대장군뿐이네!

山高路遠坑深 大軍縱橫馳奔 誰敢橫刀立馬? 唯我彭大將軍!

산고로원갱심 대군종횡치분 수감횡도립마? 유아펑대장군!

펑더화이는 이 시를 받은 뒤 마지막 구절에 자신을 지칭하는 '유아펑대장군唯我彭大將軍'을 '유아공농홍군唯我工農紅軍'으로 바꾸어 마오쩌둥에게 돌려보냈다. 승첩의 공로는 자신이 아니라 '노농홍군'이란 뜻으로 한껏 자신을 낮추었다. 그로부터 10년 뒤인 1947년 8월 중순, 펑더화이는 중앙이 있는 산베이를 초토화시키려는 후쭝난(胡宗南 호종남)군의 3대 주력군 가운데 하나인 제36사단 본부, 2개 여단과 사자뎬(沙家店 사가점)에서 전투를 벌여 6천여 명을 전멸시키는 대승을 거두었다. 마오는 이 승전보를 듣고 펑더화이에게 다시 이 시를 써 보냈다.

2만 리 2장정 나선
허룽

1935년 9월 12일, 중앙정치국은 어제(俄界 아제)회의에서 장궈타오의 북상 반대를 비판하는 '장궈타오 동지의 잘못에 관한 결정'을 통과시킨 바 있었다. 하지만 중앙은 일단 이런 내용을 전당全黨에 공포하지 않고 보류해놓고 있던 상태였다. 따라서 홍군 제2, 6군단을 이끌고 있는 허룽(賀龍 하룽)과 런비스(任弼時 임필시)는 중앙에 대한 장궈타오의 도전과 해당害黨행위를 전혀 모르고 있었다. 앞서 6월에 홍군 제1방면군과 홍군 제4방면군이 합류했을 때 장궈타오가 홍군의 무선암호책자를 홍군 총사령부로 모두 회수해 어떤 부대도 중앙과 직접 무선교신을 할 수 없었기 때문이다. 허룽과 런비스도 중앙과의 연락이 완전히 끊겨 중앙의 상황을 알 수 없었다.

1935년 9월, 장제스는 140여 개 여단병력을 동원해 창장(長江 장강)유역 유일의 주력홍군 근거지인 '샹-어-촨-쳰(湘鄂川黔 상악천검; 후난, 후베이, 쓰촨, 구이저우성)' 지역에 대한 새로운 포위공격 소탕전(圍剿 위초)에 나섰다. 중앙홍군의 장정을 엄호하며 샹장(湘江 상강)전투에서 맹위를 떨쳤던 허룽과 런비스 등 홍군 제2, 6군단 지휘관들은 일찍이 볼 수 없었던 국민당군의 매서운 공격에 주춤했다. 허룽과 런비스는 불리한 국면을 타파하기 위해 원래의 소비에트 지구와 동부 유격지구를 근거지로 해 빠르게 진격해 오는 동쪽의 국민당군을 공격하기로 했다. 또 서쪽인 룽산(龍山 용산), 상즈(桑植 상식), 융순(永順 영순) 등 협소한 지구에서 포위망을 죄며 밀고 들어오는 국민당군을 무찌른 뒤, 기동성을 확보해 운동전으로 다른 방향의 포위군들을 격퇴하는 전략을 짰다. 홍군 제2, 6군단은 9월 상순에 진스(津市 진시)와 펑저우(澧州 풍주)에서 철수해 스먼(石門 석문) 서북쪽에 집결하기로 했다.

그러나 국민당군은 병력을 집중 배치해 차근차근 진격하며 토치카를 조밀하게 세워 포위망을 구축해 압박하는 전략으로 나왔다. 이 때문에 홍군 제2, 6군단은 국민당군을 공격할 유리한 시기를 포착하지 못했다. 포위망이 점점 좁혀져 근거지가 날로 협소해지고 있었다. 허룽과 런비스는 형세가 점점 불리해져 새로운 대책을 세워야 했다. 그러던 중 9월 29일, 허룽과 런비스는 돌연 저우언라이가 공개 전신부호로 보낸 홍군 제2, 6군단의 상황을 묻는 전보를 받았다. 허룽과 런비스는 비밀 암호로 "당신들은 어디에 있는가? 오랫동안 연락이 끊겼다. 전보에 설명한 그간의 성위원회 위원 명단이 우리의 관계를 증명할 것이다" 등의 내용을 담은 전문을 보냈다. 이들은 다음 날 중앙혁명군사위원회 주석, 홍군 총사령관 주더와 총정치위원 장궈타오가 공동 서명한 회신전보 한 통을 받았다. **129**

29일에 전보를 받았다. 성위省委 비스(弼時 필시) 동지 서기, 허룽, 샤시(夏曦 하희), 관샹잉(關向應 관향응), 샤오커(蕭克 소극), 왕전(王震 왕진) 등 위원에게 알린다. 제1, 4 양 방면군은 6월에 마오궁에서 부대를 합류했다. 중앙은 (장)궈타오를 총정치위원으로 임명했다. ─ 우리 이후 서로 긴밀하게 연락하자.

홍군 제2, 6군단 지도자들은 중앙이 이미 홍군 제1, 3군단을 이끌고 북상한 사실을 모르고 있었다. 이들은 중앙과의 전신 연락이 회복된 줄로만 알았다. 이들은 오랫동안 부대 행동의 지시보고 등을 중앙으로 보냈다고 생각했지만, 실상 그 전보들은 모두 주더와 장궈타오에게 전송되었다. 상황이 점점 홍군 제2, 6군단에 불리해지자 '후난─후베이─쓰촨─구이저우' 변계 성위원회와 군사위원회 분회는 잇따라 토론을 벌여 근거지를 떠나기로 결정했다. 이들은 전보를 통해 주더와 장궈타오의 승인을 얻어 구이저우성 동쪽의 스첸(石阡 석천)과 전위안(鎭運 진운), 황평(黃平 황평) 일대로 부대를 이동시켜 국민당군의 진지가 없는 광대한 지역에서 운동전으로 그 일대를 점령해 근거지를 만들기로 했다. 11월 상순, 홍군 제2, 6군단은 상즈 지구에 병력을 집중 배치하고 전략적 부대 이동 준비에 들어갔다. 홍군은 행장을 가볍게 꾸리고 한 사람당 양식은 3일분에 짚신 2~3켤레씩을 준비해 행군하기로 했다. 루이진(瑞金 서금)에서 출발한 홍군 제1방면군의 2만 5천 리 장정에 이어 두 번째로 긴 2만 리 장정의 시작이었다. [130]

허룽은 출발 하루 전에 상즈현 류쯔핑(柳子坪 유자평)에서 제2군단 전체대회를 열어 연설을 했다.

"현재 우리 제2군단은 이미 3개 사단 8개 연대를 거느리고 있으며, 제6군단도 제16사단을 만들었다. 우리 2개 군단은 1만 7천여 명의 병력을 보유하고 있다. 우리가 부대를 합류했을 때보다 배 이상 늘어났다. 장제스는 140여 연대병력으로 우리를 포위공격하고 있다. 우리는 근거지에서 1년여 동안 투쟁을 벌였다. 인민들은 최선을 다해 홍군을 지원했다. 그러나 이곳은 산이 많고 밭이 적은 데다가 적들이 방화 살인과 약탈을 자행하고 있어 2만여 명의 홍군을 양병하는 데는 부족하다. 우리는 안에서 바깥쪽으로 이동해 적의 후방을 공격해야 한다."

국민당군이 140여 연대병력으로 포위망을 좁히며 진격하고 있어 부대를 구이저우 동쪽으로 이동하는 것은 그리 쉬운 일이 아니었다. 허룽은 부대가 곧장 구이저우로 급히 이동할 경우에 후미부대가 바짝 추격하고 있는 10만여 명의 국민당군에게 공격당할 가능성이 높다고 판단했다. 허룽은 홍군이 먼저 샹중(湘中 상중)으로 나아가 창사(長沙 창사)를 위협해 적들이 샹중에 대병력을 투입하도록 유인하면서 포위공격 소탕전을 교란시킨 뒤, 구이저우로 진격해 전투를 벌이는 것이 유리하다고 군사위원회에 제의했다.

군사위원회의 동의를 받은 허룽은 포위 돌파 개시 이틀 뒤 펑수이(澧水 풍수) 봉쇄선을 뚫었다. 허룽은 나흘째 되는 날 위안수이(沅水 원수) 포위망을 돌파하며 많은 국민당군을 섬멸했다. 허룽은 11월 23일부터 28일까지 천시(辰溪 진계), 푸스(浦市 포시), 쉬푸(漵浦 서포), 신화新化, 란톈(蘭田 난전: 지금의 漣源 연원), 시쾅(錫礦 석광) 등을 잇따라 점령해 후난 중서부의 광활한 지역을 장악했다. 허룽은 신속하게 군중을 동원해 항일구국 운동을 전개하고 토호와 악질지주를 타격해 빼앗은 토지를 가난한 사람들에게 나눠주었다. 또 항일유격대를 조직하고 전투 물자와 경비를 조달했다. 전사 3천여 명을 이들 지역에서 새로 충원했다.

신출
귀몰

샹중에서 홍군의 승전勝戰 소식이 전해질 때 허룽의 딸이 태어났다. 홍군 제6군단 정치위원 왕전은 허룽에게 "홍군이 승리했다. 딸아이의 이름을 이겼다는 뜻의 '제성(捷勝 첩승)'으로 지으라"고 했다. 전투 중에 태어난 허룽의 딸 제성은 강보에 싸인 채 2만 리의 험난한 장정을 함께했다.

홍군이 돌연 샹중으로 진격해오자 놀란 국민당군은 급히 7개 사단을 동원해 홍군을 추격하도록 하는 한편, 몇 개 사단을 차출해 그 뒤를 쫓도록 했다. 국민당군은 후난 중서부 지역에서 홍군을 섬멸할 작정이었다. 허룽은 부대를 둘로 나누어 동쪽을 향해 큰 원圓을 그리며 부대를 이동하면서 추격군을 유인해 빙빙 돌린 뒤, 인마人馬가 피곤한 틈을 노려 반대 방향인 구이저우(貴州 귀주)로 진격하는 전략을 구사하기로 했다. 1935년 12월 11일, 작전 개시에 나선 홍군 제2, 6군단은 계속 9일 동안 동남쪽으로 급히 달아났다. 국민당군은 후난성 동남쪽 방향 한 곳으로 홍군의 꼬리를 쫓아 추격했다. 후난성 동남쪽으로 달아나던 홍군은 갑자기 서북쪽으로 방향을 바꾸어 진공하기 시작했다. 때는 바야흐로 엄동설한의 매서운 추위가 맹위를 떨치는 한겨울이었다. 홍군은 기아, 추위와 싸우며 고산준령을 넘어 질풍처럼 내달았다. 1936년 1월 1일, 즈장(芷江 지강) 렁수이푸(冷水鋪 냉수포)

일대로 들어선 홍군은 국민당군 각로各路의 추격군을 멀리 따돌렸다. 홍군 제2, 6군단은 이곳에서 새해를 보내고 1월 9일에 스첸(石阡 석천)지구에 도착했다. 전사가들은 이때의 전광석화와도 같은 '성동격서聲東擊西'의 '허허실실虛虛實實'을 한껏 발휘한 허룽의 작전 지휘를 신출귀몰한 전략이라고 극찬했다.

스첸지구는 땅이 척박하고 주민들이 가난해 장기간 두 군단의 급양과 보급물자를 댈 수 없는 데다 지형조건도 운동전으로 싸우는 데 불리했다. 홍군 제2, 6군단은 국민당군 15개 사단이 계속 추격해 오고 있어 구이저우의 서부 첸시(黔西 검서), 다딩(大定 대정), 비제(畢節 필절)지구에 근거지를 만들기로 했다. 허룽은 이곳으로 행군하는 동안 남쪽과 북쪽을 무시로 공격하면서 구이저우성과 구이양(貴陽 귀양)을 기습했다. 때로는 우장(烏江 오강) 도강을 강행하는 듯한 모양새를 취했다. 장제스는 허룽이 홍군 제1방면군이 지나간 길을 따라 북상할 것으로 판단했다. 우장 주변에 병력을 대거 배치해 막도록 하는 한편, 쭌이(遵義 준의)를 지키기 위해 병력을 증원했다.

그러나 허룽은 2월 2일에 서쪽으로 부대를 이동해 교묘하게 야츠허(鴨池河 압지하)를 건너 구이저우 첸시현에 도착해 추격군들을 또 따돌렸다. 홍군은 첸시와 다딩, 비제 3개 현성과 주변 지구를 점령했다. 허룽을 주석으로 한 중화 소비에트 공화국 '쓰촨-윈난-구이저우(川滇黔 천전검)'성 혁명위원회, 각 현 소비에트와 95개 향鄕, 진鎭, 촌村에 홍색정권을 세웠다. 또 '구이저우 항일구국군'을 창설해 10여 명에서 수백여 명에 이르는 90여 개의 유격대와 1개 묘족苗族 독립단을 만들었다. 홍군은 토호와 악질지주를 타도해 채무계약서를 불태우고 양식과 재산을 빼앗아 가난한 인민들에게 나누어주었다. 홍군은 휴식을 취하면서 부대를 정비하고 훈련을 강화했다. 홍군은 이 일대에서 전사 5천여 명을 충원했다.

1935년 11월, 홍군 제2, 6군단은 장정에 나서 1936년 2월까지 4개월 동안 거의 매일 행군하면서 공방전을 벌여 장병들이 극도로 지쳐 있었다. 홍군 제2, 6군단이 구이저우 다딩, 비제지구에서 번성하자 당황한 장제스는 급히 비행기로 난징(南京 남경)에서 구이양으로 날아와 이들을 소탕하기 위해 직접 진두지휘에 나섰다. 장제스는 구이양 임시병영 주임 구주퉁(顧祝同 고축동)에게 5개 군단 병력으로 공격하도록 명령하고 2개 군단은 동, 서 양쪽에서 방어하도록 했다. 쓰촨군 양썬(楊森 양삼)과 리자위(李家鈺 이가옥) 부대는 창장을 봉쇄하도록 했다. 장제스는 120개 여단으로 홍군 제2, 6군단을 섬멸할 계획이었다. 장제스가 직접 독전하자 각로 군은 태만할 수 없어 그동안 홍군의 유인작전으로 지쳐 전투력은 떨어졌지만 맹렬하게 홍군을 공격해 들어갔다. 홍군은 진사장(金沙江 금사강)과 싼중옌(三重堰 삼중언) 이북 지구에서 두 차례 국민당군을 기습공격했지만 뜻대로 되지 않았다. 국민당군은 홍군을 에워싸 압박하며 공격해 들어갔다. 허룽과 지휘관들은 포위공격을 벗어나기 위해 구이저우 서남쪽으로 부대를 이동하기로 했다. **131**

2월 27일, 허룽은 홍군 제2, 6군단을 이끌고 비제를 떠나 우멍(烏蒙 오몽) 산간 지역으로 들어갔다. 구이저우 산간지역의 2월은 하늘과 땅이 얼어붙고 칼바람이 부는 강추위가 기승을 부렸다. 대처에서 아득히 먼 궁벽진 산골이기 때문에 인적이 드물어 거의 양식을 구할 수 없었다. 1만여 명의 홍군들은 큰 산에 숨어들어 이리저리 이동할 수밖에 없어 간난신고는 이루 말할 수 없었다. 국민당군이 구이저우 서남쪽 도로를 차단하는 바람에 홍군 제2, 6군단은 국민당군의 반복적인 합동 포위공격을 피하기 위해 우멍 산간지구 깊은 산속에서 선회할 수밖에 없었다. 홍군은 거의 1개월 동안이나 산중에서 헤맸다. 포위망이 좁혀지면서 홍군의 선회지역도 자꾸 줄어들었다. 홍군 제2, 6군단은 '후난-후베이-쓰촨-구이저우' 변계 근거지를 떠나 장정에 나선 이후 가장 긴박한 상황에 빠졌다. 허룽은 앞으로의 군사행동에 관한 전략을 논의하기 위해 군사위원회 분회를 소집해 이렇게 말했다.

"우리의 상황이 좋지 않다. 하지만 적들의 100여 여단은 더 좋지 않다. 그들은 후난과 후베이, 쓰촨에서부터 우리에게 끌려다녀 더 힘들어한다. 적들의 각개 군단이 구주퉁의 지휘를 받고 있어 행동 통일이 잘되지 않는다. 포위망이 비록 좁혀지고 있지만 빠져나갈 구멍은 여전히 있다. 다시 한 번 적들이 우리를 따라잡을 수 없다는 것을 보여주자. 이 1개월 동안 우리는 산중에서 이리저리 왔다 갔다 했다. 적들은 우리가 거의 무너질 것으로 보고 있어 더욱 교만해지고 있다. 지금, 때가 왔다. 우리는 갑작스런 번개 소리에 귀 막을 틈이 없는 것처럼 적들이 미처 손

쓸 사이 없을 정도의 속도로 움직여야 한다. 그리고 적들이 접합하고 있는 부대와 부대 사이를 뚫고 윈난으로 진격해 룽윈(龍雲 용운), 이자의 벌집을 쑤셔놓자."

모두들 허룽의 제안에 찬성했다. 허룽은 2개 군단 각 사단과 부분 연대 간부회의를 소집해 비밀리에 포위망을 돌파하라는 명령을 하달했다. 허룽은 부대 행동 시 "반드시 은폐하고 불을 밝히거나 떠들어서는 안 된다. 말발굽을 헝겊으로 싸 소리 나지 않도록 해야 한다"고 강조했다. 허룽은 또 새벽에 국민당군 부대와 부대의 틈새를 통과하는 만큼 소수의 적이 우리를 발견하더라도 총을 쏴서는 안 되며 아주 신속하게 포위망을 벗어나야 한다고 당부했다. 홍군 제2, 6군단은 허룽의 명령에 따라 밀집한 국민당군의 부대와 부대 사이의 중간을 뚫고 자오퉁(昭通 소통)과 웨이닝(威寧 위녕) 사이를 넘어갔다. 이어 윈난군 쑨두(孫渡 손도) 군단의 방어선을 헤집어놓고 윈난 동쪽으로 밀고 들어갔다. 홍군 제2, 6군단의 탈출은 1개월의 선회작전이 걸렸다. 윈난과 구이저우의 고원高原인 우멍 산중에서 펼쳐졌다. 이 지구는 인적이 드물고 기후변화가 심했다. 산이 높고 골이 깊은 산중이어서 양식과 식수 공급이 힘들었다. 게다가 장독이 성행했다. 여기에 각로의 국민당군이 끈질기게 포위, 추격하고 차단해 극히 어려운 상황이 연출되었다. 군 지휘관들은 "허룽이 장정 과정에서 펼친 '지휘예술'의 극치로 신출귀몰한 작전"이라고 높이 평가했다. 3개 방면군의 부대 합류 후 마오쩌둥은 바오안(保安 보안)에서 홍군 제2, 4방면군 지도자들과 만났을 때 매우 기뻐하면서 이렇게 말했다.

"홍군 제2, 6군단이 우멍산(烏蒙山 오몽산)에 들어가 싸우며 전전할 때 아슬아슬해 우리는 혼이 나갔었다. 걱정이 태산이었는데 정말로 돌아 나왔다! 구이저우에서 나와 우장烏江을 건넜다. 우리 홍군 제1방면군은 장정 때 큰 대가를 치렀다. 그런데 제2, 6군단은 힘 안들이고 큰 피해 없이 도강했다. 당신들 1만여 명은 원래의 1만여 명 그대로다. 본전을 축내지 않았다. 이것은 기적이다. 이런 큰 경험을 총결해 모두 배워야 한다."

1936년 3월 22일, 홍군 제2, 6군단은 쉬안웨이(宣威 선위) 부근에 도착했다. 허룽은 현재의 형세에 비춰볼 때 '윈난-구이저우' 변계의 남북 판장(盤江 반강)지구에 근거지를 건립하는 게 좋을 듯싶었다. 허룽은 윈난군 일부를 격퇴하고 28일에

288

판(盤 반)현의 쯔쿵(資孔 자공)지구에 도착했다. 국민당군 4개 군단이 북쪽 판장 왼쪽 강가를 따라 방어진지를 구축하고, 윈난군 1개 군단이 윈난 변경을 지키며 제6군단과 대치했다. 이때 홍군 제2, 6군단은 국민당군 5개 군단의 50여 개 여단과 직접 맞닥뜨리고 있었다. 이들 대부분은 그동안 홍군에 끌려다녀 지친 데다 사기가 떨어진 상태였다. 비교적 행동이 적극적인 부대는 윈난군 1개 군단이었지만 이들도 홍군이 윈난에 진격하는 것을 막는 정도였을 뿐 단독 공격은 꺼리고 있었다. 홍군 제2, 6군단은 후난 상즈에서 출발할 당시의 병력을 상당부분 보유하고 있었고, 윈난-구이저우 변계에 온 뒤 생활이 개선되고 장병들의 체력이 회복되어 사기가 왕성했다. 근거지의 정치와 경제, 자연조건도 홍군들이 활동하는 데 유리했다. 허룽과 런비스는 판현 일대에 근거지 건립이 가능하다고 보았다. 그들은 설령 근거지를 세울 수 없을지라도 전국적으로 고조되고 있는 항일 분위기, 장제스와 광둥, 광시군벌과의 알력 등을 이용해 부대를 이끌고 동쪽으로 진격하면 홍군의 역량을 확대 발전시킬 수 있을 것으로 판단했다. 이럴 경우 전략적으로 볼 때 창장 이남의 홍군 주력부대와 창장 이북의 홍군 제1, 4방면군이 서로 호응하면 전국적으로 혁명 형세를 발전시켜나가는 데 큰 영향을 발휘할 수 있었다.

허룽 등이 이런 계획을 추진하고 있을 때 주더와 장궈타오로부터 전보가 날아왔다. 내용은 홍군 제2, 6군단이 3월에 북쪽에서 진사장(金沙江 금사강)을 도강해 홍군 총사령부와 합류하여 윈난-구이저우 변계에서 활동한다는 것이었다. 이 전보는 홍군 제2, 6군단의 행동이나 지시 등에 대해서는 언급하지 않은 채 진사장을 어떻게 도강하느냐 하는 문제를 비교적 상세하게 설명하고 이들의 이후 전략적 행동과 토지혁명 전쟁에 관한 것들을 담고 있었다. 3월 29일, 허룽과 런비스, 관샹잉 등은 주더와 장궈타오의 의도를 좀 더 명확히 알기 위해서 홍군 총사령부에 전보를 보냈다. [132]

1. 우리 군은 비제를 떠난 후 니량(彝良 이량), 전슝(鎭雄 진웅) 지구에서 곧바로 윈난 변경에 온 지 얼마 안 되어 양식 곤란을 겪고 있다. 날씨가 매우 추운 데다 인가가 드물어 급히 행군하며 야영하느라 장병들이 상당히 지쳐 있다. 병력 손실

이 크다(저허, 저장바 및 쉬안웨이성 북쪽 전투에서 1천여 명의 사상자가 발생했고, 낙오병까지 합치면 2천여 명의 병력 손실이 있었음). 요즘 들어 회복 중이다.

2. 현재 적과 우리의 역량에 비춰볼 때 '윈난-구이저우-쓰촨'의 광대한 지구에서 운동전을 펼치면 적을 이길 수 있어 근거지 건립이 가능하다고 판단된다.

3. 우리는 도하 기술이 매우 유치한 편이다. 단, 제3도하지점(즈위안 '指元 지원' 모지구) 또는 최후 노선을 봄물이 불어나기 전에 도하할 수 있지만 그렇지 않으면 큰 어려움을 겪을 수 있다.

4. 최근 국내외의 새로운 상황 발전을 잘 모른다. 총체적 전략상 우리 군의 북상 및 홍군 제1, 4방면군이 앞으로 대거 북상한 후 우리 군의 창장 남안南岸 활동의 고립과 곤란 여부를 명확히 판단하는 것이 두루 어렵다. 우리 군이 북상하여 합류하는 문제, 혹은 '윈난-구이저우-쓰촨' 변계에서 활동하는 문제 등을 군사위원회에서 결정해주기 바란다. 하루 이틀 안에 전보로 통보해주기 바란다.

3월 30일, 주더와 장궈타오는 홍군 제2, 6군단이 북쪽에서 진사장을 도강해 홍군 제4방면군과 합류하라는 회신을 보냈다. 북상방침이 결정되자 허룽은 홍군 제2, 6군단을 통솔해 31일에 서쪽으로 행군하면서 윈난 방어선을 돌파해 푸두허(普渡河 보도하)로 급행군했다. 이때 장제스는 '윈난-구이저우 비적소탕(剿匪 초비) 사령부'를 만들어 윈난성 주석 룽윈(龍雲 용운)을 총사령관으로 임명했다. 장제스는 윈난군과 국민당 직계 4개 군단이 신속하게 홍군을 추격해 차단하도록 하는 한편, 구주퉁을 자기 대신 독전督戰하도록 파견했다. 4월 6일, 홍군은 쉰뎬(尋甸 심전)을 공격해 점령했다. 룽윈은 홍군 제2, 6군단이 홍군 제1방면군이 지나갔던 노선을 따라 위안머우(元謀 원모)에서 도강할 것으로 판단했다. 룽윈은 근위대인 제1, 2여단과 공병대대, 경호대대에 급히 명령을 내려 쿤밍(昆明 곤명)에서 푸두허 현수교로 서둘러 행군해 다리 양쪽에서 홍군을 차단하도록 지시했다. 룽윈은 또 윈난군 쑨두 군단에 명령해 푸두허 동안東岸에서 홍군을 저지하도록 했다. 룽윈은 공격보다 전력을 기울여 홍군이 자신이 관할하는 윈난성에 들어오지 못하도록 막으려는 속셈이었다. 룽윈은 장제스를 무척이나 경계했다. 룽윈은 지난해 홍군 제1방면군이 구이저우에 진입하자 장제스가 대규모 직계부대를 파견해 홍군 후미를 추격하며 구이저우에 들어와 홍군과는 전투다운 전투도 벌이지 않고 구이저우군벌인 성주석 왕자례(王家烈 왕가열)를 내쫓고 그의 근거지를 빼앗는 것을 생생하게 본 바 있었다.

룽윈은 홍군이 윈난에 들어오면 왕자례에게 한 것처럼 장제스가 직계부대를 보내 자기를 내쫓을 것으로 생각했다. 이 때문에 룽윈은 홍군을 방어하면서 장제스의 중앙군을 잔뜩 경계하고 있었다. 이처럼 윈난군이 죽기 살기로 병력을 총동원한 데다 장제스의 직계 4개 군단이 가세하자 홍군은 푸두허에서 어려운 상황을 맞게 되었다. 4월 9일, 허룽은 지휘관들과 이후 작전계획을 짤 때 장제스의 4개 군단이 도착하기 전에 쿤밍을 공격하는 척하면서 윈난군의 주력을 따돌리자고 제의했다. 허룽의 작전계획은 이러했다. **133**

"룽윈은 모든 병력을 끌어모아 푸두허에 명운을 걸고 있다. 룽윈은 쿤밍성을 빈성(空城 공성)으로 만들었다. 그는 제갈량의 공성계空城計를 쓰고 있다. 우리는 사마의司馬懿가 아니다. 그렇게 소심하지 않다. 우리가 쿤밍을 공격하면 룽윈은 놀라서 구주퉁에게 승인받아 병력을 이동해 쿤밍을 방어하려 할 것이다. 그런 후에 우리는 방향을 돌려 적을 따돌리고 스구(石鼓 석고)로 가 리장(麗江 여강)에서 진사장을 건넌다. 어찌 꼭 푸두허를 지나 위안머우에서 강을 건너야만 하는가?"

허룽의 이런 대담하고 교묘한 전략에 대해 지휘관들은 모두 찬성했다. 4월 10일 새벽, 홍군은 방향을 바꾸어 남하해 쿤밍으로 돌진했다. 그날 홍군의 선두부대가 쿤밍 북쪽 지역에 진군했다. 홍군의 선두부대는 소규모 부대를 쿤밍성 15리까지 진입시켰다. 다음 날에 홍군 제2, 6군단은 쿤밍에서 20킬로미터 떨어진 푸민(富民 부민)성에 진격해 쿤밍을 공격할 태세를 갖추었다. 쿤밍을 방어하고 있던 소수병력은 놀라서 허둥거렸다. 구주퉁은 잇따라 장제스에게 전보를 보내 구원을 요청했다. 룽윈은 군관학교 생도들을 모두 끌고 나와 수성전守城戰에 돌입하면서 푸두허를 지키고 있는 윈난군에게 당장 부대를 철수해 쿤밍을 구하도록 전통電通으로 명령을 내렸다. 윈난군은 분초를 다투며 쿤밍으로 회군하기 시작했다.

이때 허룽은 홍군을 통솔해 윈난군을 따돌리고 돌연 윈난 서쪽으로 방향을 바꾸어 진군했다. 홍군은 이로부터 좀 더 많은 주도권을 잡을 수 있었다. 군 관계자들은 허룽이 쿤밍을 공격하는 척하며 국민당군을 끌어들인 뒤 윈난 서쪽으로 진출해 활로를 찾은 것을 장정 중 세 번째 신출귀몰한 작전이었다고 극찬했다. 허룽은 홍군 제2, 6군단을 두 갈래로 나누어 서쪽으로 진격하면서 거의 하루에 1개 현청을 점령하는 등 파죽지세로 윈난 서부지역으로 진출했다. 추슝(楚雄 초웅), 전난(鎭南 진남), 샹윈(祥雲 상운), 빈촨(賓川 빈천), 옌싱(鹽興 염흥), 머우딩(牟定 모정), 야오안(姚安 요안), 옌펑(鹽豊 염풍), 허칭(鶴慶 학경) 등의 현청은 모두 민단民團에서 방어하고 있었다. 홍군은 최소한의 병력 손실로 이들 현청을 휩쓸었다. 홍군은 많은 노획물을 거두어 급양과 물자 보급뿐만 아니라 병력을 보충하는 등 전투력을 강화시켰다. 4월 17일, 허룽과 런비스, 관샹잉은 주더와 장궈타오에게 전보를 보내 "우리는 허칭을 취해 리장麗江 중간노선으로 전진하고 있다. 현재 우리는 윈난 남쪽, 야오안 일대에 도착했다. 예측컨대 이르면 10일, 늦어도 2주일 후에는 진사장 강변에 도착할 수 있다"고 보고했다. 창장 상류에서 흐르는 강물이 스구石鼓에서 방향을 틀어 동쪽으로 흐르는 이 일대의 강을 진사장이라고 부른다.

　진사장은 하바(哈巴 합파) 설산과 위룽(玉龍 옥룡) 설산 사이에서 급류로 변해, 그 길이가 16킬로미터에 이르는 세계에서 가장 깊은 계곡 중의 하나인 후탸오샤(虎跳峽 호도협)를 통과한다. 티베트로 넘어가는 차마고도의 옛길이다. 4월 25일 밤, 허룽은 홍군을 이끌고 스구 등지에서 진사장을 도강하기 시작했다. 28일 황혼 무렵에 전군 1만 7천여 명이 순조롭게 강을 건너 홍군 제4방면군과 합류하는 길을 열었다. 가장 빠르게 홍군을 추격한 윈난군 1개 연대가 진사장 강변에 도착했을 때 홍군은 이미 종적을 감춘 지 오래였다. 국민당군은 망연자실할 뿐이었다.

홍군 제2, 6군단
홍군 제4방면군과 합류

홍군 제2, 6군단은 해발 5천3백 미터가 넘는 하바哈巴 설산을 넘어 5월 1일부터 3일 사이에 중뎬(中甸 중전)성과 그 근교에 집결했다. 중뎬은 윈난 서북쪽의 캉짱(康藏 강장)고원에 있다. 이곳은 인적이 드물고 가난하고 낙후된 지역으로 주로 티베트족이 살고 있었다. 그들은 라마교를 믿고 정교합일政敎合一의 농노제農奴制 사회에 살고 있었다. 홍군 제2, 6군단은 티베트인들이 사는 지역의 지리환경, 사회제도, 종교와 신앙, 말과 글, 생활습관, 풍속 등이 모두 낯설었다. 이 지역 귀족들은 장제스와 지방 군벌들과 결탁해 무장통치를 하는 터라 홍군에 저항했다. 홍군 제2, 6군단은 종래에 겪어보지 못한 소수민족과 전투를 하게 되었다. 이로써 허룽은 새로운 과제에 직면하게 되었다.

중뎬성은 수백 호 정도의 티베트인들이 사는 마을이었다. 홍군이 마을에 진입하자 티베트인들은 대부분 산속으로 달아났다. 성 밖에 구이화쓰(歸化寺 귀화사)라는 라마교 사찰이 있었다. 이 사찰이 지역의 통치 중심지였다. 사찰의 주지는 홍군을 보자 몹시 놀라고 불안해하며 사찰의 문을 닫고 엄히 방비하도록 했다. 허룽과 런비스는 홍군이 공산당의 민족정책을 엄격하게 집행하도록 지시하고, 허룽의 명의로 '중화 소비에트 인민공화국 중앙혁명군사위원회 후난-후베이-쓰촨-구

리장

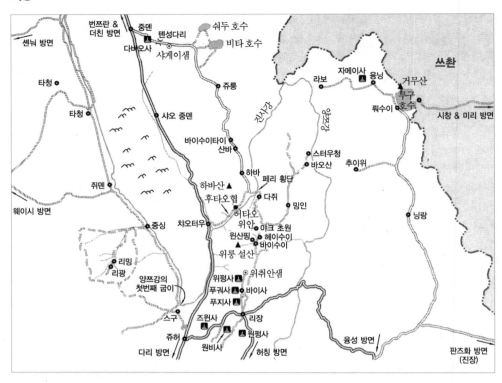

이저우-티베트 분회 공고'를 발포했다. 공고문은 "홍군은 이민족을 돕고 이민족의 고통을 없애며 이민족을 흥하게 하고 장제스를 멸망시켜 이민족의 이익을 추구하기 위해 왔다"고 밝혔다. 홍군의 성격과 기율, 정책 등도 설명했다. 마음을 연구이화쓰의 쑹번(松本 송본) 활불活佛과 8대 노승들이 홍군을 지지하고 돕는 조처를 내렸다. 5월 3~4일 이틀 동안에 구이화쓰는 상인과 부호들에게 창고를 열어홍군들에게 쌀보리 3만여 근을 팔도록 명령했다. 홍군은 이틀 동안 10만 근의 양식을 조달할 수 있었다. 하지만 홍군은 홍군 제4방면군과 합류할 간쯔(甘孜 감자)까지 가는 데 필요한 식량으로는 부족해 일찍 티베트 주민 지구를 떠나기로 했다.

5월 5일, 홍군 제2, 6군단은 좌우 2개 종대로 나누어 중뎬을 출발했다. 허룽과 런비스는 좌로 종대인 제2군단을 통솔해 더룽(德榮 덕영), 바탕(巴塘 파당), 바이위(白玉 백위)를 거쳐 간쯔로 행군해 대설산을 넘는 등 1개월 동안 진군했다. 제2군

294

단은 열악한 자연환경뿐만 아니라 양식 부족으로 큰 어려움을 겪었다. 여기에 국민당의 영향을 받은 일부 무장 티베트인들의 습격을 받아 전사들이 사살되는 등 곤욕을 치렀다. 1936년 7월 1일에 홍군 제2, 6군단과 홍군 제4방면군이 마침내 간쯔에서 합류하는 데 성공했다. 홍군 제4방면군은 허룽과 런비스가 이끄는 홍군 제2, 6군단을 열렬히 환영했다. 홍군 제4방면군 총지휘 쉬샹첸(徐向前 서향전)은 부대 합류를 환영하는 동원대회에서 홍군의 단결을 강조했다. **134**

"홍군은 한집안이다. 홍군 제1방면군이 큰형이라면, 홍군 제4방면군은 둘째고 홍군 제2, 6군단은 셋째로 형제관계다. 지난번 우리와 큰형의 관계가 별로 좋지 않았다. 교훈으로 받아들여야 한다. 형제간에 싸우면 외부로부터 수모를 당한다. 단결해야 한다. 분가를 해서는 안 된다. 부대마다 장점과 단점이 있다. 서로가 배워서 장점은 취하고 단점을 보충해야 한다. 단결을 더욱 강화해 한마음으로 적에 대항해야 한다."

당중앙은 두 주력 홍군의 부대 합류 후에 축하 전문을 보내 "우리는 당신들의 성공적인 부대 합류를 뜨거운 마음으로 축하한다. 우리는 당신들의 용감한 진군을 환영한다. 북쪽 '산시-간쑤성(陝甘 섬감)'으로 진격, 홍군 제1방면군과 합류해 서북부에 중국혁명의 대본영을 건립하자"고 밝혔다. 7월 2일, 간쯔에서 열린 두 부대 합류를 경축하는 환영회에서 홍군 총사령관 주더가 축사를 했다.

"동지들, 설산을 무사히 넘어 홍군 제4방면군과 합류하게 된 것을 환영한다. 그러나 이곳은 목적지가 아니다. 우리는 계속 북상해야 한다. 북상하기 위해서는 반드시 일치단결해야 한다. 단결하지 않으면 이룰 수 없다. 우리가 북상을 위해 전진하는 길은 황량하고 인적이 없는 초지다. 우리는 충분한 준비를 해야 한다. 모든 곤란을 극복해야 한다. 중앙은 지난해 홍군 제1방면군을 이끌고 성공적으로 초지를 지나 항일 최전선인 산간지구에 도착했다. 현재 산간 변계의 근거지는 공고하고 광대하다. 홍군도 강대해졌다."

부대 합류 후에 주더, 장궈타오, 천창하오, 류보청 등이 달려와 홍군 제2, 6군단의 허룽, 런비스, 관샹잉, 샤오커, 왕전 등을 반갑게 만났다. 허룽은 난창기의를 함께한 노老전우인 주더, 류보청과 장궈타오를 만나 매우 기뻐했다. 하지만 많은 사람을 곤혹스럽게 하고 우려하게 만드는 일이 그들 앞에 대기하고 있었다.

앞서 6월 23일에 제6군단이 간쯔 부근의 푸위룽(浦玉隆 포옥륭)에 도달했을 때 주더는 서둘러 그곳으로 가 샤오커와 왕전 등을 회견한 데 이어 7월 1일에는 제2군단이 간쯔의 간하이쯔(甘海子 감해자)에 도착했을 때 허룽과 런비스, 관샹잉을 찾아가 만났다. 주더는 이들과 두 차례 만나 홍군 제1, 4방면군이 합류했을 때의 상황과 이견, 장궈타오가 '중앙'을 세워 당과 홍군을 분열시킨 행위 등을 상세하게 설명했다. 주더는 또 이들에게 중앙의 량허커우와 마오얼가이 회의의 문건과 중앙이 장궈타오에게 부대를 이끌고 북상하도록 엄명한 전보 등을 보여주었다. 주더는 장궈타오의 과오로 홍군 제4방면군이 남하한 이후 많은 좌절을 겪어 어쩔 수 없이 간쯔 일대로 후퇴해 머물게 된 사연 등을 설명했다. 또 중앙이 다시 비판하고 코민테른의 주선과 류보청, 쉬샹첸, 홍군 제4방면군의 많은 지휘관들의 노력으로 어렵사리 장궈타오가 불법적인 '중앙'을 취소하고 북상하기로 동의했다는 일련의 과정도 얘기해주었다. 그러나 주더는 장궈타오가 여전히 마오쩌둥, 저우언라이, 장원톈, 보구 등 중앙의 지도자들을 부정하고 있어 중앙과의 관계가 해결되지 않고 있다고 걱정했다.

장궈타오도 적극적인 공세를 폈다. 장궈타오는 홍군 제2, 6군단에 공작조를 파견해 중앙에 대한 불만을 선동하고 '마오, 저우언라이, 장원톈, 보구의 도망주의 노선에 반대'한다는 유인물을 뿌렸다. 허룽과 런비스는 강력하게 막아냈다. 장궈타오는 홍군 제2, 6군단의 4개 사단 이상의 정치위원을 바꾸려 했으나 이 또한 뜻대로 되지 않았다. 1961년, 허룽은 당시의 장궈타오에 관해 이렇게 말한 바 있었다. **135**

"주라오쭝(朱老總 주로총: 주더에 대한 경칭), 보청(류보청)이 우리에게 장궈타오의 분열적인 행위를 말해주었다. 우리는 이전에는 몰랐다. 장궈타오, 이자는 내가 좀 안다. 난창기의 이틀 전이었다. 중앙 대표로 난창에 와서 기의를 막으려 했다. 나는 장궈타오에 크게 화를 냈다. 간쯔에 왔을 때 그는 병력이 많았고, 우리는 적었다. 우리는 그의 말을 듣지 않았다. 만일의 사태에 대비해 항상 그를 경계했다. 부대 합류를 경축하는 자리였다. 장궈타오는 홍군 총정치위원이었기 때문에 연설할 수 있는 자격이 있었다. 주석대에서 나는 그의 옆에 앉아 있었다. 그가 막 일어나 연설하려고 할 때였다. 나는 농담 겸 진담으로 웃으며 나지막하게 말했다. '궈타오야! 단결을 말해라. 그렇지 않고 분열을 말하면 노부가 너에게 총을 쏠지 모르니 조심해라!' 장궈타오는 감히 분열을 말할 수 없었다. 기실, 내가 그때 그에게 총을 쏜다고 했으니 그가 마음속에 어찌 딴 뜻을 품을 수 있었겠는가!"

주더는 훗날 이때의 상황을 이렇게 말했다.

"허룽이 장궈타오에 대해 잘 대응하고 있었다. 다투지 않았다. 허룽, 그에게 사람이 있고, 총이 있고, 실탄이 있었다. 비록 병력은 적었으나 1개 군단은 대적할 수 있었다. 장궈타오는 허룽과 런비스를 두려워했다. 같이 북상해 중앙과 합류하는 데 허룽이 큰 역할을 했다."

1936년 7월 5일, 산베이에 있는 중앙혁명군사위원회에서 인사명령이 하달되었다. 홍군 제2, 6, 32군단을 홍군 제2방면군으로 꾸려 허룽을 총지휘 겸 제2군단 군단장으로, 런비스를 정치위원 겸 제2군단 정치위원으로, 샤오커(蕭克 소극)를 부총지휘, 관샹잉을 부정치위원으로 각각 임명했다. 또 천보쥔(陳伯鈞 진백균)을 제6군단 군단장에, 왕전을 정치위원으로 임명했다. 7월 2일부터 10일까지 홍군 제4방면군은 세 갈래로 부대를 나누어 간쯔 등지에서 간쑤성 남쪽을 향해 출발했다. 홍군 제2방면군도 두 갈래로 병력을 분산해 간쯔에서 홍군 제4방면군을 따라 북상했다.

간쯔에서 간난까지는 아주 머나먼 길이었다. 길도 없고 인적도 없었다. 공기가 희박하고 기후가 변화무쌍한 데다가 수초지水草地가 가없이 펼쳐졌다. 일망무제인 초지에는 소택沼澤이 곳곳에 있어 늪에 빠지면 곧바로 머리까지 물에 잠겨 익사할 수밖에 없었다. 홍군은 행군을 하며 양식을 보충할 수 없어 한 사람당 매일 3량兩의 쌀보리를 배급받아 허기를 때웠다. 나중에는 이마저도 끊겼다. 굶는 날이 비일비재했다. 길을 걷다가 탈진해 쓰러져 죽거나, 황량한 들판에 잠들었다가 깨어나지 못하는 전사들이 속출했다. 양식이 끊겨 굶주린 장병들이 독이 든 들나물을 캐 먹다 죽는 사태도 잇따랐다. 초지 대부분의 들나물과 산나물은 독성을 품고 있었다. 이런 나물을 먹게 되면 전신에 독성이 빠르게 번지며 부종을 일으켜 끝내는 목숨을 빼앗겼다. 그나마 홍군의 목숨을 건질 수 있었던 것은 물고기였다. 초지에는 내천이 곳곳에 있어 물고기들이 지천이었다. 전인미답의 지역으로 사람 구경을 하지 못한 물고기들은 인간을 겁내지 않았다. 손만 넣으면 물고기를 잡을 수 있었다. 전사들은 물고기로 허기진 배를 채우며 행군했다.

홍군 제2, 4방면군이 아바(阿巴 아파)에서 훙위안(紅原 홍원)현에 진입해 바이허(白河 백하)를 건너 르간차오(日干喬 일간교) 대소택大沼澤을 지나 바오쥐(包座 포좌)로 향할 때였다. 르간차오 대소택은 12만 평방킬로미터에 이르는 가없는 늪지대였다. 해발 3천6백 미터에 자리해 밤낮의 기온 차이가 큰 데다 기후가 예측불허로 바뀌는 악천후의 연속이었다. 장궈타오의 홍군 제4방면군은 애초 남하할 때 8만여 명의 병력이었으나 6월에 북상하며 초지를 건넜을 때는 4만여 명으로 절반이 줄어드는 막대한 병력 손실을 입었다. 물론 국민당군의 공격으로 큰 타격을 입었지만 고원高原의 악천후와 굶주림으로 죽거나 늪지대에서의 익사 등도 많은 비중을 차지했다. 홍군의 3대 주력부대인 제1방면군과 제2, 4방면군의 장정 중에 이 일대 초지를 지나다가 사망한 숫자는 정확한 통계가 없이 '이루 헤아릴 수 없다(難以計數 난이계수)'고 되어 있다. 다만 현지 아바저우(阿巴州 아파주) 당사 연구실에 따르면 장정 중 전투와 관계없이 설산과 초지를 지나다가 사망한 홍군이 1만여 명 이상인 것으로 추산하고 있다.

저우언라이는 1960년에 르간차오 대소택을 홍군이 지나간 대평원이란 뜻의 '훙위안(紅原 홍원)'이라고 명명하고, 이곳에 '홍군이 장정을 하며 지나간 초원(紅軍長征走過草原 홍군장정주과초원)'이라는 문구를 큰 돌에 새겨 오늘에 전하고 있다. 중앙은 7월 27일에 서북국西北局을 만들어 장궈타오를 서기, 런비스를 부서기, 주더, 허룽, 관샹잉, 쉬샹첸, 천창하오 등을 위원으로 임명해 홍군 제2, 4방면군과 서북지구의 당 업무를 통일적으로 이끌도록 했다. [136]

허룽 등이 통솔한 홍군 제2방면군은 2개월간 고난의 행군을 하며 9월 초에 하다푸(哈達鋪 합달포), 리(禮 예)현 지구에 도착했다. 라쯔커우(臘子口 납자구), 다차오탄(大草灘 대초탄), 하다푸, 린탄(臨潭 임담), 장漳 현, 웨이위안(渭源 위원)과 퉁웨

298

이(通渭 통위) 지구는 막 초지를 지나온 홍군에게 점령당했다. 또 서쪽으로 진군한 홍군 제1방면군은 딩벤(定邊 정변), 옌츠(鹽池 염지), 훙더(洪德 홍덕), 퉁신(同心 동심) 등 10여 개 성진城鎭을 점령해 3개 주력 홍군은 날로 가까워졌다. 1936년 8월 10일, 정치국은 확대회의를 열어 통일전선 공작 전개를 당과 홍군 전략의 제1임무로 결정하고, 장제스를 압박해 항일전선 구축방침을 제정했다. 중앙은 8월 30일에 '동계冬季 이전 홍군 제1, 2, 4방면군 행동방침에 관한 의견'을 선포했다. **137**

  1. 장제스를 압박해 항일전선을 구축한다. 이를 위해 각종 조건을 조성해 국민당과 장제스군이 우리와 타협할 수 있도록 한다.
  2. 긴밀하게 동북군東北軍과 연합하고, 아울러 서북 및 기타 각 부와 연합 담판을 진행한다.

'서북왕' 후쫑난의
천하 제1군

장제스는 홍군의 3개 주력부대가 합류 태세를 갖추자, 급히 후쫑난군에 명령을 내려 남쪽에서 '산간(산시와 간쑤)'과 서북으로 되돌아가 쓰촨 북부의 홍군을 공격해 부대 합류를 저지하라고 지시했다. 후쫑난은 장제스의 총애를 받는 상장군上將軍의 한 사람으로 황푸군관학교 제1기생이다. 저우언라이는 일찍이 "후쫑난은 국민당군에서 가장 능력이 뛰어난 지휘관"이라고 평가한 바 있었다. 후쫑난은 용맹스럽고 전투를 잘할 뿐만 아니라 일 처리가 노련하고 용의주도하다는 평판을 들었다. 그는 인심을 얻는 재주가 뛰어난 데다가 교활하고 간사해 남을 속이는 재주 또한 남달랐다. 후쫑난은 비교적 짧은 10년의 군 생활에서 중국 서북부 지방을 빠르게 안정시켜 서북지방의 일대 효웅梟雄으로 명성을 떨치고 있었다.

9월 초, 혁명군사위원회는 장제스의 전략전술에 맞서 하나의 작전계획을 홍군에 하달했다. 이 작전계획에 따르면 홍군 제1방면군은 일부 병력을 나누어 산간 소비에트 지구를 보위하고 주력부대는 하이위안(海原 해원), 징위안(靖遠 정원), 구위안(固原 고원) 및 그 이남 지구를 점령해 홍군 제2, 4방면군과 합동작전을 펴도록 했다. 또 홍군 제2, 4방면군을 양로兩路로 나누어 제4방면군을 좌로군, 제2방면군을 우로군으로 삼았다. 좌로군은 민저우(岷州 민주), 우산(巫山 무산) 등지와 얼허우(爾後 이후)를 점령한 뒤 동쪽과 북쪽으로 나아가 홍군 제1방면군과 함께 딩시(定西 정서), 룽시(隴西 농서) 및 시란(西蘭 서란) 대도로 진격해 국민당군 제37군을 유인한 뒤 섬멸하도록 했다. 우로군은 청(成 성)현, 후이(徽 휘)현, 량당(兩當 양당), 캉(康 강)현, 펑(鳳 봉)현과 바오지(寶鷄 보계)를 점령해 소비에트 지구를 건립하도록 했다. 이렇게 홍군을 진격시켜 3개 방면군을 합류하게 한 뒤 후쭝난 군단을 공격할 만반의 준비를 지시했다.

후쭝난은 제1군을 이끌고 간쑤로 진격했다. 제1군은 국민당군의 5대 주력부대 중의 하나였다. 국민당군의 정예부대로 '천하 제1군'이라고 불릴 만큼 무기도 최신식이었으며 병력도 막강했다. '서북왕'으로 불리는 후쭝난군은 살기등등한 기세로 간쑤로 진격한 뒤 홍군에게 맹렬한 공격을 퍼부으며 돌진했다. 홍군은 부득불 점령했던 후이닝(會寧 회녕)과 징닝(靜寧 정녕)을 내주고 북쪽으로 퇴각했다. 승기를 잡은 후쭝난군은 여세를 몰아 패주하는 홍군을 추격하며 맹위를 떨쳤다. 후쭝난이 제1군을 이끌고 2차로 간쑤에 들어왔다는 소식이 퍼지면서 홍군 고위층 내부가 술렁거렸다. 장궈타오는 일찍이 후쭝난군의 매서운 공격을 맛본 터라 상황이 위태롭다고 여기고 저지 전략을 짜는 데 머뭇거리며 결정을 내리지 못했다. 중앙홍군도 후쭝난군을 막는 것이 역부족이라며 은근히 두려워하는 모습을 보였다. 후쭝난은 확실히 흉맹한 '이리(홍군은 후쭝난을 천랑 '天狼'이라고 불렀음)'로 홍군이 상대하기에는 매우 껄끄러웠다. 홍군 내에서 후쭝난을 두려워하는 분위기가 퍼지자 펑더화이가 '이리를 잡는' 중임을 맡았다. 펑더화이가 전적위원회 총지휘 겸 정치위원으로 3개 방면군의 작전을 총괄 지휘하기로 했다. 홍군은 징위안靖遠까지 후퇴해 더 이상 물러날 퇴로가 없었다. 홍군이 징위안을 내줄 경우 홍군은 남북에서 국민당군의 협공을 받는 위험한 상황에 처하게 된다. [138]

장제스는 징위안의 군사전략적 중요성을 알고 후쭝난에게 어떤 대가를 치르더라도 징위안을 공격해 함락시킬 것을 명령했다. 펑더화이는 흉포한 '이리를 잡는' 계획으로 후쭝난이 홍군을 얕잡아보는 교만한 마음을 이용해 홍군 진영으로 깊숙이 유인하여 궤멸하는 '자루(口袋 구대)전략'을 쓰기로 했다. 펑더화이는 장병들에 대한 훈화에서 "후쭝난은 교활한 이리다. 홍군은 이리를 잡는 우수한 사냥꾼"이라며 전군의 사기를 북돋았다. 후쭝난은 역시 노련했다. 적을 가볍게 보아

무모하게 돌진하지 않았다. 후쭝난은 여러 갈래에 병력을 배치해 병진幷進하면서 펑더화이가 쳐놓은 자루진(口袋陣 구대진)을 꿰뚫고 진격했다. 후쭝난은 또 다른 지점에서 병력을 투입해 징위안을 공격해 함락시켰다. 펑더화이가 후쭝난을 포위해 사로잡겠다는 전략은 남가일몽이 되고 말았다. 징위안을 빼앗긴 홍군은 동쪽을 향해 싸우면서 달아날 수밖에 없었다. 후쭝난은 홍군이 '일격도 견디지 못할 것'이라고 착각했다. 후쭝난은 제1군을 추격군의 최전방에 배치하고 병력을 3로路로 나누어 동쪽으로 패퇴하는 홍군을 추격하도록 했다. '이리 떼'들이 한번 문 홍군을 놓지 않으려고 더욱 몰아쳤다.

펑더화이는 풍전등화의 위기에 빠졌다. 홍군이 퇴각하면 중앙 기관과 홍군 총사령부의 약점을 국민당군에 드러내게 되었다. 이는 홍군이 산베이 근거지를 버리고 다시 장정을 해야 한다는 것을 뜻했다. 바오안(保安 보안)에 있던 마오쩌둥이나 난징(南京 남경)에 있던 장제스는 가만히 앉아 있을 수가 없었다. 필경 이 한 번의 전투가 홍군의 생사존망을 가름했기 때문이다. 죽느냐 사느냐 하는 고빗길에서 마오는 거의 매일 펑더화이와 전화하며 후쭝난군을 격파할 수 있는 작전을 논의했다. 장제스는 더욱더 후쭝난에게 큰 기대를 걸었다. 후쭝난은 중앙과 홍군 총사령부가 있는 바오안으로 진격했다. 배수일전背水一戰에 몰린 펑더화이는 산청바오(山城堡 산성보)에서 매복 작전을 펼쳐 후쭝난군을 격멸할 계책을 꾸몄다. 쫓고 쫓기는 후쭝난과 펑더화이군의 거리는 하루, 이틀의 노정이었다.

홍군 장병들은 산청바오 주위에 매복했다. 20일 황혼 무렵, 후쭝난군 딩더룽(丁德隆 정덕륭)의 제78사단이 홍군이 파놓은 매복 장소인 산청바오에 돌진했다. 다음 날 저녁노을이 비낄 무렵에 펑더화이는 일제히 공격명령을 내렸다. 22일 오전 9시께까지 치열한 전투가 벌어졌다. 매복에 걸린 딩더룽 부대는 소수만이 포위망을 탈출했을 뿐 전멸되다시피 했다. 펑더화이의 산청바오 매복 기습전은 빛나는 승리를 거두었다. 홍군은 후쭝난군 1개 여단과 2개 연대를 섬멸했다. 후쭝난 제1군의 주력 부대인 제78사단을 박살낸 것이다. 산청바오 전투의 승리로 홍군은 극적인 대반전을 이루어 기사회생하는 전기를 마련했다. 펑더화이는 훗날 이 전투의 승리가 곧이어 터진 시안사변(西安事變 서안사변)의 한 요소가 되었다고 평가했다.

302

동정항일 선봉 양림
황허에 스러지다

허룽도 중앙혁명군사위원회의 지시에 따라 9월 7일 하다푸에서 전투계획을 짜고, 8일에 '홍군 제2방면군 기본명령'을 선포했다. 이 '명령'은 간산(甘陝 감섬: 간쑤-산시)의 국민당군이 병력을 분산한 약점을 파고들어 봉쇄선을 통해 청현, 후이현, 평현, 뤠양(略陽 약양), 캉현의 국민당군을 기습공격해 임시 근거지를 건립하도록 하는 것이었다. 또 홍군 제1, 4방면군과 합동작전을 한 뒤 3개 방면군이 합류해 9월 말에 전투를 끝낸다는 계획이었다. 9월 11일, 홍군 제2방면군의 각 부대가 일제히 공격에 나서 20일까지 청현, 후이현, 량당, 캉현 등 4개현과 뤠양, 평현 일부 지역을 점령했다. 25일에 국민당군 제3군 2개 연대가 맹렬한 공격을 퍼부으며 청현을 수복하기 위해 반격을 펼쳤다. 홍군 제2, 32군단은 강력한 공격으로 되받아쳐 국민당군 수백여 명을 살상하고 300여 명을 포로로 붙잡았다.

9월 중순, 허룽은 청현 등 4개현과 몇 개 지구에 혁명정부를 세우고 유격대를 조직했다. 허룽은 전사 2천여 명을 새로 충원했다. 홍군 제1방면군은 닝샤(寧夏 영하)의 위왕(豫旺 예왕) 일대를 출발해 서쪽으로 진격하고 있었다. 또 홍군 제4방면군은 민저우, 타오저우, 시구(西固 서고) 지역에 도착해 3개 방면군이 남북에서 호응하는 모양새를 취했다. 장제스는 즉각 직계부대를 동원해 시란(西蘭 서란) 도로를 빼앗아 홍군 3개 방면군의 부대 합류를 막도록 지시했다. 또 쓰촨군, 서북군, 동북군과 닝샤, 칭하이青海의 국민당군이 홍군을 공격하도록 명령했다. 허룽의 홍군 제2방면군은 '징후이(靜會 정회) 전투 강령'에 따라 후쭝난 부대를 공격했으나 합동작전이 제대로 이루어지지 않아 오히려 협공에 걸려들었다. 홍군 제2방면군은 할 수 없이 웨이허(渭河 위하) 도강을 강행해 10월 22일에 후이닝(會寧 회녕)현 장타이바오(將臺堡 장대보)에서 홍군 제1방면군과 합류했다. 홍군 제2방면군은 많은 대가를 치러야 했다. 허룽은 "홍군 제2방면군은 고립무원 상태에서 적들의 포위공격을 받아 악전고투했다. 우멍산(烏蒙山 오몽산)과 설산을 넘고 초지를 지날 때보다 더 위험한 상태였다. 손실도 컸다. 사람들을 가슴 아프게 했다"고 비통해했다.

　큰 대가를 치렀지만 홍군 제1방면군과의 부대 합류는 홍군 제2방면군이 성공적으로 장정을 완수했다는 상징적 의미가 컸다. 홍군 제2방면군의 장병들은 1년 동안 후난, 구이저우, 윈난, 티베트, 쓰촨, 칭하이, 간쑤, 산시성 등 8개성 2만여 리를 전전하며 110여 차례의 크고 작은 전투를 벌였다. 후난성 상즈에서 출발한 시점으로부터 계산하면 홍군 제1방면군의 장정에 비해 1년여 늦었다. 홍군 제2방면군이 장정할 때 국민당군은 홍군을 추격하고 차단하는 경험을 쌓아 대응했던 터라 홍군 제2방면군은 더욱더 많은 어려움을 겪었다.

　앞서 1936년 2월, 조선인 양림은 홍군 제1방면군 간부연대 참모장에서 제15군단 제75사단 참모장으로 임명되었다. 제15군단은 황허(黃河 황하)를 도강해 동정항일東征抗日하는 작전에 참여했다. 이 작전의 총지휘는 홍군 북로총지휘 겸 제28군단 군단장 류즈단이었다. 동정항일군이 황허를 건너기 위해서는 산시군벌 옌시산(閻錫山 염석산)이 황허의 동쪽 기슭에 설치한 천리봉쇄선을 돌파해야 했다. 이 봉쇄선은 1리마다 토치카를 세우는 등 온통 토치카로 그물망을 형성해 천리에 걸쳐 이어졌다. 뿐만 아니라 홍군의 기습을 방비하기 위해 강안과 모래섬에 순찰초소를 세워 밤낮으로 경계근무를 하고 있었다. 이처럼 철통같은 봉쇄선으로 개미 한마리도 얼씬하지 못하게 했다. 이런 방어시설에 황허의 천험을 이용할 수 있어 옌시산은 "황허의 방어는 금성철벽이다. 홍군이 새처럼 나는 재주가 있다고 하더라도 건널 수 없다"고 기고만장했다. 양림이 소속한 제15군단은 칭젠(淸澗 청간)현에 이르러 황허 기슭인 고가촌 지대에 집결했다. 용맹무쌍한 양림이 도강의 선봉장으로 뽑혔다. 혁명군사위원회는 황허 도강작전을 하달했다.

"선두부대는 은밀하게 행동하여 깊은 밤에 불의의 습격을 감행한다. 단호하고도 민첩한 수단으로 적들의 토치카를 탈취하고, 적들의 통신연락선을 절단한다. 진지와 은폐한 적들을 통제해 후속부대의 도하를 담보하고, 증원하는 적들과 싸울 때 유리한 위치를 확보하도록 한다. 도하하다가 적들에게 발견되면 즉시 도하를 강행한다."

2월 22일 밤 10시에 도하명령이 떨어졌다. 양림은 제223여단 제1대대를 이끌고 앞장서 도하에 나섰다. 양림이 이끈 제1대대 전사들이 탄 배가 대안對岸에 채 당도하기도 전에 옌시산군에 적발되었다. 토치카에서 뿜어대는 총탄이 빗발쳤다. 양림은 도하 강행을 명령했다. 쌍방간에 치열한 전투가 벌어졌다. 선봉대는 마침내 우박처럼 쏟아지는 총탄을 뚫고 하나둘씩 하가요 대안에 상륙했다. 이들이 후속부대의 상륙지점을 확보해 제223여단과 제75, 78사단, 군단 직속부대가 강을 건널 수 있었다. 하지만 양림은 종심진지를 공격해 들어갈 때 옌시산군이 쏜 총탄에 복부를 맞아 선혈을 뿜으며 쓰러졌다. 양림은 의식이 몽롱한 상태에서도 전투상황을 물으며 "나는 괜찮으니 빨리 진격하라!"고 명령한 뒤 혼절했다. 중상을 입은 양림은 응급치료를 받았으나 끝내 조국 광복을 보지 못한 채 이국땅에서 장렬하게 숨졌다. 그의 나이 35세였다. 6개월 뒤에 만주 동북항일연군 제3군에서 공작하던 부인 이추악도 일본군에 체포되어 총살당했다. [139]

1936년 10월, 홍군 3개 방면군이 간쑤 후이닝에서 부대 합류를 한 뒤 중앙혁명군사위원회는 '10월 작전강령'에서 닝샤(寧夏 영하)전투 계획을 세웠다. 홍군 제4방면군 제9, 30군단 그리고 홍군 제1방면군의 제5군단이 홍군 제4방면군 총부와 황허를 건넜다. 하지만 국민당군이 병력을 대거 동원해 도강을 막아 제31군단은 황허를 건너지 못했다. 황허를 건넌 홍군 3개군 2만 1천8백 명은 되레 고립되어 풍전등화의 위험에 처하게 되었다.

홍군이 진퇴양난에 빠져 허우적거리고 있을 때 위기를 일거에 해소해주는 경천

동지할 사건이 터졌다. 시안스벤(西安事變 서안사변)이었다. 12월 12일, 동북군 사령관 겸 비적소탕 부사령관 장쉐량(張學良 장학량)과 서북군 제17로군 사령관 양후청(楊虎城 양호성)이 '공산군 소탕 중지, 정부 개조, 항일출병'을 내세우며 시안의 린퉁(臨潼 임동) 화칭츠(華淸池 화청지)에서 장제스를 억류해 국내외를 놀라게 한 것이다. 곤경에 처했던 홍군으로서는 구세주를 만난 격이었다. 이에 앞서 12월 7일에 중앙혁명군사위원회는 마오쩌둥, 주더, 저우언라이, 장궈타오, 펑더화이, 런비스, 허룽 등 7인으로 주석단을 구성하고 마오를 주석으로 선출했다. 마오가 중화 소비에트 공화국 중앙정부 혁명군사위원회 주석이 되어 중앙의 최고 지도자 지위에 한발 다가섰다. **140**

제 5 장

시안사변

장제스 구금
세계가 놀라다

1936년 12월 초, 시안(西安 서안). 서북군 공산당 포위공격 소탕전 부사령관 겸 동북군 사령관 장쉐량(張學良 장학량)과 산시(陝西 섬서) 제17로군 사령관 양후청(楊虎城 양호성)은 '공산당 포위공격 소탕전 사령관' 장제스가 이끌고 온 국민당군 고위 지휘관들의 소탕전 독전督戰에 큰 불만을 품고 있었다. 장제스는 홍군 3개 방면군이 합류하고, 중공중앙이 바오안(保安 보안)에 소비에트 근거지를 마련함에 따라 큰 위기의식을 느끼고 있었다. 장제스는 홍군을 소탕하기 위해 제6차 포위공격 소탕전을 벌일 계획이었다. 12월 4일, 자신이 직접 포위공격 소탕전 사령관을 맡은 장제스는 뤄양(洛陽 낙양)에서 국민당군 고위 지휘관들을 대동하고 시안 비행장에 도착했다. 장쉐량과 양후청은 여러 차례 논의를 거쳐 장제스의 '양외필선안내(攘外必先安內: 먼저 국내를 안정화시킨 뒤 외적을 물리친다. 즉 공산당을 먼저 섬멸하고 일본과 싸운다)' 정책을 반대했다. 이들은 공산당과의 내전內戰을 중지하고, 홍군과 힘을 합쳐 먼저 일본군을 물리쳐야 한다는 뜻을 견지하고 있었다.

일본 제국주의는 1931년에 '9·18사변'을 일으켜 만주 침략에 나서 동북3성을 강탈, 청나라 마지막 황제 푸이(溥儀 부의)를 내세워 꼭두각시 '만주국'을 세웠다. 일본은 중국 침탈을 본격화해 몽골과 화중華中지역, 상하이 등 중국 내륙으로 침

동북3성

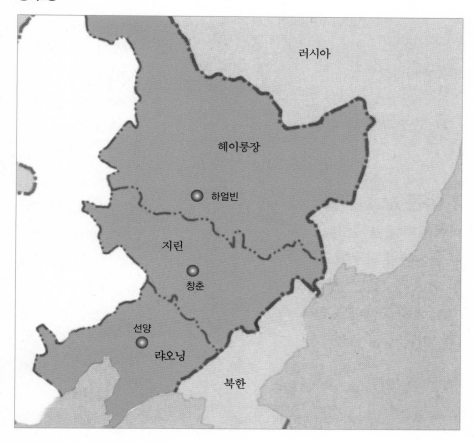

러시아

헤이룽장

하얼빈

지린

창춘

선양

랴오닝

북한

략의 마수魔手를 뻗치고 있었다. 장쉐량과 양후청은 시안에 온 장제스를 만나 다시 내전을 중지하고 항일에 나설 것을 건의했으나 장제스는 들은 척도 않고 오히려 역정을 냈다. 장제스는 당나라 황제 현종玄宗과 애첩인 양귀비楊貴妃의 휴양 별궁이었던 린퉁의 화칭츠에 머물고 있었다. 화칭츠의 바깥 첫 번째 문 주변 경비는 장쉐량의 서북 포위공격 소탕군 경호대 제1대대 제1중대가 맡고 있었다. 안쪽 두 번째 문 주위는 장제스가 대동한 경호대가 지켰다.

장제스는 화칭츠에서 장쉐량과 양후청을 불러 두 가지 방안 중 하나를 선택할 것을 압박했다. 첫째, 포위공격 소탕 명령에 복종해 장쉐량의 동북군東北軍과 양후청의 제17로군을 전부 '산간(陝甘 섬감: 산시-간쑤성)' 전선 작전에 투입한다. 둘째, 포위공격 소탕전을 원하지 않으면 동북군은 푸젠(福建 복건), 제17로군은 안후이(安徽 안휘)성으로 각각 이동시키고, 산간지역을 중앙군中央軍에게 넘긴다. 장제스의 이런 양자택일 방안에 대해 장쉐량과 양후청은 모두 거부했다. 그들은 홍군과 싸우거나 시안을 떠나는 것을 원하지 않았다. 만약 홍군과 전투할 경우 자신들의 병력 손실이 클 수밖에 없고, 서북지역을 떠나면 불원간 장제스가 부대 개편을 하거나 아예 자신들의 부대를 통째로 삼켜버릴 수 있었기 때문이다. 이들은 이해득실을 가늠한 뒤 첫째, 내전에 참가하지 않는다 둘째, 서북을 떠나지 않는다고 마음을 굳히고, 먼저 장제스에게 극력 간언諫言해 듣지 않으면 무력으로 강제 설득하는 방안을 모색하기로 했다. 12월 10~11일 사이에 장쉐량은 화칭츠에 묵고 있는 장제스를 두 번 찾아가 비분강개하며, 때로는 눈물을 뿌리며 간언했다. **141**

"국가민족의 존망이 이미 마지막 갈림길에 있습니다. 항일을 하지 않으면 나라를 구할 수 없습니다. 내전을 그치지 않으면 항일을 할 수가 없습니다."

장제스는 꿈쩍도 하지 않았다. 마치 철심장을 지닌 듯했다. 장제스는 잇따라 책상을 치며 고함을 쳤다.

"지금, 네가 바로 총으로 나를 쏴 죽여라. 나의 공산당 소탕전 계획은 바꿀 수 없다!"

장쉐량은 하릴없이 화칭츠를 나올 수밖에 없었다. 이번엔 양후청이 화칭츠에 들어가 간언했다. 결과는 마찬가지였다. 장쉐량과 양후청이 번갈아가며 장제스를 설득했으나 소용이 없었다. 앞서 12월 9일, 시안의 학생 1만여 명이 거리에 나와 '내전 중지'와 '일치항일一致抗日'의 플래카드를 들고 시위를 벌였다. 시위대를 해산시키려 국민당 특무조직원이 쏜 총에 어린 학생이 부상당했다. 시위 학생들은 크게 분개했다. 학생들은 50리가량 떨어진 린퉁 화칭츠에 머물고 있는 장제스를 찾아가 청원하기로 했다. 보고를 받은 장제스는 급히 화칭츠 10리밖에 기관총으로 무장한 군대를 배치해 시위대를 막으라고 명령했다. 또 장쉐량에게 군대를 동원해 시위를 진압하도록 했다. 장쉐량은 할 수 없이 시위 현장에 나가 "1주일 안에 답을 주겠다"는 말로 학생들을 설득해 해산시켰다. 장쉐량과 양후청은 장제스에게 여러 차례 '극간(苦諫 고간)'하고, 울며 간언하는 '곡간(哭諫 곡간)'도 해보

왔으나 씨도 안 먹힌다는 사실을 알고 최후의 극단적 방법을 쓰기로 했다. 무력을 통해 간언(兵諫 병간)하기로 마음먹은 것이었다. [142]

12월 12일, 장쉐량과 양후청은 마침내 동북군과 서북군을 인솔해 병란을 일으켰다. 시안 일대를 장악한 이들은 오전 6시께 동트기 직전 장쉐량의 친위병력을 화칭츠에 투입해 장제스의 경호대를 제압했다. 잠결에 총소리를 듣고 놀란 장제스는 화칭츠 뒷산 뤼산(驪山 여산)으로 달아나 바위 밑에 숨어 있다가 붙잡혀 억류되었다. 장쉐량과 양후청은 8개항의 성명을 발표했다. 성명은 난징정부를 개편해 각 당, 각 파를 참여시켜 구국救國정부로 재조직하며, 모든 내전을 중지하고 애국적 지도자를 즉시 석방할 것을 요구했다. 성명은 또 전국의 모든 정치범을 석방하고, 민중의 애국운동을 개방할 것 등을 요구하면서 일본 침략에 대항해 거국적으로 전면 항전할 것을 주장했다.

시안사변이 터지자 중국인들은 경악했다. 세계 각국의 지도자들도 놀랐다. 국내외에 엄청난 반향을 몰고 왔다. 시안은 세계 뉴스의 중심이 되었다. 상황이 긴박하게 돌아가면서 무력충돌의 내전 위험성도 한층 높아졌다. 장쉐량과 양후청은 바짝 긴장했다. 이들은 시안사변이 터진 새벽에 연명으로 마오쩌둥과 중공중앙에 전보를 보내 항일구국의 대계大計를 상론하고, 구금한 장제스 문제를 풀어가자며 공산당에 대표 파견을 요청했다. 이날 오전 8시께 잠에서 깬 마오는 장쉐량이 자신과 저우언라이에게 보낸 전보를 보았다. [143]

우리는 중화민족과 항일의 앞날을 위해 오늘 이미 장(제스) 및 중요 장령將領인 천청(陳誠 진성), 주사오량(朱紹良 주소량), 장딩원(蔣鼎文 장정문), 웨이리황(衛立煌 위립황) 등을 구류하여 애국인사 석방과 연합정부 구성을 요구하고 있다. 형兄 등의 고견은 어떤지 빠른 답을 주기 바란다.

마오는 급히 중앙 지도자 회의를 소집했다. 저우언라이, 장원톈, 보구, 주더, 장궈타오 등이 잇따라 마오쩌둥의 동굴집(窯洞 요동)으로 몰려들었다. 이들은 전보를 돌려 본 뒤에 시안사변 처리방침에 관해 논의했다. 모두들 흥분했다. 대부분 장제스를 죽여야 한다고 한마디씩 거들었다. 장궈타오의 『회억回憶』이란 회상록에 따르면 평소 온화하고 말이 별로 없는 주더(朱德 주덕)조차 장제스를 죽여야 한다고 했다. 비교적 냉정한 사람은 저우언라이였다. 저우는 "이 사건은 우리가 주역이 아니다. 중요한 것은 장쉐량과 양후청의 태도를 지켜보는 것"이라며 신중론을 폈다. 장궈타오는 "장제스를 죽여야 한다. 퉁관(潼關 동관)으로 치고 들어가자"고 흥분했다. 마오는 "민족의 근본이익에서 출발해 국내외 복잡한 형세를 전면적으로 분석해야 한다"며 장궈타오의 주장을 일축했다. 마오는 또 "우리는 마땅히 뒤에 있고, 장쉐량과 양후청이 전면에 있어야 한다"고 했다. 냉정을 되찾은 장궈타오가 "소련(스탈린)이 이 사건을 어떻게 보는지 알아봐야 한다"고 제의했다. 장원톈과 보구, 왕자샹 등 모두가 찬동해 모스크바에 전보를 보내 스탈린과 코민테른의 반응을 떠보기로 했다.

장쉐량이 이날 마오에게 보낸 전보는 또 "장제스를 자신의 경호부대에 구금하고 있으며, 요원 매수를 방비하고 있다. 특히 다른 부대들이 지키지 못하도록 하고 있다. 동북군 주력을 시안과 평량(平凉 평량) 일선에, 제17로군 주력은 시안과 퉁관 일대에 각각 집중 배치했다"고 밝히고 "홍군은 시안이 앞뒤로 적의 공격을 받지 않도록 닝샤(寧夏 영하)와 룽둥 일대의 후쭝난, 쩡완중(曾萬鍾 증만종), 마오빙원(毛炳文 모병문), 관린정(關麟征 관인정), 리셴저우(李仙洲 이선주) 등의 중앙군을 견제해줄 것"을 요청했다. 12월 13일, 공산당은 정치국 확대회의를 열어 시안사변의 예측과 대책에 관해 토론을 벌였다. 주더, 마오, 저우언라이, 장원톈, 장궈타오, 보구, 린뱌오 등 12명이 참석했다. 뤄푸(洛甫 낙보: 장원톈의 자)가 회의를 주재했다. 마오가 국민당의 외부공작(통일전선)의 책임자여서 먼저 보고를 했다.

마오는 "시안사변은 혁명적이고 역사적인 사건으로 마땅히 옹호해야 한다"면서 "인민들 앞에서 장제스의 모든 악을 폭로하고, 장제스를 파면해 인민의 심판을 받도록 해야 한다"고 강경하게 말했다. 마오는 심지어 사건이라는 전제를 내걸고 "장제스를 제거하는 것은 어떤 방면에 비춰보더라도 모두 장점이 있다. 시안을 중심으로 전국을 지도해 난징을 통제해야 한다"고 주장했다. 두 번째 발언에 나선

저우언라이는 신중한 태도로 사건을 분석했다. **144**

"중앙은 일본이 난징정부를 괴뢰정권으로 만드는 것을 방지해야 한다. 이를 위해 국민당 내의 각종 정치계파의 태도를 중시해야 한다. 황푸계, cc파, 원로파, 구미歐美파의 지지를 얻어 그들이 시안사변을 승인하도록 추동해야 한다. 구체적으로 말하면 린썬(林森 임삼: 국민당 정부 주석), 쑹쯔원(장제스 처남), 쿵샹시(孔祥熙 공상희: 행정원 부원장 겸 재정부 부장), 쑨커(孫科 손과: 쑨원의 아들, 행정원 원장), 펑위샹(군벌) 등의 지지를 얻고, 친일파 국방부장 허잉친(何應欽 하응흠)을 고립시켜야 한다. 또 대중 속으로 깊이 파고들어 군중을 동원해 시안을 항일의 중심지로 만들어야 한다."

"항일 구호를 내세워 옌시산(閻錫山 염석산: 산시군벌), 류샹(劉湘 유상: 쓰촨군벌)과 연대해 우리의 양익兩翼으로 삼아야 한다. 더 나아가 광시성 구이파(桂系 계계: 리쭝런 등) 군벌과 연합해 화둥(華東 화동)을 포위하는 전략을 구사해야 한다. 동남 7개성은 난징의 세력권에 있지만 이들을 항일전선에 끌어들여야 한다. 공산당은 난징정부와 맞설 필요가 없다. 실질적으로 지도하는 구실을 해야 한다. 앞으로 시안이 다른 도시를 이끌어가는 형식을 취하면 대단히 유리하다. 우리 당은 공개적으로 정치무대에 나아갈 준비를 해야 한다. 이와 함께 지하당의 어려운 공작을 중요하게 추진하면서 군중운동을 발동해야 한다. 시안에 정권과 장제스 '제거'의 중심을 세우되, 장제스 '심판'은 공개적으로 표시할 필요는 없다."

12월 15일, 중공중앙은 마오가 서명한 '홍군 장령이 시안사변에 관해 국민당 정부에 보내는 전보'를 발표했다. '전보'는 장쉐량과 양후청이 발동한 병간兵諫을 정의감에서 나온 것으로 높이 평가했다. 이런 일이 발생한 것은 장제스가 대외적으로 양보하고, 대내적으로 군사를 부리면서 민중을 압박하는 3대 과오정책의 당연한 결과에서 비롯되었다고 지적했다. 또 장, 양 두 사람이 요구한 8개항을 지체 없이 시행하고, 내전 발동 중지를 촉구해 난징정부가 장쉐량과 양후청을 토벌하려는 움직임에 쐐기를 박았다.

장제스가 억류된 뒤 난징정부는 두 갈래로 갈라졌다. 하나는 국방부장 허잉친, 왕징웨이(汪精衛 왕정위) 등 친일파들로 장, 양 응징론을 내세우며 시안으로 쳐들어가야 한다고 강경론을 폈다. 이들의 속내는 장제스의 안위보다 권력을 탈취할 절호의 기회로 여겨 입에 게거품을 물었다. 반면 장제스의 부인 쑹메이링(宋美齡 송미령)과 그의 오빠 쑹쯔원(宋子文 송자문) 등 장제스 측근들은 장제스의 안위문제는 물론 권력의 추가 왕징웨이 등으로 쏠릴 것을 우려해 시안 출병을 반대하고 있었다. 이럴 때 중공중앙이 발표한 전보는 "시안사변은 전 국민의 바람인 바 장제스를 파면해 재판에 회부하고, 홍군과 국민당군이 연대해 민족혁명의 전쟁터로 나아가 조국의 자유해방을 위해 (일본과) 혈전을 벌이자"고 천명했다. 마오와 중앙 지도자들은 17일에 저우언라이를 대표로 하는 중공대표단을 시안으로 파견했다. 마오는 저우에게 "언라이 동지, 전 세계와 전 중국이 모두 시안을 바라보고 있다. 시안문제는 대단히 복잡하다. 큰 방침이 확정되었지만 구체적 상황에 따라 대표단이 잘 처리하라"고 신신당부했다. **145**

저우언라이는 시안에 도착한 뒤 곧바로 장쉐량과 회담을 했다. 저우는 그날 밤에 마오와 중앙에 보낸 전보에서 "국민당 중앙군이 이미 5개 사단을 퉁관(潼關 동관)에 투입해 웨이난(渭南 위남)을 압박하며 대치하고 있다. 장쉐량은 양후청 부대가 시안을 통제하고 동북군 주력을 웨이수이(渭水 위수) 북쪽에 집중 배치해 전투에 대비하고 있다. 전투가 벌어지면 반드시 홍군이 참전하기를 바라고 있다"고 상세한 상황을 보고했다.

다음 날에 저우는 또 두 차례 전보 보고를 했다. 전보 내용은 "난징 친일파들의 목적은 장제스를 구하는 것이 아니라 내전을 조성하는 것이다. 쑹메이링은 장제스에 편지를 보내 항일을 약속해 적들에게 죽임을 당하지 않도록 해야 한다고 했다. 쿵샹시가 조율하고 있으며, 쑹쯔원이 정전을 조건으로 시안에 오고, 왕징웨이는 난징으로 돌아간다"는 내용이었다. 이런 보고는 모두 중공중앙이 시안사변을 결정하는 데 중요한 정보 자료가 되었다. 중공중앙은 또다시 국민당 중앙에 전보를 보내 시안사변의 평화적 해결을 호소하고, 항일 구국대회 소집을 제의하는 발빠른 모습을 보였다. 12월 21일, 마오는 공산당 난징회담 대표 판한녠(潘漢年 반한녠)에게 전보를 보내 국민당 쪽 대표 천리푸(陳立夫 진립부)에게 다음과 같은 5개 사항을 요구할 것을 지시했다. **146**

1. 항일운동의 영수 몇 사람을 난징정부에 참여시킨다.

2. 군사행동을 중지하고 시안 지위를 승인한다.

3. 공산당 포위공격 소탕전을 중지하고 홍군과 연합해 항일한다.

4. 민주권리를 보장하고 중국의 항일운동을 지지하는 국가와 협력관계를 맺는다.

5. 이런 조건들을 보증할 때 시안(장쉐량, 양후청)에 장제스 선생의 자유회복을 권고하고, 그(장제스)가 일치단결해 항일하면 협조한다.

마오는 또 저우언라이에게 전보를 보내 "국민당 서북의 황푸군관학교계系 고위장령처에 사람을 파견해 국방부장 허잉친이 일본과 결탁해 장(제스)을 해치려 했다는 음모를 폭로하고, 홍군은 담판을 원하고 있으며, 장제스의 자유를 회복하는 조건을 알려줄 것"을 지시했다. 마오는 22일에 산시군벌 옌시산에게 서신을 보내 옌시산이 시안사변과 관련해 내전을 반대한 것을 치켜세우고 시안사변에 대한 공산당의 평화적 해결 방안을 설명했다. 마오는 또 옌시산이 중재할 수 있는 능력이 있는 만큼 국민당군과 장쉐량, 양후청 군이 맞서고 있는 '닝산(寧陝 영섬; 닝샤-산시)' 문제에 적극 나서줄 것을 희망한다고 밝혔다. 마오의 우군 확보 전략이었다. 시안사변 발생 열흘째가 되는 22일에 해결의 열쇠를 쥔 장제스의 부인 쑹메이링과 쑹쯔원 등 난징 협상대표 일행이 시안에 도착했다. 다음 날에 저우언라이는 공산당 전권대표로서 장쉐량, 양후청과 쑹메이링, 쑹쯔원 남매간에 벌이는 담판에 참여했다.

저우언라이는 회담이 끝나자 쑹메이링 남매와 장제스를 만나러 갔다. 저우는 장제스를 면담한 뒤에 중앙에 3차례 전보를 보내 "공산당 포위공격 소탕전을 중지하고 홍군과 연합해 항일전쟁을 하기로 했다. 통일중국에 노력하며, 장제스의 지휘를 받는다. 장제스, 쑹 남매와 모든 문제를 해결했다. 그들이 난징에 돌아간 뒤에 내(저우언라이)가 직접 가서 담판하기로 했다"고 보고했다.

개괄적 합의를 이끌어낸 저우언라이는 24일 밤에 조금은 홀가분한 기분으로 장제스를 면담했다. 저우는 장제스에게 "10년 동안 뵙지 못했습니다. 많이 늙으셨습니다"라고 인사를 했다. 10년 전, 장제스가 황푸군관학교 교장이었을 때 저우는 그의 밑에서 정치주임으로 있었다. 장제스는 "언라이, 자네는 옛날 나의 부하였다. 마땅히 내 말을 들어야 한다"고 말했다. 저우는 "위원장(장제스)이 '먼저 국내를 안정시킨 뒤 외적과 싸운다(先安內後攘外 선안내후양외)'는 잘못된 정책을 버리면 저, 저우언라이는 위원장의 말을 들을 겁니다. 우리 홍군도 위원장의 지휘에 따를 겁니다"라고 대답했다. 저우는 또 매우 간절히 장제스에게 내전을 중지하고, 일치항일—致抗日하는 것만이 유일한 출로라고 호소했다. 저우는 장제스에게 국민당 정부와 일본 침략에 대한 공산당의 정책을 설명했다. 장제스는 이미 합의한 공산당 포위공격 소탕전 중지와 일본에 항전하기 위해 공산당과 협력하겠다고 약속했다. 장제스는 저우언라이를 난징으로 초청해 직접 담판하겠다고 말했다. 12월 25일, 풀려난 장제스는 시안사변의 주역 장쉐량을 대동하고 뤄양을 거쳐 난징으로 돌아갔다.

시안사변을 일으킨 양후청 등 장군들과 저우언라이는 장쉐량이 난징에 가면 장제스의 보복을 받을 것을 우려해 난징행을 극구 말렸다. 하지만 장쉐량은 사변의 목적을 달성했고, 결과적으로 '항명'을 한 만큼 군인으로서 당당하게 처벌을 받겠다며 난징행을 고수했다. 저우언라이는 설마 했다가 장쉐량이 시안 비행장으로 떠났다는 소식을 듣고 만류하러 급히 비행장에 달려갔으나 비행기는 기수를 동쪽으로 돌린 뒤였다. 장쉐량은 난징에 도착하자마자 체포, 연금되어 중국 대륙과 타이완에서 55년이라는 길고 긴 세월 동안 유폐생활을 해야 했다.

12월 27일, 공산당은 정치국 확대회의를 열었다. 마오는 "시안사변은 국민당 10년의 잘못된 정책을 종결시켰다. 시안사변이 내전을 끝내게 했다. 이제 항전을 시작할 때"라며 시안사변을 높이 평가했다. 중앙은 이날 '장제스 석방 후의 지시에 관하여'를 발표했다. 중앙은 이 지시에서 장제스와 쑹쯔원이 항일 요구를 받아들여 장제스를 석방했고, 전국이 내전을 종식하고 일치단결해 항일전선을 구축하는 새로운 단계가 시작되었다고 밝혔다. 다음 날인 28일, 마오는 바오안에서 '장제스 성명에 관한 성명'을 내어 "장제스는 즉시 각 당파가 연합해 일치단결하여 항일의 길로 나아가야 한다"고 거듭 주장했다. 마오는 그날 장제스가 장쉐량

316

을 연금했다는 소식을 듣고 분통을 터뜨리며 저우언라이에게 이렇게 말했다. [147]

"장제스 이자가 장 장군을 어찌 다시 돌려보내지 않을 수가 있는가!"

"장 장군은 스스로 장제스를 수행해 난징으로 갔다. 인민들에게 항일구국의 일 편단심을 보여주었다. 자신을 버렸다……."

저우언라이는 애석해하며 탄식을 금치 못했다.

"원숭이도 나무에서 떨어질 때가 있다더니……. 생각컨대 장제스가 감히 장 장 군을 해치지는 못할 것이다. 단지 동북군의 머리가 없어 이후 적을 대항하는 데 응집력이 떨어질 듯하다."

"장 장군이 떠나기 전에 동북군의 일을 양후청 장군에게 부탁했다. 내 생각에 는 제17로군이 동북군과 잘 단결해나갈 것으로 본다."

"제17로군도 자신들을 지키기 어렵다. 만약 장쉐량이 가지 않았더라면 양 장군 과 아주 가까운 거리에서 협동작전을 벌이면 동북군이나 서북군 모두 보전할 수 있다. 지금은 양후청이 한 팔을 잃었다. 동북군도 통솔이 잘 안 될 듯하고……."

마오가 상황을 분석하며 어두운 표정을 지었다.

"지금, 우리가 서북군에 어떻게 하는 게 좋겠는가?"

저우언라이가 마오의 의견을 구했다.

"우선 전국적으로 통일전선이 이루어질 수 있도록 최선을 다해야 한다. 그래야 각로各路 군이 모두 출로出路를 찾을 수 있다."

저우는 마오의 견해에 동의하며 머리를 끄덕였다.

항일전선 구축을 위한 통일전선 국공합작은 인민들의 광범한 공감을 얻기 시 작했다. 중공중앙은 그 결실을 맺기 위해 해가 바뀐 1937년 1월 1일 새해에도 장 제스의 난징정부를 계속 압박하고 나섰다. 마오와 저우언라이는 이날 연명으로 난징에 파견한 중앙 대표 판한녠에게 전보를 보내 "공산당은 국민당이 나라를 구 하는 데 유리한 일체의 개혁을 지지하고 협조하며 천리푸, 쑹쯔원, 쑨커, 펑위샹 (馮玉祥 풍옥상) 등 각계 인사들과 국가의 위기를 구하는 방법을 논의하기 바란 다"는 뜻을 전달하도록 지시했다. 2일에 마오와 장원톈은 '장(쉐량), 양(후청) 양 군과 홍군의 공고한 단결, 시국호전好轉 추동 지시에 관하여'를 발표했다. 이들은

"현재 전국全局의 중심은 장, 양 양군과 홍군 주위의 단결을 공고하게 하고 친일파에 대항하여 시국을 유리한 방향으로 이끌어야 한다. 난징정부는 이간과 위협 수단으로 장, 양 양군을 탈취해 홍군을 고립시키려 한다"고 주장했다. 마오는 21일에 다시 저우언라이와의 연명 전보를 판한녠에게 보내 "회담 중에 시안사변의 평화적 해결 뒤, 장제스가 홍군과 전쟁을 하지 않고 공산당 포위공격 소탕전을 벌이지 않는다는 것을 강력하게 요구해 동의와 보장을 받도록 하라. 아울러 홍군에 대한 최소한도의 급양給養을 보증받도록 하라"고 지시했다.

판한녠은 난징정부 대표와 여러 차례 협상을 벌였으나 별다른 성과를 거두지 못했다. 시안에 있는 저우언라이는 이날 마오에게 "장제스가 무력을 사용해 시안을 압박할 것에 대비해 동북군이 소장파 장교들의 선동으로 장제스와 결사 일전을 준비하고 있다"고 보고했다. 마오와 주더는 30일에 전보 회신을 통해 "평화는 우리의 기본방침이며, 이는 장(쉐량)과 양(후청)의 기본방침이기도 하다. 우리와 장, 양은 삼위일체다. 나아가면 같이 나아가고, 물러서면 같이 물러서야 한다. 우리는 장, 양을 잃어서는 안 된다"며 동북군 소장파 장교들을 설득할 것을 주문했다.

2월 10일, 국민당 제5기 2중전회가 열렸다. 중공중앙은 5개항 요구와 4개항 보장을 천명했다. 국민당은 이 회의에서 평화통일의 국내정책을 최종 확정했다. 이에 따라 시안사변은 공산당의 집요한 성명전 등 끈질긴 투쟁을 통해서 평화적 해결에 이르게 되었다. 중공중앙은 10년 내전을 종식하고 항일을 기반으로 한 제2차 국공합작의 초보적 단계를 형성하는 큰 성과를 거두었다. 마오는 당시 시안사변을 풀어가는 과정에서 소련의 스탈린과 코민테른으로부터 여러 차례 장제스를 '죽여서는 안 된다'는 압박과 당, 홍군 내부와 인민들로부터 '죽여야 한다'는 요구 사이에서 많은 번민을 했다. 이와 관련해 마오는 홍군대학 강연에서 학생들의 질문에 대해 "장제스를 죽여 원수를 갚고 한을 풀어야 한다는 심정은 충분히 이해한다. 원수를 갚으려면 그럴수록 감정에 호소해서는 안 된다. 장제스를 죽이면 대규모의 내전을 유발할 수밖에 없다. 중국인끼리 서로 죽이게 된다. 일본 침략군들이 전 중국을 점령하는 데 어찌 쉽지 않겠는가. 그럴 경우 더욱 큰 손실이 아니겠는가?"라고 설명했다. 또 당과 홍군의 많은 지도자들이 만일 장제스가 장쉐량과 양후청이 요구한 항일抗日을 받아들이지 않으면 어떻게 할 것인가, 장제스는 마음이 독하고 하는 짓이 악랄해 신의라는 것을 찾아볼 수 없는데 그를 놓아주면 항일을 할 것 같은가 등등의 의문을 마오에게 제기했다. 마오는 이렇게 답변했다.**148**

"일본 침략자와 국민당 내 친일파들은 우리가 장제스를 죽이지 않을까 오히려 두려워하고 있다. 장제스도 죽을까봐 겁내고 있다. 생사生死를 넘나들고 있는 이 순간, 장제스는 항일만이 살 수 있고, 그렇지 않으면 죽는다는 것을 알고 있다. 게다가 쑹씨 남매(쑹메이링, 쑹쯔원)가 권유하고 있다. 장제스는 장, 양 두 장군이 요구한 항일을 받아들일 수밖에 없다……. 산베이(陝北 섬북)에 작은 당나귀가 많다. 짐을 실은 작은 당나귀가 산에 올라가려 하지 않을 때 산베이 사람들은 작은 당나귀가 올라가도록 하는 세 가지 방법을 알고 있다. 첫 번째는 끌고, 두 번째는 밀고, 세 번째는 때리는 것이다. 장제스가 항일항전을 원치 않으면 작은 당나귀와 마찬가지로 그를 끌고, 밀어야 한다. 그래도 가지 않을 때는 때려야 한다. 당연하다. 바짝 끌고, 힘 있게 밀고, 세게 때려야 한다. 그러면 당나귀는 산으로 올라간다. 장제스도 항일을 한다. 눈앞에 벌어지고 있는 일본 제국주의와 중화민족 간의 모순은 주요 모순이다. 우리 당이 인민을 항전으로 이끄는 것은 주요 모순의 중요한 부분이다. 영향을 미치는 것은 우리다. 국공합작으로 일치단결해 항일하는 것은 대세의 흐름을 타고 있다. 단, 당나귀는 다리로 사람을 걷어차기도 한다. 우리는 그것을 방지해야 한다. 이것이 바로 연합이고 투쟁이다."

'청년 원수'
장쉐량

시안사변은 장제스에게는 하늘이 무너져 내리는 좌절을 안겨주고, 홍군을 섬멸할
수 있는 절호의 기회를 빼앗아가버렸다. 마오에게는 무너져 내리는 하늘에서 솟
아날 구멍을 찾아 홍군 병력을 보존하고 국공합작의 활로를 여는 천재일우의 기
회가 주어졌다. 이들의 명운을 바꾼 시안사변을 기획하고 실행한 장쉐량(張學良
장학량)은 1901년에 마적 출신의 펑톈(奉天 봉천)군벌 장쮀린(張作霖 장작림)의 만
아들로 랴오닝(遼寧 요녕)성 하이청(海城 해성)현에서 태어났다. 동북3성의 육군강
무당 포병과 제1기 출신이다. 친일노선으로 동북3성을 석권한 장쮀린은 그를 지
원했던 일본의 용도폐기로 장제스가 이끈 국민혁명군에 밀려 1928년 6월에 만주
로 철수하던 중 열차 안에서 일본군에게 폭살당했다.

장쉐량은 아버지 장쮀린을 계승해 동북3성을 통치하면서 '청년 원수元帥'로 위
명을 떨쳤다. 장제스는 장쉐량을 자신의 세력권으로 끌어들였다. 일본은 1931년
에 '9·18사변'을 일으켜 만주를 침공해 본격적인 중국 침략에 나섰다. 일본에 패
퇴한 장쉐량은 1933년 군직에서 물러나 실의에 젖어 한때 마약을 하는 등 방탕한
생활을 하기도 했다. 장쉐량은 '청년 원수'로서의 결기를 새롭게 다져 마약을 끊
고 유럽의 선진문물을 돌아보고 온 뒤, 1934년에 '후베이-허난-안후이(鄂豫皖 악

예환)' 비적소탕(剿匪 초비) 부사령관으로 임명되어 공산당과 전투를 벌였다. 장쉐량은 시안사변 1년 전인 1935년 가을, 서북 비적소탕 총사령부 부사령관으로 임명되어 시안에서 동북군을 통솔했다. 장쉐량은 군인으로서 비록 군 생활은 짧았지만 다양한 전투 경험을 쌓았다. 그는 일본군과 싸웠고, 중국의 고위장령으로 유일하게 소련 홍군紅軍과도 전투를 벌였다. 장쉐량은 또 북양군벌과 치열한 전투를 벌였고, 국민당 신군벌 그리고 공산당과 싸우는 등 폭넓은 전투 전력을 갖고 있었다. 장쉐량은 일본에 대한 적개심이 커 장제스가 일본 침략에 맞서 싸우기보다는 같은 민족인 공산당 소탕전에 몰두하는 것에 불만을 키워왔다. 게다가 10년 내전이 계속되면서 일본군이 화북 내륙까지 침공하고, 민생이 도탄에 빠진 현장을 보면서 장제스에 대한 불신과 회의가 깊어갔다. 장쉐량은 훗날 이렇게 술회했다. **149**

"일본 제국주의가 만주를 침공한 '9·18사변' 이후 학생들뿐만 아니라 일반 백성들의 항일정서가 크게 높아졌다. 어떤 사람들은 공산당이 선동하는 것이라고 말했지만 나는 그렇게 보지 않았다. 백성들의 항일정서는 공산당이 부추긴 게 아니라 인민들의 자발적인 것으로, 공산당은 그 민의를 쫓아간 것으로 생각했다. 나는 많은 전투를 해보았지만 승패불문하고 가장 가치 없는 싸움은 홍군과의 전투라고 여겼다. '비적소탕'이라는 이름의 홍군과의 전투는 정말로 마음을 아프게 했다. 비적을 소탕하는 군대는 모두 '견벽청야(堅壁淸野: 주위의 주민이나 물자를 소개하고 적군들이 인근의 건물이나 수목 등을 이용할 수 없도록 제거 또는 불태워버리는 것)' 전술을 쓴다. 말도 안 되는 것이다. 집들을 모두 불태워버린다. 군인들이 집에서 나온 물건들은 다 집어간다. 쑥대밭이 되어 사람이 살 수 없게 만드는 것이 견벽청야다. 인간으로서 할 짓이 아니다. 그래서 나는 내전을 반대했다."

내전에 회의를 느낀 장쉐량은 1934년 하반기부터 공산주의 서적을 읽기 시작했다. 그의 주변에는 공산당을 탈당한 리톈차이(黎天才 여천재; 본명은 '李經天' 이경천)와 판원위(潘文郁 반문욱; 본명은 '潘東周' 반동주), 우위밍(吳雨銘 오우명) 등 초기 고위 공산주의자 20여 명이 포진해 마르크스-레닌 서적 등을 강론하며 공산당에 관한 장쉐량의 사상적 변화에 많은 영향을 미쳤다. 이들은 장쉐량이 공산당과 연합해 항일노선을 견지하는 데 큰 구실을 했다. 장쉐량의 기밀팀장 리텐차이는 베이징대학 학생 시절 리다자오 교수 등이 만든 베이징대학 마르크스 사상 연구소의 회원으로 중공북방의 당 조직 초기 지도자의 한 사람이었다. 그는 1928년에 공산당을 떠나 '9·18사변' 이후 장쉐량과 인연을 맺었다. 장쉐량은 그를 통해 공산당 지하조직 활동을 타격하기도 했다. 리텐차이는 장쉐량이 서북 비적소탕 부사령관일 때 정훈처 부처장의 요직을 맡아 장쉐량과 양후청의 관계를 조율했다. 리텐차이는 장쉐량의 책사로 중공중앙과 접촉해 장쉐량과 저우언라이의 비밀회담을 주선하고, 시안사변 때 장쉐량-양후청의 8개 사항을 기초하는 등 막후인물로 활동했다. 저우언라이는 리텐차이의 실체를 알고 고도로 경계하면서 장원텐과 마오, 펑더화이 등에 전보를 보내 '당을 배반한 요주의 인물'로 보고하기도 했다.

시안사변 전날인 12월 11일 밤, 장제스는 이날 발생했던 일을 일기장에 이렇게 썼다. **150**

리텐차이가 갑자기 나를 보러 찾아왔다. 매우 뜻밖이었다. 리는 비적소탕 방침에 대해 회의적으로 말했다. 어제 장쉐량이 말한 것과 같았다. 뼈저리게 꾸짖었다.

장제스는 리텐차이가 찾아오자 악수를 한 뒤 어깨를 같이하고 앉아 온화하게 말했다.

"나는 줄곧 자네를 동지로 생각하고 있다. 나의 학생이다. 혁명가는 어떤 환경에 처하더라도 적에게 유화정책을 써서는 안 된다. 장 부사령관(장쉐량)은 도대체 어떤 생각을 하고 있는가?"

장제스는 얘기하며 호주머니에서 이름이 적힌 종이 한 장을 꺼내 펼쳐 보였다.

"자네, 여기에 있는 명단을 봐라. 자네의 의견을 듣고 싶다. 이 반동분자들을 어떻게 하면 좋겠는가?"

리텐차이가 명단을 보니 10명가량의 이름이 적혀 있었다. 리텐차이가 장제스에게 말했다.

"몇 사람은 제가 아는 사람이고, 모르는 사람도 있습니다. 제가 알기에 모두 공산당원은 아닙니다. 그들을 (해외로) 내보내 몇 년 공부시키는 게 어떻겠습니까?"

장제스가 리텐차이의 말이 채 끝나기도 전에 리의 말을 끊으면서 큰 소리로 질책했다.

"완전히 낡은 관료적 수법이구먼. 나쁜 놈들을 장려하는 방법이다. 해외에 보내 공부시키자는 게 누구 생각인가. 먼저 공산당과 결탁해 간행물을 발행하여 항일이라는 미명 아래 나를 욕하는 게 아닌가. 자네가 이렇게 흐리멍덩한 친구인지 생각지도 못했다. 자네들과 제17로군(양후청의 서북군)이 오해가 깊지 않은가? 지금은 어떤가?"

"모두가 위원장(장제스)의 지도 아래 복무하고 있습니다. 어떤 오해를 말씀하시는지요?"

"내 지도 아래? 어떤 게 나의 지도라고 들었는가? 명백하게 말하건대 공산당과 싸움을 완전히 끝내기 전에는 일본과 전쟁하지 않는다. 국가역량은 모두 내 손에 있다. 너희들이 공산당의 선전과 음모에 부화뇌동하는 것은 국가에 대한 엄중한 범죄행위다. 자네는 이 문제에 대해 어떤 태도인가?"

"위원장께서 난창(南昌 남창)에 계실 때 3푼은 군사고, 7푼은 정치라고 말씀하셨습니다. 지금은 그때와 정세가 다릅니다. 마땅히 9푼을 정치에 두어야만 비로소 이룰 수 있습니다. 군사는 1푼이면 충분합니다. 수이둥(綏東 수동)의 적들(일본군)이 행동을 시작했습니다. 우리도 마땅히 모든 응전계획을 세워야 합니다. 비행장에 계류하고 있는 그 많은 비행기들을 수이위안(綏遠 수원) 전방으로 보내야만 합니다."

이 말이 장제스의 역린逆鱗을 건드렸다. 장제스는 고함을 치며 말했다.

"네가 하는 말은 어제 장쉐량이 한 말과 똑같다. 네가 장쉐량의 영향을 받았나, 아니면 장쉐량이 너의 영향을 받았나? 내가 말하건대 마음만 고쳐먹으면 고통에서 헤어날 수 있다. 독불장군은 용납할 수 없다. 내가 너희들의 영수라고 생각한다면 무조건 나에게 복종하고 충실해야 한다. 오늘 이야기를 돌아가서 너희들 부사령관(장쉐량)에게 모두 이야기하라."

리텐차이는 장쉐량에게 그대로 보고했다. 불에다 기름을 뿌린 꼴이 되었다. 그날 밤에 장쉐량은 결단을 내렸다.

"지금부터 나는 사자獅子가 되겠다."

장쉐량은 리톈차이에게 내일(12일) 새벽 6시에 행동에 들어간다고 밝혔다. 장쉐량은 또 리톈차이에게 거사 후에 난징정부와 각 성에 보낼 거사 내용과 행동강령을 새벽 3시 전까지 준비하도록 지시했다. 한편 시안사변을 전후해 장제스도 장쉐량을 압박하기 위해 물밑에서 고도의 언론 플레이를 펼쳤다. 12월 9일, 장제스는 산시성 정부 주석 사오리쯔(邵力子 소력자)에게 한 통의 서신을 보냈다. [151]

리쯔 주석 형께 드립니다. 다음과 같은 소식(뉴스)을 산베이에 주재하고 있는 『다궁바오(大公報 대공보)』 기자에게 보도하도록 비밀리에 부탁을 드립니다. '장딩원(蔣鼎文 장정문)과 웨이리황(衛立煌 위립황)이 잇따라 시안에 왔다. 장 위원장(장제스)은 이미 장딩원을 비적소탕 전적前敵총사령관에, 웨이리황을 진(晉: 산시와 허베이성 남부), 산시, 수이(綏 수), 닝(寧 녕: 닝샤) 4성 변계 총지휘로 임명한 것으로 알려졌다. 천청(陳誠 진성)이 산베이에 와 장 위원장을 만나 군정부 차장 명의로 수이둥(綏東 수동) 중앙군 각 부대를 지휘하기로 한 것으로 알려졌다.' 단, 이 소식은 중앙사와 다른 기자, 시안의 각 신문에는 알릴 필요가 없습니다. 중정(中正: 원래의 장제스 이름). 12월 9일.

사오리쯔는 청나라 말 때 거인擧人 출신이다. 그는 과격한 급진파로 쑨원의 동맹회 회원이었다가 훗날 초기 공산당 최고 당원의 한 사람이었다. 나중에 공산당을 떠났으며, 이때 국민당의 산시성 주석으로 있었다. 사오리쯔는 『다궁바오』 기자에게 기사화를 부탁했다. 『다궁바오』는 12월 12일자에 '천청 수이둥 군사 지휘, 장딩원 공산당 소탕(剿共 초공) 서북 비적 전적총사령관에 임명. 웨이리황을 '진-산-간-수이' 4성 변계지구 총지휘에'라는 표제로 이 내용을 보도했다. 12월 12일 새벽, 장쉐량이 장제스를 체포함과 동시에 양후청의 제17로군이 시안에서 군사행동에 나서 난징에서 온 장딩원 등 국민당군 고위장성들을 구금했다. 제17로군은 이날 산시성 주석 사오리쯔를 체포, 연금할 때 그의 사무실에서 장제스가 보낸 이 서신을 압수해 그 보도 경위의 내막이 세상에 알려졌다. 장제스는 국내외에 큰 영향력을 갖고 있는 『다궁바오』에 먼저 군 고위장성 인사 내용을 실어 여론을 조성한 뒤 기정사실화하여 말을 듣지 않는 장쉐량과 양후청을 제거할 계획이었다.

시안사변에 대해 소련의 스탈린이나 코민테른의 총서기 드미트로프의 생각은 바오안에 있던 중공중앙의 지도자들과는 정반대였다. 사건 발생 당일에 중앙은 3차례에 걸쳐 모스크바의 코민테른 집행위원회에 전보를 보내 답을 기다렸다. 모스크바에 있던 코민테른 중공 대표단 단장 왕밍(王明 왕명)은 스탈린에게 장제스를 총살할 것을 건의했다. 스탈린을 비롯한 소련 지도자들과 드미트로프는 시안사변은 일본과 친일파 왕징웨이의 음모라며 맹렬하게 비난했다. 소련의 국가이기주의가 우선한 것이다.

1936년을 전후해 소련의 형세는 매우 어려운 국면에 처하게 되었다. 유럽에서는 독일의 히틀러가 군비 확장에 열을 올리고 있었다. 아시아에서는 일본이 중국을 침략하면서 소련을 위협했다. 소련은 애초 중국을 방패막이로 화근 덩어리인 일본의 침략을 막으려 했다. 하지만 1936년 11월에 독일과 일본이 '반공협정'을 맺는 바람에 안팎으로 적을 맞는 꼴이 되었다. 스탈린은 이들 국가의 위협을 막기 위해 세계 반파시스트 통일전선 구축과 함께 장제스의 국민당 정부를 끌어들여 항일 민족통일전선을 만들려는 속셈이었다. 그렇기에 스탈린에게는 시안사변이 눈엣가시일 수밖에 없었다. 심지어 소련은 12월 14일자 당 기관지 『이즈베스티야』 사설을 통해 "시안사변은 장쉐량이 친일파 영수 왕징웨이와 결탁해 항일운동을 내세워 사익을 추구한 것으로 겉으로는 항일의 기치를 내걸었지만 실질적으로는 국가를 분열하는 행위다. 중국이 계속 혼란 속으로 빠져들면 외국 강도들의 침략으로 희생을 피할 수 없을 것"이라고 시안사변을 맹비난했다.

중국 명운의 큰 물줄기를 바꾼 시안사변의 주역 장쉐량은 훗날 국민당이 공산당에 질 수밖에 없었던 여러 가지 원인을 분석해 구술口述한 자료에서 '민심을 얻어야만이 천하를 얻을 수 있다(因得民心而得天下 인득민심이득천하)'는 천고千古의 철칙을 저버렸기 때문이라고 밝혔다. 또 장제스가 성골聖骨과 잡골雜骨을 차별해 차도살인借刀殺人이란 꼼수로 군심軍心을 어지럽힌 것도 한 원인으로 꼽았다. 장제스는 잡골인 자파이쥔(雜牌軍 잡패군)을 비적소탕전 전위에 동원하고, 성골인 중앙군은 후위에 배치해 병력 손실을 막아 '잡패군'으로부터 큰 불만을 샀다고 토로했다. 누가 봐도 명명백백한 불공평이라는 것이다. 실제로 중앙홍군의 장정 때 길을 열어주었던 광둥-광시 군벌 천지탕(陳濟棠 진제당), 칭하이성(靑海省 청해성) 마부팡(馬步芳 마보방), 닝샤성(寧夏省 영하성) 마훙쿠이(馬鴻逵 마홍규), 신장성(新疆省 신강성) 성스차이(盛世才 성세재), 화베이(華北 화북) 쑹저위안(宋哲元 송철원)과 한푸취(韓復渠 한복거), 산시성(陝西省 섬서성) 양후청 등은 모두 싸우려 하지 않았다. 장제스가 잡패군으로 분류해 차별했기 때문이다. [152]

　시안사변을 결행하면서 "나는 36세로 죽었다"는 말과 함께 자신의 인생을 걸었던 풍운아 장쉐량은 1936년 12월 25일에 석방된 장제스와 난징 비행장에서 내리자마자 체포되어 10년형의 금고형을 받고 연금되었다. 장제스는 대륙을 잃고 타이완으로 달아날 때 장쉐량을 끌고 가 유폐시켰다. 세월은 덧없이 흘러갔다. 장제스의 어느 생일날 장쉐량은 시계를 선물했다. 장제스는 답례로 낚싯대를 보냈다. 장쉐량의 '시계 선물'은 많은 시간이 흘러간 만큼 이제 연금을 해제해도 되지 않겠느냐는 물음이었다. 장제스는 달랐다. 아직도 멀었으니 세월이나 낚고 있으라는 뜻으로 낚싯대를 선물로 주었다고 한다. 모진 인연이었다. 세월은 흘러 장제스도 떠났고, 대를 이은 총통인 장제스의 아들 장징궈(蔣經國 장경국)도 스러졌다. 장쉐량은 1990년 6월 1일, 그의 생일날이 되어서야 풀려났다. 연금된 지 55년 만이었다. 파파노인이 된 90세였다. 장쉐량은 1995년 타이완을 떠나 숨을 거둘 때까지 동생이 거주하던 미국 하와이에서 살았다. 2001년 10월 14일, 장쉐량은 하와이 자택에서 파란만장한 삶을 마감했다. 101세였다.

남방 유격대

1934년 10월, 홍군 제1방면군 주력부대가 루이진(瑞金 서금) 중앙 소비에트 지구를 떠나 장정에 나설 때 잔류한 1만 6천여 명은 장정부대를 엄호하고 남방지구의 홍색혁명을 유지·확장하는 임무를 맡았다. 중앙은 장정에 앞서 중앙 분국을 설치하고 샹잉(項英 항영)을 분국 서기, 중앙 군구사령관 겸 중앙혁명군사위원회 중앙 소비에트 지구 분회 주석으로, 천이(陳毅 진의)를 중앙 소비에트 공화국 중앙분국 위원 겸 정부판사처 주임으로 각각 임명했다. 11월 말, 국민당군의 거센 포위공격으로 전세가 악화되자 샹잉과 천이가 통솔한 홍군은 점차 부대를 쪼개 독립적으로 전투할 수밖에 없는 상황에 처했다. 1935년 2월, 샹잉과 천이가 이끄는 홍군은 쭌이(遵義 준의)회의 이후 새로 개편한 중앙의 지시에 따라 9로路로 나누어 국민당군의 포위망을 뚫고 남방 8개성省 15개 지구로 흩어져 유격전을 펼치기 시작했다.

샹잉은 1898년 5월에 후베이(湖北 호북)성 우창(武昌 무창)에서 태어났다. 15세 때 우창의 큰 공장에 들어가 낮에는 일하고 밤에 공부하는 주경야독의 노동자 생활을 했다. 샹잉은 틈틈이 노동 관련 신문과 서적 등을 보며 노동운동에 관심을 쏟았다. 샹잉은 노동자들의 권익보호를 위해서는 노동조합을 통한 조직적 투쟁이 필요하다는 신념 아래 본격적인 노동운동에 뛰어들었다. 1920년, 우한 방직공장 노동자 파업을 벌인 뒤 1921년 12월에는 우한 철도노동자 구락부를 만들었다. 1922년 4월에 공산당에 가입해 후베이 지역에서 가장 이른 시기의 노동자 당원이 되었다. 그 후 우한과 상하이에서 노동운동을 주도하면서 우한지역 노동운동의 지도자로 인망이 높았다. 샹잉은 1926년 가을에 우한에서 노동자규찰대 총대장으로 국민혁명 북벌군을 도와 치안 책임자로 일했다. 샹잉은 중앙홍군의 장정 전에 루이진 중화 소비에트 공화국 중앙 집행위원회 부주석으로 있었다.

10대 원수의 한 사람인 천이(陳毅 진의)는 1901년 8월에 쓰촨성 러즈(樂至 낙지) 현에서 태어났다. 5세 때부터 사숙私塾에 다니다 9세에 소학교에 들어갔다. 17세 때 청두 갑종공업학교에 들어가 졸업한 뒤 1919년에 '노동하면서 공부하는' 근공검학勤工儉學의 일원이 되어 프랑스에서 유학했다. 천이는 프랑스에서 저우언라이, 차이허썬(蔡和森 채화삼), 리푸춘(李富春 이부춘) 등을 만나 마르크스주의에 눈 뜨기 시작했다. 1921년, 프랑스에서 유학생 애국운동을 조직해 활동하다가 프랑스 정부당국으로부터 볼셰비키로 찍혀 그해 10월에 중국으로 강제 추방되었다. 1923년에 차이허썬의 소개로 공산당에 가입했다. 천이는 1927년에 우한(武漢 무한) 중앙 군사정치학교 중앙위원회 서기로 일하다가 저우언라이와 주더가 일으킨 난창기의에 참가했다. 그 후 주더와 광둥봉기에 참여했다가 좌절을 맛본 천이는 1928년 1월의 후난기의 때 노농혁명군 제1사단 당대표에 임명되었다. 천이는 4월에 주더와 함께 징강산(井岡山 정강산)에 들어가 마오쩌둥 부대와 합류해 혁명투쟁을 벌였다. 1930년에는 제6군단(나중에 제3군단으로 바꿈) 정치위원, 제22군단 군단장, 장시(江西 강서)군구 총지휘 겸 정치위원 등 직을 맡았다. 천이는 국민당군의 포위공격 소탕전에 맞서 뛰어난 활약으로 많은 전공을 세운 바 있었다.

샹잉과 천이가 이끈 홍군은 애초 홍군 제1방면군의 장정을 엄호하면서 소비에트 지구 방어 투쟁을 벌였으나 엄청난 병력의 열세와 빈약한 무기 탓에 창장 이남의 8개성으로 뿔뿔이 흩어져 유격전으로 맞서 싸울 수밖에 없었다. 유격대는 장시(江西 강서), 푸젠(福建 복건), 저장(浙江 절강), 안후이(安徽 안휘), 허난(河南 하남), 후베이(湖北 호북), 후난(湖南 호남), 광둥(廣東 광동) 등 8개성省 15개 지구에 흩어져 1937년 10월에 제2차 국공합작이 이루어질 때까지 3년여 동안 처절한 투쟁을 벌였다. [153]

이들 유격대는 항일전쟁 시기 '신사군新四軍'으로 개편해 항일전쟁에 크게 기여했다. 뿐만 아니라 남방 근거지에 공산혁명의 씨앗을 뿌려 공산당이 중국을 통일하는 데 큰 구실을 했다. 샹잉과 천이가 지휘한 유격대의 활약으로 국민당군과 홍군의 전장戰場은 장정 중이던 북방지역과 이들을 엄호했던 남방지역으로 나누어졌다. 홍군 남방 유격대들은 수십만 명의 국민당군을 전장으로 끌어들여, 그들이 홍군 제1방면군의 장정 소탕작전에 참여하지 못하도록 막아 홍군 제1방면군의 군사적 압력을 크게 줄이는 구실을 했다.

하지만 이들 유격대는 국민당군의 철통같은 봉쇄로 고립무원의 상황에 빠져 3년여 동안 극한적인 처절한 유격전을 벌일 수밖에 없었다. 각 지역 유격대들은 국민당군의 철옹성 포위망으로 상호 간의 교통수단이 차단된 데다 중앙과 상급 당 조직과의 연락이 끊겨 부득불 독립, 자주적으로 유격전을 벌였다. 이들 유격대는 자신들의 병력보다 10배, 20배, 심지어는 50배나 많은 국민당군과 전투를 해야 하는 엄청나게 열악한 환경에 처해 있었다. 이런 극한적 상황을 견디다 못해 홍군을 떠나 국민당으로 투항하는 사태가 빈번하게 발생했다. 오늘의 동지가 내일은 적이 되는 험악한 분위기가 연출되었다. 이들 배신자는 한술 더 떠 토벌대의 전면에 나서 설치고 다녔다. 피아彼我구분이 안 되어 한순간에 삶과 죽음이 갈렸다. 그리하여 서로 의심하는 불신과의 또 다른 전쟁을 벌여야 했다.

생사 넘나드는
천이

1935년 4월, 장제스는 샹잉과 천이가 '광둥-장시' 변경으로 부대를 이동한 것을 알고 곧바로 대규모 병력을 동원해 소탕전(淸剿 청초)에 들어갔다. 장제스는 직계 부대인 제46사단, 광둥군 위한머우(余漢謀 여한모)의 제1군 3개 사단과 장시성의 무장한 보안단 등 3만~4만 명의 병력을 동원해 3겹의 봉쇄선을 구축했다. 제1봉쇄선은 광둥-장시 변계 동쪽의 타오장(桃江 도강)과 서쪽 장수이(章水 장수), 남쪽 전수이(滇水 정수) 지역으로 이 일대의 나루터와 냇가 등을 물샐틈없이 통제했다. 제2봉쇄선은 다위(大余 대여), 난슝(南雄 남웅), 난캉(南康 남강), 신펑(信豊 신풍) 사이의 도로변에 초소와 토치카를 만들어 병력을 주둔시켜 밤낮으로 순찰을 돌도록 했다. 제3봉쇄선은 유격대 근거지 주변의 폐허가 된 마을이나 촌락에 군대를 주둔시켜 요충지를 방어하면서 유격대원들을 수색하거나 추격 소탕전을 펴도록 했다.

위한머우는 산속에 병력을 풀어 유격대 소탕작전에 나섰다. 홍군 유격대들은 깊은 산중에 매복해 오늘은 이쪽, 내일은 저쪽 하는 식으로 동가식서가숙東家食西家宿하며, 어떤 때는 며칠씩 다른 지역으로 이동하는 등 국민당군과 숨바꼭질을 했다. 어느 날 오후 5시께 천이는 나무지팡이를 짚고 부상당한 다리를 질질 끌며 유격대를 따라 다른 지역으로 이동하고 있었다. 도중에 국민당군과 조우해 총격전이 벌어졌다. 어떤 사람들은 먼 곳으로 달아나고, 또 어떤 사람들은 부근에 숨었다. 천이는 제대로 걷지 못했기 때문에 경호원과 함께 길옆 도랑의 갈대숲에 숨었다. 국민당군들은 건성으로 수색했다. 중대장은 소대장에게, 소대장은 하사관에게, 하사관은 사병에게 수색 명령을 내리는 식이었다. 사병들은 마지못해 천이가 숨은 곳에서 수색하는 척 시늉만 하고 돌아가 홍군 유격대들이 모두 도망갔다고 보고했다. **154**

중대장은 주변에서 신발 한 짝을 발견하고 분명히 갈대숲에 홍군 유격대원들이 숨었는데 제대로 수색하지 않았다고 소대장에게 욕설하고, 소대장은 하사관에, 하사관은 사병들에게 욕을 하는 그런 판이었다. 화가 난 중대장은 자신이 직접 수색하겠노라 큰소리치고 갈대숲에 갔다가는 겁먹고 돌아와 길옆에서 담배를 태우며 서성거렸다. 갈대숲에 숨은 천이와 경호원은 총을 꺼내들고 더욱 낮은 포복으로 몸을 숨겼다. 이들은 해가 질 때까지 기다리다가 철수했다. 천이와 경호원은 한밤중에야 갈대숲에서 나와 근거지로 달아나 목숨을 건질 수 있었다.

다음 날 날이 밝자 어제 갈대숲을 수색했던 국민당군 중대원들이 다시 출동해 1~2시간 동안 여기저기 갈대숲을 수색하면서 "안 나오면, 들어가 찾는다"고 큰소리로 떠들어댔다. 아무런 동정이 없자 중대장은 근처에서 주운 신발 한 짝을 들고 "봐라, 다리에 총 맞아 죽었다. 물속으로 사라졌다"고 말하고 부대원들을 철수시켰다. 국민당군의 군기와 기율이 얼마나 허술했는지를 보여주는 사례였다.

1935년 봄, 홍군 중앙군구 참모장 궁추(龔楚 공초)가 제24사단 제72여단 대원 700여 명을 이끌고 후난 유격지구를 향해 포위망을 돌파하다가 이장(宜章 의장)에서 광둥 천지탕군에게 붙잡혔다. 포로가 된 궁추는 홍군을 배신한 뒤 "샹잉과 천이가 난슝과 다위 일대에 있다. 우리와 헤어질 때 약속했던 곳"이라고 밀고했다. 천지탕은 궁추를 '공산당 소탕 유격사령부 소장'으로 임명하고 샹잉과 천이를 잡아오도록 40명의 호위대와 무기 등을 지원했다. 또 1개 중대를 딸려 보내 후미에서 궁추를 돕도록 했다. 그해 10월에 궁추는 호위대를 홍군 유격대원으로 위장해 샹잉과 천이의 행적을 찾아 나섰다. 궁추는 행군하다가 공교롭게도 홍군 비밀 연락소장 허창린(何長林 하장림)을 만났다. 허창린은 궁추가 참모장이었기 때문에 아무런 의심 없이 그를 비밀연락소로 안내했다. 허창린은 궁추가 입고 있는 옷이 새것인 데다가 부하들이 모두 광둥말을 쓰는 것을 알고 의심이 들었다. 눈치를 챈 궁추가 본색을 드러냈다. 궁추는 허창린의 권총을 빼앗고 "나는 현재 국민당군 군관이다. 천이와 샹잉이 숨어 있는 곳을 말하라. 그러면 죽이지는 않겠다"고 윽박질렀다. 허창린은 죽는 것이 두려워 투항했다. 허창린은 "천이의 비서가 오늘 오후에 7~8명의 유격대원과 정보를 취합하고 양식을 타러 이곳에 온다. 그들을 붙잡아 길라잡이를 하면 샹잉과 천이를 잡을 수 있다"고 말했다.

과연, 천이가 파견한 유격대원들이 왔다. 궁추는 신분을 숨기고 천이의 비서에게 "수장首長을 만나러 왔다. 샹잉과 천이 수장이 있는 곳으로 안내해주기 바란다. 나는 후난에서 아주 큰 유격지구를 확장했다. 두 수장을 그곳의 지도자로 모시기 위해 왔다"고 거짓말을 했다. 천이 비서는 "참모장, 대오들과 이곳에 계시면 제가 먼저 가서 보고하겠습니다. 먼저 보고하지 않으면 오해를 살 수 있습니다"라고 했다. 궁추는 "빨리 그들을 만나야 한다"면서 재촉했다. 비서는 할 수 없이 같이 온 일행들과 함께 쌀자루를 메고 앞장서 걸으며 궁추의 동정을 살폈다. 궁추가 비서에게 물었다.

"너희들은 병력이 얼마나 되나?"

"우리가 있는 곳은 병력이 많습니다. 50여 명이 됩니다. 또 기관총이 몇 정 있어요. 전투를 벌여 여러 차례 이겼습니다."

비서가 이렇게 허풍을 떨자, 궁추는 겁이 났다. 궁추는 2명의 호위대를 비서 일행과 앞에 가도록 하고 자신은 10여 미터 떨어져 쫓아갔다. 천이가 있는 곳에 가까이 왔을 때였다. 허창린이 "이곳은 내가 잘 안다. 천이가 있는 곳이 여기서 얼마 안 된다. 10여 리 정도다. 이곳 지형은 아주 좋다. 대단히 험요하다. 그들 몇 명이 돌아가서 보고해도 늦지 않는다. 우리는 지름길로 가자"고 말했다. 궁추가 동의하지 않았다. 새벽 4시께 되었을 때 천이가 파견한 사람들이 잽싸게 달아났다. 궁추는 붙잡고 있던 경호원에게 "빨리 천이가 있는 곳으로 안내하라. 네가 가지 않으면 총살하겠다. 나는 국민당군 군관이다. 참모장이 아니다"라고 본색을 드러냈다.

경호원은 허창린도 이곳 지리를 잘 알고 있기 때문에 어쩔 수 없이 이들을 데리고 천이가 있는 쪽으로 갔다. 초병이 수하를 했다.

"누구냐?"

"총 쏘지 마. 나야."

경호원이 말했다. 초병이 신원 확인을 위해 "한 사람씩 앞으로 오라"고 했다. 궁추는 경호원을 불렀다. 경호원은 "잘 생각하십시오. 총소리가 나면 천이가 도망갑니다"라고 말함과 동시에 냅다 달아나며 "이들은 반동분자"라고 큰 소리로 외쳤다. 초병은 앞에 있던 국민당군들을 향해 총을 쏘았다. 총격전이 벌어졌다. 총소리가 나자 샹잉과 천이는 산 위로 몸을 피했다. 궁추가 부대원들과 초병 진지로 돌진하자 초병도 달아났다. 궁추는 이곳 지리가 험요하고 샹잉과 천이가 전투 태세를 갖추었을 것으로 보고 철수했다. 궁추는 다음 날에 1개 대대 병력을 이끌고 이 일대를 샅샅이 수색했으나 끝내 샹잉과 천이의 행적을 찾을 수 없었다.

1936년 6월, 광둥군벌 천지탕과 광시(廣西 광서) 신군벌 리쭝런(李宗仁 이종인), 바이충시(白崇禧 백숭희)가 장제스의 '양외필선안내攘外必先安內(먼저 국내를 안정시키고 외적을 물리친다. 즉 공산당을 소탕한 뒤 일본과 싸운다)' 정책에 불만을 품고 '반장항일反蔣抗日(장제스에 반대하고 일본에 항거한다)'의 구호를 내걸고 '양광사변兩廣事變(장제스에 반기를 든 광둥군벌과 광시군벌의 저항사건)'을 일으켰다. 노회한 장제스는 이들을 이해利害로 구슬려 3개월도 안 되어 '양광사변'을 와해시켰다. 장제스는 곧바로 대규모 병력을 동원해 광둥-장시 변계의 홍군 유격지구 소탕전에 들어갔다. 장제스는 직계부대인 제46사단을 투입했다.

사단장 다이스샤(戴嗣夏 대사하)는 '토치카 전문가'란 소리를 듣는 장군이었다. 다이스샤는 토치카 전문가답게 유격지구를 진공進攻할 때 산길과 도로, 나루터 등 길이란 길의 모든 입구에 토치카를 세우고 중무장한 군대가 지키도록 했다. 연좌제인 보갑제保甲制를 실시해 10가구를 하나로 묶어 갑장甲長을 두고, 한 마을을 일보一保로 해 보장保長을 두었다. 한 집에서 홍페이(紅匪 홍비: 홍군)와 내통하면 10가구가 책임지도록 하는 연좌제로 마을 사람들을 철통같이 통제했다.

물샐틈없는 봉쇄선으로 홍군 유격대들은 생존과 활동에 큰 어려움을 겪게 되었다. 그해 겨울 천이는 다이스샤 제46사단의 봉쇄로 메이링(梅嶺 매령)의 깊은 밀림 속 바위동굴(岩洞 암동)에서 20여 일을 살아야 했다. 다행히 메이관(梅關 매관) 황컹(黃坑 황갱)에 사는 장첸메이(張千妹 장천매)라는 아낙네가 목숨을 걸고 밤에 몰래 먹을 것을 갖다주어 근근이 지낼 수 있었다. 그러다 장첸메이가 다이스샤의 부대원들에게 발각되어 발길이 끊기면서 천이 스스로가 구명도생해야 했다.

당시 천이뿐만 아니라 다른 유격지구의 홍군들은 산나물과 산딸기, 죽순 등을 채취하거나 뱀을 잡아 허기진 배를 채웠다. 짐승과 다름없는 생활이었다. 얼마 후 발길이 끊겼던 장첸메이가 먹을 것을 갖고 와 산 아래 국민당군이 모두 철수했다고 전해주었다. 산을 내려온 천이는 신문을 보고 적들이 왜 철수했는지를 알게 되었다. 시안사변이 터져 장제스가 억류되었다는 보도였다. [155]

시안사변 이후에 제2차 국공합작으로 항일전쟁을 위해 산베이에 근거지를 마련한 홍군 주력부대는 '바루쥔(八路軍 팔로군)'으로, 남방 8개성의 홍군 유격대는 '신스쥔(新四軍 신사군)'으로 각각 개편되었다. 당시 홍군 유격대들은 곳곳의 산속으로 흩어져 전투를 벌이고 있었다. 이들은 오랫동안 중앙과 연락이 끊겨 당 중앙의 항일 민족통일전선의 정책을 이해하지 못해 산에서 내려오려고 하지 않았다. 천이는 연락병을 보내 유격대원들에게 중앙의 뜻을 전하고 하산을 권유했다. 유격대원들은 당이 배신한 것으로 오해해 연락병을 총살했다. 천이도 '배반자'로 오해받아 목숨을 잃을 뻔했다. 후난 유격대 지대장 차오수량(曹樹良 조수량)이 후난-장시 변계의 유격대원을 사살한 사건도 발생했다.

홍군이 홍군을 사살하는 사건이 빈발하자 천이는 조바심이 났다. 1937년 11월 중순, 천이는 후난-장시 변계의 주룽산(九龍山 구룡산) 유격지구를 찾아갔다. 천이는 유격참모장 돤환징(段煥竟 단환경)과 정치부 주임 류페이산(劉培善 유배선)을 만났다. 천이는 그들에게 중앙의 항일 민족통일전선 건립에 관한 지시를 전달했다. 그들은 일리가 있다고 이해하면서도 잘 믿으려 하지 않았다. 장제스는 시안사변 이후 '북화남초北和南剿(산베이의 공산당 중앙과는 평화를 유지하고 남쪽 유격대 지구에서는 소탕전을 벌임)' 정책을 펼쳐 남방 유격대를 옥죄며 소탕했다. 이 때문에 유격대원들은 통일전선에 대해 반신반의하고 있었다. 돤과 류는 천이가 당대표가 아니라 배반 가능성이 높다고 보고 체포해 성위원회로 보냈다. 성위원회 서기 탄위바오(譚余保 담여보)가 직접 처리하도록 한 것이다. 다음 날, 탄위바오가 모제르총을 허리에 차고 검은 선글라스를 낀 채 홍군 모자를 쓰고 천이 앞에 나타났다. 천이가 물었다.

"당신이 탄위바오인가?"

"내가 탄위바오다. 당신은 나를 안다!"

"당신의 이름을 알고 있다."

"나도 당신을 알고 있다. 내가 징강산에 있을 때 당신이 단상에 올라 이야기를 했다. 의기양양했다. 우리는 아래에 앉아서 들었다. 당신이 이야기한 것을 아직 기억하고 있는가?"

"내가 무엇이라고 말했나?"

"당신은 혁명에 대해 이야기했다. 견결하게 말했다. 적에게 투항해서는 안 된다고 했다. 그런데 지금은? 배반자가 되었다. 빨리 솔직하게 말하라. 내가 너를 심판하겠다. 너희들 지도자들은 죽음을 두려워한다. 너희들이 남겨놓은 천훙스(陳洪時 진홍시), 이 반도叛徒가 이곳의 지도자다. 너는 지금 협력이 필요하다고 말했다. 계급투쟁에 어떻게 협력이 가능한가. 너희들은 국민당과 합작해라. 나는 협력을 안 한다. 나는 끝까지 혁명을 하겠다."

"탄위바오 동지, 당신은 자신만 생각하고 큰 국면을 보지 않는다. 반도, 반도 하는데 당신은 공산당원이다. 조직을 믿어야 한다. 마오 주석과 주더 총사령관은 북방에서 항일협력을 호소하고 있다. 우리는 지금 싸울 수 없다. 국민당군과 싸우는 것은 당의 방침에 어긋나는 불일치다."

"너는 교활하게 변명만 늘어놓고 있다. 너는 배반자다!"

탄위바오가 이렇게 말하자, 주위에 있던 홍군들이 천이가 대동한 사람들을 두들겨 패면서 자백을 강요했다.

"그들은 나를 보호하기 위해 지구에서 온 사람들이다. 그들을 폭행하는 것은 도리가 아니다."

천이가 화가 치밀어 큰 소리로 꾸짖었다. 탄위바오의 부하가 말했다.

"저들이 당신이 배신했다고 모두 불었다."

"완전히 웃기는군. 어떤 배신자가 이렇게 어리석은가. 포승을 풀어라."

"포승을 풀라고? 우리는 오늘 밤 네 목을 벨 텐데 풀어달라고?"

탄위바오가 비아냥거렸다.

"탄위바오 동지, 이러면 안 된다. 총살은 안 된다. 공산당원은 죽는 게 두렵지 않다. 당신이 지안(吉安 길안), 난창(南昌 남창), 옌안(延安 연안)에 사람을 보내 내가 여기 온 것을 자세히 알아보라. 주더 총사령관은 난징에 갔다. 예젠잉은 우한, 샹잉은 며칠 전에 난징에서 돌아왔다."

"샹잉과 예젠잉은 고사하고 네가 스탈린, 마오쩌둥이 파견했더라도 나는 너를 체포할 수밖에 없다."

"개새끼, 너는 비적 우두머리다. 나는 네가 공산당원이라고 생각해 오랫동안 참았다. 너희들의 많은 장병들이 견결해 나는 대견하게 생각했다. 당을 위해 희생을 두려워하지 않아 너희들이 영광스러웠다. 오늘 너희들이 나를 반도라고 욕하는 것, 어느 정도는 이해한다. 너희들이 의심하는 것, 당연하다. 너희들이 계급적인 처지에서 볼 때 갑자기 통일전선을 받아들인다는 것이 대단히 어려울 수 있다. 내가 샹잉을 말하고, 예젠잉, 주더가 파견했다고 얘기했는데 너는 나를 체포한다고 했다. 스탈린, 마오쩌둥이 파견했다고 해도 그런다고 했다. 마오쩌둥, 스탈린이 파견했는데 네가 어떻게 체포할 수 있겠는가? 너는 이미 당의 입장을 떠났다. 네가 어떻게 성위省委 서기인가? 우리 모두 확고한 계급적 입장을 세워야 한다. 유격전쟁은 당연하나, 토비土匪 짓은 절대 해서는 안 된다. 탄위바오, 너는 나를 총살해도 좋다. 너는 원래 나를 총살하려고 했다. 네가 공산당원이라면 나를 총살할 수 없다. 너는 비적 우두머리다. 총살해라!"

천이가 체포된 지 4일째 되는 날에 천이를 지키는 유격대원이 천이에게 말했다.

"탄(위바오) 서기가 당신을 단단히 벼르고 있다. 잘 이야기해야 한다. 당신은 당을 배반한 경위를 모두 솔직하게 이야기하라. 적과 어떻게 결탁해서 왔는지를 솔직하게 말하면 관대하게 처분할 것이다."

천이가 구류된 지 5일째 되던 날, 탄위바오는 홍군 유격대를 집합시킨 뒤 장황하게 천이의 죄목을 조목조목 나열하며 심판했다.

"오늘 천이라고 하는 중요한 인물을 대면한다. 그는 당연히 고참 당원이다. 우리는 이 이름을 안다. 그는 지주고, 우리는 심사한다. 모두들 동요해서는 안 된다. 계급적 입장을 확고히 해 함부로 믿어서는 안 된다. 그를 단죄할 몇 가지 이유가 있다. 첫째, 과거에는 소비에트가 정확하다고 했다가 지금은 소비에트가 필요 없다고 한다. 소비에트를 취소했다. 이것은 당연히 기회주의다! 둘째, 토지혁명을 하면서 그는 계급협력을 해야 한다고 주장한다. 셋째, 홍군을 개편해 국민혁명군에 편제시켜야 한다고 한다. 이것은 적에게 투항하는 것이다. 기회주의고 투항주의다. 지식분자들은 고생스러운 유격전을 하려고 하지 않는다. 국민당에 대한 환상이다. 우리는 확고한 입장을 가져야 한다. 그의 영향을 받아서는 안 된다. 단, 그를 반도叛徒로 대해서도 안 된다."

그날 밤에 탄위바오는 천이를 찾아가 경호원을 밖으로 내보내고 말했다.

"이곳엔 아무도 없다. 당을 배반한 과정을 다 말하라. 비밀은 지키겠다. 너의 지위를 보장해주겠다. 책임 있는 사람으로서 견디기 어려울 것이다."

천이는 화를 내면서도 웃으며 말했다.

"당신, 생각해봐라. 진짜 반도라면 이렇게 간단하겠나. 어떻게 매수하겠나?"

천이가 수감된 지 며칠이 지났는데도 산 아래의 국민당군이 이렇다 할 움직임을 보이지 않자, 유격대원들은 탄위바오에게 연락책을 지안에 보내 자세한 상황을 파악해 오도록 건의했다. 탄위바오도 산 아래 국민당군이 토벌하러 오지 않을 뿐만 아니라 오히려 철수한 사실을 알고 천이를 오해한 게 아닌가 하는 생각이 들었다. 탄위바오는 연락책을 지안에 파견해 자세한 상황을 알아보도록 했다. 지안에 이미 신사군 통신처가 생겼고, 천이가 중앙의 대표로 왔다는 사실을 알게 되었다. 탄위바오는 "내가 경솔했다. 큰일을 그르칠 뻔했다"며 사과하고 천이를 풀어주었다.

천이는 또 한 번 저승 문턱에서 돌아올 수 있었다. 1935년 4월에 유격대 제3지대장에 임명된 마오의 둘째 동생 마오쩌탄(毛澤覃 모택담)은 푸젠 군구軍區가 쓰두(四都 사도)지구에서 국민당군에 겹겹이 포위당했을 때 지대를 이끌고 장시(江西 강서)로 탈출했다. 4월 26일, 마오쩌탄은 루이진 황산커우(黃膳口 황선구)의 훙린(紅林 홍림) 산간지역에서 국민당군과 교전을 벌이다가 사살되었다. **156**

마오, 류사오치와
합작 모색

시안사변으로 제2차 국공합작國共合作에 기반한 통일전선과 항일전쟁의 분위기가 고조되던 1937년 초에 마오쩌둥, 뤄푸(洛甫: 장원톈), 저우언라이, 보구 등 중공 지도자들은 당 운명의 결정적 전환에 고무되어 앞날에 대한 대책 마련에 부산했다. 이들은 국공 간의 10년 내전이 끝났고, 국내의 평화 실현으로 당이 원기를 회복해 앞으로 크게 발전할 수 있는 더없이 귀중한 시기라고 판단했다. 마오는 숙고에 숙고를 거듭했다. 이 천재일우千載一遇의 시기에 무엇을 하고, 우선적 처결사항은 무엇인지 꼼꼼하게 챙겼다. 마오는 국공합작과 통일전선 구축 협상이 탄력을 받아 성공할 가능성이 높다고 보았다. 시안사변 이후 저우언라이를 대표로 한 중앙 대표단 둥비우, 보구, 예젠잉 등이 국민당 정부와 시안에서 벌이고 있는 협상은 전망이 밝아 보였다. 마오는 용의주도하고 두뇌회전이 빠른 저우언라이의 능력을 십분 믿고 있었다. 만사는 불여튼튼이었다. 마오는 항일 민족통일전선의 구축과 발전에 따라 당내에서 발생할 수 있는 두 가지 문제를 상정했다. 하나는 통일전선 문제가 잘 안 풀릴 경우에 좌경적 폐쇄주의가 돌출할 수 있고, 또 하나는 국공합작이 성공해 통일전선으로 갈 경우에는 우경적 투항주의가 쉽게 출현할 수 있다고 내다보았다. **157**

사색에 잠긴 마오는 1년여 전인 1935년 12월의 와야오바오(瓦窯堡 와요보) 회의 때 자신이 했던 말을 상기했다. 마오는 "좌경 폐쇄주의는 당내의 주요한 위험 요인이다. 우경 투항주의 또한 대단히 경계해야 한다"고 강조한 바 있었다. 마오는 천두슈의 우경 투항주의를 1927년 대혁명 실패의 주요 원인으로, 왕밍의 좌경 폐쇄주의는 홍군이 전대미문의 장정으로 내몰리는 백척간두의 위기를 불러왔다고 여겼다. 생각만 해도 끔찍한 이런 우려가 현실로 다가올 수 있다고 확신한 마오는 사전에 싹을 제거하기 위한 시기가 평화적 협상국면이 진행되고 있는 지금이라고 판단했다. 목적은 당정군黨政軍의 우월적 장악이었다.

그러려면 당내에서 자신의 확고한 입지가 중요했다. 자기 스스로 머리를 깎을 수 없으니 누군가의 지원이 필요했다. 마오는 오랫동안 눈여겨보았던 류사오치(劉少奇 유소기)를 떠올렸다. 마오쩌둥은 중공 군대의 주요 창건자이자 최대의 근거지를 만든 소비에트 지구의 개척자였다. 따라서 마오는 중앙홍군에서 간부들의 폭넓은 지지와 정서적 유대감을 갖고 있었다. 마오는 또 두터운 권력의 정치적 자원을 보유하고 있었다. 일찍이 공산당 창당 작업에 참여해 현재 몇 명 남아 있지 않은 제1차 전국대표대회 대표의 한 사람으로 당의 역사에서 우두머리 반열에 속했다. 군軍내에서는 징강산파를 필두로 탄탄한 기반을 구축했다. 1935~36년 사이의 공산당 지도층에서 장궈타오를 제외하고는 그 누구도 마오와 어깨를 겨룰 수 없었다. 당의 최대 주주인 셈이었다. 마오는 당내의 자격과 경력, 지위 등을 내세워 당의 전국적인 방침과 정책, 기타 문제에 대한 자신의 주장을 제기해도 감히 맞설 사람이 없을 정도가 되었다.

이런 막강한 영향력을 발휘할 수 있는 권력구조의 바탕에는 '볼셰비키 28인'의 한 사람인 당중앙 총서기 뤄푸와의 밀접한 합작관계가 유지되고 있었다. 마오와 뤄푸의 정치적 결합의 중요한 성과 중 하나는 따로 파벌을 세워 당 분열을 기도한 장궈타오를 물리쳤다는 것을 들 수 있었다. 마오와 뤄푸는 쭌이회의 이후 밀월관계였다. 뤄푸는 마오를 십분 존경했다. 뤄푸는 당의 중대한 문제를 결정할 때 거의 마오에게 먼저 의견을 구했다. 뤄푸와 마오가 당의 중요 문건에 관해 연명으로 발표할 때도 마오가 주도적 구실을 했다.

마오는 군사를 지휘하면서 당의 전국적인 일에 관해서도 고도의 관심을 기울였다. 마오는 중앙을 지도하는 코민테른의 기율을 엄격히 준수하면서 지도층의 단결을 위해 노력하는 한편, 교묘하게 자신의 영향력을 높이며 매우 조심스럽게 당의 지도조직을 운용해 국부적 문제들을 조정했다. 마오는 중앙 최고층에서 코민테른에 뿌리를 둔 교조적 종파분자들과 협력관계를 유지하고 있었다. 중앙 제6기 4중전회와 5중전회에서 이루어진 정치국 구성원은 그대로였다. 사전에 코민테른의 비준을 거친 것이었다. 소련에서 돌아온 사람들은 대부분 당의 선전부문이나 당의 실무, 지방의 당 조직 등에서 일하고 있었다. 이들 교조적 종파주의 집단은 마오가 틀어쥐고 있는 홍군에서 별다른 영향력을 발휘하지 못했다. 마오는 군의 주요 간부들을 정치국 회의에 참석시켜 자신의 기반을 다지고, 이런 회의 시스템을 관례화시켰다.

마오는 장정 중 유명무실해진 국가정치보위국을 '방면군 정치보위국'으로 바꾸어 코민테른파 국장 덩파(鄧發 등발)를 전보 조처하고, 루이진 시절 자신의 비서였던 왕서우다오(王首道 왕수도)를 그 자리에 임명했다. 각종 정보를 관장하는 핵심부서를 직접 자기의 관할 아래에 둔 것이다. 마오는 또 중앙 비서처를 원상 회복시켜 혁명군사위원회와 중앙사회부의 기밀, 그리고 당과 군의 기밀공작 등을 이끌도록 해 기밀조직을 직접 통합 관리했다. 마오는 코민테른 등 모스크바와의 통신연락 업무를 장악해 다른 사람이 끼어들지 못하도록 하는 치밀성도 보였다. 하지만 풀어야 할 어려운 문제들도 있었다. 그중 가장 중요한 문제는 마오 스스로가 인정하지 않는 지난날의 정치노선에 대한 평가였다. '중공의 정치노선은 정확하다'는 결론은 마오 앞에 가로놓인 넘기 어려운 높은 산이었다.

이 테제는 모스크바에서 나온 것일 뿐만 아니라 쭌이회의 참가자들이 일치 옹호하고 인정한 것이었다. 그것은 또 마오와 뤄푸 사이에 맺어진 정치결합의 기초이기도 했다. 장제스에 쫓겨 달아나는 군사 압력을 극심하게 받던 1935년 1월, 쭌이회의에서 마오도 장기적 목표 아래 현실적 상황을 고려해 동의한 결론이었다. 그러나 지금(1937년)에 이르기까지 많은 시간이 흘러갔다. 마오는 '중공의 정치노선은 정확하다'는 결론은 교조적 종파주의 집단의 정치적인 합법성을 인정하는 기반으로 반드시 바로잡지 않으면 안 된다는 생각을 갖고 있었다. 그렇지 않으면 당내에 만연하고 있는 교조적 종파주의 분위기를 타파할 수 없을 뿐만 아니라 순조롭게 당을 개혁하겠다는 구상을 실현하기 어렵고, 자신의 지위 또한 온전하게 보존할 수 있다고 장담할 수 없었다. 하지만 이 결론을 뒤집어엎는다는 것은 매우 어려운 문제였다. 코민테른의 외부적 장애뿐만 아니라 총서기 뤄푸가 최대 걸림돌이었기 때문이다. 뤄푸는 중앙 제6기 4중전회에서 당의 지도자로 선택되었고, 교조적 종파주의와 실타래처럼 복잡다단하게 얽혀 있었다. '중공의 정치노선이 정확하다'는 결론이 잘못되었다고 선언할 경우에 뤄푸와 일단의 지도자 간부들의 직접적 공격과 이에 따른 당내의 동요가 불가피했다. 당내에 미치는 영향 또한 심대하기 때문에 필연적으로 뤄푸의 반발이 불 보듯 뻔했다. 1937년 초의 당내 역학 과정에서 마오와 뤄푸의 정치합작과 마오의 사고 사이에서 이상기류가 흐르기 시작했던 것이다.

마오는 1931년 반反 제4차 포위공격 소탕전 당시에 왕밍이 주도하는 좌경 교조적 종파주의 노선에 맞섰다가 패퇴해 4년여 동안 겪었던 인고의 세월을 절치부심하고 있었다. 쭌이회의 이후 확립한 마오의 군軍 주도와 뤄푸의 당黨 관할의 권력구조에 미묘한 변화가 일고 있었다. 마오의 지위는 서서히 강화되는 반면에 뤄푸는 당의 이론과 선전교육 등 실무적 수준에 그쳐 영향력을 발휘하지 못했다. 마오와 저우언라이의 정치적 협력관계가 밀착하고 있었다. 보구(博古 박고)는 당의 지도 그룹에서 자신의 역할에 자족하고 있었다. 장궈타오는 당내투쟁에서 당중앙에 도전했다가 깨져 입지가 크게 줄어든 상태였다. 당내 기류는 어느 때보다 마오에게 유리한 환경이었다.

하지만 마오는 직접 당의 노선을 평가하고 비판할 경우에 뤄푸는 물론 당의 지도자들과 정면충돌이 불가피해 위험부담이 높다고 판단했다. 그렇다고 당의 노선을 바로잡지 않고 묵인하면서 시간을 천연시킨다는 것 또한 묵과하기 힘들었다. 이런 딜레마에 빠졌을 때 류사오치를 해결사로 떠올린 것이다. 마오는 이와 같은 고민덩어리를 류사오치를 통해 척결할 기회를 포착하기 위해 치밀한 순서 밟기에 들어갔다. 마오는 류사오치를 끌어들여 그와의 합작시대를 열어가기로 마음먹었다. 이런 마오의 구상은 1942년 봄부터 3년 동안 계속된 옌안 정풍운동延安整風運動의 시원始源이 되기도 했다.

류사오치는 마오보다 5년 뒤인 1898년에 마오의 고향과 가까운 후난성(湖南省 호남성) 닝샹(寧鄕 영향)현의 부농 집안에서 태어났다. 소년시절에 고향에서 사숙私塾과 소학교를 다닌 뒤 1919년에 중학교를 졸업했다. 1920년에 마오가 후난에서 꾸린 사회주의 청년단에 가입했고, 이듬해인 1921년에 모스크바의 동방노동자 공산주의대학(중산대학)에 들어간 뒤 공산당 당원이 되었다. 류사오치는 1922년에 귀국해 노동운동에 뛰어들어 중국노동조합 총연합회 전신인 중국노동조합 서기부에서 일했다. 류사오치는 그해 9월 14일에 마오가 총지휘해 전국을 뒤흔든 안위안루쾅(安源路礦 안원로광) 노동자구락부 주임으로 대파업을 성공적으로 이끌었다. 1925년 5월, 제2차 전국노동자대회에서 중화 전국 노동자총연합회 부위원장으로 당선되었다. 1927년 5월, 류사오치는 제5차 전국대표대회에서 중앙위원으로 선출되었다. 그해 제1차 국공합작이 깨진 뒤 류사오치는 상하이, 톈진, 베이핑(베이징), 하얼빈 등지에서 지하 비밀공작 업무에 종사했다. 1931년 1월, 중앙 제6기 4중전회에서 정치국 후보위원으로 선출되었고, 중화 전국 노동자총연합회 조직부장을 거쳤다. 1932년 겨울에 루이진 중앙 소비에트 혁명 근거지에 들어가 중화 전국 노동자총연합회 소비에트 지구 중앙집행국 위원장, 푸젠성위원회 서기를 역임했다. 1934년 10월, 장정에 참여해 홍군 제8군단과 제5군단 중앙 대표와 제3군단 정치주임을 지냈다. 1935년 1월의 쭌이회의에서 마오쩌둥을 지지했고, 1936년 봄에 화베이(華北 화북) 지방에서 중앙 대표로 항일 민족통일전선 구축작업을 활발하게 펼치고 있었다. 류사오치는 1937년 2월 20일과 3월 4일 두 차례에 걸쳐 당 총서기 뤄푸에게 공산당의 역사문제에 관한 지도원칙과 성격에 대한 자신의 의견을 쓴 장장 1만여 자에 이르는 2통의 서신을 전달했다. 류사오치는 정치 의견의 성격을 띤 이 장문의 서신에서 중앙의 다년간 노선에 대해 회의적 시각을 공개적으로 표출했다.

류사오치는 대담하게 코민테른과 쭌이회의가 내린 '중공의 정치노선은 정확하다'는 결론에 대해 정면으로 문제 제기를 하고 나섰다. 류사오치는 제1차 국공합작이 깨진 1927년 이전과 이후, 특히 중앙 제6기 4중전회 이후의 중공의 좌경적

과오에 대해 예리하고 통렬하게 비판했다. 류사오치는 이 장문의 서신에서 중앙 기관의 3가지 금기사항을 건드렸다. **158**

1. 류사오치는 1927년 대혁명 실패의 주요 원인으로 '우경적인 천두슈(陳獨秀 진독수)주의'뿐만 아니라 우경 기회주의의 다른 일면의 과오, 즉 좌경 모험주의를 거론했다. 류사오치는 직접 겪은 광저우(廣州 광주)와 우한(武漢 무한) 시기의 노동자와 민중운동 과정에서 좌경의 열광으로 사람들을 두렵게 하는 지경에 이르렀다는 실제적인 예를 들어 맹렬하게 비난했다. 류사오치의 견해는 코민테른과 제6차 전국대표대회 이후 이루어졌던 여러 차례의 결의와 심각한 차이가 있었다.

2. 류사오치는 비록 중앙이 10년래 집행했던 잘못된 정치노선을 직접 공표하지는 않았지만 되풀이해 중앙이 10년래 좌경의 과오를 저질렀다고 비판하고, 10년의 과오가 이미 일종의 전통이 되었다고 힐난했다. 특히 중공의 10년 바이취(白區 백구: 장제스 통치지역) 공작방침을 비판하고, 근본적으로 문제를 해결하기 위해서는 10년의 정치노선을 전면적으로 부정해야 한다고 주장했다.

3. 류사오치는 당의 10년 역사에 대한 당내 공개토론을 요구하고, 창끝을 중앙 제6기 4중전회 이후의 정치국을 겨냥했다. 이것은 중앙 관련 지도자들의 과오에 대한 책임을 암시했고, 중앙 지도기구의 개편 요구를 명시적으로 드러낸 것이다.

류사오치가 쓴 장문의 서신과 관련해 미리 마오의 의견을 구했다거나 격려가 있었다는 등 사전 교감설에 대해 증명할 만한 정확한 사료는 없지만, 여러 자료의 분석에 따르면 두 사람의 교감을 완전히 배제할 수 없는 몇몇 정황들이 나왔다. 1935년 12월 29일, 중앙 상무위원회는 회의를 열어 류사오치를 북방국 대표로 임명했다. 북방국은 애초 톈진에 있다가 1937년 초 베이핑으로 옮겼다. 1936년부터 마오가 있는 산베이(陝北 섬북)와 북방국 사이에는 무선통신 시설뿐만 아니라 밀사를 파견할 수 있는 등의 연락관계를 유지하고 있었기 때문에 마오와 류가 교감을 이룰 수 있는 기본조건은 갖추고 있었던 셈이었다.

류사오치의 서신은 중앙 핵심 지도층에 큰 파문을 일으켰다. 1937년 3월 24일 과 4월 24일, 정치국은 두 차례 회의를 열어 바이취 공작방침 문제를 토론했다. 뤄 푸는 류사오치의 의견에 극력 반발했고, 일부 정치국 위원들은 뤄푸의 견해에 동 의했다. 이들은 류사오치의 대혁명 실패 원인 분석이 천두슈의 과오를 물타기하 는 것으로, 류사오치는 '반코민테른과 반중공중앙'의 천두슈 '아바타'라고 강력 비판했다. 어떤 사람들은 류사오치가 장궈타오의 영향을 받았다고 비난했다. 정 치국의 대다수 구성원들은 류사오치가 너무 과장해서 말했다고 공격했다. 류사 오치가 일방적으로 수세에 몰리자 마오는 '류사오치가 중앙에 반대하는 야심'을 갖고 쓴 서신은 아니라며 중재에 나섰다. 마오는 구체적 문제의 쟁론에 직접 끼 어들지 않고 류사오치와 뤄푸의 충돌 무마에 힘썼다. 류사오치는 뤄푸의 준열한 비판을 받았으나, 마오의 공명共鳴을 불러일으켰다. 마오의 이런 태도는 류사오 치를 고무시켰다. 힘을 얻은 류사오치는 과감하게 한발을 더 내디뎠다. 류사오치 는 중앙이 소집한 5~6월 바이취 공작회의에서 뤄푸를 강력 비판했다. **159**

중앙은 1937년 5월 17일부터 6월 10일까지 옌안(延安 연안)에서 국민당 통치지 역에서의 공산당 공작활동, 즉 바이취 공작회의를 열었다. 이 회의는 류사오치와 뤄푸 간에 극렬한 논쟁이 벌어져 한 차례 중단되었다가 마오의 중재로 다시 열리 는 등 파란을 일으켰다. 바이취 공작회의의 1단계라 할 수 있는 5월 17일부터 6월 10일까지의 회의는 류사오치가 보고한 '바이취의 당과 군중공작에 관하여'를 둘 러싸고 격렬한 논쟁을 불러왔다. 류사오치 보고의 주요 내용은 앞서 3월 4일에 뤄 푸에게 보낸 장문의 서신 내용의 반복으로 10년 동안 당이 실행한 바이취 지구의 지도노선인 '좌경' 전통에 대한 신랄한 비판이었다. 여기서 '좌경'은 취추바이(瞿 秋白 구추백)와 리리싼(李立三 이립산), 왕밍(王明 왕명)으로 이어진 코민테른의 지 시에 따른 노선과 모스크바 추종세력인 '28인의 볼셰비키파'의 노동자 중심 도시 거점 혁명 전략파들의 지도이념을 지칭한 것이었다. 마오의 혁명전략과 반대편에 있는 진영인 셈이다. 성분으로는 징강산(井岡山 정강산) 국내파와 코민테른 해외파 와의 대결 양상이었다. 류사오치가 좌경노선으로 바이취 공작은 거의 실패했다는 문제를 제기하자 많은 대표들이 일제히 들고일어나 류사오치를 공격했다. 이들은 바이취 공작의 '총노선은 정확했다'고 평가했다. 회의가 격렬한 논쟁으로 아수라장이 되자 중앙서기처는 일시적으로 회의 중단을 선포했다. 6월 1일부터 3일까지 회의가 재개되어 바이취 공작회의에서 제기된 10년 동안의 바이취 공작에 대해 집중 토론을 벌였다. 마오는 얼마 전 류사오치와 뤄푸의 논쟁 때 보였던 소극적 자세와는 달리 류사오치의 보고는 '기본적으로 정확했다'며 류사오치에게 힘을 실어주었다. 마오는 류가 바이취에서 '풍부한 경험'으로 공작활동을 훌륭하게 수행했다고 칭찬했다. 마오는 3일 열린 정치국 회의에서 류사오치의 중요 발언을 지지했으나 10년 동안의 정치노선 문제는 언급하지 않고 넘어갔다.

6월 6일, 바이취 공작회의가 재개되어 회의는 2단계에 접어들었다. 뤄푸는 의식적으로 마오가 지난번 회의에서 언급한 내용 중 자신에게 유리한 부분을 끌어다가 자기의 관점을 견지하며 중앙을 대표해 '바이취에 대한 당의 현재의 중심 임무'라는 보고를 했다. [160]

"공작을 실천하다가 나타나는 어떤 잘못은 피할 수 없다. 중공이 바이취에서 공작을 하다가 범한 과오의 성질은 정치노선의 잘못이 아니다. 어떤 확정된 정치노선 또는 정치경향이 아니라 투쟁과정에서 일시적으로 범한 책략상의 과오다. 이러한 잘못은 군중 책략과 군중공작 방식을 이끄는 과정에서 부분적으로 나타난 과오다. 총체적 지도의 잘못이 아니다. 당의 견결한 지도투쟁의 방침은 정확하다."

뤄푸는 류사오치의 중앙 바이취 공작에 대한 반대를 반박하면서 '합법주의'에 대해 비판했다. 뤄푸는 "과거 당이 합법주의 투쟁에 반대한 것은 여전히 옳았다"는 견해를 견지하며 "지난날의 모든 비합법적 투쟁은 필요하고 정확했으며, 과거 주요 투쟁의 방식은 비합법적인 것"이었다고 강조했다. 뤄푸는 류사오치가 매번 혁명투쟁 성패의 결과를 혁명투쟁의 가치로 판단해 '실패한 투쟁을 무의미한 투쟁'으로 매도하는 '맹동주의盲動主義(모험주의)'에 매몰되었다고 신랄하게 비판했다. 뤄푸는 또 류사오치가 폐쇄주의와 모험주의를 무기로 삼아 중공 10년의 바이취 공작의 성취를 전면 부정하고, 공허하게 간단히 '좌경 모험주의'라는 딱지를 붙이는 것이야말로 맹동주의고 모험주의며 기회주의라고 맹렬하게 비난했다.

뤄푸의 보고는 바이취 공작회의에 참석한 대표들의 열렬한 지지를 받았다. 형세가 불리하자 류사오치는 한발 물러났다. 6월 9일과 10일, 류사오치는 회의 결론 보고에서 뤄푸의 보고에 동의 표시를 하고, 자아비판에 나섰다. 류사오치는 "내가 보고에서 강조한 것은 '좌경 폐쇄주의와 모험주의'"라면서 "과거의 모든 것들을 부정한 것"은 아니라고 꼬리를 내렸다. 류사오치는 구체적인 분석이 부족해 보고가 지나쳤다고 잘못을 시인했다. 류사오치와 뤄푸가 당의 10년 역사와 바이취 공작 평가문제를 둘러싸고 벌인 논쟁은 어떤 실질적 해결방안을 찾지 못했다. 류사오치는 좌절을 맛보았으나 이 쟁론은 중앙에 깊은 영향을 미쳤다. 이것은 옌안 정풍운동의 전주곡으로 잠시 물밑으로 가라앉았을 뿐이었다. 이후 마오와 류사오치가 힘을 합쳐 중앙 제6기 4중전회의 정치노선을 전면 비판하고, 마오와 류는 이런 연대를 통해 왕밍 등 좌파들을 깨부수는 '환상의 콤비'를 이루게 된다.

마오는 뤄푸와 류사오치의 논쟁을 통해 비록 자신의 당내 영향력이 커가고 있지만 반대세력도 만만찮아 아직은 때가 아니라는 결론을 내렸다. 마오의 가장 큰 소득은 '교조적인 종파분자'들이 당내에 광범하게 퍼져 있어 그들을 하루아침에 쓸어버린다는 게 어렵다는 것을 알게 된 것이었다. 마오는 '교조 종파집단'을 제거하기 위해서는 이론을 좀 더 정교하게 다듬고, 조직상 심혈을 기울여 준비해야 한다는 것을 깨달았다.

류사오치는 잃은 것보다는 얻은 게 많았다. 뤄푸와 류사오치의 논쟁은 류의 당내 영향력과 지명도를 확장하는 계기가 되었다. 류사오치는 당의 고참 지도자 중 한 사람이지만 장기간 바이취 공작을 하느라 당의 지도층에서 멀리 떨어져 당의 중대한 군정軍政문제 정책 결정 과정에 거의 참여하지 못했다. 중앙 소비에트가 있었던 루이진 시기의 2년 동안에도 전국 노동자총연합회 집행국을 이끄는 정도여서, 주요 지도자인 저우언라이, 뤄푸 등과의 관계가 비교적 소원했다. 류사오치는 당과 군에서 영향력이 거의 없었다. 그런 류사오치가 이번 논쟁을 통해 심원한 사상과 이론 수준을 유감없이 펼쳐 보인 것이다. 전당, 특히 당의 고급간부들이 류사오치를 다시 보는 하나의 전기가 되었다.

후일의 이야기지만 류사오치의 논쟁은 마오의 '정치적 동업자'로 발탁되는 계기가 되었을 뿐만 아니라 후계자 반열에 오르는 일생일대의 획기적 분수령이 되었다. 뤄푸와 류사오치의 논쟁에 대한 마오의 태도는 명확하면서도 미묘했다. 논쟁 초기에 마오는 쟁론에서 한발 떨어져 있으면서 류사오치를 마음속으로 지원해 류의 의견이 중앙지도층에서 받아들여지기를 바랐다. 논쟁 후기에서는 류사오치가 뤄푸와 당내의 거대한 압력을 견디지 못할까봐 걱정했다. 그리하여 마오는 6월 1~3일의 정치국 회의에서 류사오치의 논점을 성원하는 연설을 했고, 반대가 많은 것을 간파하고 중재하는 선에서 머물렀다. 마오는 이러한 과정에서 류사오치의 걸출한 재능을 발견했다. 우선 류사오치가 바이취 공작 경험이 풍부하다는 것을 알았다. 또 류사오치가 뛰어난 이론 능력을 갖추고 있다는 것도 파악했다. 류사오치는 10년 동안 당의 좌경 전통과 근원을 분석하면서 '사상방법과 철학방법상의 과오', 즉 '형식논리'가 광범위하게 당원들의 사상방법에 영향을 주고 있다고 질타했다. 류사오치는 '형식논리'가 허다한 과오의 근원을 조성하고 있다고 공표한 것이다.

이것은 마오에게 신선한 충격으로 다가왔다. 그러나 마오는 자신의 위엄과 권위를 류사오치 지지에 전부 쏟지 않았다. 아직 때가 무르익지 않았다고 판단했기 때문이다. 당분간 뤄푸와 합작을 강화해 뤄푸와 곧 귀국하게 되는 왕밍의 결합을 막을 심산이었다. 마오는 바이취 공작회의가 끝난 뒤 류사오치를 중앙 서기처(상무위원회)에 발탁하지 않고 베이핑에서 타이위안(太原 태원)으로 옮긴 중앙 북방국 서기의 임무를 계속 수행하도록 했다. **161**

★

제6장

국공항일 통일전선

핑싱관 전투 영웅이 된
린뱌오

시안사변의 후속 조처로 1937년 2월 19일, 난징정부와 중공중앙은 항일연합전선을 구축하는 데 묵시적 협약을 체결했다. 장제스의 국민당 중앙집행위원회는 소련과 중공중앙에 협조관계의 재확립을 공식 요청했다. 이는 앞서 중공중앙이 성명을 통해 밝힌 무력에 의한 국민당 정부 전복 종식 선언에 대한 답신이었다. 중공중앙은 '소비에트 정부'를 '중화민국 특별지역'으로 변경해 이 지역에서 보통선거 제도를 시행하고, 지주 재산의 몰수 정책을 폐기할 용의가 있음을 밝혔다. 이를 바탕으로 국민당과 중공중앙 간에 느슨한 형태의 항일연합이 결성되었다.

1937년 7월 7일 밤, 일본군이 베이핑 서남쪽의 마르코폴로 다리로 불리는 루거우차오(盧溝橋 노구교)에 주둔한 국민당군을 기습공격해 전면적인 중국 침략전쟁이 터졌다. 일본의 30만 대군이 화베이(華北 화북) 지구로 물밀듯이 밀고 들어왔다. 마오와 주더 등 홍군 지도자들은 장제스에게 전문을 보내 "나라를 위해 목숨을 바치고 적과 싸워 국가를 보위하고 국토를 보전하겠다"는 홍군 장병들의 바람을 전달했다. 7월 8일에 최종 협약이 체결되어 국공 양당의 제2차 합작이 이루어졌다. 8월 13일, 일본군이 상하이를 점령하자 장제스는 21일 소련과 불가침조약을 체결했다. 8월 14일에 홍군은 국민혁명군 팔로군으로 재편성되어 형식상으로는 산시군벌 옌시산이 지휘하는 국민당군 제3전구戰區에 소속되었다. 하지만 팔로군은 사실상 독자적인 지휘권을 갖는 독립부대로 총사령관 주더(朱德 주덕), 부사령관 펑더화이(彭德懷 팽덕회)의 지휘 아래 홍군 4만 5천 명의 3개 사단(제115, 120, 129사단)으로 구성되었다. 중부지역 창장(長江 장강) 하류지방에는 샹잉(項英 항영)과 천이(陳毅 진의)가 이끌던 남방 유격대의 홍군이 10월 12일에 신사군新四軍으로 편성되었다. 난창봉기의 주요 지도자였던 예팅(葉挺 엽정)과 샹잉이 각각 사령관과 부사령관에 임명되어 신사군을 지휘했다.

국민당과 공산당은 9월 22일에 제2차 국공합작을 공식 선언했다. 1937년 8월 하순, 마오는 뤄촨(洛川 낙천)에서 열린 정치국 확대회의에서 팔로군의 통솔과 관련해 '독립 자주적이고 산지 유격전'에 전념하는 전략방침을 강조했다. 마오는 펑더화이가 건의한 산지 유격전을 원칙으로 하되 유리한 조건이 형성될 경우 배후에서 병력을 집중해 적의 병단을 소멸하는 전략에 추가로 동의했다. 산시전선에 투입된 팔로군은 첫 전투를 승리로 장식해 일본 침략군의 오만한 기세를 꺾어 홍군의 위세를 드높였다. 팔로군은 여세를 몰아 전국의 인민과 연전연패하는 국민당군의 사기를 고무하기 위한 본격 전투 준비에 들어갔다. 팔로군의 전략적 총지휘는 옌안에 있는 마오가 맡았다. 팔로군의 전쟁터가 된 곳은 핑싱관(平型關 평형관) 전투였다. 총사령관 주더는 팔로군을 양로兩路로 나누어 한쪽은 허룽(賀龍 하룡)과 런비스(任弼時 임필시)가 제120사단을 인솔해 옌먼관(雁門關 안문관)을 급히 구원토록 했다. 또 다른 한쪽은 린뱌오(林彪 임표)와 녜룽전(聶榮臻 섭영진)이 제115사단을 이끌고 밤을 도와 산시성 동북쪽 핑싱관으로 급히 진격하도록 했다. [162]

9월 16일, 옌시산은 일본군이 웨이(蔚 울)현에서 서진할 때 14개 여단을 동원해 일본군과 전투를 벌일 요량으로 주더에게 린뱌오가 이끄는 제115사단의 참전을 요청했다. 마오는 린뱌오에게 전문을 보내 거듭 정규전이 아닌 '유격전 방침 고수'를 강조하고 상황에 따라 기동성을 가미한 운동전을 벌이도록 지시했다. 마오는 애초 린뱌오의 제115사단을 옌시산의 국민당군 일부와 협동작전을 펼쳐 일본군이 화베이 지역에 깊숙이 진입하는 것을 기다렸다가 링추(靈丘 영구), 라이위안

(淶源 내원), 광링(廣靈 광령), 웨이(蔚 울) 현을 수복할 계획이었다. 그런 연후에 다퉁(大同 대동), 장자커우(張家口 장가구), 베이핑선(北平線 북평선), 타이위안선(太原線 태원선), 베이핑, 스자좡선(石家庄線 석가장선)에 대해 대규모의 측면 기습전을 벌여 링추, 라이위안, 광링, 웨이 4현에 근거지를 만들 작정이었다. 이 작전계획이 성공하면 팔로군의 일부가 베이핑 북쪽의 러허(熱河 열하) 방향으로 진출해 화북 항전의 새로운 국면을 조성해 상당기간 지구전持久戰을 펼 수 있을 터였다. 그러나 이런 구상은 일본군이 9월 22일 밤에 핑싱관 진지를 기습공격해 25일부터 전면 전투가 시작됨에 따라 물거품이 되었다. 린뱌오가 통솔한 제115사단 주력은 총사령부의 명령에 따라 전투가 벌어지기 하루 전인 24일, 칠흑 같은 밤에 비를 무릅쓰고 핑싱관 동북쪽 바이야타이(白崖臺 백애대)에 전진해 샤오자이(小寨 소채) 촌에서 라오예먀오(老爺廟 노야묘) 도로 부근의 산지에 매복했다. 핑싱관은 예부터 만리장성을 지키는 관문의 하나인 중요 요충지로 산시성 링추현 경내의 서남쪽에 있다. 산길이 구절양장의 험로인 데다가 황토고원의 깊은 산간계곡이 구불구불 이어져 지형地形이 험요했다. 25일 오전 7시께 일본군 사카가키(阪垣 판원) 사단 제21여단의 후속부대 장병들이 탄 차량 100여 대와 군수품을 실은 트럭 200여 대 가 팔로군이 매복한 계곡으로 들어섰다. [163]

팔로군은 고지대라는 유리한 지형을 이용해 맹렬한 공격을 퍼부었다. 일본군은 대포 등 우수한 병기를 갖고 있었지만 협소한 지형으로 화력을 발휘할 수 없었다. 포炮는 부각을 맞출 수 없어 무용지물이 되었다. 반면에 팔로군의 '디과 수류탄 (地瓜: 고구마처럼 생긴 수류탄)'은 맹위를 떨쳤다. 팔로군이 돌격하면서 쌍방은 백병 전의 혈전을 벌였다. 일본군의 전투력은 막강했다. 팔로군이 선점한 라오예먀오 를 뺏으려는 일본군의 완강한 공격도 집요했다. 시산혈해屍山血海를 이루었다. 일 본군 1천여 명이 전멸했다. 팔로군의 대승이었다. 핑싱관 전투는 화베이 지구에서 중국 군대가 처음으로 거둔 승리여서 상징적 의미가 컸다. 전국에 엄청난 반향을 몰고 왔다. 홍군의 위상도 한층 높아졌다.

대첩을 이끈 린뱌오(林彪 임표)는 일약 중국의 영웅으로 떠올랐다. 린뱌오는 전 투 전에 이곳의 지형지물을 자세히 살펴보고 승리를 장담했다. 린뱌오는 전투가

산시

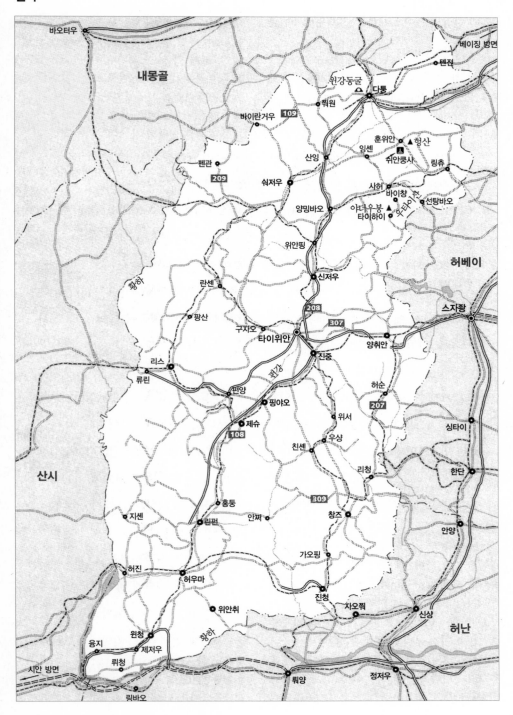

끝나면 포획한 일본군 포로를 후방에 보내 군민軍民들, 특히 국민당 군정관들에게 공산당의 전투력을 과시하고 연패하는 국민당군을 부끄럽게 할 요량이었다. 하지만 린뱌오의 계획은 빗나갔다. 소수의 일본군이 탈출한 것 이외에 모두 전사해 한 명의 포로도 생포할 수 없었기 때문이다. 일본군들은 그야말로 죽기 살기로 싸웠다. 부상당한 일본군들은 돌팔매질을 하거나 물어뜯는 식으로 손, 발, 이 등 쓸 수 있는 신체 부위를 죽을 때까지 다 써먹었다. 이런 불굴의 저항으로 팔로군도 많은 사상자를 내는 등 악전고투했다. 일본군 부상병들은 포로가 되지 않기 위해 들것에 실으면 스스로 땅바닥으로 투신해 죽었다.

린뱌오는 신중국 건국 이후에 10대 원수 중 나이가 가장 어린 막내였지만 원수 서열 3위에 이르는 등 마오의 두터운 신임을 받았다. 징강산 시절 린뱌오는 마오의 '와와(娃娃 와와: 어린아이)'라고 할 정도로 마오가 무척 아꼈다. 마오보다 열네 살 아래인 린뱌오는 1907년에 후베이성(湖北省 호북성) 황강黃岡현 린자다완(林家大灣 임가대만)에서 공장 주인의 아들로 태어났다. 9세 때 사숙에 들어갔고, 13세 때 쥔신(浚新 준신)학교에 입학했다가 15세 때 우창(武昌 무창) 궁진(共進 공진) 중학교에 전학해 다녔다.

1923년에 사회주의 청년단에 가입했고, 5·4운동의 영향으로 1925년 학생운동에 투신해 '공진도서사共進圖書社'를 만들어 진보적인 서적을 간행했다. 후베이 학생연합회는 린뱌오를 상하이에서 열리는 전국학생연합 제7차 대표대회에 참석할 대표로 선출했다. 중학 졸업 후 고향에 돌아온 린뱌오는 인근 학교에서 교사생활을 하며 파산한 집안형편을 보살피기를 바라는 부모를 설득해 교사직 대신 군軍에 투신하기로 했다. 린뱌오는 광저우에 있는 황푸군관학교 제4기생으로 들어가 원래의 이름 린쥐다(林祚大 임조대)를 린뱌오로 바꾸었다. 황푸군관학교 때 공산당에 가입했고, 1926년 10월에 졸업한 뒤 광저우에서 우한 북벌에 참가해 국민혁명군 제4군 예팅 독립여단에서 견습 소대장을 지냈다. 1927년, 국민혁명군 제2차 북벌에 참여한 뒤 제1차 국공합작이 깨지자 난창기의에 참가했다. 기의 실패 후 제73연대 제3대대 제7중대장으로 1928년의 후난기의湖南起義에 참가했고, 개편된 홍군 제1사단 제1대대 제2중대장으로 주더를 따라 징강산에 들어갔다. 린뱌오는 홍군 제4군단 제28여단 대대장, 여단장을 역임하며 징강산 혁명 근거지에서 반反 포위공격 소탕전 전투에 참여했다. 1929년 1월, 주더와 마오가 장시성 남쪽과 푸젠성(福建省 복건성) 서쪽으로 진격할 때 홍군 제4군단 제1종대 사령관이 되었으며, 1930년 6월에 홍군 제1군단 제4군 군단장에 임명되었다. 1932년 3월 홍군 제1방면군 총지휘(이후 군단장)를 맡아 국민당군과 수없이 많은 전투를 벌이며 승리를 이끌어 위명을 떨쳤다. 국민당군은 홍군 제1방면군 소리만 들어도 도망갈 정도로 린뱌오는 뛰어난 지휘관으로 꼽혔다. 1934년 10월, 중앙홍군의 장정이 시작된 뒤 녜룽전과 함께 국민당군 4겹 봉쇄선 돌파에 앞장섰고, 우장烏江 도하작전을 펼쳤다. 1935년 1월, 쭌이회의 이후 홍군 제1군단을 지휘해 4차례의 츠수이(赤水 적수) 전투, 진사장, 다두허 도하작전, 루딩차오 탈취 등의 작전을 펼쳤다. 중앙홍군이 산베이에 도착한 뒤 홍군 제1군단 군단장으로 서북 혁명군사위원회 위원에 당선되었고, 즈뤄전(直羅鎭 직라진), 동정東征전투에 각각 참가했다. 1937년 1월, 린뱌오는 홍군대학이 바오안(保安 보안: 현재 志丹 지단)에서 옌안으로 옮겨 '중국인민 항일 군사정치대학'으로 명칭을 바꾼 뒤 초대 교장과 정치위원으로 있다가 항일전쟁 때 팔로군 제115사단 사단장으로 화베이 항일전선에 투입된 것이다.

10월 상순, 국민당군은 전세가 점점 불리해지자 요충지 옌먼관(雁門關 안문관)에서 핑싱관에 이르는 만리장성 안쪽의 방어선을 포기하고, 신커우(忻口 흔구) 일대로 후퇴해 신커우 방어선 진지를 구축했다. 옌시산은 산시성 성도 타이위안으로 돌아가 신커우 일대에 병력을 집중 배치해 대결전을 벌일 심산이었다. 옌시산은 저우언라이가 곁에서 작전을 보좌하고 팔로군과 국민당군이 협조해 공동작전을 펼칠 것을 요청했다. 타이위안에서 90킬로미터 떨어진 신커우는 산시 북쪽에서 타이위안으로 통하는 관문이자 타이위안을 지키는 최후의 방어선 진지였다. 일본군이 만리장성 방어선을 돌파하자 옌시산은 8만 명 병력과 막 산시성에 진주한 국민당군 제14집단군 총사령관 웨이리황(衛立煌 위립황)의 부대와 공동으로 신커우 회전會戰을 벌이기로 하고 웨이리황을 전적총지휘로 임명했다. 옌시산은 또 제2전구戰區 부사령관 황사오훙(黃紹竑 황소횡)이 인솔한 수만 명의 병력을 동쪽 냥쯔관(娘子關 낭자관)에 방어진지를 구축해 일본군이 정타이루(正太路 정태로)에서 서진하는 것을 막도록 했다.

10월 6일 동틀 무렵에 옌안 펑황산(鳳凰山 봉황산) 자락의 마오가 살고 있는 집에서 불빛이 새어나오고 있었다. 마오는 곧 돌입할 신커우 회전을 앞두고 긴장 속에서 옌시산의 작전계획을 샅샅이 뜯어보고 있었다. 산시 북방의 방어를 중시한 반면, 산시 동쪽 방면의 방어가 소홀해 보였다. 일본군이 스자좡(石家庄 석가장)을 점령했기 때문에 반드시 정타이루에서 서쪽으로 진격해 올 것이 불 보듯 뻔해 보였다. 마오는 이 점이 매우 걱정스러웠다. 마오는 붓을 들어 주더와 저우언라이에게 보낼 전보의 초안을 작성했다. **164**

적은 스자좡을 점령한 후에 서쪽으로 진공할 것이다. 따라서 룽취안관(龍泉關 용천관)과 냥쯔관 두 곳에 중병重兵을 집결시켜 견고하게 지켜야 한다. 주력군이 타이위안 북쪽에서 승리를 해야 한다. 이 전투의 관건은 아래 열거하는 3가지다.

1. 냥쯔관과 룽취안관을 견고하게 방어해야 한다.

2. 정면에서 신커우 지구 수비와 출격(출격은 중요하다)

3. 적 후방 파괴 등

이런 목적을 달성하려면 반드시 1)난징 국민당 총사령부의 주력군 3~4개 사단을 냥쯔관에 긴급 증파하도록 요구해야 한다. 2)웨이리황군 4개 사단이 정면출격 병단의 주력을 맡고, 산시군 2개 사단이 협력 출격하면서 나머지 병력은 방어하도록 요구해야 한다. 3)팔로군 제115, 120사단의 2개 사단 주력은 동, 서 양면에서 적의 측면을 공격해 종심지구로 파괴해 들어가야 한다. 이밖에 난징에서 파견한 주력군 2개 사단을 라이위안(淶源 내원)현과 웨이(蔚 울)현에서 움직이도록 요구해야 한다.

마오의 생각은 이러했다. 산시로 진입한 일본군은 총 병력이 2.5사단 정도에 불과하다. 점령한 산시 북쪽의 수십 개 현縣을 지키려면 최소한 1개 사단을 풀어야 한다. 그럴 경우 실제 타이위안을 공격하는 병력은 1.5사단밖에 안 된다. 여기에 옌먼관 이남과 연도에 병력을 나누어 지키면 신커우 회전에 동원할 수 있는 일본군 병력은 1개 사단 안팎이다. 팔로군이 3면을 포위하면서 만약 룽취안관과 냥쯔관을 1개월 정도 지키면 아군 병력 수와 전투력을 비교해볼 때 적의 공격을 일시적으로 깨뜨릴 수 있다고 본 것이다.

신커우 회전은 10월 13일에 일본군이 신커우에 맹공을 퍼부으며 시작되었다. 신커우 회전은 항일전 초기 화베이華北 전장에서 21일 동안 벌어진 최대 규모의 전투였다. 이 전투는 제2차 국공합작에 따라 비교적 국공간에 손발이 잘 맞은 제1차 전투로 일본군과 치열한 접전을 벌였다. 신커우 회전은 국민당군이 21일 동안 버텨주었기 때문에 팔로군이 일본군의 측면과 배후에서 활발한 유격전을 펼칠 수 있었다. 팔로군 제115사단은 다이(代 대)현에서 핑싱관, 링추, 장자커우에 이르는 일본군 배후 동로東路의 주요 교통도로를 완전히 파괴했다. 또 잇따라 판스(繁峙 번치), 핑싱관, 링추, 웨이현, 양위안(陽原 양원), 라이위안 등지를 수복했고, 깊숙이 허베이(河北 하북) 일부 지역까지 진입해 지난(冀南 기남: 허베이 남쪽) 수개 현을 빼앗아 바오딩(保定 보정)을 압박했다. 제120사단은 일본군이 다이현에서 다퉁으로 가는 교통도로를 끊어버리고 옌먼관을 점령한 뒤 옌베이(雁北 안북) 수개 현을 수복했다. 10월 18일, 제120사단 제358여단 제716연대는 옌먼관에서 매복 기습전을 벌여 일본군 차량 100여 대와 일본군 수백여 명을 사살했다. 막 산시에 진입한 제129사단 선발대인 제679연대는 궈(崞 곽)현과 다이현 사이에 있는 일본군을 습격했다. 제129사단 제3대대의 주력은 19일 밤에 다이현 양밍바오(陽明堡 양명보)의 일본군 비행장을 기습공격해 비행기 20여 대를 파괴하고 적 수비대 100여 명을 사살했다.

팔로군은 핑싱관 대첩 이래 또 한차례의 승리를 거두어 인민들을 격동시켰다. 팔로군은 일본군이 부득불 상당한 병력을 후방 방어에 돌리는 틈을 이용해 신커우에서 일본군과 맞서 싸우는 국민당군을 적극적으로 지원했다. 전쟁 형세는 마오가 예측했던 대로 산시 동쪽 방면의 냥쯔관 방어선이 엄중한 위험에 직면했다. 스자좡을 점령한 일본군 제20사단과 제109사단이 정타이루를 따라 서쪽으로 진격해 동남쪽에서 타이위안을 위협했다. 냥쯔관 방어선을 지키고 있던 국민당군은 일본군에 의해 배후가 끊길 것을 두려워해 앞다투어 철수했다. 10월 26일, 국민당군은 어쩔 수 없이 냥쯔관을 버리고 후퇴했다. 일본군은 신속하게 핑딩(平定 평정), 양취안(陽泉 양천), 시양(昔陽 석양) 일선을 점령했다. 냥쯔관에서 철수한 국민당군은 통일 지휘가 흔들리면서 효과적인 방어능력을 구축하지 못해 패색이 짙어졌다. 11월 2일, 웨이리황은 신커우 진지에서 철수명령을 내렸다. 마침내 11월 8일에 타이위안이 함락되었다.

'흠차대신' 왕밍의 귀국

1937년 11월, 일본군이 잇따라 상하이와 타이위안을 함락시켜 광활한 국토가 일본군 수중에 떨어졌다. 전국적으로 항전에 많은 문제들이 나타나기 시작했다. 국내적으로는 친일파로 변신하는 민족 투항주의가 고개를 들고, 공산당 안에서는 계급 투항주의가 꿈틀거렸다. 이런 때에 옌안에서 당 활동분자들의 회의가 열렸다. 마오는 이 회의에서 '상하이와 타이위안 함락 이후 항일전쟁의 형세와 임무' 제목의 초청 강연을 했다. 마오는 무거운 마음으로 상하이와 타이위안 실함 이후의 엄중한 형세를 분석하고 편면적인 항전을 전면적 항전으로 바꾸는 것이 우리가 직면한 가장 긴박한 임무라고 말했다. 마오는 당내외에 투항주의가 범람하기 시작했다는 것을 감안해 당내외의 투항주의와 당내의 계급 투항주의에 반대한다고 견결하게 말했다. 마오는 투항주의를 제어하지 못하면 전면 항전을 추동할 수 없고, 그렇게 되면 항전 승리를 담보할 수 없다고 강조했다. 마오의 연설은 각성제 구실을 해 전당, 특히 고급간부들이 투항주의 문제의 심각성을 인식하기 시작했다. 그러나 11월 7일에 왕밍(王明 왕명)이 모스크바에서 옌안으로 귀국하면서 희화화하고 복잡해지는 양상을 보였다. 마오는 분란의 불씨인 화근덩어리에 바짝 긴장한 채 경계태세로 들어갈 수밖에 없었다.

왕밍은 마오보다 열네 살 아래로 1907년에 안후이성(安徽省 안휘성) 지역 유지의 집안에서 태어났다. 본명은 천사오위(陳紹禹 진소우)다. 1923년 상하이대학에 들어가 1925년에 공산당에 입당했다. 그해 모스크바 중산대학에서 공부하기 위해 소련으로 가 코민테른 지도자 미프를 만나 통역원으로 친밀한 관계를 유지했다. 왕밍은 미프의 도움으로 '28인의 볼셰비키'로 알려진 중산대학 중국인 학생들의 지도자가 되었다. 1931년 1월, 상하이에서 비밀리에 열린 중공중앙 제6기 4중전회에서 중국공산당에 파견된 코민테른 대표 단장 미프의 도움으로 정치국 위원으로 진입했다. 그 후 총서기로 선출된 샹중파(向忠發 향충발)가 6개월 뒤 처형되자 24세의 나이로 공산당 총서기가 되었다. 왕밍은 그해 9·18사변 뒤 모스크바로 돌아가 중국공산당 코민테른 대표단 단장이 되었다. 왕밍은 또 코민테른 집행위원에 당선되어 주석단 위원과 서기처 서기에 임명되었다. 코민테른이라는 후광이 왕밍의 권위를 배가시켰다. 왕밍은 자신의 총서기직을 이어받은 보구와 함께 '태상황太上皇'으로서 4년 동안 좌경적 공산혁명 노선을 부르짖으며 무소불위의 권력을 휘둘렀다.

이 기간 동안 마오는 권력 중심부에서 퇴출되어 암울한 세월을 보냈다. 1937년 11월 7일, 왕밍이 옌안에 도착할 때 마오는 소련과 코민테른의 '상방보검'을 가진 '흠차대신' 왕밍을 마중하러 직접 가지 않을 수 없었다. 마오는 옌안의 중앙과 군 지도자들을 대동하고 옌안 비행장으로 왕밍을 영접하러 나갔다. 마오는 이제까지 왕밍을 만나본 적이 없었다. 두 사람은 옌안 비행장에서 처음으로 상면했다. 마오는 왕밍에게 "우리 산골짜기에 마르크스주의를 보내준 당신을 환영한다"고 인사말을 했다. 언중유골이었다. 왕밍은 형언할 수 없는 느낌을 받았다. 마오와 왕밍이 악수하는 순간 투쟁은 시작되었다는 것을 보여주었다. 공산혁명의 발전 과정에 따라 마오는 착실하게 전당全黨과 전군全軍에서 지도자의 지위를 확립해가고 있었다. 마오와 왕밍에 대한 코민테른의 태도도 미묘한 변화를 보이고 있었다. 왕밍은 이런 변화를 느끼고 있었다. 그 때문에 공개적 장소에서는 마오의 지도적 지위를 인정할 수밖에 없었으나 내심으로는 불복했다. [165]

왕밍은 마오를 향해 공맹孔孟의 유가학설만 알 뿐이어서 공맹의 '수신修身, 제가齊家, 치국治國, 평천하平天下'식의 방법론으로 국가를 경영하려고 할 뿐 마르크스주의를 이해하지 못해 당의 영수가 될 수 없다고 은밀하게 헐뜯기 시작했다. 왕밍은 1935년 8월 1일에 발표한 '항일구국을 위해 전국 동포에 고告함; 8·1선언'에서 모스크바의 요구를 반영해 노동자, 농민, 소자본가, 민족자본가들이 한데 뭉쳐 히틀러의 나치와 일본에 대항하자고 호소했다. 항일 민족통일전선의 신정책을 제정하는 과정에서 하나의 중요한 잣대를 제시한 것이다. 이에 대해 마오는 "이른바 8·1선언은 우리 당이 추진하고 있는 하나의 근원일 뿐 항일 민족통일전선과 국공합작의 '긴 흐름'의 잣대는 아니다"라고 모스크바 노선에 이견을 보인 바 있었다.

왕밍의 귀국은 중공중앙에 코민테른의 신정책을 관철하기 위한 것이었다. 1937년 8월 10일, 코민테른 집행위원회는 회의를 열어 중국의 정세와 중공중앙의 임무에 대해 토론을 벌였다. 왕밍은 회의에서 고무적이고 낙관적인 보고를 했다. 왕밍은 "현재 중국의 가장 중요한 문제는 국공합작의 기초 위에서 전 중국의 반일 각 당파가 항일 대연합을 이루는 것이다. 여기에 기초해 전 중국의 통일적 국방정부와 전 중국을 통일하는 민주공화국을 건립해야 한다. 아울러 전 중국의 각종 무장세력을 통합해 통일지휘, 통일기율, 통일공급, 통일무장, 통일군사 계획 등을 아우르는 통일국가 군대를 만들어야 한다"고 말했다. 왕밍은 "장제스의 진보적인 정책 전환이 필요하고, 공산당은 국민당 정부를 진정한 중국 통일의 국방정부로 승인할 준비를 해야 한다"고 강조했다.

코민테른 대표 드미트로프는 왕밍의 의견에 동의했다. 드미트로프는 "관건은 국공 통일전선의 건립 문제다. 중공의 재력, 물력과 인원의 100분의 95 이상을 소비에트 지구에 집중했기 때문에 간부도 난징정부와의 무장투쟁 과정에서 양성해야 한다. 노동자 성분의 사람들이 당과 홍군에서 비율이 매우 적다. 당의 정책과 책략을 180도 확 바꾸어야 한다"고 강조했다. 드미트로프는 "진정으로 자신들의 과거의 적과 손을 잡아야 한다. 국제형세에 밝고 패기발랄한 사람이 중공중앙을 도와야 한다"고 힘주어 말했다. 코민테른은 왕밍이 이런 일을 할 수 있다고 판단해 파견한 것이었다.

12월 9일부터 14일까지 옌안에서 정치국 회의가 열렸다. 왕밍은 회의에서 '어떻게 전국 항전을 계속하고 항전 승리를 쟁취할 수 있는가'라는 제목의 보고를 했다. 왕밍은 보고에서 항전의 필요성을 역설하고 항일 민족통일전선 견지를 주장하며 중앙과 마오를 비판했다. 왕밍은 "국민당 정부에 대한 근본적 인식 전환이 부족하고, 국민당 정부의 전국통일 국방정부의 구실과 국민혁명군의 전국통일 국방군 역할에 대한 평가를 제대로 하지 못하고 있다"고 주장했다. 왕밍은 또 "항일은 모든 것들 가운데 제일 중요하다는 사실을 제대로 파악하지 않고 민주, 민생 문제 해결을 지나치게 강조하고 있다"면서 "'모든 것은 항일이 우선한다는 원칙에 복종'해야 한다"고 목소리를 높였다. 왕밍은 중앙이 '모든 것은 통일전선을 통하고, 통일전선에 복종하는' 공작방법을 채택하지 않고 독립자주를 내세운다고 비판했다. 왕밍은 "국민당 집행부가 편면적 항전노선이라고 공개적으로 비판하는 것은 옳지 않다"고 전제하고 "국공합작을 누가 지도하고, 주도권을 쥐느냐 하는 문제에 매달려서는 안 된다"고 주장했다. 왕밍은 국공합작은 국민당과 공산당의 공동책임이며, 공동지도라고 강조했다. 왕밍은 이런 관점에서 볼 때 마오가 뤄촨(洛川 낙천)회의에서 채택한 전략방침과 류사오치가 쓴 '항일 유격전쟁에서의 약간의 기본문제'라는 글은 잘못된 것이라고 강력 비판했다. 왕밍은 회의에서 코민테른과 스탈린의 지시를 전달하면서 공산당의 경전經典인 마르크스-레닌주의 등을 들먹이며 끌어다 쓰는 치밀한 수사修辭로 선동적인 연설을 했다. 박수소리가 장내를 뒤흔들었다. 회의 참석자 다수는 시비를 가리지 않은 채 왕밍에 대해 맹목적 신뢰와 지지를 보냈다. 많은 사람들은 왕밍이 제기한 관점에 따라 과거 통일전선 공작의 득실을 평가한 뒤에 과거의 '협애한 관념'과 '전략 부재'의 문제점들을 인정했다.

마오는 왕밍의 연설에 깜짝 놀랐다. 뜻밖의 발언에 마오는 잠시 넋을 잃었다. 마오는 만약에 왕밍이 제기한 주장대로 항일전쟁과 항일 민족통일전선 공작을 전개한다면 이는 천두슈의 전철을 밟아 대혁명 실패의 역사적 비극을 재연하는 것이라고 생각했다. 마오는 회의에 참석한 대다수가 왕밍의 연설에 미혹되어 있기 때문에 본질적으로 이들과 왕밍을 구별해야 한다고 여겼다. 시간이 필요하다고 느꼈다. 2보 전진을 위해선 1보 후퇴가 필요했다. 만약 지금 경솔하게 왕밍과 한 판 붙는다면 후과를 예측하기가 어렵다고 판단했다. 그렇다고 묵묵부답일 수는 없었다. 마오는 절제된 언사로 원칙적 견해를 피력했다. 중앙의 독립자주와 독립 자주적인 산지 유격전, 국민당 진영에 좌, 중, 우 3종류의 서로 다른 경향성 문제를 얘기했다. 마오는 국공 양당의 주도권 문제, 통일전선에서의 화합과 투쟁, 타협주의, 그리고 정부와 군대 개조의 필요성 등의 문제를 거론했다. 마오는 만약에 공산당이 독립성을 유지하지 못한다면 국민당에 굴복하는 만큼 대단히 위험한 문제라고 강조했다. 마오는 왕밍이 비판한 뤄촨회의의 전략방침과 공산당의 독립자주를 강조한 것은 옳다고 날을 세웠다. **166**

　마오는 종전의 통일전선에 관한 해법을 제시했지만, 이때 정치와 조직상으로 국민당을 개조해 통일전선의 국방정부 건립 가능성에 대해 기대를 갖고 있는 문제를 언급했다. 마오로서는 진일보한 견해였다. 이는 마오가 코민테른의 '공동책임과 공동지도'의 의견을 받아들인 것이다. 마오는 또 왕밍이 주장한 현재의 기초 위에서 국민당 정부에 대한 협조와 개조에 관한 방법에 찬동했다. 정치국 회의는 왕밍의 보고를 통과시켰다. 이것은 기본적으로 코민테른이 제시한 전술과 주장을 인정한 것이다. 그러나 마오는 회의에서 왕밍의 보고를 결의決議로 채택하는 것을 미루는 지연전술에는 성공했다. 이유는 간단하고 충분했다. 전당이 문제에 대한 인식이 아직 통일되지 않아 급히 결의를 채택해서는 안 된다는 논리를 폈다. 경솔하게 결의를 채택하면 자칫 엄중한 후과를 조성할 수 있는 만큼 전당의 의식 제고와 의견 통일을 기다렸다가 결의로 채택하면 더 큰 효과를 낼 수 있다는 논리였다.

　정치국 회의는 모스크바에서 온 왕밍과 천윈(陳雲 진운), 캉성(康生 강생)을 중앙서기처 서기로 임명했다. 회의는 또 중앙인사와 관련해 코민테른의 의견을 받아들여 집단 지도체제를 실시해 장원톈은 당무 등 일상 업무를, 마오는 군사문제, 왕밍은 통일전선 분야를 각각 책임지고 이끌어가도록 했다. 회의는 저우언라이, 왕밍, 보구, 예젠잉을 중공 대표단으로 구성해 국민당과의 회담을 책임지도록 했다.

마오는 회의가 끝난 뒤에 항일 민족통일전선 정책의 필요성을 여러 차례 강조했다. 12월 24일, 마오는 홍군이 우군友軍구역 내에서 통일전선의 원칙 고수를 명확하게 지시했다. 통일전선의 목적을 달성하기 위해 공동책임과 공동지도, 상호지원 등의 구호 아래 국민당과의 협상공작에 유의해야 하며, 우리는 반드시 온 힘을 기울여 그들의 동의와 협력을 이끌어내야 한다. 그리고 항전 이익에서 출발해 그들을 설득하여 우리의 의견과 건의를 채택하도록 하고 만부득이 동의가 어려울 경우 강요보다는 잠시 양보하도록 한다는 내용이었다. 마오는 국공합작 이후 통일전선 과정에서 나타나는 우경 투항주의를 대단히 경계했다.

왕밍은 공산당 대표단 일원으로 우한(武漢 무한)에 파견되어 중앙이 세운 창장국(長江局 장강국)에서 국공간의 통일전선 업무를 조율하면서 우경 투항주의적인 모습을 보였다. 중앙의 동의나 협의 없이 독단으로 마오 이름의 담화를 발표했다. 왕밍은 중앙의 기율을 지키지 않고 국민당에 통일전선 공작과 관련해 양보하는 언사도 서슴지 않아 마오와 장원톈을 불안케 했다. 마오는 당의 단결과 통일이 그 어느 때보다 중요한 만큼 왕밍을 공개비판도 하지 못하고 울며 겨자 먹기로 옌안에서 발행하는 주간 『제팡(解放 해방)』에 왕밍의 활동을 공개적으로 싣기도 했다. 마오는 속으로 끙끙 앓고 있었다. 중앙은 1938년 2월 27일부터 3월 1일까지 옌안에서 정치국 회의를 열었다. 왕밍은 회의에서 계속 우경 투항주의적 관점에서 '통일지휘, 통일편제, 통일무장, 통일기율, 통일대우, 통일작전 계획, 통일작전 행동' 등을 주장했다. 왕밍의 이런 주장과 구호는 중앙이 독립자주적으로 전개하는 유격전쟁의 입지를 줄이는 행위였다. [167]

마오와 왕밍이 공개적으로 정면충돌을 벌이지는 않았으나 수면 아래의 격렬한 투쟁은 계속되고 있었다. 마침내 참다못한 마오가 왕밍의 잘못된 주장을 견제하고 나섰다. 마오는 허베이(河北 하북) 동쪽에 포진한 녜룽전(聶榮臻 섭영진) 군구軍區를 한 예로 들었다. 허베이 동쪽(冀東 기동)의 지리적 위치는 대단히 중요했다. 예부터 병가兵家들이 반드시 다툼을 벌이며 선점해야 하는 곳이었다. 평원이 많고, 구릉도 많았다. 농업이 발달하고 지하자원이 풍부했다. 물자가 풍족한 지역이었다. 이 때문에 허베이 동쪽 지역은 전략적 요충지였다. 마오는 뤄촨회의에서 이 곳을 항전 중 중요 지역으로 지목했다. 일본군들이 동북3성을 점령한 뒤에 전 중국을 삼키기 위해서는 제일 먼저 허베이 동쪽에 마수를 뻗칠 것으로 내다보았다. 팔로군이 당연히 선점해야 할 중요 지역이었다. 그러나 1937년 12월, 정치국 회의에서 왕밍은 독립자주적인 유격전쟁을 반대했다. 마오는 그러나 1938년 2월에 팔로군 총사령부와 '산시-차하얼-허베이(晉察冀 진찰기)' 군구에 전보를 보내 우링산(霧靈山 무령산)을 중심으로 한 구역을 확대, 발전시킬 것을 지시했다. 특히 이 지역을 팔로군의 독립 작전구로 삼도록 했다. 네룽전은 마오의 지시를 충분히 이해하고 덩화(鄧華 등화) 지대를 파견해 허베이 동쪽 지역을 근거지로 개척했다. 마오는 바로 정치국 회의에서 네룽전이 적극적으로 독립자주적인 유격전쟁을 벌인 성공 사례를 소개한 것이다.

마오는 중앙의 지도를 적극적인 구실로 삼아 왕밍의 잘못된 주장을 제어할 결심을 굳혔다. 마오는 국민당이 지도적 위치에서 통일전선을 구실로 공산당을 야금야금 고립시키는 것을 극도로 경계했다. 마오를 우두머리로 하는 중앙서기처는 3월 25일에 '중공중앙이 국민당 임시 전국대표대회에 보내는 축하 전문'에서 왕밍의 반대에도 불구하고 다시 민주와 민생에 대한 요구를 제기했다. 공산당 대표로 회의에 참석한 왕밍은 불만을 품고 이 전문 공표를 보류했다. 왕밍은 또 국민당을 자극할까 겁내 마오의 치사 중 '헌정을 실시해 민의의 첫걸음을 떼어야 한다' 등의 용어를 빼버렸다. 마오는 5월에 또 공개적으로 공산당의 지도를 확고히 하면서 전 민족의 항전을 역설했다. 마오는 '논 지구전論持久戰'을 발표해 팔로군, 신사군 및 유격전쟁의 중요한 구실을 강조했다. 이것이 왕밍의 걱정과 불만의 도화선이 되었다. 우한에서 통일전선 공작을 하고 있던 왕밍은 마오가 '논 지구전'을 『신화르바오(新華日報 신화일보)』에 발표하려 할 때 동의를 거부하고 소책자로 인쇄토록 했다. 왕밍은 비밀리에 우한에 있던 소련인을 찾아가 마오의 행태를 스탈린과 코민테른 대표 드미트로프에게 전해 코민테른이 조직에 관여해줄 것을 요청하는 등의 부탁을 했다. 마오와 왕밍의 '죽기 살기 전쟁'이 시작된 것이다.

이처럼 마오와 왕밍의 충돌이 부단히 격화되고 공개화하는 상황에서 3월의 정치국 회의는 런비스를 모스크바에 파견하기로 결정했다. 코민테른에 중국공산당의 상황과 항일전쟁의 형세를 보고하기 위해서였다. 4월 14일, 런비스는 코민테른에 중앙이 작성한 '중국 항일전쟁의 형세와 중국공산당의 공작과 임무' 제목의 서면 보고를 제출했다. 코민테른 집행위원회 주석단은 6월 11일에 회의를 열어 항전 이래 중공의 정치노선이 정확했다고 추인했다. 얼마 뒤 런비스가 코민테른 중공 대표단 단장으로 모스크바에 있던 왕자샹의 임무를 대신하고 왕자샹이 귀국키로 했다. 코민테른 대표 드미트로프는 왕자샹을 만나 중국공산당 전체 당원에게 마오쩌둥을 중앙의 지도자로 반드시 지지하도록 전해줄 것을 지시했다. 드미트로프는 마오가 실제 투쟁하면서 단련되고 성장한 지도자라면, 왕밍은 현장공작 경험이 부족해 영수로서는 자격이 부족하다고 부연 설명했다. **168**

귀국한 왕자샹은 1938년 9월에 열린 정치국 확대회의에서 드미트로프의 담화를 전달했다.

"오늘의 환경에서 중공 주요 책임자들이 한 덩어리가 되는 게 상당히 어렵다. 이로 인해 문제 발생이 더욱 쉽다. 지도기관은 마오쩌둥을 영수로 한 지도에서 문제를 해결하고 지도기관은 긴밀하게 단결하는 작풍을 일구어야 한다."

왕자샹은 구두 보고에서 드미트로프의 특별당부를 이렇게 전달했다.

"중공이 단결해야만 믿음을 세울 수 있다. 중국에서 항일 통일전선은 중국인민 항전의 관건이다. 중공의 단결은 또 통일전선의 관건이다. 통일전선의 승리는 당의 일치와 지도자의 단결에 의존한다."

승부는 끝났다. 희비가 갈렸다. 서슬 퍼렇던 왕밍의 '상방보검尙方寶劍'은 빛을 잃었다. 코민테른이라는 뒷배를 잃은 왕밍은 끈 떨어진 쪽박 신세가 되었다. 반면 코민테른의 지지를 받은 마오는 공산당 내에서 지도자 지위를 더욱 굳히게 되었다. 마오는 왕밍의 우경 투항주의를 척결할 때가 무르익었다고 판단했다. 쇠는 달구어졌을 때 두들겨야 했다. 공산당은 중앙 제6기 6중전회를 옌안에서 열기로 했다. 왕밍은 중앙의 결정에 불복해 회의 장소를 자신이 머물고 있는 우한으로 옮겨 회의를 열도록 요구했다. 마오와 중앙은 왕밍의 요구를 거부했다. 6중전회가 9월

29일부터 11월 6일까지 옌안에서 열렸다. 회의 장소는 옌안성 내의 옛 교회당이었다. 저우언라이와 시안사변의 주역 장쉐량이 제1차 비밀회담을 한 곳으로 세인들의 눈길을 끌었다. 중앙위원, 후보위원 및 중앙 각 부문과 각 지구 지도간부 47명이 참석했다. 왕밍도 어쩔 수 없이 회의에 참가했다. 마오는 회의에서 '새로운 단계를 논한다(論新階段 논신계단)'라는 정치 보고와 '통일전선에서의 독립자주 문제', '전쟁과 전략문제'에 대한 총결보고를 했다. **169**

"항전 15개월간의 경험이 증명하듯 항일전쟁은 장기전이지 단기전이 아니다. 따라서 전략방침은 지구전이며 속결전이 아니다. 최후 승리는 중국인민의 것이며, 비관론자들의 말은 추호의 근거도 없는 것이다. 중앙이 결정한 전면 항전노선은 중국의 실제에 부합한다. 이미 중대한 승리를 거두었다. 항일전쟁은 바야흐로 새로운 발전단계에 접어들었다. 즉 전략적으로 서로 버티는 단계다. 공산당과 중국인민의 임무는 바로 어려움을 극복해 일본제국주의를 이기고 신중국을 건설하는 것이다. 이런 임무를 실현하기 위해 전당의 동지들은 일치단결하여 성실하게 항일전쟁의 중대한 역사적 사명을 책임지고 이끌어나가야 한다."

마오는 맹렬한 공격을 퍼붓기 시작했다. 마오는 통일전선 문제에서의 폐쇄주의와 투항주의의 편향에 대해 날을 세웠다. 창끝은 왕밍을 향했다. 마오는 왕밍이 주장했던 '모든 것은 통일전선을 통해서'와 '모든 것은 통일전선에 복종해야 한다'는 식의 논리를 준열하게 비판했다. 마오는 항일 시기 통일전선의 통일성과 독립성, 민족투쟁과 계급투쟁의 정확한 관계를 예리하게 분석해 자신의 주장을 펼쳤다.

"장기 (국공)합작을 이끌어 장기전쟁長期戰爭을 지지하고, 계급투쟁은 반드시 항일 민족투쟁에 복종하는 것이 통일전선의 근본원칙이다. 이런 원칙 아래 당파와 계급적 독립성, 통일전선의 독립자주를 유지해야 한다. 합작과 통일이 당파와 계급적 필요 권리를 희생하는 것이 되어서는 안 된다. 당파와 계급의 일정 한도의 권리를 유지할 때 합작이 유리하고 이른바 합작이라고 할 수 있다. 그렇지 않으면 합작은 뒤섞여 하나로 변질되고 필연적으로 통일전선을 희생하게 된다. 국민당은 권력을 장악하고 있는 당으로 민중운동을 통제하고, 공산당의 발전을 제한하면서 각 당파의 평등 권리를 박탈하고 있다. 국민당은 공동의 정치강령이나 통일전선상의 조직 형식을 원하지 않고 있다. 이런 상황에서 '모든 것은 통일전선을 통해야 한다'는 것은 바로 모든 것은 장제스와 옌시산으로 이루어진 한쪽에 복종하는 것으로 자신을 속박해 자신의 손발에 차꼬를 채우는 것이다. 지금의 형세 아래에서 우리는 마땅히 서로 다른 상황에 근거해 각각 그에 따른 대책을 세워야 한다."

마오의 현하지변懸河之辯은 계속되었다. 마오는 자신의 혁명전략인 농촌을 근거지로 한 도시포위 공격론을 이죽거렸던 왕밍을 겨냥해 중국의 상황은 자본주의 국가와는 다르다, 중국은 반식민지의 대국이다, 그리고 오늘날 이런 새로운 정당, 군대와 인민이 있어 농촌에서 장기적인 광대한 전쟁을 충분히 수행할 수 있다고 강조했다. 마오는 "항일전쟁을 총체적으로 볼 때 정규전이 중요하고 유격전은 보조적이다. 항일전쟁의 최종 결판은 정규전에서 판가름 난다. 그러나 광대한 지역에서 끈질긴 유격전쟁을 하지 않으면 일본을 이길 수 없다. 이 때문에 유격전쟁이 비록 전체적으로는 전쟁의 보조적 위치이지만 실제적으로 중요한 전략적 위치에 있다"고 설명했다.

마오는 중국의 실제적인 문제를 모르는 왕밍 등을 정면 조준해 마르크스주의를 교조적으로 신봉해서는 안 된다고 쐐기를 박았다. 마르크스주의는 반드시 민족 형식을 통해서만 실현될 수 있으며, 중국의 특징을 벗어난 마르크스주의는 단지 추상적인 공허한 마르크스주의에 불과하다고 말했다. 따라서 전당은 마르크스-레닌주의를 잘 학습해야 하며 마르크스-레닌주의의 일반원칙과 국제경험을 중국의 구체적 환경에 잘 적용해야 한다고 강조했다. 마오는 교조주의를 반대하며 외국을 따라 하는 형식적이고 낡은 것을 폐지해 중국인민들에게 환영받는 중국의 기풍과 기상인 신선하고 생동적인 것을 제안한다고 밝혔다. 마오는 마지막 철퇴를 내리쳤다. 당중앙을 우습게 여기는 왕밍을 겨냥해 당의 규율을 더욱 강화하는 것이 중요하다는 것을 특별히 강조했다. 마오는 개인은 조직에 복종하고, 소수는 다수에 복종하며, 하급은 상급에 복종하고, 전당은 중앙의 조직원칙에 복종해야 한다고 빗장을 질렀다. 이에 따라 전체회의는 관련 당규와 당법을 통과시켰다.

전체회의는 또 왕밍이 책임자로 있던 우한의 창장국을 폐지하고 왕밍을 옌안으로 복귀하도록 조처했다. 하늘을 찌르던 왕밍의 권세는 화무십일홍花無十日紅이었다.

이날 회의에서 40여 명이 잇따라 발언하며 마오가 제기한 각종 주장을 너도나도 지지했다. 왕밍은 자기변호를 하면서도 공개적으로 마오의 '영수 지위'를 인정했다. 왕밍은 '중앙과 마오 동지의 주위, 즉 북극성을 뭇별들이 둘러싸듯 마오쩌둥을 중심으로 통일 단결'하는 내용의 발언을 했다. 일패도지一敗塗地였다. 인심 또한 조변석개다. 회의가 후반에 접어들자 많은 사람들은 왕밍을 거명하거나 빗대어 그의 과오를 신랄하게 비판했다. 왕밍은 회의장을 일찍 빠져나와 이런 비판을 직접 듣지는 못했다. 왕밍은 이제 더 이상 마오의 적수가 될 수 없었다.

그렇다면 왕밍은 왜 소련이나 코민테른으로부터 용도폐기가 되었을까. 우선 중국혁명의 실제상황에 대한 왕밍의 이해와 인식의 부족을 들 수 있다. 스탈린과 코민테른 집행위원회 총서기 드미트로프는 왕밍이 실제적인 혁명 경험이 부족하다고 생각했다. 1937년 11월 초 스탈린이 모스크바 크렘린 궁에서 귀국하는 왕밍과 캉성(康生 강생), 왕자샹을 접견한 일이 있었다. 스탈린이 왕자샹에게 홍군 병력이 얼마나 되는지를 물었다. 왕자샹은 산베이에 약 3만 명의 병력이 있다고 대답했다. 이때 왕밍이 끼어들어 30만 명이라고 했다. 스탈린은 서로 다른 숫자를 들었으나 장정에 직접 참가한 지도자 왕자샹의 말을 믿을 수밖에 없었다. 현재 남아 있는 코민테른 문서에 따르면 왕밍이 공작활동에 표현한 일련의 내용들이 모호하고 분명치 않아 의심스럽다고 기록하고 있다. 뿐만 아니라 다른 코민테른 문건에는 리리싼의 입을 빌려 "왕밍이 코민테른 제7차 대표대회와 다른 장소에서 사실과 숫자를 부풀려 말하고……"라고 기록했다. 왕밍이 허풍이 심해 믿음이 부족하다는 얘기였다.

1938년 4월, 중앙이 류야러우(柳亞樓 유아루)를 코민테른에 중국공산당 역사와 현상 등을 보고하기 위해 파견할 때 마오는 자신이 쓴『논 반대일본제국주의의 책략』,『중국혁명전쟁의 전략문제』,『실천론』,『모순론』등 몇 권의 책과 쭌이회의 결의 문건을 주어 드미트로프와 스탈린에게 증정하도록 했다. 이것은 마오의 이미지를 제고하는 데 큰 구실을 했다. 그 이후 코민테른의 또 다른 문건에 따르면 중국공산당의 당정군黨政軍 부문에서 뛰어난 인물 26명을 분석한 자료에 '마오쩌둥은 확실히 당내에서 가장 중요한 정치 지도자'라고 한 반면, 왕밍에 대해서는 '당내 노老간부들 사이에서 아무런 위망이 없다'고 기록되어 있다. 마오는 그동안 굴레가 되었던 코민테른으로부터 해방되는 동시에 지지를 받음으로써 명실상부한 중앙의 1인자로 자리매김하게 되었다.

장칭의
인생유전

1937년 7월 어느 날, 시안(西安 서안) 치셴좡(七賢庄 칠현장)의 팔로군 사무실에 20대로 보이는 두 여성이 들어섰다. 장제스 통치구역인 시안에는 국공합작 이후 저우언라이와 보구, 저우의 부인 덩잉차오(鄧穎超 등영초) 등이 중공 대표단으로 머물면서 국민당과 업무를 조율하고 있었다. 두 여성은 공산당원 쉬밍칭(徐明清 서명청)과 상하이에서 온 영화배우 란핑(藍苹 남평)이었다. 쉬밍칭은 덩잉차오와 인사를 나눈 뒤 란핑을 소개했다. 란핑은 공손하게 덩잉차오에게 인사를 하고 가죽 가방을 열어 출연한 영화집을 건넸다. 덩잉차오는 란핑을 훑어본 뒤 "당신이 바로 상하이 영화계의 인기스타 란핑이구먼!" 하고 반갑게 맞이했다. 덩잉차오는 "이 일은 보구 동지의 공작분야다. 마침 자리를 비웠다. 당신들은 영화집을 여기에 놓고 이틀 뒤에 다시 오라"고 말했다.

란핑은 이틀 뒤에 혼자 팔로군 사무실을 찾아갔다. 저녁 무렵에 돌아온 란핑은 쉬밍칭에게 "보구 동지와 긴 얘기를 나누었다. 내 상황을 자세히 말했다. 샤오위(小兪; 黃敬 '황경'을 말함) 얘기를 했다. 그가 승낙했다"고 밝은 표정을 지었다. 얼마 뒤 란핑은 팔로군 시안 사무실로 옮겼다. 8월 하순 어느 날, 란핑은 쉬밍칭을 찾아와 "내일 옌안에 가게 되었다. 보구 동지가 알려주었다"며 기뻐했다. 란핑은 쌀을 실은 트럭을 타고 시안을 출발했다. 도중에 큰비로 도로가 끊겨 차량 통행이 중단되었다. 란핑은 할 수 없이 말로 갈아타고 힘들게 옌안에서 80킬로미터 떨어진 뤄촨(洛川 낙천)에 저녁 무렵 도착했다. 마침 정치국 회의가 뤄촨에서 열려 끝난 날이었다. 지역 사령관 샤오진광(蕭勁光 소경광)과 부인 주중즈(朱仲芷 주중지)가 란핑을 마오의 비서 예쯔룽(葉子龍 엽자룡)에게 인사시켰다. 예쯔룽은 이때를 이렇게 회상했다. **170**

"중앙과 혁명군사위원회 지도자들이 회의가 끝나 각각 차를 나누어 타고 옌안에 갈 때 란핑은 마오쩌둥이 타고 있던 트럭을 탔다. 마오는 운전석 옆에 앉고 란핑은 트럭 뒤 화물칸에 타고 옌안으로 갔다."

옌안에 도착한 란핑은 옌안 제3초대소에서 잠시 거주했다. 란핑은 신원 확인 등의 심사를 받을 때 기록할 이름 난에 예명인 란핑이나 원래의 이름 리윈허(李雲鶴 이운학) 대신에 '장칭(江青 강청)'이란 새로운 이름을 써넣었다. '장칭'은 구절양장처럼 험난했던 자신의 기구한 삶을 청산하고, 밝고 맑은 새 삶을 염원하는 뜻의 개명으로, 어떤 사람들은 '장칭'이라는 이름이 두 가지 뜻을 담고 있다고 했다. 하나는 '푸르름은 쪽에서 우러나오지만 쪽보다 더 푸르다(青出於藍而勝於藍 청출어람이승어람)'에서 예명인 란핑藍苹의 쪽인 '란藍'을 딛고 푸르름의 '칭青'으로 거듭난다는 소망을 내포한다는 얘기였다. 또 하나는 당나라 때의 고시古詩에서 한 구절을 따온 '강물 위에 두드러진 푸른 봉우리(江上數峰青 강상수봉청)'에서 '장江'과 '칭青'을 따와 합자했다는 것이다.

'장칭'으로 개명한 '란핑'은 옌안에 온 다음 날에 샤오진광의 부인 주중즈의 안내로 마오의 거처를 찾아가 때마침 마당에서 산책하던 그와 인사를 나누었다. 마오와 장칭의 운명적인 만남이었다. 장칭은 이듬해 마오와 결혼해 40년을 함께한 부인이었다. 스물한 살의 나이 차였다. 마오는 만년에 사실상 세 번째 부인 장칭을 '짐보따리'로 여길 정도로 정치적 부담을 안고 살았다. 영욕榮辱을 함께한 '영욕 부부'라 할 수 있다.

장칭은 1914년에 산둥성(山東省 산동성) 주청(諸城 제성)현 둥관(東關 동관)의 목공 수공업자 집안에서 태어났다. 장칭이 소학교에 다닐 때 교장 선생이 키가 크고 몸매가 호리호리한 데다 두 다리가 학처럼 가늘고 길어 '리윈허(李雲鶴 이운학)'라고 이름을 지어주자 '진하이(進孩 진해)' 대신에 이 이름을 썼다. 장칭의 아버지는 두 부인을 취했는데 장칭은 서출이었다. 아버지는 성격이 거칠어 툭하면 장칭의 어머니를 손찌검했다. 폭언과 폭행을 견디다 못한 어머니는 12세의 장칭을 데리고 집을 나와 친척집에 얹혀살았다. 장칭은 친척을 따라 톈진(天津 천진)으로 갔다가 지난(濟南 제남)으로 옮겨 다녔다. 장칭은 그곳에서 극단에 들어가 연극과 고전음악 등을 배웠다. 장칭은 극단 원장이자 칭다오(靑島 청도)대학 교무처장 자오타이머우(趙太侔 조태모)의 도움으로 도서관 직원으로 일하며 중문과 청강생으로 공부할 수 있었다. 장칭은 이때 물리학과에 다니던 19세의 위치웨이(俞啓威 유계위)를 만났다. 위치웨이는 자오타이머우의 처남으로, 그의 누나 위산(俞珊 유산)은 연극계의 유명한 배우였다. 장칭은 위산을 선망했고, 그를 찾아가 연극 수업을 받았다. 그러다가 위치웨이와 눈이 맞아 사랑하는 사이가 되었다. [171]

1931년 '9·18사변' 이후, 장제스의 일본 침략에 대한 소극적 대응에 반발해 전국 각지에서 '일본 침략 분쇄'와 '장제스의 불저항주의 반대' 운동이 거세게 일어났다. 명문가 출신인 위치웨이는 칭다오대학 학생들을 이끌며 동맹휴학을 벌이는 등 학생운동의 우두머리였다. 위치웨이는 그해 공산당에 가입했다. 그의 영향을 받은 장칭은 칭다오 좌익 연극원동맹 극단인 '하이어우쥐서(海鷗劇社 해구극사)'에 들어갔다. 열애에 빠진 위치웨이와 장칭은 동거생활에 들어갔다. 장칭은 1933년 2월에 위치웨이의 소개로 공산당에 가입했다. 그해 7월에 중공 칭다오시위원회 선전부장 위치웨이는 배반자의 밀고로 체포되고, 장칭은 상하이로 피신했다. 장칭은 위치웨이의 누나 위산의 소개로 상하이 좌익 작가연맹, 희곡 작가연맹의 창립자이자 지도자로 이름을 떨치고 있던 톈한(田漢 전한)의 문하에 들어갔다. 톈한의 동생 톈위안(田沅 전원)은 형의 부탁을 받고 장칭을 '선경궁쉐퇀(晨更工學團 신경공학단)'에서 교원으로 일하도록 했다. 위치웨이는 장칭에게 편지를 보낼 때 말미에 '샤오위(小俞 소유)'라고 썼는데 이후 '황징(黃敬 황경)'으로 이름을 바꾸었다. 그는 신중국 건국 초기에 톈진 시장과 톈진시위원회 서기가 되었다가 철도부장을 역임했다. 선경궁쉐퇀은 비정규학교로 월급은 없고 숙식만 제공을 받았다.

장칭은 주로 톈한이 편극한 「너의 채찍을 놓아라」 등의 연극을 인근 농촌에 돌아다니며 공연하며 구국항일운동을 선전하는 일을 했다. 궁쉐퇀은 여성들이 적어 쉬밍칭, 장칭, 리수전(李素貞 이소정) 등 3명뿐이었다. 이들은 사다리를 타고 오르내리는 다락방에서 황소바람이 술술 들어오는 공간에 침대도 없어 맨바닥에 거적을 깔고 잠을 자는 등 고단한 생활을 했다. 장칭은 같이 생활하던 세 살 위의 쉬밍칭을 따랐다.

1934년 초, 위치웨이가 항일구국운동으로 또다시 체포 위기에 몰리자 장칭은 위치웨이를 따라 베이핑으로 도피했다. 베이핑에 갔던 장칭은 얼마 후에 생활고로 혼자 다시 상하이로 돌아왔다. 쉬밍칭은 푸둥(浦東 포동)의 여공女工야학교에서 교원으로 있었다. 장칭도 쉬밍칭의 소개로 여공들에게 노래와 춤, 연극 등을 가르쳤다. 장칭은 리윈구(李雲古 이운고)라는 가명을 썼다.

장칭은 어느 날 상하이 거리에서 위치웨이와 함께 칭다오에서 혁명활동을 했던 공산당원 러위훙(樂于泓 악우홍)을 만났다. '아러(阿樂 아락)'라고 불리는 그는 위치웨이가 체포되었을 때 장칭이 상하이로 달아날 수 있도록 배편을 주선해주는 등 도움을 주었다. 장칭은 한없이 반갑고 기뻤다. 장칭은 자주 후친(胡琴 호금)을 연주하는 아러를 초청해 후친 반주로 공연을 했다. 그러던 1934년 9월 어느 날, 장칭은 여공야학에서 아러와 공연하기 위해 상하이 자오펑(兆豊 조풍: 지금의 중산공원) 공원에서 그를 만나기로 했다. 중앙 상하이국의 한 연락책이 국민당 공안에 체포되어 아러의 정체가 드러났다. 비밀공안들은 아러를 체포하려고 이날 장칭과 아러가 만나는 장소에 잠복해 있었다. 아러는 공원에 들어왔을 때 자신을 미행하는 사실을 눈치채고 쏜살같이 영국 조계지 쪽으로 향하는 공원 문을 통해 달아났다. 장칭은 아러가 달아나는 모습을 보고 심상치 않음을 깨닫고 다른 쪽 공원 문으로 달아나다가 길을 막는 비밀공안에 붙잡혔다.

장칭은 처음으로 체포되어 유치장에 갇히는 신세가 되었다. 비밀공안은 수없이 장칭을 취조했다. 그러나 증거를 찾지 못한 데다가 쉬밍칭의 노력으로 장칭은 2개월 만에 보석으로 풀려났다. 장칭은 쉬밍칭의 고향 저장성 하이(海 해)현에서 몸

조리를 하다가 건강이 회복되어 위치웨이가 있는 베이핑으로 떠났다. [172]

1935년 4월, 쉬밍칭도 변절자의 밀고로 체포되어 3개월의 수형생활을 했다. 눈 깜짝할 사이에 1년여의 세월이 저편으로 달아났다. 그러던 어느 날, 얼굴색이 좋아 보이는 장칭이 시안에 있던 쉬밍칭을 찾아온 것이었다. 쉬밍칭은 1년여 동안 연락이 끊겼던 장칭이 나타나 놀랍고도 반가웠다. 쉬밍칭이 물었다.

"너, 내가 여기 있는 줄 어떻게 알았니?"

"왕둥뤄(王洞若 왕동약)가 알려주었어."

장칭은 차 한 모금을 마신 뒤 탁자에 찻잔을 놓으며 가볍게 한숨을 내쉬었다. 많은 일들이 뜻대로 되지 않은 데 대한 탄식이었다. 쉬밍칭은 자신을 시안으로 파견한 왕둥뤄를 떠올렸다. 쉬밍칭은 장칭과 이런저런 얘기를 한 뒤 탕나(唐納 당납)의 근황에 대해 물었다.

"얘기하면 길어!"

장칭은 또 한숨을 토해냈다.

"상황이 아주 개꼴이 되었어. 탕나와 헤어졌어. 이건 뭐 완전 날건달이야. 도저히 참을 수 없었어."

장칭은 위치웨이가 있던 베이핑으로 갔다가 일이 뜻대로 안 되어 상하이로 다시 내려왔다. 장칭은 상하이에서 영화배우로 활동하며 동료 배우 탕나, 장민(章泯 장민)과 잇따라 동거했다. 그 일로 상하이 황색신문들이 대서특필해 연예계뿐만 아니라 사회의 여론이 좋지 않아 지탄의 대상이 되었다. 장칭은 더 얘기하고 싶지 않은 눈치였다. 쉬밍칭도 더 이상 묻지 않았다. 쉬밍칭은 화제를 돌렸다.

"너, 여전히 영화 찍고 있니?"

"아이고, 7·7사변(일본의 루거우차오 '盧溝橋 노구교' 침탈사건)이 터진 뒤 상하이 상황이 불안하고 민심이 흉흉해. 그런 판에 누가 영화를 보겠느냐고. 지금 영화시장은 찬바람만 쌩쌩 불어. 상하이에 있어봤자 할 일이 없어요."

"그럼, 너 어떻게 할 생각이냐?"

장칭은 비로소 쉬밍칭을 찾아온 목적을 얘기했다.

"이빙(一冰 일빙; 쉬밍칭의 개명 전 이름), 사실은 언니의 도움을 받으려고 시안에 왔어."

"무슨 도움이 필요한데?"

"나, 옌안에 가서 공부하고 싶어. 언니가 갈 수 있는 길을 찾아봐줬으면 해서."

당시 국공합작이 이루어져 홍도紅都로 불리는 옌안에 대한 국민당군의 통제가 느슨해졌다. 1937년 초부터 외국 기자들이 장정을 끝낸 마오나 홍군, 공산당의 실체를 취재하기 위해 옌안으로 몰려드는 '옌안 러시 현상'이 나타났다. 뿐만 아니라 많은 좌익 문화계 인사들과 진보적 청년 학생들이 너도나도 국민당군의 봉쇄선을 뚫고 천리, 만리의 먼 길을 어렵다 생각하지 않고 옌안으로 달려갔다. 장칭도 이들과 생각이 비슷했다. [173]

"너, 상하이에서 올 때 소개장을 갖고 왔니?"

쉬밍칭이 말한 소개장은 공산당 상하이 당 조직이 발부한 소개장을 말한다.

"언니가 있는데 방법이 있겠지 뭐. 샤오위(小兪 소유: 위치웨이를 일컬음)가 옌안에 갔다는 소식이 들리던데."

"맞아. 5월에 열린 옌안회의에 참석차 갔었다고 들었어."

위치웨이는 이때 황징(黃敬 황경)으로 이름을 바꾸었다. 장칭은 여전히 황징에 대해 미련이 남아 깊은 관심을 보였다. 장칭의 상하이 연예계 생활에 대해 세인들이 찧고 까부는 소리가 어지럽게 떠돌았지만 황징에 대한 감정은 남달랐다. 황징은 린톄(林鐵 임철), 천보다(陳伯達 진백달)와 '베이핑 3인위원회'를 구성해 베이핑시 일상 공작을 주재하는 등 베이핑시위원회의 지도자로 있었다. 황징은 1937년 5월 2일부터 14일까지 옌안에서 열린 중공 소비에트 대표회의에 베이핑 대표로 참석했다. 황징은 『중국의 붉은 별』을 쓴 스노의 부인 님 웨일스를 동반했다. 웨일스는 옌안에서 중국 공산혁명을 통해 조국의 독립운동을 벌였던 조선인 김산(金山: 본명은 張志樂 장지락)을 만나 나라를 빼앗긴 청년이 중국에서 공산혁명에 투신해 조국 광복을 염원한 내용을 담은 『아리랑의 노래Song of Ariran』를 1941년에 출간했다.

1905년에 평안북도 용천에서 태어난 김산은 3·1운동이 일어나자 만세 시위 운동에 적극 참여했다. 김산은 독립운동을 위해 1920년 중국에 건너가 독립운동의 산실인 간도의 신흥무관학교에 들어가 최연소로 6개월간의 군사학 과정을 끝냈다. 그는 1925년 7월에 중국혁명의 중심지였던 광저우(廣州 광주)로 가 공산당에 가입했다. 1927년 12월, 공산당 초기 지도자로 광둥에서 혁명군을 총지휘한 장타이레이(張太雷 장태뢰) 등과 무장봉기를 일으켜 광둥코뮌을 세웠다가 3일 만에 국민당군의 공격으로 좌절된 뒤 하이루펑(海陸豊 해륙풍) 소비에트 지구에 들어가 혁명활동을 벌였다. 1930년과 1933년 두 차례에 걸쳐 일본 경찰에 체포되어 투옥된 바 있다. 1936년에 김성숙과 조선민족해방동맹을 결성했고, 그 후 옌안에 들어가 항일군정대학抗日軍政大學에서 근무했다. 1938년, 공산당 사회부장 캉성(康生 강생)은 김산을 '일제 스파이'라고 억울한 누명을 씌워 처형했다. 김산은 캉성의 마수에 걸려 조국 광복을 보지 못한 채 이역에서 33세의 한 많은 짧은 삶을 마감했다. 1983년에 중국공산당은 김산의 명예와 당원 자격을 회복시키는 복권 조처를 내렸다. 한국정부는 건국 60주년인 2008년에 김산의 독립운동 공적을 인정해 건국훈장을 수여했다.

여성 3인방
옌안 고성을 누비다

에드거 스노가 1936년 6월에 마오쩌둥과 산베이(陝北 섬북) 지방을 취재하기 위해 옌안에 들어갈 때, 쑨원의 부인 쑹칭링(宋慶齡 송경령)과 황징의 노력으로 성사된 바 있었다. 장칭이 옌안으로 가기 위해 시안에 머물고 있을 때 황징은 5월 20일에 옌안을 떠나 베이핑으로 돌아갔다. 쉬밍칭은 장칭에게 신분을 증명할 만한 것들에 대해 물었다. 장칭은 조그만 가죽 가방을 뒤적거려 '영화집'을 꺼내 "이 영화집이 나의 신분을 증명하지 않을까?"라고 답했다. 영화집은 장칭이 출연했던 「나라(娜拉 나랍)」, 「왕라오우(王老五 왕로오)」, 「따위사자(打漁殺家 타어살가)」 등이었다. 이렇게 해 쉬밍칭은 장칭을 데리고 시안 치셴촹에 있는 팔로군 사무실을 찾아가 덩잉차오를 만나게 된 것이다.

장칭은 8월 말에 옌안에 온 뒤 제3초대소(西北旅社 서북여사)에 머물면서 당원 심사를 받았다. 10월 중순, 장칭은 입당 소개인 황징이 옌안에 와 신원을 확인해주어 11월에 중앙당교中央黨校에 들어가 학습할 수 있는 기회를 얻었다. 장칭은 1938년 4월에 루쉰(魯迅 노신)예술학원이 설립되면서 이 학원의 연극 교사가 되었다. 장칭은 8월에 중앙혁명군사위원회 판공실 비서가 되어 마오 주변에서 공작하게 되었다.

앞서 마오의 두 번째 부인 허쯔전(賀子珍 하자진)은 1937년 1월 13일에 당중앙과 혁명군사위원회가 바오안에서 옌안으로 옮기면서 마오를 따라왔다. 허쯔전은 빠르게 변화하는 혁명 형세를 이해하고 부족한 혁명이론 등을 공부하기 위해 허약한 몸을 걱정하는 마오의 반대에도 불구하고 항일 혁명대학에 들어갔다. 허쯔전은 끝내 쓰러져 학업을 중단하고 집에서 요양하고 있었다.

이때 황토고원의 살풍경한 회색의 작은 고성古城 옌안은 국공합작으로 인한 화해 무드로 수많은 청년 학생들이 몰려들어 아연 젊고 싱싱한 도시로 활기를 띠고 있었다. 푸른 잿빛 군복 일색의 칙칙한 도시가 울긋불긋한 분위기로 바뀌고, 명랑하고 발랄한 열기가 가득했다. 외국 기자들도 취재차 구름처럼 찾아들었다. 1937년 1월 말, 미국인 여기자 아그네스 스메들리가 옌안에 왔다. 스노가 산베이를 취재한 이후 두 번째 찾아온 기자였다. 스메들리는 쑹칭링과 스노의 소개로 7개월 동안 취재차 옌안을 방문해 중앙의 각별한 관심과 환영을 받았다. 스메들리는 45세의 산전수전 다 겪은 기자로 노련하고 활달했다. 또한 춤 솜씨가 뛰어났다. 그녀는 주더(朱德 주덕)를 만날 때 두 손으로 주더의 목을 감싸고 두 볼에 키스하는 인사를 하곤 했다. 주위 사람들은 기절초풍했다. 옌안에서 이런 인사법은 눈 씻고 찾아봐도 볼 수 없었던 모습이어서 모두들 놀랐다. 자칭 '대지의 딸'인 스메들리의 행동은 이처럼 거침이 없었다. [174]

스메들리가 양피 외투에다가 담비 모피의 모자를 쓰고 목이 긴 말장화를 신고 옌안에 나타났을 때 푸른 잿빛 군복을 입고 있던 옌안 사람들의 눈은 휘둥그레졌다. 그 옆에 찰랑찰랑한 긴 머리칼을 어깨에 늘어뜨린 젊고 아리따운 여성을 동반해 보행하던 군인들과 여인네들은 '와~' 하며 벌린 입을 다물지 못했다. 이 여성은 스메들리의 통역 겸 비서로 대학을 졸업한 뒤 시를 쓰고 신극新劇을 공연했던 우광웨이(吳光偉 오광위 또는 吳莉莉 오리리라고도 부름)였다. 그들과 함께한 다른 한 여성은 눈썹이 짙고 눈이 큰 문예배우 딩링(丁玲 정령)이었다. 이 여성 '3인방'은 '장부의 기개로 결혼을 우습게 아는 여인들'이라고 불렸다. 이들은 전통적인 결혼 방식에 비판적인 태도를 보이는 등 개방적인 여성들로 모두 시집을 안 간 25~45세 사이의 충하를 이루었다.

3인방은 회오리바람처럼 각종 정치, 사교와 군중 장소를 헤집고 다녔다. 그들은 가는 곳마다 열정적인 접대와 환영을 받았다. 옌안 초기에 사교춤은 주로 고급 간부들의 회식 때 오락적인 저녁 파티에 선보이는 한정적 범위의 '시범성' 춤이었다. 펑황산(鳳凰山 봉황산) 동쪽 기슭 야오둥리(窯洞里 요동리), 스메들리가 머물고 있는 거처에 사적인 저녁 파티가 열리면 사교춤을 추었다. 밤만 되면 불야성을 이루었다. 사교춤은 빠르게 번져갔다. 스메들리는 훗날 자신이 쓴 책『중국의 노래』에서 사교춤과 관련해 홍군 지도자들의 모습을 이렇게 촌평했다. [175]

옌안에서 열린 제1차 고위 군사간부회의 기간에 몇몇 간부들에게 춤추는 법을 가르쳤다. 그들은 열심히 배웠다. 매번 질문을 했다. 체면 깎이는 것을 겁내지 않았다. 주더는 나와 함께 사교춤 장면을 공개하는 등 '사교춤의 미신'을 타파했다. 저우언라이도 춤을 추기 시작했다. 그러나 저우는 혼자 수학문제를 푸는 것처럼 '하나, 둘, 셋!' 계산하며 춤을 추었다. 펑더화이는 춤추는 모습을 그저 바라볼 뿐 한 번도 춤을 추려 하지 않았다. 허룽은 나와 푸른 벽돌이 깔린 땅 위에서 음악에 맞춰 즐겁게 춤을 추었다. 허룽은 몸이 유연하고 리듬 감각이 있는 유일의 춤꾼이었다. 마오는 자존심이 강해 사교춤을 배우지 않았다. 생리적으로 율동이 무뎠다.

스메들리는 때때로 많은 사람을 초청해 저녁 파티를 하면서 편을 짜 서양식 사교춤을 소개하고 가르쳤다. 스메들리는『중국의 노래』에서 이렇게 술회했다.

나는 옌안의 부녀자들 사이에서 군대 분위기를 해치는 사람이란 악명을 얻었다. 사람들이 나를 경원시하고 좋지 않은 눈으로 흘겨보았다. 한번은 주더가 나를 초청해 춤을 가르쳐줄 것을 부탁했다. 나는 거절했다. 주더는 내가 나약하다고 가볍게 책망하며 "나는 오랫동안 봉건주의와 투쟁했다. 지금도 투쟁을 멈출 생각이 없다!"고 말했다. 나는 벌떡 일어나 민주民主의 이름으로 그와 한차례 춤을 추었다.

사교춤은 슬금슬금 공개적인 저녁 파티에 등장하기 시작했다. 옌안 고성의 종루 동쪽에 그리 크지 않은 교회당이 있었는데 중앙의 대강당으로 개조한 뒤 거의 매 주말마다 이곳에서 저녁 파티를 열거나 사교춤 모임이 열렸다. 홍군이 장정을 거쳐 산베이로 오면서 혁명가요와 홍색혁명 춤이 빠르게 보급되었다. 이것은 서로 간의 협동과 감화에 좋은 영향을 주었다. 춤이 지향하는 목표는 아름다운 사회생활의 집체적 환상이다. 사교춤은 통상적으로 남녀가 서로 파트너가 되어 춤을 춘다. 이것은 개인생활의 정서적 함양을 추구했다.

마침내 올 것이 왔다. 장정長征을 했던 여장부 50명이 똘똘 뭉쳐 사교춤을 반대하고 나선 것이다. 이들 여장부는 분주한 군무軍務생활과 공작으로 용모를 다듬을 시간이 없었다. 이들은 혁명대오에서의 지위나 성망聲望을 향유할 뿐 신경 써서 외모를 가꾸려 하지도 않았다. 화장을 하지 않았고, 긴 머리칼도 행동에 장애를 준다며 머리를 짧게 밀어버리곤 했다. 이들 여장부들이 볼 때 '3인방'을 비롯한 외지에서 온 여성들은 머리를 예쁘게 빗고 얼굴을 아름답게 꾸며 소부르주아계급 냄새를 물씬 풍겼다. 게다가 남녀가 한 덩어리가 되어 뺑뺑이를 돌며 춤을 추고 있으니 어디 열불이 솟지 않았겠는가. 여장부들은 사교춤은 집단 정서를 해치는 외국의 악습으로 금지해야 한다고 종주먹을 들이댔다. 마오는 무도장을 즐겨 찾았지만 춤판에는 끼지 않았다. 하지만 스메들리, 우광웨이와는 매우 빈번하게 접촉했다. 허쯔전이 의심을 하기 시작했다. 허쯔전은 만년에 이때의 상황을 이렇게 술회했다.

"어느 날 스메들리가 머물고 있는 야오둥에 찾아갔다. 마오쩌둥이 우광웨이와 아주 가깝게 앉아 얼굴을 맞대고 이야기를 하고 있었다. 친밀하고 몹시 좋아하는 것 같았다. 나는 순간 울화가 치밀어 뛰어 들어갔다. 마오쩌둥은 여전히 그곳에 앉아 있었다. 우광웨이가 일어나 나보고 앉으라고 자리를 권했다."

허쯔전은 눈을 치켜뜨고 매섭게 우광웨이를 꾸짖었다. 야오둥 안은 아연 팽팽한 긴장이 고조되었다. 마오는 어리둥절해 허쯔전을 쳐다보았다. 우광웨이도 어쩔 줄 몰라 안절부절하지 못했다. 허쯔전은 곧바로 마오를 향해 손을 휘저으며 화를 내고 큰 소리로 떠들었다. 손가락으로 우광웨이를 향해 삿대질하다가 귀와 볼을 건드렸다. 우광웨이는 "어, 사람 치네. 때려라!"라며 바락바락 대들었다. 스메들리가 간신히 뜯어말렸다. 마오는 난처해하다가 허쯔전을 잡아끌고 집으로 돌아왔다. 우광웨이는 관계기관에 허쯔전의 폭행 사건을 진정했다. 관계기관은 어떤 처리 의견도 내놓지 않았다. 이른바 '우광웨이 사건'이었다. 이 소식을 들은 허쯔전은 관계기관에 '마오와 우광웨이 간통 혐의'를 조사해줄 것을 요구하는 고발장을 냈다. 허쯔전은 또 "스메들리를 총살해야 한다"는 등 극언을 서슴지 않았다.

그렇지 않아도 심기가 불편했던 여장부들은 일제히 허쯔전을 극력 지지했다. 여장부들은 "한 외국인 여성이 자기가 거주하는 집에서 다른 사람의 사내와 오랜 시간 이야기한다는 것은 불가사의한 일이다. 남녀가 늦은 밤에 함께 친밀하게 접촉한다는 것은 건전한 풍속을 해치는 자산계급의 타락한 생활방식이다. 화근은 다른 사람이 아닌 바로 스메들리다"라고 목소리를 높였다. 옌안은 한순간에 '우광웨이 사건'으로 왁자지껄해졌고, 온갖 소문이 파다하게 번졌다.

1937년 7월 말, 우광웨이는 소리 소문 없이 옌안을 떠났다. 허쯔전도 8월에 옌안을 떠나 양병養病을 위해 시안을 거쳐 소련으로 갔다. 옌안에 사교춤을 보급했던 스메들리는 말에서 떨어져 몸조리를 하다가 9월 초에 옌안을 떠났다. 옌안의 사교춤 파문은 일단락되었으나 '환란 부부' 마오와 허쯔전은 이 사건의 여파로 결국 갈라서는 꼴이 되었다.

이즈음 옌안에 나타난 여성이 장칭이었다. 허쯔전과 장칭은 오가며 운명의 바통 터치를 한 셈이다. 마오와 장칭은 1938년 8월에 동거하다가 11월에 결혼했다. 이들의 결혼에 대해 당의 고위 지도자들은 극력 반대했다. 장칭의 상하이 연예인 시절의 문란한 생활이 황색신문에 대서특필되는 등 널리 알려져 마오의 이미지를 훼손하고 당의 위신을 떨어뜨린다는 것이 주요 이유였다. 마오가 막무가내로 주위의 반대를 뭉개자 중앙에서 장칭이 정치에 간여하지 않는다는 등의 3가지 조건을 내걸고 결혼을 추인했다는 설이 통설로 자리 잡았다. '약법3장約法三章'이었다. 근거는 1947년 3월에 국민당 후쭝난(胡宗南 호종남)군이 옌안을 점령했을 때 노획한 왕뤄페이(王若飛 왕약비)의 일기장 내용이다. '약법3장'의 판본도 여러 가지다. 그중 타이완 국민당 정부 브라질 공사를 지낸 추이완추(崔萬秋 최만추)가 쓴

『강청전전江靑前傳』에 기록된 약법3장이 가장 신뢰성이 높다고 한다. 내용은 이렇다. [176]

1. 마오쩌둥 동지과 허쯔전 동지의 부부관계는 여전히 존재한다. 정식으로 이혼하지 않으면 장칭 동지는 마오쩌둥 동지의 부인이 될 수 없다.

2. 장칭 동지는 마오쩌둥 동지의 일상생활과 건강을 보살피는 데 책임을 진다. 이후 누구도 당중앙에 대해 유사한 요구를 제기할 수 있는 권한이 없다.

3. 장칭 동지는 단지 마오쩌둥 동지의 개인생활과 사무에만 관여한다. 20년 동안 당내의 어떤 직책도 맡는 것을 금지한다. 아울러 당내의 인사 및 정치생활에 간여해서는 안 된다.

이 판본의 약법3장 중 제1조는 마오와 허쯔전, 장칭의 관계를 규정하고 있다. 제2조는 장칭의 임무를 규정하고, 제3조는 장칭의 임무에 대한 제한을 규정하고 있다.

장궈타오,
장제스에 투항

1938년 청명절淸明節인 4월 4일의 황제릉黃帝陵. 중국인은 황제를 중화민족의 시조로 경배하고 있다. 그 황제의 능이 중국 서북부 지역 '산-간-닝(산시, 간쑤, 닝샤성)' 변계지구 남쪽 중부中部현 베이차오산(北橋山 북교산)에 있다. 국민당 정부와 중공중앙은 시안사변 이후에 청명절을 맞아 국공합작의 상징적 의미와 애국주의 정서를 고취시키기 위해 황제릉을 참배하고 제사를 지냈다. 이번이 두 번째였다. 중공 대표로는 '산간닝' 변계지구 부주석 장궈타오(張國燾 장국도)가 참석했다.

장궈타오는 국민당군 시안(西安 서안) 수정공서綏靖公署 주임 장딩원(蔣鼎文 장정문)과 함께 제례를 마친 뒤에 비서와 경호원들에게 시안에 볼일이 있어 갔다 올 테니 먼저 옌안으로 돌아가라고 했다. 장궈타오의 경호원 장하이(張海 장해)가 "마오 주석이 제례가 끝나는 대로 옌안으로 돌아오라고 하지 않았습니까?"라고 뜨악해했다. 장궈타오는 "내가 시안에 가 린주한(林祖涵 임조함: 林伯渠 임백거를 말함. 산간닝 변계지구 정부주석 겸 팔로군 시안 판사처 주임) 동지를 만나 상의할 일이 있다"며 장딩원의 세단에 몸을 실었다. 경호원 장하이는 장궈타오가 떠나는 것을 보고 급히 국민당군 수정공서 헌병 지프에 뛰어올라 타 시안으로 따라갔다. [177]

장궈타오가 누군가. 중국공산당 제1차 전국대표대회 대표로 당 창건자의 한 사람이자 마오와 더불어 공산당 최대 주주로 권력의 정상에 섰던 인물이 아닌가? 장궈타오는 난창봉기에 참여한 뒤 '악예환(鄂豫晥: 후베이, 허난, 안후이성)' 소비에트 근거지를 이끌면서 홍군의 3대 주력 중 하나인 홍군 제4방면군을 휘하에 거느렸다. 장궈타오는 모스크바에 3차례 간 동안 중공 지도자로는 유일하게 레닌을 직접 만난 사람이다. 장궈타오는 한때 별도의 '중앙'을 만들어 스스로 '주석'이 되는 등 하늘 높은 줄 모르는 권력을 휘둘렀다. 그러나 장궈타오는 산베이에 돌아온 뒤 당을 분열 책동했다는 비판을 받고 나락으로 떨어져 비루먹은 망아지 꼴이 되었다. 막강했던 홍군 제4방면군의 병권을 내놓은 채 한직인 '산간닝' 변계지구 부주석으로 분노와 울분을 삭이고 있었다. 장궈타오는 국민당에 투항하기로 결심했다. 때를 노렸다. 장궈타오는 주위의 참모는 물론 부인 양쯔례(楊子烈 양자열)에게조차 함구했다. 황제릉 제례를 지내는 청명절이 디데이였다. 장궈타오는 제례의식이 끝난 뒤에 마음먹은 대로 '남하(투항)'를 하기 위해 국민당 장령 장딩원의 차를 타고 남쪽 시안으로 내달린 것이다.

장딩원은 장궈타오를 호화 숙소인 시징(西京 서경) 초대소에 묵도록 했고, 국민당 고위관원들이 잇따라 장궈타오를 면담했다. 초대소 주위는 경비가 삼엄했다. 4월 7일, 장궈타오는 국민당의 배려로 기차를 타고 우한(武漢 무한)으로 갔다. 난징은 일본군의 수중에 떨어진 터라 국민당 정부는 우한으로 천도했고, 군정기관 대부분도 이곳으로 옮겨왔다. 공산당도 국공합작 업무를 조율하기 위해 우한에 팔로군 판사처(사무소)와 창장국(長江局 장강국)을 만들어 운영하고 있었다.

장궈타오는 시안역을 떠날 때 황제릉에서부터 따라붙은 경호원 장하이에게 "린 주석(린보취)에게 전화를 걸어 역에서 만나자"는 내용을 전달하라고 지시했다. 황급히 기차역에 달려온 린보취가 장궈타오를 만났다. 장궈타오는 "옌안에서 비판을 받았다. 옌안에 멍청하게 돌아가고 싶지 않다. 우한에 가려고 한다"고 말했다. 린보취는 놀라 극력으로 장궈타오를 말렸다. 장궈타오는 강경했다. 린보취는 설득할 수 없자 급히 판사처로 돌아와 중앙과 창장국에 긴급 연락을 했다. 옌안의 중앙은 발칵 뒤집혔다. 중앙은 곧바로 우한에 있는 저우언라이 등에게 전보를 보냈다. 4월 8일 새벽, 창장국 비서 겸 기밀담당 과장 퉁샤오펑(童小鵬 동소붕)

은 저우언라이에게 린보취와 당중앙이 보낸 전보를 건넸다.

전보를 본 저우언라이는 경악했다. 전보를 왕밍과 보구 등에게 급히 보내도록 둥샤오핑에게 지시했다. 곧이어 창장국 비서장 리커눙(李克農 이극농)과 저우의 수행비서 추난장(邱南章 구남장) 등이 저우언라이의 방으로 몰려들었다. 저우언라이는 엄숙한 목소리로 "장궈타오가 줄곧 과오를 고치려 하지 않는다. 국민당에 투항해 이미 시안에서 기차를 타고 우한에 온다. 모두 기차역에 달려가 장궈타오를 판사처로 데리고 와야 한다. 특수요원(特務 특무)을 대동해서는 안 된다"고 강조했다. 이날 저녁 7시께 리커눙 등 4명이 기차역 출구 주변에 포진해 장궈타오가 나오기를 기다렸으나 나타나지 않았다. 이들은 곳곳을 헤집고 다니며 장궈타오를 찾았으나 그림자조차 볼 수 없었다. 리커눙 등은 하릴없이 되돌아와 저우에게 이런 사실을 보고했다. 리커눙은 장궈타오가 공산당 요원들의 접근을 꺼려 다시 시안으로 돌아갔다 올 것으로 판단하고 계속 우한 기차역에서 잠복했다.

그러던 4월 11일 저녁 7시께 시안에 도착한 열차에서 승객들이 내리기 시작했다. 이들은 맨 마지막 칸 앞자리에 앉은 한 중년 남자를 뚫어지게 쳐다보았다. 장궈타오였다. 리커눙이 급히 달려갔다. 리커눙은 정중하게 "장 부주석, 우리는 왕밍 동지와 저우 부주석이 마중해 모셔오라고 보낸 사람들입니다"라고 인사를 건넸다. 장궈타오는 놀라는 기색을 보였다. 장궈타오를 호위하던 두 명의 국민당 정부 특수요원은 리커눙 뒤에 서 있던 두 명의 무장한 팔로군 부관을 보고 바짝 긴장했다. 리커눙은 장궈타오와 경호원 장하이를 열차에서 내리게 한 뒤 팔로군 판사처로 데리고 가려 했으나 장궈타오가 강력하게 거부했다. 리커눙은 할 수 없이 장한루(江漢路 강한로)에 있는 한 여관에 장궈타오를 투숙시켰다. 국민당 정부 특수요원들은 상부에 상황을 보고하고 계속 이들을 미행했다. 그날 밤 저우언라이, 보구, 둥비우(董必武 동필무), 예젠잉이 여관으로 달려왔다. 이들은 장궈타오와 밤새워 이야기했다. 장궈타오는 중앙의 비판과 처분이 가혹했다고 울분을 토로했다. 그는 자신을 별 볼일 없는 '산간닝' 변계지구 부주석에 임명한 것도 불공평한 처사라고 비난했다. [178]

저우언라이가 장궈타오를 조목조목 비판했다.

"당신이 저지른 과오의 엄중성을 아직도 모른단 말인가? 당신은 홍군과 당을 거의 괴멸시켰다. 중앙이 내린 비판과 처분 중 무엇이 잘못되었는가? 당신은 어떤 의견이 있으면 중앙에 건의할 수 있다. 왜 중앙을 어기고 제멋대로 행동하는가? 당신은 시안에 와서 우리 판사처를 찾아오지 않았다. 당신은 국민당군 장딩원과 내통하고 그들의 초대소에 묵었다. 또 그들의 호위를 받으며 우한에 왔다. 우한에 와서도 우리 판사처를 찾지 않았다. 이런 행위가 옳은 일인가? 당신은 과오에 또 다른 과오를 더했다. 어떤 것이 조직의 기율인가?"

저우언라이 등은 장궈타오에게 팔로군 판사처에 가면 어떤 문제도 상의해 처리할 수 있다고 설득했다. 장궈타오는 강력하게 버텼다. 저우는 더 이상 권유하지 않는 대신에 사사로이 행동한 부분에 대한 과오와 이후의 공작 지시를 중앙에 요청하는 전보를 보낼 것을 요구했다. 장궈타오는 마오와 뤄푸에게 보내는 글을 적어 저우언라이에게 주었다.

동생이 오늘 저녁 우한에 도착했습니다. 보고하지 않고 왔습니다. 대단히 죄송합니다. 우한에 파견되어 일하고 싶습니다. ― 궈타오

저우언라이는 전보 내용을 본 뒤 장궈타오에게 "기왕에 우한에 왔으니 그럼 이곳에서 중앙의 지시가 올 때까지 기다렸다가 다시 이야기하자"고 말한 뒤 헤어졌다. 4월 12일, 중앙서기처에서 장궈타오에게 보낸 전보가 왕밍과 저우언라이 등에게 도착했다.

형이 간 뒤 대단히 그립습니다. 민족의 위기를 맞아 우리 당 내부는 더욱 일치단결해 전당과 전 인민에게 모범이 됨으로써 전국을 단결시켜 국가와 민족의 멸망을 구해야 합니다. 형께서 이에 이르러 애당애국을 잘 살피시기 바랍니다. 정부의 일은 중요합니다. 이른 시일 안에 돌아오시기 바랍니다. 매우 보고 싶습니다. ― 동생 마오쩌둥, 뤄푸, 캉성, 천원, 류사오치

4월 13일, 저우언라이는 장궈타오를 찾아가 중앙의 전보를 전달한 뒤 형세를 정확히 판단해 고집 피우지 말 것을 설득했다. 장궈타오는 저우에게 "나는 아주 소극적이 되었다. 내가 고향으로 돌아가 일반 인민이 되어 살도록 허락해주었으면 한다. 평범하게 살고 싶다. 나는 다시는 정치에 관여하지 않겠다"고 말했다. 14일 밤에 저우언라이는 왕밍과 보구, 리커눙 등과 함께 장궈타오를 찾아가 설득에 설득을 거듭했다. 장궈타오는 뜻을 꺾지 않았다. 리커눙은 부드럽게 대해서는 안 된다고 보고 강제로 장궈타오를 차에 태워 팔로군 판사처로 데려왔다. 장궈타오는 판사처에 온 뒤에 외출을 핑계 삼아 밖으로 나돌면서 국민당 실력자 천리푸(陳立夫 진립부)와 저우포하이(周佛海 주불해; 초기 공산당 지도자로 변절해 국민당에 갔다가 다시 왕징웨이 괴뢰정부에서 고위관료를 지낸 한간), 그리고 감옥에서 풀려난 공산당 최고의 원로이자 창당 설계자인 천두슈(陳獨秀 진독수)를 만났다. 장궈타오는 저우에게 장제스를 만날 수 있도록 주선해달라고 요구했다. 저우언라이는 할 수 없이 4월 16일 오후에 장궈타오를 대동해 장제스를 만나러 갔다. 장궈타오는 장제스를 만난 자리에서 "형제가 바깥에서 바보처럼 오래 살다보니……"라고 입을 떼자, 저우언라이는 즉시 장궈타오의 말허리를 자르며 "당신이 바보지, 나는 바보가 아니다"라고 핀잔을 했다. 장궈타오는 장제스에게 변계정부에 대한 상황 보고를 했으나 준비 부족인 데다가 업무 파악이 제대로 안 되어 두서가 없었다. 저우언라이는 판사처로 돌아와 장궈타오에게 "(장제스를 만났을 때) 노예 근성으로 비굴하기 짝이 없었다"고 비판했다. [179]

이날 팔로군 판사처를 빠져나와 타이핑양 호텔에 묵은 장궈타오는 국민당 정부의 특무기관(軍統 군통: 국민당 정부 군사위원회 조사통계국의 약칭. 대공 비밀첩보업무 총괄부서) 총책 다이리(戴笠 대립)에게 전화를 걸어 투항한다는 뜻을 전하고 요원들을 호텔로 보내줄 것을 요청했다. 밤에 군통요원들이 호텔에 나타나 장궈타오를 데리고 나갔다. 4월 18일 새벽에 저우언라이, 왕밍, 보구 3인의 명의로 중앙서기처에 장궈타오의 탈당 상황이 보고되었다. 3인은 또 중앙이 공개적으로 장궈타오의 당적을 박탈하고 이를 계기로 더욱 당과 군의 단결을 강화할 것을 건의했다.

그날 중앙은 '장궈타오 당적 박탈에 관한 결정'을 결의하고 이런 내용을 전당에 공표했다. 장궈타오는 이틀 뒤 성명을 내어 "공산당이 항전을 빌미로 세력을 확장하고 있다"고 비난하고 "전력을 다해 국민당 정부를 지지하겠다"고 밝혔다. 우한에서 공산당을 떠나겠다며 탈당 성명을 발표한 장궈타오는 그 후 다이리가 총책인 군통에서 '특종 정치문제 연구실'을 맡아 일했다.

장궈타오는 국공내전이 치열하게 벌어지던 1948년 겨울에 부인 양쯔례 등 가족을 데리고 타이완으로 피신했다. 국민당 정부는 이용 가치가 떨어진 장궈타오를 소 닭 보듯 했다. 1949년 겨울, 장궈타오는 홍콩으로 가 잡지 기고를 통해 생계를 꾸려갔다. 마오가 신중국을 세운 뒤 역사의 뒤안길로 사라졌던 장궈타오는 화려한 공산당 경력으로 인해 '죽의 장막' 시절, 중국의 정보에 목말라하던 미국의 공산당 연구교수들의 주목을 받았다. 장궈타오는 미국 캔자스대학의 의뢰를 받아 100만 자에 이르는 『나의 회고』라는 회고록을 집필했다. 장궈타오는 곤궁했던 생활을 회고록 수입으로 그럭저럭 꾸려갔으나 나중에는 그마저도 신통찮아 어려운 생활을 해야 했다. 장궈타오는 더 이상 생활을 지탱하기 힘들어 1968년에 캐나다 토론토로 이주하여 무료 양로원에 지친 삶을 부렸다. 1976년에는 엎친 데 덮친 격으로 중풍까지 얻어 무료 노인병원에서 힘겹게 살아야 했다. 1979년 12월 3일, 장궈타오는 병원에서 덮고 자던 담요를 침대 아래로 떨어뜨렸지만 불편한 몸 때문에 주워 덮지 못해 얼어 죽는 참혹한 최후를 맞았다. 82세였다. [180]

저우언라이의
또 다른 얼굴

제2차 국공합작 이후, 중앙 대표단을 이끌며 시안에서 통일전선 정책 등을 총괄하고 있던 저우언라이는 시안과 우한 등 국민당 통치지역에서 세 가지 공작을 수행했다. 하나는 합법적이고 공개적 기구인 팔로군 판사처를 설치해 국공합작의 통일전선 업무를 조율했다. 저우는 판사처를 기반으로 반공개적인 산시성위원회를 가동하고, 비밀리에 정보기관을 두어 대외정보를 수집하는 등 공산당 당원을 확충하는 일을 강화했다. 저우는 또 국민당 정부가 우한에 있을 때 국민당 정부의 허가와 재정지원을 받아 『신화르바오(新華日報 신화일보)』를 창간해 공개적으로 공산당을 홍보하고 선전하는 수단으로 이용했다. 뿐만 아니라 저우언라이는 공개석상에서 국민당의 당정 관계자와 사회 각계인사들을 폭넓게 접촉해 이들을 공산당으로 끌어들이거나 군중 동원을 할 때 친중공 인사로 참여시키는 등 국공합작 국면을 최대한 활용했다.

대표적인 사례는 역사학자이자 시인 등으로 사회에 영향력이 높은 유명한 지식인 궈모뤄(郭沫若 곽말약)를 친중공 인사로 만든 것이다. 궈모뤄는 국민당 군사위원회 정치부 3국을 맡고 있었다. 저우는 궈모뤄로부터 영향을 받은 많은 중도 성향의 문화 예술계 인사들을 동원해 국민당 정부의 소극적 항일운동을 비판하고 적극적인 항일운동의 필요성을 군중에게 심어주기 위한 각종 문화 예술 활동을 펼쳐 공산당의 지지기반을 넓혔다.

저우언라이의 공산당 이미지 제고 공작은 산베이의 중앙과 마오쩌둥을 취재하려는 외국 기자나 작가들에게도 광범위한 손길을 뻗쳤다. 저우는 그들에게 취재를 주선해 친중공적 글을 싣도록 하는 등 폭넓은 대외활동을 펼쳤다. 1938년 10월, 저우언라이는 우한이 일본군에 함락되어 국민당 정부가 쓰촨성 충칭(重慶 중경)으로 옮겨가자 12월 충칭에 도착해 3년여 동안 국공합작 공작을 하면서도 이런 비밀공작을 총지휘했다.

총성 없는 전장戰場인 지하 비밀공작은 사느냐, 죽느냐의 또 다른 물밑의 전선戰線이었다. 신중국 건국 이후에 정치가, 군사가, 외교가로 온화하고 자애로운 미소를 흘리며 세련된 매너로 26년간 총리를 지낸 저우언라이는 혁명기 공산당 스파이 조직(特科 특과)의 창시자이자, 비밀 지하활동의 지도자였다. 저우의 이런 두 얼굴은 세계 정치 지도자들 가운데 보기 드문 이력이다. 장제스가 1927년 '4·12 쿠데타'를 일으켜 공산당을 소탕하자 공산당원들은 지하로 잠입해 항쟁을 벌였다. 중앙은 그해 5월 하순, 우한에서 비밀리에 연 정치국 상무회의에서 저우언라이를 중앙 군사부장으로 임명하고 혁명군사위원회에 스파이 조직인 '특무공작과'를 설립하기로 했다. 저우는 중앙의 결정에 따라 그해 말 직접 정보 보위 조직인 '중앙특과'를 만들었다. 저우는 중앙의 군사부장으로 군사업무를 총괄하면서 정보 보위대, 즉 스파이 조직인 '중앙특과'를 운영했다. [181]

공산당 스파이 조직 '터커(特科 특과)'의 임무는 중앙기관의 안전 보위를 최우선으로 삼았다. 중앙은 당시 상하이의 비밀 아지트에 있었다. 상하이는 중국 최대의 상업도시로 노동자들이 많았고, 외국 조계지가 있어 비교적 자유로운 데다 각국의 정보요원들이 암약하고 있었다. 공산당 중앙 '터커'는 우수한 인재들이 모인 초소형의 정예 '특수조직'이었다. 그들은 엄격한 심사를 통해 선발되었다. 이들 '터커'에서 신중국 건국 이후에 인민해방군 원수와 대장, 상장들이 나왔고, 총참모장, 그리고 부총리, 장관인 부장들을 배출했다. 원수 네룽전(聶榮臻 섭영진)과 대장 뤄루이칭(羅瑞卿 나서경), 천경(陳賡 진갱), 상장 리커눙李克農 등이 그들이다.

중앙 '터커'는 총무, 정보, 행동, 교통(연락) 등 4개 과를 두었다. 일반적으로 각 과는 평시에 직무가 명확하게 구분되어 담당업무를 수행했지만 서로 업무 협력을 통해 중앙의 안전 보위에 만전을 기했다. 1928년 4월, 터커가 설립된 초기에 저우언라이와 샹잉 등 중앙 지도자들이 터커 훈련생들에게 정치사상 교육을 했다. 실무교육은 소련에서 정탐, 취조, 암살, 폭파, 비밀연락 등 정보업무를 배운 구순장(顧順章 고순장)과 천경 등이 담당했다.

저우언라이가 터커를 이끌었던 기간 중 시종일관한 지도사상은 요원들이 국민당의 당, 정, 군, 경찰, 헌병, 특수기관 등에 깊숙이 침투하여 정보를 캐내고, 내부에 잠입한 첩자를 적발해 파괴 음모를 효과적으로 분쇄하면서 당중앙의 안전을 도모하는 것이었다. 저우는 엄격한 원칙과 기율을 제정해 터커가 단순히 공포를 조장하는 잘못된 길로 빠지지 않고 바른 정보활동을 할 수 있도록 훈련시켰다. 저우는 1)함부로 배신자를 처단하고 2)공개적으로 스파이 활동을 하거나 3)임의적으로 납치행위를 하는 것 등을 일절 불허하는 3대 원칙을 고수했다. 저우가 1931년 말에 중앙을 떠나 루이진 소비에트 지구로 간 뒤, 왕밍의 좌파 모험주의가 득세하면서 터커들이 저우의 3대 원칙을 무시하고 공개적으로 공포행위를 자행해 조직이 노출되기 시작했다. 노출된 터커 조직은 국민당 특무조직 '군통'의 집중 표적이 되어 큰 타격을 받고 조직이 파괴되는 막대한 손실을 입었다. [182]

스파이 조직을 총지휘하던 저우언라이는 '세심한 부분이 생사존망을 가른다'는 철칙 아래 시시콜콜한 문제에까지 정보요원들의 주의를 환기시켰다. 예를 들면 요원들의 거주지는 앞과 뒤에 문이 있는 집을 물색한다. 앞문에도 길이 있고 뒷문에도 길이 있어야 한다. 만일 적들이 앞문으로 치고 들어올 때 달아날 수 있는 비상통로를 확보해야 한다는 것이다. 회의를 할 때는 사전에 길을 잘 살펴야 한다. 긴급상황이 발생했을 때 막다른 골목으로 피하는 일이 없도록 사전예방을 하기 위한 것이었다. 나들이할 때는 변장이 필수다. 당시 30대의 저우는 노인에서 부녀자, 외국인 선교사 등으로 자유자재로 변장해 위기를 모면한 사례가 적지 않았다. 연락을 할 때는 단선單線 연락 방식을 고집했다. 상부 선에서는 하부 선의 주소를 알 수 있지만 하부 선에서는 상부 선의 주소를 모르도록 했다. 비밀은 위로는 부모에게도 발설하지 않고 아래로는 집사람에게도 말하지 않을 정도로 철저하게 지켜야 한다는 식이었다.

1931년 1월, 중앙이 상하이에서 비밀리에 제6기 4중전회를 열었을 때였다. 모스크바에서 온 왕밍이 미프의 지지로 중앙의 지도자 반열에 들어갔다. 당내에 의견이 분분했다. 또 몇몇 공산당원들이 체포되는 등 어수선한 분위기였다. 중앙의 터커 책임자 중 한 사람인 구순장顧順章이 장궈타오를 '악예환(鄂豫皖; 후베이-허난-안후이)' 소비에트 지구에 호송하고 우한에서 머물다가 4월 24일에 체포되었다. 구순장은 그날 밤에 변절했다. 터커 책임자 구순장은 터커 조직뿐만 아니라 정보요원들을 다 알고 있었다. 중앙의 비밀 아지트도 훤히 꿰고 있었다. 구순장이 모든 것을 불어버리면 지도자들뿐만 아니라 고위당원과 정보요원들이 굴비 엮이듯 일망타진당하는 것은 시간문제였다. 중앙의 붕괴도 불문가지였다. 피바람 부는 대량 살육을 피할 수 없는 절체절명의 순간이었다.

일촉즉발의 위기에서 운명의 여신은 공산당을 구원했다. 구순장이 몸값을 올리는 흥정을 하면서 시간을 지체했기 때문이다. 그는 장제스를 직접 만나 정보를 불겠다고 버텼다. 구순장을 체포한 우한의 체포전담 비밀경찰은 국민당 스파이 조직인 당무조사과에 보고했다. 이 비밀 전보는 난징 중앙당부의 스파이 조직 책임자 쉬언쩡(徐恩曾 서은증)에게 전달되었다. 쉬언쩡의 신변에는 중공중앙의 터커 룽탄(龍潭 용담) 3걸의 한 사람인 첸쾅페이(錢壯飛 전장비)가 암약하고 있었다. 상황이 긴박하게 돌아갔다. 하룻밤 사이에 우한에서 잇따라 6통의 긴급전보가 난징으로 날아왔다. 전보가 오는 족족 첸쾅페이의 수중에 들어갔다. 기생집에 드나들던 쉬언쩡이 외출할 때 통신 비밀 번호부를 첸쾅페이에게 보관했기 때문이다.

첸쾅페이는 즉시 자신의 사위 류치(劉杞 유기)를 상하이로 보내 터커 리커눙에게 전반적인 상황을 전달하도록 했다. 리커눙의 보고를 받은 저우언라이는 중앙기관을 급히 옮기고, 주요 지도자와 당원, 정보요원들을 긴급 대피시켰다. 구순장이 알고 있는 무선통신 코드와 절차도 모두 바꾸어버렸다. 우한의 비밀경찰은 구순장을 배에 태워 난징에 보내 장제스를 만나도록 했다. 국민당 쥔통(軍統 군통)은 구순장을 인도받아 상하이로 데려가 공산당 소탕에 나섰다. 하지만 반보 앞선 저우언라이의 조처로 주요 지도자와 간부들이 모두 피한 뒤여서 허탕을 쳤다. 그럼에도 구순장이 공산당 상하이와 장쑤성 조직을 폭넓게 꿰뚫고 있었기 때문에 미처 통보받지 못한 수많은 간부들이 체포되어 처형당했다. 1927년의 공산당 대학살 이후, 가장 많은 사람들이 피를 흘렸다. 중앙은 풍비박산이 되다시피 했다.

저우는 공산당의 철칙에 따라 잔혹한 보복 조처로 당의 존재를 과시했다. 구순장의 부인 장싱화(張杏華 장행화)와 친척들이 터커에서 공작을 했다. 저우언라이는 무고한 구순장의 가족과 친척 15명을 몰살했다. 이때 공산당 총서기 샹중파(向忠發 향충발)는 1931년 6월에 저우언라이와 루이진 소비에트 지구로 떠나기로 했으나, 위험하다는 저우의 경고를 무시하고 연인과 호텔방에서 하룻밤을 지체하는 바람에 체포되어 처형당했다. 왕밍이 모스크바로 떠나 중앙은 9월에 상하이에서 임시 중앙정치국을 구성해 보구(博古 박고)를 총서기로 임명하게 되었다. **183**

영원한 적이 없고, 영원한 이해관계만 존재하는 것이 세상살이의 비정한 현실이다. 현실은 생존과 직결되어 어제의 동지가 오늘의 적이 되고, 오늘의 적이 내일의 동지가 된다. 국민당과 공산당의 국공합작 또한 그러했다. 저우언라이는 이 시기에 온화한 미소와 부드러운 품성 등 개인적 매력을 한껏 발휘해 장제스 통치구역 시안과 우한, 충칭 등으로 무대를 옮겨 다니며 공개적으로 국내외 인사들과 폭넓은 교류를 통해 공산당의 브랜드 가치를 높였다. 저우는 은밀하게 국민당과 군의 고위 관계자들을 친중공 인사로 개조시키고, 정보요원들을 곳곳에 심어 공산당의 비선조직을 넓혀가고 있었다. 국민당 서북군 총사령관이자 장제스의 총애를 받고 있던 후쭝난 사령부 기밀실의 부주임 다이중룽(戴中溶 대중용)과 정탐체포대장 샤오더(肖德 소덕) 등을 비밀리에 중공을 위해 복무하도록 했다. 저우는 후쭝난의 부관으로 중공 정보요원인 슝샹후이(熊向暉 웅향휘)를 심어 후쭝난의 일거수일투족을 살폈다. 또 '정보의 대가' 리커눙을 각 대도시에 파견해 '팔판(8辦: 팔로군 사무실)' 사무실을 열어 해당 도시의 민주인사와 명망 높은 각계 인사들을 선발해 책임을 맡도록 했다. '팔판'은 이들의 지지와 지원 아래 합법적 통일전선 공작을 펴면서 정보업무도 병행했다. 저우언라이는 투쟁은 항상 공개적인 것과 비밀적인 양면의 손을 갖고 있어, 이 두 손을 거친 자료와 정보를 분석해 대응하면 상대방의 전략전술을 사전에 간파해 기선을 제압할 수 있다는 지론을 폈다. 저우언라이가 심모원계深謀遠計로 정보요원들을 장기 암약시키는 사례도 적지 않았다. 저우는 국민당 3대 군부 정예집단 관구사령부에 항전 초기 '3대 비밀병기'를 심어놓아 내전이 폭발했을 때 이들 '병기'는 눈부신 활약을 펼쳤다. [184]

서북군 집단사령부 후쭝난 주변에는 칭화대학 출신으로 글을 잘 썼던 슝샹후이를 암약시켰다. 슝샹후이는 곧 후쭝난의 깊은 신임을 얻은 부관이 되어 기밀업무를 다루는 데 참여할 수 있었다. 급기야 결혼할 때 막강한 권력을 휘둘렀던 장제스의 아들 '태자太子' 장징궈(蔣經國 장경국)가 결혼 증인을 설 정도로 슝샹후이에 대한 국민당 권력층의 신임은 대단히 높았다.

또 중원 집단사령부의 바이충시(白崇禧 백숭희) 신변에는 문채가 뛰어나고 풍류에 일가견이 있는 셰허겅(謝和賡 사화갱)을 붙여놓았다. 셰의 부인은 유명한 영화배우 왕잉(王瑩 왕영)이었다. 셰허겅은 유격전 강의 원고로 국민당 전군의 극찬을 받았다.

베이핑(베이징)군구 집단사령부 푸쭤이(傅作義 부작의) 옆에는 베이징대학 출신 옌유원(閻又文 염우문)을 따라붙였다. 옌유원은 푸쭤이의 고향 후배였다. 신문을 만들고 고위 지휘관 학교를 운영하는 소장으로 푸쭤이의 비서가 되었다. 옌유원은 푸쭤이가 마오쩌둥에 보낸 전문을 기초해 전국을 놀라게 하기도 했다.

이들은 모두 오래전에 잠입해 국민당군에서 고위장령으로 성장하면서 국민당 권력층의 깊은 신임을 받았던 터라 거리낌 없이 국민당과 군의 군사기밀과 계획 등 핵심정보를 소상하게 파악할 수 있었다. 서북군의 경우 후쭝난 사령관 이외에 군단장이나 사단장이 모르는 정보를 옌안에 있는 펑더화이는 훤히 꿰고 있어 지피知彼로 백전불태百戰不殆일 수밖에 없었다. 저우언라이는 병력이나 무기의 엄청난 열세를 극복하기 위해 공산당 쪽 우수한 인재를 발굴해 적의 내밀한 전략전술을 캐낼 수 있는 정보요원으로 양성한 뒤에 호구虎口 속으로 밀어넣어 실제 전쟁에 앞선 '전쟁'을 벌였던 것이다. [185]

중국내전은 지금까지 세계에서 가장 큰 규모의 내부 전쟁이다. 내전이 발발했을 때 국민당 군대는 430만 명, 공산당 군대는 126만 명이었다. 미군의 지원을 받은 국민당군은 전투기 등 현대식 무기를 공급받아 탱크 등 제대로 된 중무기 하나 없는 공산당군의 화력을 압도했다. 누가 보아도 국민당군이 질 수 없는 전쟁에서 공산당군은 국민당군을 패퇴시키고 중국을 통일했다. 장제스는 중국을 잃은 뒤 '군사軍事'에서 패배한 것이 아니라 '정보情報'에서 져 본토를 잃었다고 탄식한 바 있다.

저우언라이가 직접 발굴해 공산당의 '정보분야의 전설'로 키운 리커눙(李克農 이극농)은 소년 시절을 안후이성(安徽省 안휘성)의 신해혁명 발원지 우후(蕪湖 무호)에서 보냈다. 리커눙은 어린 시절부터 제국주의 열강의 침탈 상황을 보고 반제반봉건反帝反封建 의식을 키워갔다. 리커눙은 낡은 중국을 개조해야 한다는 혁명사상을 갖고 1926년에 공산당에 가입했다. 리커눙은 입당한 지 얼마 안 되어 공산당의 안배로 국민당 우후시당 선전부장이 되었다. 리커눙은 제1차 국공합작 때 '합법적 신분'으로 민생중학民生中學을 설립해 기지로 삼았다. 리커눙은 공산당의 기반을 넓혀 민중의 지지를 이끌어내 세력화하면서 안후이군벌 천댜오위안(陳調元 진조원)과 첨예하게 맞서게 되었다. [186]

안후이성군(皖軍: 환군) 총사령관 천댜오위안은 성품이 포악한 데다가 안하무인으로 무력을 동원해 민중의 고혈膏血을 짜내는 안후이성 화근의 괴수로 불렸다. 1927년 4월 6일 오전, 리커눙은 천댜오위안을 징치하고자 학생들을 동원해 수많은 인민들이 지켜보는 가운데 관 속의 '천댜오위안'이라고 쓴 '종이 사람'이 시커멓고 마른 긴 손으로 돈을 움켜쥐고 있는 형상을 내보이는 퍼포먼스를 했다. 천댜오위안이 죽어서도 민중을 수탈하는 모습을 표현한 것이다. 인민들은 "비적 천댜오위안을 체포해 타도하자!"고 열광했다. 장제스는 "1천 명의 무고한 사람을 죽이는 한이 있더라도, 결코 한 명의 공산당원을 놔둘 수 없다"며 주모자 리커눙 등 공산당원을 추포해 도살할 것을 천댜오위안에게 명령했다. 리커눙은 수차례 생명의 위협을 당했지만 '개를 빌려 개를 물게 하는' '이이제이以夷制夷' 계책을 꾸며 천댜오위안이 구명해주었다는 소문을 곳곳에 퍼뜨렸다.

이런 얘기를 들은 장제스가 대노하자 천댜오위안은 살아남기 위해 전전긍긍한 나머지 수년 동안 인민을 착취해 긁어모은 재산을 눈물을 머금고 장제스에게 상납했다고 한다. 리커눙의 타고난 비범한 정보 재능을 보여주는 한 사례였다. 리커눙은 이후 국민당의 스파이 조직에 잠입한 중공 정보분야의 '룽탄 3걸'로 수많은 공적을 쌓아 신중국 건국 후, 전투를 벌이거나 총 한 방 쏘지 않고 상장계급을 받은 '특수한 장군'으로 유명했다. 마오쩌둥은 외빈과의 접견에서 "리커눙은 중국의 대스파이다. 단, 그는 공산당의 스파이다"라고 자랑스럽게 소개하기도 했다. 리커눙은 타이완으로 쫓겨난 국민당 정부가 신중국과 치열한 '스파이 전쟁'을 벌일 때도 타이완의 정보기구를 무력화시키는 등 정보분야의 전설로 통했다. 1962년, 리커눙이 병사했을 때 공산당 제1차 전국대표대회 대표이자 원로인 둥비우는 추도사를 통해 리커눙의 공적을 당나라 태종太宗 때 유명한 재상 방현령房玄齡과 진한秦漢 시기의 뛰어난 모사 이좌거李左車에 빗대는 등 높이 평가했다. 죽의장막 시절에 중국의 정보기관과 첩보전을 벌였던 미국 정보국은 리커눙이 죽었다는 소식을 듣고 환호하며 정보요원들에게 3일간의 휴가를 주었다고 한다.

타이항산 팔로군
정치위원 덩샤오핑

1938년 항일전쟁이 교착상태에 접어들면서 공산당의 세력이 크게 늘어나자, 장제스와 마오쩌둥의 '여우와 두루미'식 공존은 균열을 보이기 시작했다. 장제스는 일본군은 피부병 정도의 적에 불과하지만 공산당은 복배腹背의 적으로 하루빨리 도려내야 할 대상이라며 호시탐탐 기회를 노리고 있었다. 국민당은 '적극반공, 소극항일'의 정책을 유지했다. 1939년 1월, 국민당은 제5기 5중전회를 열어 '융공融共, 방공防共, 한공限共, 반공反共' 방침을 통과시키고 '이당異黨문제 처리 방법'과 '이당 활동을 제한하는 방법' 등의 문건을 제정했다. 공산당의 확장을 방지하고 공산세력을 견제하기 위한 조처였다.

1939년 초에 들어서 장제스와 국민당 강경파는 공산당의 항일 근거지 '산간닝(산시-간쑤-닝샤)'지구와 다른 지역에서도 분쟁을 조성했다. 6월 12일, 쓰촨군벌 양썬(楊森 양삼)의 부대가 후난 핑장(平江 평강)의 신사군 핑장통신소 경비대와 무력충돌을 일으켜 신사군 참의 투정쿤(涂正坤 도정곤)과 팔로군 전사 등 6명을 총살했다. 후쭝난은 12월에 '산간닝' 변계지구를 공격해 춘화(淳化 순화) 등 5개현을 점령했다. 산시군벌 옌시산도 12월 사변을 일으켜 항일 근거지의 유격대원과 진보인사들을 대거 살해했다. 장제스는 이어 1940년 2~3월 사이에 팔로군 총사령부가 있는 타이항산(太行山 태항산) 구역을 공격했다. 마오는 팔로군과 무장세력들에게 '이에는 이, 눈에는 눈'으로 강력 대응토록 해 타이항산 총사령부는 총력을 기울여 침공한 국민당 제97군 주화이빙(朱懷氷 주회빙) 부대를 격퇴시켰다. 이처럼 장제스는 항일전쟁 중에도 중공세력의 확장을 막기 위해 팔로군, 신사군과 간단없는 전투를 이어갔다. [187]

이에 앞서 1938년 1월에 덩샤오핑(鄧小平 등소평)은 팔로군 제129사단 정치위원에 임명되어 타이항산에 주둔하고 있는 제129사단에 배속되었다. 류보청(劉伯承 유백승)이 이끌고 있던 이 사단은 1만 3천여 명의 병력을 보유하고 있었다. 주로 장궈타오가 통솔했던 홍군 제4방면군이 주축을 이루고 있었다. 따라서 팔로군의 다른 2개 사단에 비해 사기나 전투력이 떨어졌다. 사단장 류보청은 덩샤오핑과 동향의 쓰촨 사람으로 덩샤오핑보다 열두 살이 많았다. 류보청과 덩샤오핑은 '류-덩'이라고 불릴 만큼 둘은 환상의 콤비였다. 이들은 중국을 통일할 때까지 12년간 '주-마오'에 비견되는 '류-덩' 부대를 이끌고 수많은 전쟁터를 누비며 혁혁한 승리를 일구어냈다.

마오에 이어 제2세대 중국 지도자로 개혁개방을 선도해 중국을 G2 국가 반열에 오르게 한 5척 단구의 덩샤오핑은 1904년 8월 22일에 쓰촨성 광안廣安현의 세싱향(協興鄉 협흥향) 파이방(牌坊 패방)촌에서 태어났다. 원명은 덩셴성(鄧先聖 등선성), 학명은 덩시셴(鄧希賢 등희현)이었다. 광안중학교를 졸업한 뒤 15세 때인 1919년에 일하며 공부하는 '충칭 근검공학 프랑스 유학' 예비학교에 합격해 1920년 프랑스로 유학을 떠났다. 1922년에 사회주의 청년단에 가입했고, 1924년에는 공산당 당원으로 전환했다. 1926년 초 소련의 중산대학으로 갔다가 이듬해인 1927년에 귀국해 시안의 펑위샹(馮玉祥 풍옥상) 국민혁명군 연군聯軍에 파견되어 정치공작을 수행했다. 1927년, 제1차 국공합작이 깨진 뒤 덩샤오핑으로 이름을 바꾸고 8월 7일에 우한에서 열린 중앙 긴급회의에 참석해 마오쩌둥을 처음으로 만났다. 1928~29년 중앙 비서장에 임명되었고, 1929년 여름에는 광시(廣西 광서)에 파견되어 봉기를 일으켰다. 이어 12월과 1930년에 잇따라 바이서(百色 백색) 기의와 룽저우(龍州 용주) 기의를 일으켜 공농홍군 제7군, 제8군을 창건해 근거지를 만들어 홍7군, 홍8군 정치위원 겸 전적위원회 서기에 임명되었다.

1931년 여름, 장시(江西 강서) 중앙 근거지에 와 장시성위원회 선전부장이 되었다. 마오쩌둥 노선을 지지하다가 보구 등 좌경노선의 미움을 받아 해임되기도 했다. 이후 홍군 총정치부 비서장과 총정치부 기관지 『홍싱(紅星 홍성)』의 편집장을 맡았다. 1934년 10월 장정에 나섰고, 연말에 중앙 비서장이 되었다. 1935년 1월의 쭌이회의에서 마오쩌둥을 지지했고, 홍1군단 정치부 선전부장, 정치부 부주임, 주임을 역임했다. 항일전쟁이 터진 뒤 국민혁명군 팔로군 정치부 부주임으로 있다가 타이항산 류보청의 제129사단 정치위원이 된 것이다.

산시성(山西省 산서성) 동남쪽의 타이항산은 높고 산세가 험준해 지키기는 쉽고 공격하기는 힘든 천험의 요충지다. 제129사단은 타이항산 깊숙한 곳에 주둔해 있었다. 그런 탓에 일본군은 타이항산의 팔로군을 공격하려 하지 않았다. 1937년 11월, 일본군은 성도 타이위안(太原 태원)을 함락한 뒤 북, 남, 동쪽에서 타이위안으로 가는 철도선을 집중 방어하고 있었다. 성 주석이 달아나 지방정부는 이미 와해되었고, 일본군에 점령당하지 않은 지역에서도 국민당군은 도망가기 바빴다. '류-덩'부대는 1938~39년에 이런 곳에 근거지를 건설하고, 산시 중부의 산간지대에 또 다른 근거지를 확장했다. '류-덩'부대는 먼저 국민당군을 쳐부수고 일본군을 공격한다는 작전계획을 세웠다. 1940년 3월, '류-덩'부대는 타이항산 근거지를 공격한 국민당군을 물리쳤다. '류-덩'의 승리로 산시의 팔로군 지휘관들은 일본군을 공격할 환경이 조성되었다고 판단했다.

당시 화베이(華北 화북) 지구의 일본군은 '나무 우리' 전략으로 봉쇄작전을 구사했다. 일본군은 잇따라 3천여 개의 거점을 만들고 1만여 개의 토치카를 세웠다. 또 5천여 킬로미터의 철로와 3만여 킬로미터의 도로를 건설했다. '류-덩'부대는 옌안 중앙혁명군사위원회의 지시 유무와 관계없이 화베이 철도 연변의 일본군 거점을 공격하기로 했다. 방치할 경우 팔로군은 두메산골에 봉쇄될 처지에 놓여 있었기 때문이다. 팔로군의 생존과 확장이 어려운 처지에 빠질 것이 명약관화했다. 팔로군 총 부사령관 펑더화이는 일본군의 '나무 우리' 봉쇄작전을 깨기 위해서는 유격전보다 정규전이 유리하다고 판단했다. 팔로군은 1940년 7월 22일에 예비명령을 발동해 20개 여단이 참가하는 정타이(正太 정태) 전투를 벌이기로 했다. **188**

이 전투는 8월 20일에 정타이루(正太路 정태로)를 중심으로 한 광활한 지역에서 동시 공격으로 시작되어 6개월 동안 계속되었다. 팔로군은 애초 22개 여단 4만여 명의 병력을 투입했다. 나중에 전투 규모가 확대되어 다른 일본군 주둔지역까지 번져 일본군의 반격이 본격화하면서 팔로군도 병력을 5배로 증강하여 유격대와 민병 등 20만 명을 투입하는 대규모의 전쟁으로 바뀌었다. 펑더화이와 줘취안(左權 좌권)은 전투 중 팔로군 105개 여단이 이 전역(戰役: 일정한 전략목적 실현을 위해 통일된 작전계획에 따라 일정한 방향과 시간 안에 행하는 전투)에 참가한 것을 알았다. 그 중 85개 여단은 사전 통보 없이 직접 전투에 투입된 꼴이 되었다. 팔로군의 '전역과 전투의 분산지휘 원칙'에 따라 애초 팔로군 총사령부는 22개 여단을 참전시켰지만 각기 다른 부대에서도 전투에 참가해 대규모 전투로 발전한 것이다. 중국 전사에서 유명한 100개 여단이 참전한 '바이퇀 다잔(百團大戰 백단대전)'이었다.

이 전투의 특징은 실제적으로 어떤 군 지휘자나 군 기구가 발동한 것이 아니라 화베이 팔로군 각 부대 전체가 주도적으로 적극 참전해 전투 규모가 커졌다는 것을 들 수 있다. 팔로군은 전투지구 안에 있는 일본군 거점, 철로, 도로, 교량, 전선 등을 대량 파괴했다. 일본군이 혼란에 빠지자 참전 항일부대는 더욱 많아졌다. 애초 팔로군 사령부는 전투기간을 정하지 않고 단지 예비명령으로 부대가 출동하기 전에 1개월의 양식을 준비하도록 했다. 1주일 정도의 전투로 보았기 때문이다. 그러나 전투가 확대되어 반년에 걸친 장기전투가 되어버린 것이었다. 백단대전은 전투 초기에 일본군이 수세에 몰렸고, 펑더화이는 9월 20일 밤에 제2단계 전투에 들어갔다. 패퇴했던 일본군은 9월 말에 들어 대규모 병력을 투입해 팔로군에 대한 보복 성격의 섬멸전을 펼치기 시작했다.

일본군은 5개 사단, 10개 혼성여단과 1개 기병여단 등 15만 명의 병력을 투입했다. 1940년 12월 22일, 옌안 작전사령부에 있던 마오와 주더, 왕자샹은 펑더화이에게 전보를 보내 "백단대전이 끝났다고 대외에 알리지 말라. 장제스가 반공을 고조시킬 수 있다. 우리는 아직 백단대전의 성세를 이용해 장제스에게 대항해야 한다"고 밝혔다. 1941년 1월 24일, 백단대전은 팔로군의 승리로 끝났다. 백단대전은 산시와 허베이(河北 하북)에 주둔한 일본군의 통신시설을 몇 주 동안 불통시키고, 몇 개의 도시와 마을(城鎭 성진)을 점령해 인민들의 환호를 받는 한편 팔로군의 위상을 높였다. 그러나 팔로군의 화력을 일본군에 드러내는 결과가 되어 필연적으로 일본군의 반격 대상이 되었다. 뿐만 아니라 국민당에게도 팔로군의 근거지 확보와 막강한 병력 보유 사실을 드러냄으로써 장제스의 경계심을 더욱 부추기는 계기가 되었다. 옌안의 마오쩌둥은 자신의 승인을 받지 않고 전투를 치른 백단대전의 승리를 불만스러워했다. 팔로군의 군세 노출을 꺼렸기 때문이다. 마오는 국민당 신문이 백단대전의 승리를 대대적으로 보도했지만 언짢아했다.

펑더화이(彭德懷 팽덕회)는 회고록에서 "백단대전은 옌안의 동의 없이 10일 전에 전투명령을 내렸다. 이 명령에 대해 마오는 대단히 화를 냈다. 마오는 자신과 덩샤오핑을 포함한 다른 지휘관들이 전투 제1단계 승리 후에 대규모 전투로 확대했다고 판단했다. 또 20만 명의 병력을 투입한 것은 너무 무모했다고 마오는 생각했다"고 기술했다.

5년 후인 1945년 여름의 옌안회의 때 펑더화이는 백단대전으로 비판을 받았다. 또 1959년의 루산(廬山 여산)회의 이후 백단대전과 관련한 과오에 대해 비판을 받았고, 문화대혁명 기간에는 집중적 비판의 표적이 되었다. 덩샤오핑의 전기에는 백단대전을 두 측면에서 서술했다. 하나는 "8월 초 류보청과 덩샤오핑은 38개 여단(지방부대 미포함)을 이끌고 백단대전에 참가했다. 529차례의 대소 전투를 벌였다. 일본군과 괴뢰군(왕징웨이 정부군)에게 큰 타격을 주었다. 전국 인민의 민심을 고무시켰다"고 적었다. 또 하나는 "1941년 화베이 적 후방의 항전은 가장 힘들고 어려운 단계였다. 일본 침략군이 중국 침략의 중점을 적의 배후(팔로군이 포진한 곳)로 집중했다"고 서술했다. 백단대전의 양면성을 거론했지만 과오에 대한 언급은 하지 않았다. 중국인민해방군은 오늘날 백단대전을 긍정적으로 평가하고 있다. **189**

백단대전 이후 2년 동안 팔로군은 엄청난 어려움에 직면했다. 일본은 1941년 12월에 태평양전쟁을 벌이면서도 중국 주둔 일본군의 병력을 감소하지 않았다.

오히려 일본군은 근거지 내의 공산당 군대와 영향력을 줄이기 위해 집중 소탕전에 나섰다. 일본군은 '깡그리 죽이고(殺光 살광), 모두 불태우며(燒光 소광), 모조리 빼앗는(搶光 창광)' 이른바 '3광(光)' 군령 아래 수차례 근거지에서 공산당원이나 일반 백성을 가리지 않고 대도살의 만행을 저질렀다. 밭에 있던 곡식이란 곡식은 모두 불태웠고 농가에 비축했던 식량은 모조리 약탈해 갔다. 1942년 말이 되었을 때 류보청-덩샤오핑이 만든 제129사단의 2개 근거지를 포함해 화베이 평원의 공산당 근거지에는 팔로군이 통제하는 어떤 무장세력도 존재하지 않았다. 팔로군이 뿌리박았던 산간지구를 비롯해 백단대전으로 점령했던 도시와 마을(城鎭 성진)도 모두 잃어버렸다.

완난사변

장제스와 국민당 보수 강경파들은 항일전쟁 와중에서도 공산당이 날로 세력범위를 넓히고, 군사력을 증강해가자 또다시 '반공反共' 분위기를 고조시키며 중공의 '산간닝(산시-간쑤-닝샤)'을 비롯한 변계지구와 국민당 관할구역에 주둔하고 있는 팔로군을 공격했다. 국공합작 국면에서 벌어지는 '여우와 두루미'의 갈등과 모순은 아슬아슬한 곡예의 연속이었다. 1940년 7월 16일, 국민당군은 중공중앙에 팔로군과 창장 하류에 주둔한 신사군을 1개월 후 모두 황허 이북으로 이동하고, 50만 명의 주력부대를 10만 명으로 감축하도록 하는 '중앙 제시안'을 내놓았다. 2개월 뒤 장제스는 장쑤성(江蘇省 강소성) 북쪽의 반공진지를 공고히 하기 위해 장쑤성 주석 한더친(韓德勤 한덕근)에게 지방 실력자 리밍양(李明揚 이명양), 천타이윈(陳泰運 진태운) 등과 협력해 중공의 항일 근거지를 공격하도록 했다. 한더친은 26개 연대 3만여 명의 병력을 이끌고 장쑤성 북쪽 중공의 활동 근거지인 장옌(姜堰 강언), 황차오(黃橋 황교) 지구로 진공했다. 이 일대의 신사군은 7천여 명이었으나, 전투 병력은 5천여 명에 불과해 상황이 엄중했다. 9월 30일, 한더친은 1만 5천여 명의 병력으로 신사군 황차오 근거지를 공격했다. 천이와 쑤위(粟裕 속유)가 지휘한 신사군은 열세를 딛고 과감한 전략을 구사해 일거에 한더친의 병력 1만 1천여 명

을 박살냈다. [190]

장제스는 황차오의 뜻하지 않은 참패로 앙앙불락하며 기회를 엿보면서 더욱 반공정책을 강화했다. 10월 19일, 국민당 정부 군사위원회 정, 부 참모총장인 허잉친(何應欽 하응흠)과 바이충시(白崇禧 백숭희)가 팔로군 총사령관 주더, 부사령관 펑더화이, 신사군 군단장 예팅(葉挺 엽정)에게 각각 전보를 보내 국민당 정부의 '중앙 제시안'에 따라 창장 남북에 주둔한 신사군을 1개월 안에 모두 황허 이북으로 이동하고, 50만 명의 팔로군과 신사군을 10만 명의 병력으로 감축하지 않으면 공산군과 무장세력을 공격하겠다는 최후통첩을 전달했다. 중공중앙은 항일전선의 국공합작 유지를 위한 고육지책으로 창장 남부인 완난(皖南 환남; 안후이성 남쪽) 지역의 신사군을 창장 이북으로 이동하는 데 동의하고 철수명령을 내렸다.

1941년 1월 4일, 신사군 9천여 명이 주둔지 윈링(雲嶺 운령)에서 길을 에돌아 북상하기 시작했다. 신사군이 6일에 징(涇 경)현 마오린(茂林 무림) 지구에 들어섰을 때 갑자기 20만 명에 달하는 국민당군이 기습공격을 벌였다. 신사군은 악전고투했으나 중과부적이었다. 좌충우돌하던 2천여 명만 포위를 뚫고 달아났을 뿐 대부분이 포로가 되거나 살해되었다. 군단장 예팅은 산에서 내려가 국민당군과 담판을 벌이다 억류되었고, 부군단장 샹잉과 부참모장 저우쯔쿤(周子昆 주자곤)은 부하에게 살해당했다. 정치부 주임 위안궈핑(袁國平 원국평)은 포위를 돌파하다가 희생되었다. 국내외를 놀라게 한 '완난사변'이었다. 남방지역에서 3년간 악전고투의 유격전을 벌이며 단련한 정예군단이 눈 깜짝할 사이에 연기처럼 사라진 것이다. 신사군 지대를 이끌었던 천이는 완난사변으로 신사군이 소멸되었다고 통탄했다. 국민당의 불시 기습으로 7천여 명의 정예 병력을 잃은 중공중앙은 복장이 터졌다. [191]

공산당은 완난사변으로 항일전쟁 중 가장 치명적이고 막대한 손실을 입었다. 보복의 함성이 전당과 전군에서 들끓었다. 1월 14일, 중앙은 전국 각지에 전보를 보내 "정치상, 군사상으로 전면 대반격을 신속히 준비해 신사군을 구원하고 반공을 분쇄하라"며 강력한 보복공격을 요구했다. 전보를 받아본 류사오치는 15일 중앙에 "정치적으론 전면 반격하되 군사상 공격은 잠시 보류해야 한다"는 건의 전보를 보냈다. 류사오치의 건의는 제2차 국공합작의 이점과 화중華中지역의 실제상황 등을 분석해 실리적 방안을 제시했다. 감정적 대응보다는 이성적 대응이 우선으로, 국공합작을 깨지 않는 선에서 정치적 공격으로 장제스를 압박해 실리를 추구하자는 전략이었다.

완난사변이 발생한 7일 이후에 류사오치는 신사군 지휘부, 중앙의 옌안과 연락을 취하며 유효한 수습과 투쟁 방안을 모색하느라 7일 동안 한숨도 자지 못할 정도로 분전했다. 류사오치는 9일 심야에 샹잉이 부대를 이탈했다는 사실을 알고 옌안에 전보를 보내 중앙이 샹잉의 직을 해직하도록 건의했다. 아울러 동남국 부서기 라오수스(饒漱石 요수석)를 정치, 예팅을 군사 책임자로 임명해 위기상황을 돌파하도록 했다. 12일, 류사오치는 중앙에 위위구조圍魏救趙(위나라를 포위하여 조나라를 구함. 즉 포위군의 근거지를 공격해 포위당한 우군을 구출하는 계책)의 방안을 제시해 포위당한 신사군의 포위망을 완화시키도록 요청했다. [192]

중앙은 류사오치의 방안을 받아들여 신사군 포위공격에 참가한 산둥의 선훙례(沈鴻烈 심홍렬), 장쑤 한더친의 근거지를 10일 내 공격할 채비를 갖추도록 산둥(山東 산동)의 뤄룽환(羅榮桓 나영환), 천광(陳光 진광)과 장쑤(江蘇 강소)의 천이(陳毅 진의) 등에게 각각 명령을 내렸다. 마오는 14일에 신사군 지휘부가 절망적 곤경에 빠진 후에 예팅이 붙잡혔다는 마지막 전보를 받고 끝내 분노를 터뜨렸다. 마오는 15일 충칭에 있는 저우언라이, 예젠잉과 팔로군 부사령관 펑더화이, 쥐취안(左權 좌권), 류사오치, 천이 등에 전보를 보내 "장제스의 모든 인의도덕은 말짱 거짓이다. 절대로 믿어서는 안 된다. 중앙은 정치상의 전면 반격과 군사상 진공進攻으로 분쇄할 수 있는 모든 필요역량을 준비할 것을 결정했다"고 밝히고 "오로지 맹렬하고 굳센 전면적인 반격만이 장제스의 도발과 진공을 격퇴시킬 수 있다. (국공합작) 결렬을 두려워 말고 맹렬하게 반격한다. 우리의 온건한 방침은 이제 끝났다"고 강조했다. '위위구조' 계책이 전면 반공反攻의 강경노선으로 바뀌었다.

류사오치는 강경노선의 이해득실을 저울질한 뒤 마오와 당중앙에 다시 대안을 제시했다. [193]

"현재의 형세에서 국민당은 일본에 항복하지 않고 계속 항전하고 있다. 국공합작이 깨져서는 안 된다. 소련과의 관계에 영향을 미칠까 저어된다. 완난에서 우리 군을 섬멸한 장제스는 제지명령을 내렸다. 이것은 장제스가 분쟁을 확대하는 것을 두려워한다는 반증이다. 이때 우리 당이 완난사변으로 국민당과 분열하는 것은 옳지 않다. 허잉친은 우리 군의 보복을 엄히 방비한다고 명령했을 뿐 전국에서 이 기회를 틈타 공격하겠다고 말하지 않았다. 화중 근거지는 넓은데, 병력이 넉넉지 않아 공고하지 못하다. 옌푸(鹽阜 염부)지구에서 토비들이 봉기했고, 황차오는 이미 적들이 점령했다. 하이안(海安 해안) 역시 적들이 점령할 가능성이 높다. 우리 부대는 휴식하며 정비하는 보충시간이 필요하다. 화중지역을 볼 때 반년에서 1년 안에 큰 전투가 벌어질 것 같지 않다. 토비를 말끔히 제거하고 현재 우리가 보유하고 있는 지구를 공고히 하는 것이 우리에게 유리하다."

류사오치는 이런 여러 상황을 분석해 "전국 주요한 곳에서 정치적인 대반격을 펼치고 군사상 몇 개 지역 이외에는 잠시 반공反攻을 펴지 않는 것이 좋다"고 밝혔다. 류사오치는 "국민당에 대해 엄중히 항의하면서 예팅 등을 즉시 석방할 것을 요구하는 등 조건을 제시한다. 전국과 전 세계에 완난사변의 진상을 폭로하고 선전하는 정치적 공세를 펴 국민당의 분열적 행위를 규탄해야 한다"고 구체적인 정치공세 방안을 제시했다. 류사오치는 "이처럼 우리가 정치상 유리한 상황에서 군사상 온건한 방침을 유지할 경우 장제스와 허잉친이 반년에서 1년 안에 감히 우리의 화중 근거지를 침공하지 못할 것이고, 우리는 화중진지를 굳건하게 다질 수 있다. 변화를 기다려야 한다"고 밝혔다. 류사오치의 건의는 중앙이 '완난사변'을 처리하는 정책결정에 중요한 구실을 했다.

마오는 류사오치의 건의를 받아들여 중앙은 '정치상 전면 공세를 취하면서, 군사상 수세방침'을 결정하고, 장제스에 대해 '치고 빠지는' 정책을 구사했다. 중앙은 전국적으로 맹렬한 정치공세를 펴 장제스가 '완난사변'을 조성한 진상을 폭로하고 책임자 처벌을 강력하게 요구했다. 1월 19일, 마오쩌둥과 주더, 왕자상은 연명으로 펑더화이와 류사오치 등에게 전보를 보내 완난사변 이후 당이 채택한 조처의 지시원칙을 제시했다. [194]

정치상 전면적으로 장제스의 음모를 파헤친다(단, 잠시 장제스의 이름은 거명하지 않는다). 『신중화보新中華報』 사설과 중공 대변인의 담화를 통해 방어태세를 유지하며 '항일 견지, 내전 반대'의 군중 동원 대회를 연다. 군사상 방어전을 취하되 필요 시에는 전투를 벌인다. 조직상 각 판사처를 철수하는 척하는 모양새를 갖춘다.

1월 20일, 중공중앙은 완난사변의 12개 요구조건의 해결방안을 국민당에게 제시했다. [195]

1. 벼랑 끝에서 말을 멈춰라(懸崖勒馬 현애륵마). 즉 위험한 장난을 중지해 정신을 차려 물러서고, 도발을 중지하라.

2. 1월 17일의 반동명령(신사군이 반란을 일으켰다며 부대명 취소)을 취소하고 스스로 잘못을 인정하라.

3. 완난사변의 원흉 허잉친과 구주퉁, 상관윈상 3인을 처벌하라.

4. 예팅의 자유를 회복하고, 신사군 군단장을 계속 충당하라.

5. 완난 신사군 전원과 무기를 돌려보내라.

6. 신사군 사상자 장병 모두에 대해 위로하고 무휼하라.

7. 화중의 공산당 포위공격 소탕군을 철수하라.

8. 서북의 봉쇄선을 자유롭게 풀어라.

9. 전국에서 체포된 모든 애국정치범을 석방하라.

10. 일당 독재정치를 폐지하고 민주정치를 실시하라.

11. 삼민주의를 실행해 총리(쑨원)의 유촉遺囑에 복종하라.

12. 친일파 각 우두머리를 체포해 국가재판에 회부하라.

공산당의 이런 전략은 주효해 국내외 여론의 광범위한 지지를 받았다. 특히 충칭에 있던 저우언라이는 국내외 인사들을 대상으로 국민당 정부 도발의 진상을 폭로하는 등 활발하게 선전전을 펼쳤다. 저우언라이는 장제스의 일거수일투족을 훑으며 분석한 국내외 정세 자료를 옌안의 마오에게 전달해 완난사변 대응정책 결정에 크게 기여했다. 국내 민주파 등 각계 진보인사와 해외 지식인들은 잇따라 국민당의 도리에 어긋난 행위를 규탄했다. 해외동포들도 '내전을 그치고 단결을 강화할 것'을 요구했다. 미국, 영국, 소련 등도 국민당에 큰 불만을 터뜨렸다.

장제스와 국민당 보수 강경파는 사면초가四面楚歌에 빠졌다. 장제스는 할 수 없이 3월 1일에 열린 제2기 국민참정회의에서 "이후로 다시 공산당을 소탕하는 군사행동은 결코 하지 않겠다"고 밝혔다. 완난사변으로 절정에 이르렀던 국민당 정부의 고조된 반공 분위기는 한풀 꺾였다. 마오는 "군사공세는 장제스의 항일을 방해하는 아주 잘못된 정책이다. 정치공세는 장제스의 항일을 압박할 뿐 장제스의 항일을 방해하지 않았다. 따라서 '군사수세, 정치공세' 8자는 아주 정확했다"고 밝혔다.

1941년 1월 20일, 중앙혁명군사위원회는 "천이를 국민혁명군 신편 제4군 군단장 대리, 장윈이(張雲逸 장운일)를 부군단장, 류사오치를 정치위원, 라이촨주(賴傳珠 뢰전주)를 참모장, 덩쯔후이(鄧子恢 등자회)를 정치주임으로 임명한다"는 명령을 내렸다. 장제스가 신사군 군대 명칭을 거두어들여 소멸했던 '신사군'은 새롭게 태어났다. 애초 신사군은 1937년 12월, 남방 8개성 15개 지구의 홍군 유격대 1만 3천여 명으로 만들어졌다. 완난사변 전 3년 동안 샹잉은 '통일전선에 일체 복종하고, 모든 것은 통일전선으로'라는 왕밍의 우경노선을 추종해 국민당군의 협공을 타파할 수 없었다. 결국 신사군은 완만한 발전을 할 수밖에 없었다. 완난사변 때 병력은 2만 5천 명 정도에 불과했다. 이에 반해 팔로군은 3만여 명의 병력으로 출발했지만 50만여 명으로 늘어나는 등 급성장을 했다. 완난사변 후 장제스는 신사군을 '반군叛軍'이라 비방하고 신사군의 부대명을 회수해 예팅을 군법회의에 회부하겠다고 밝혔다. 류사오치는 장제스의 횡포에 맞서 중앙에 "천이를 신사군 군단장 대리로 임명해 장쑤성 북쪽에 군 지휘부를 세울 것"을 건의했다. 류사오치는 18일에 천이와 연명으로 중앙에 전보를 보내 재차 건의하고, '국민당 보수 반동파가 발동한 완난사변 구실 반박에 관한 통보'에서 구체적 사실을 동원해 국민당 정부의 신사군 부대 명칭 취소와 중상모략을 논박하며 장제스가 조성한 완난사변의 진상을 폭로했다. 류사오치는 또 "명령을 거역하고 부대 배치를 따르지 않았다는 것과 판창(繁昌 번창), 퉁링(銅陵 동릉) 일대에서 북쪽으로 이동하라는 지정노선을 따르지 않고 징셴(涇縣 경현)에서 남향해 우군을 습격했다는 발표는 완전히 날조한 것"이라고 통박했다. 중앙은 류사오치와 천이의 건의를 받아들여 1월 20일에 새로운 신사군을 재건하는 군부 인사를 단행한 것이다.

중앙혁명군사위원회의 명령을 받은 류사오치는 신사군 부대의 재건에 착수했다. 류사오치는 신사군 간부회의를 열어 국내외 정세를 분석해 소개하고 "우리는 통일전선의 방침과 내전 반대를 견지하고 분열적인 방침을 반대해 시국의 위기를 구하고 끝까지 항전을 밀고 나가야 한다"고 강조했다. 류사오치는 화중에 온 뒤에 처음으로 공개석상에서 자신의 모습을 드러내고 실명을 사용했다. 류사오치는 전에 줄곧 '후푸(胡服 호복)'라는 가명을 써왔다. 류사오치는 완난사변 이후에 나타난 비관적 정서와 일부 팔로군 지휘관들이 신사군 개조를 바라지 않는 분위기를 딛고 고달프고 힘든 세밀한 사상공작을 펼쳤다.

류사오치는 마침내 신사군을 7개 사단 9만여 명의 병단으로 개편하고 활동구역을 획정했다. 2월 18일, 혁명군사위원회는 쑤위(粟裕 속유)를 제1사단 사단장, 류옌(劉炎 유염)을 정치위원, 장윈이(張雲逸 장운일)를 제2사단 사단장, 정웨이싼(鄭位三 정위삼)을 정치위원, 황커청(黃克誠 황극성)을 제3사단 사단장 겸 정치위원, 펑쉐펑(彭雪楓 팽설풍)을 제4사단 사단장 겸 정치위원, 리셴녠(李先念 이선념)을 제5사단 사단장 겸 정치위원, 탄전린(譚震林 담진림)을 제6사단 사단장 겸 정치위원, 장딩청(張鼎丞 장정승)을 제7사단 사단장, 쩡시성(曾希聖 증희성)을 정치위원으로 각각 임명했다. 신사군은 병력 7천여 명을 잃은 뒤 9만 명으로 재편성해 부대를 신속히 발전시켰고, 항일전쟁이 끝날 무렵엔 30만여 명의 대군으로 성장했다.

이로써 공산당은 중국의 한복판 화중지역에 탄탄한 교두보를 마련하게 되었다. 중앙은 완난사변의 위기를 신사군과 근거지를 확대하는 호기로 삼는 데 성공했다. 장제스의 통제 아래 있던 신사군을 공산당의 당군黨軍으로 완전히 바꾸어 북으로는 룽하이(隴海 농해) 철도, 남으로는 안후이성 남쪽과 장쑤성 남쪽을 방어해 근거지의 활동구역을 크게 확장했다. 중앙은 동남국과 중원국을 통합해 화중국으로 확대 개편했다. 류사오치는 화중국 서기 겸 신사군 군사위원회 분회 서기가 되었다. 류사오치는 글과 문건, 강연 등을 통해 국공 통일전선에서 독립자주를 견지하는 당의 항일 민족통일전선의 정책이론을 무장화하는 데 크게 기여했다. 마오는 완난사변의 처리가 일단락되자 5월 8일에 '제2차 반공 고조를 물리친 데 관한 총결'의 당내 지시를 발표해 완난사변의 투쟁 경험을 이렇게 밝혔다. **196**

"중일中日 민족 간의 모순은 여전히 기본적이다. 국내 계급 간의 모순은 여전히 종속적 변수다. 결코 1927년의 형세(장제스가 제1차 국공합작을 깨뜨리고 공산당원에 대한 대대적인 검거 선풍을 일으켜 공산당이 지하로 잠입하는 위축되었던 상황)를 조성할 수 없다. 이런 상황에서 국민당 정부를 이끌어가는 모든 정책은 영미英美과 대지주와 대자산가들이다. 양면성의 계급을 갖고 있다. 하나는 일본과의 대립이고 또 하나는 공산당 및 기타 광대한 인민을 대표하는 세력과의 대립이다. 그들의 항일과 반공도 또한 각각의 양면성을 갖고 있다. 그들은 이왕에 항일이 존재하는 만큼 우리 당에 치고 빠지는 전략을 구사한다. 우리 당의 방침은 싸움에는 싸움, 휴전에는 휴전으로 대응한다. 이것이 혁명의 양면 정책이다. 장제스의 반혁명 정책에 첨예하게 맞서는 투쟁을 제외하고 어떤 인민혁명 역량이 만약에 장제스의 소멸을 피하려 한다면 그가 이런 역량의 존재를 인정하도록 강제해야 한다."

1941년 5월 하순, 일본군은 재건된 신사군 대소탕전에 나섰다. 류사오치와 천이는 신사군 3개 사단과 지방부대를 잘 배합해 적극적인 유격전을 벌여 일본군을 물리쳤다. 신사군은 8월 20일까지 계속된 전투에서 중요 전투 135차례를 치러 일본군과 왕징웨이 괴뢰군 1천932명을 사상시키고 1천89명의 포로를 사로잡았다. 류사오치는 완난사변 이후 어려운 국면에 신사군을 맡아 비록 1년여의 짧은 기간이었지만 눈부신 분전과 출중한 능력을 발휘해 중앙의 중요 지도자로 성큼 다가서는 기회를 잡게 되었다.

주 註

1) 毛澤東傳(下) 1949~1976 主編 逢先知, 金冲及 中央文獻出版社

2) 毛澤東生平全紀錄(上) 主編 柯延 中央文獻出版社

3) 毛澤東生平全紀錄(上) 主編 柯延 中央文獻出版社

4) 毛澤東生平全紀錄(上) 主編 柯延 中央文獻出版社

5) 毛澤東如何待幾前妻 理論頻道 新華網

6) 毛澤東生平全紀錄(上) 主編 柯延 中央文獻出版社

7) 毛澤東生平全紀錄(上) 主編 柯延 中央文獻出版社

8) 毛澤東生平全紀錄(上) 主編 柯延 中央文獻出版社

9) 毛澤東生平全紀錄(上) 主編 柯延 中央文獻出版社

10) 毛澤東生平全紀錄(上) 主編 柯延 中央文獻出版社

11) 毛澤東生平全紀錄(上) 柯 延 中央文獻出版社

12) 毛澤東生平全紀錄(上) 柯 延 中央文獻出版社

13) 중국의 혁명은 이렇게 시작되었다 예용례 지음, 홍순도 옮김 도서출판 한겨레

14) 毛澤東生平全紀錄(上) 主編 柯 延 中央文獻出版社

15) 중국의 혁명은 이렇게 시작되었다 예용례 지음, 홍순도 옮김 도서출판 한겨레

16) 毛澤東生平全紀錄(上) 主編 柯 延 中央文獻出版社

17) 毛澤東生平全紀錄(上) 主編 柯 延 中央文獻出版社

18) 중국의 혁명은 이렇게 시작되었다 예용례 지음, 홍순도 옮김 도서출판 한겨레

19) 중국의 혁명은 이렇게 시작되었다 예용례 지음, 홍순도 옮김 도서출판 한겨레

20) 揭秘;是誰致信毛澤東最早提出建立中國共産黨 時政頻道 新華網

21) 중국의 혁명은 이렇게 시작되었다 예용례 지음, 홍순도 옮김 도서출판 한겨레

22) 저우언라이 평전 바르바라 바르누앙, 위창건 지음, 유상철 옮김 베리타스북스

23) 중국의 붉은별(상) 에드가 스노우 지음, 홍수원 안양노 신홍범 옮김 두레

24) 중국의 혁명은 이렇게 시작되었다 예용례 지음, 홍순도 옮김 도서출판 한겨레

25) 毛澤東生平全紀錄(上) 主編 柯延 中央文獻出版社

26) 毛澤東生平全紀錄(上) 主編 柯延 中央文獻出版社

27) 중국의 붉은별(상) 에드가 스노우 지음, 홍수원 안양노 신홍범 옮김 두레

28) 중국의 붉은별(상) 에드가 스노우 지음, 홍수원 안양노 신홍범 옮김 두레

29) 毛澤東生平全紀錄(上) 主編 柯 延 中央文獻出版社

30) 毛澤東生平全紀錄(上) 主編 柯 延 中央文獻出版社
　　저우언라이 평전 바르바라 바르누앙, 위창건 지음, 유상철 옮김 베리타스북스

31) 朱德入黨爲啥被陳獨秀拒絶遠赴歐洲找周恩來 中國共産黨 新聞網

32) 朱德入黨爲啥被陳獨秀拒絶遠赴歐洲找周恩來 中國共産黨 新聞網

33) 揭秘: 誰是中央黨史上的第一個臥英雄 人民網 文史頻道 朱德入黨

34) 毛澤東生平全紀錄(上) 主編 柯 延 中央文獻出版社

35) 毛澤東生平全紀錄(上) 主編 柯 延 中央文獻出版社

36) 毛澤東生平全紀錄(上) 主編 柯 延 中央文獻出版社

37) 毛澤東生平全紀錄(上) 主編 柯 延 中央文獻出版社

38) 毛澤東生平全紀錄(上) 主編 柯 延 中央文獻出版社

39) 毛澤東生平全紀錄(上) 主編 柯 延 中央文獻出版社

40) 毛澤東生平全紀錄(上) 主編 柯 延 中央文獻出版社

41) 毛澤東生平全紀錄(上) 主編 柯 延 中央文獻出版社

42) 毛澤東生平全紀錄(上) 主編 柯 延 中央文獻出版社

43) 毛澤東生平全紀錄(上) 主編 柯 延 中央文獻出版社

44) 中國現代史 1911~1949 쟝셰노, 프랑소와즈 르 바르비에, 마리-끌레르 베르제르 지음,
　　신영준 옮김 까치

45) 毛澤東生平全紀錄(上) 主編 柯 延 中央文獻出版社
　　中國現代史 1911~1949 쟝셰노, 프랑소와즈 르 바르비에, 마리-끌레르 베르제르 지음,
　　신영준 옮김 까치

46) 毛澤東反圍剿時期的奇妙戰術 理論頻道 新華網

47) 彭德懷 自傳 解放軍文藝出版社

48) 彭德懷 自傳 解放軍文藝出版社

49) 彭德懷 自傳 解放軍文藝出版社

50) 彭德懷 自傳 解放軍文藝出版社

51) 揭秘; 朱德的兩次歷險傳奇 人民政協報
　　毛澤東生平全紀錄(上) 主編 柯 延 中央文獻出版社

52) 揭秘; 朱德的兩次歷險傳記 人民政協報

53) 揭秘; 朱德的兩次歷險傳記 人民政協報

54) 毛澤東生平全紀錄(上) 主編 柯 延 中央文獻出版社

55) 毛澤東反圍剿時期的奇妙戰術 理論頻道 新華網
　　紅軍長征爲何8次改變落脚点 理論頻道 新華網

56) 毛澤東在楊開慧犧牲前後 理論頻道 新華網

57) 毛澤東生平全紀錄(上) 主編 柯 延 中央文獻出版社

58) 毛澤東在楊開慧犧牲前後 理論頻道 新華網, 中國人民解放演義 張濤之 著 新華出版社

59) 毛澤東生平全紀錄(上) 主編 柯 延 中央文獻出版社

60) 毛澤東生平全紀錄(上) 主編 柯 延 中央文獻出版社

61) 中國人民解放軍演義 張濤之 著 新華出版社

　　毛澤東生平全紀錄(上) 主編 柯 延 中央文獻出版社

62) 富水河畔讀黨史 文祭 'AB'團肅反中冤死的紅軍 人民網 讀書頻道

63) 毛澤東反圍剿時期的奇妙戰術 理論頻道 新華網

　　富水河畔讀黨史 文祭 'AB'團肅反中冤死的紅軍 人民網 讀書頻道

64) 中國人民解放軍演義 張濤之 著 新華出版社

　　富水河畔讀黨史 文祭 'AB'團肅反中冤死的紅軍 人民網 讀書頻道

65) 朱德總司令月下追韓信 中國共産黨新聞網 人民網

66) 毛澤東生平全紀錄(上) 主編 柯 延 中央文獻出版社

67) 毛澤東反圍剿時期的奇妙戰術 理論頻道 新華網

　　毛澤東生平全紀錄(上) 主編 柯 延 中央文獻出版社

68) 毛澤東反圍剿時期的奇妙戰術 理論頻道 新華網

　　毛澤東生平全紀錄(上) 主編 柯 延 中央文獻出版社

69) 毛澤東反圍剿時期的奇妙戰術 理論頻道 新華網

　　毛澤東生平全紀錄(上) 主編 柯 延 中央文獻出版社

70) 毛澤東反圍剿時期的奇妙戰術 理論頻道 新華網

　　毛澤東生平全紀錄(上) 主編 柯 延 中央文獻出版社

71) 毛澤東生平全紀錄(上) 主編 柯 延 中央文獻出版社

72) 蔣介石鐵桶圍剿計劃外泄始末 人民政協報 人民網

73) 蔣介石鐵桶圍剿計劃外泄始末 人民政協報 人民網

74) 蔣介石鐵桶圍剿計劃外泄始末 人民政協報 人民網

75) 毛澤東在紅軍長征前夜的鬪爭 理論頻道 新華網

　　誰決定了毛澤東的領導地位 人民網

　　毛澤東生平全紀錄(上) 主編 柯 延 中央文獻出版社

76) 毛澤東生平全紀錄(上) 主編 柯 延 中央文獻出版社

77) 哪些外國人參加了長征 理論頻道 新華網

　　양림열사 장백의 투사들 연변항일렬사전 연변인민출판사

　　조선의용군 사령 무정장군 김순기 료녕민족출판사

　　彭德懷自傳 解放軍民藝出版社, 할빈시 조선민족 백년사화 서명훈 저 민족출판사

78) 양림열사 장백의 투사들 연변항일렬사전 연변인민출판사

　　할빈시 조선민족 백년사화 서명훈 저 민족출판사

79) 양림열사 장백의 투사들 연변항일렬사전 연변인민출판사

　　할빈시 조선민족 백년사화 서명훈 저 민족출판사

80) 조선의용군 사령 무정장군 김순기 료녕민족출판사

　　毛澤東生平全紀錄(上) 主編 柯 延 中央文獻出版社

81) 조선의용군 사령 무정장군 김순기 료녕민족출판사

彭德懷 自傳 解放軍民藝出版社

82) 長征突圍 ‘南天王’ 陳濟棠爲何紅軍送軍火 中國共産黨新聞網 人民網
　　蔣介石發電報催戰陳濟棠爲啥給紅軍讓道 時政頻道 新華網

83) 長征突圍 ‘南天王’ 陳濟棠爲何紅軍送軍火 中國共産黨新聞網 人民網
　　蔣介石發電報催戰陳濟棠爲啥給紅軍讓道 時政頻道 新華網

84) 長征突圍 ‘南天王’ 陳濟棠爲何紅軍送軍火 中國共産黨新聞網 人民網
　　蔣介石發電報催戰陳濟棠爲啥給紅軍讓道 時政頻道 新華網

85) 長征突圍 ‘南天王’ 陳濟棠爲何紅軍送軍火 中國共産黨新聞網 人民網
　　蔣介石發電報 催戰陳濟棠爲啥給紅軍讓道 時政頻道 新華網

86) 黨史人物記念館 賀龍 中國共産黨新聞 人民網

87) 毛澤東生平全紀錄(上) 主編 柯 延 中央文獻出版社

88) 紅軍長征爲何8次改變落脚点 理論頻道 新華網

89) 毛澤東生平全紀錄(上) 主編 柯 延 中央文獻出版社
　　紅軍長征爲何8次改變落脚点 理論頻道 新華網

90) 紅軍長征爲何8次改變落脚点 理論頻道 新華網
　　誰決定了毛澤東的領導地位 人民網

91) 遵義會議後毛澤東領袖地位如何確立 理論頻道 新華網,
　　毛澤東生平全紀錄(上) 主編 柯 延 中央文獻出版社

92) 遵義會議後毛澤東領袖地位如何確立 理論頻道 新華網

93) 毛澤東生平全紀錄(上) 主編 柯 延 中央文獻出版社
　　遵義會議後毛澤東領袖地位如何確立 理論頻道 新華網

94) 遵義會議後毛澤東領袖地位如何確立 理論頻道 新華網
　　毛澤東生平全紀錄(上) 主編 柯 延 中央文獻出版社

95) 軍史回眸 毛澤東最得意的戰役是哪一場 新華網
　　十元帥百將軍參加的戰爭 理論頻道 新華網

96) 毛澤東生平全紀錄(上) 主編 柯 延 中央文獻出版社

97) 軍史回眸 毛澤東最得意的戰役是哪一場 新華網
　　十元帥百將軍參加的戰爭 理論頻道 新華網

98) 軍史回眸 毛澤東最得意的戰役是哪一場 新華網
　　十元帥百將軍參加的戰爭 理論頻道 新華網

99) 毛澤東生平全紀錄(上) 主編 柯 延 中央文獻出版社

100) 毛澤東生平全紀錄(上) 主編 柯 延 中央文獻出版社

101) 紅軍長征爲何8次改變落脚点 理論頻道 新華網

102) 毛澤東生平全紀錄(上) 主編 柯 延 中央文獻出版社

103) 劉伯承與果基約達彝海歃血結盟 中國共産黨新聞 人民網

104) 劉伯承與果基約達彝海歃血結盟 中國共産黨新聞 人民網

105) 劉伯承與果基約達彝海歃血結盟 中國共産黨新聞 人民網

106) 毛澤東生平全紀錄(上) 主編 柯 延 中央文獻出版社

紅軍長征爲何8次改變落脚点 理論頻道 新華網

107) 汶川地震重災區夾金山下穿越世紀的傳奇故事 時政頻道 新華網

108) 毛澤東生平全記錄 主編 柯 延 中央文獻出版社

毛澤東長征路上爲何數次落淚 理論頻道 新華網

109) 長征爲何8次改變落脚点 理論頻道 新華網

110) 毛澤東如何處理與張國燾之爭 理論頻道 新華網

111) 毛澤東如何處理與張國燾之爭 理論頻道 新華網

毛澤東生平全紀錄 主編 柯延 中央文獻出版社

112) 毛澤東如何處理與張國燾之爭 理論頻道 新華網

113) 毛澤東如何處理與張國燾之爭 理論頻道 新華網

114) 毛澤東生平全紀錄(上) 主編 柯 延 中央文獻出版社

115) 毛澤東生平全紀錄 主編 柯 延 中央文獻出版社

116) 毛澤東生平全紀錄 主編 柯 延 中央文獻出版社

117) 毛澤東如何處理與張國道之爭 理論頻道 新華網

118) 毛澤東生平全紀錄(上) 主編 柯 延 中央文獻出版社

毛澤東如何處理與張國燾之爭 理論頻道 新華網

119) 毛澤東如何處理與張國燾之爭 理論頻道 新華網

120) 彭德懷 自傳 解放軍文藝出版社

121) 毛澤東給徐向前一封信 理論頻道 新華網

122) 毛澤東給徐向前一封信 理論頻道 新華網

123) 毛澤東如何處理與張國燾之爭 理論頻道 新華網

124) 紅軍長征爲何8次改變落脚点 理論頻道 新華網

毛澤東生平全紀錄(上) 主編 柯 延 中央文獻出版社

125) 중국의 붉은별(상) 에드가 스노우 지음, 홍수원 안향노 신홍범 옮김 두레

126) 毛澤東生平全紀錄(上) 主編 柯 延 中央文獻出版社

127) 西北戰場上的 生死較量:胡宗南至死不知爲何敗給彭德懷 中國共産黨 新聞網

128) 毛澤東贈詩彭德懷, 稱其爲唯我彭大將軍 中國共産黨新聞網 人民網

129) 紅軍長征到底走了有多遠? 北京晚報 人民網

毛澤東生平全紀錄(上) 主編 柯 延 中央文獻出版社

130) 長征 ;黨史人物紀念館 中國共産黨新聞 人民網

紅軍長征到底走了有多遠? 北京晚報 人民網

131) 紅軍長征到底走了有多遠? 北京晚報 人民網

132) 紅軍長征到底走了有多遠? 北京晚報 人民網

長征 ;黨史紀念館 中國共産黨新聞 人民網

133) 長征;黨史記念館 中國共産黨新聞 人民網

紅軍長征到底走了有多遠? 北京晚報 人民網

134) 紅軍長征到底走了有多遠? 北京晚報 人民網

　　紅西路軍史 首次全面還原紅西路軍 眞實歷史 讀書頻道 人民網

135) 長征;黨史記念館 中國共産黨新聞 人民網

136) 紅軍過草地到底減員多少 華西都市報 新華網

137) 西北戰場上的生死較量;胡宗南至死不知爲何敗給彭德懷 中國共産黨新聞網 人民網

138) 西北戰場上的生死較量;胡宗南至死不知爲何敗給彭德懷 中國共産黨新聞網 人民網

139) 양림열사 장백의 투사들 연변항일렬사전 연변인민출판사

140) 毛澤東生平全紀錄(上) 主編 柯延 中央文獻出版社

141) 西安事變前夜, 誰激了張學良 ;從今天起我要做獅子了 人民網

142) 毛澤東生平全紀錄(上) 主編 柯 延 中央文獻出版社

143) 1937年的毛澤東;不能感情用事殺了蔣介石 人民網 文史頻道

　　西安事變;殺蔣與放蔣的艱難抉擇 人民網

144) 毛澤東生平全紀錄(上) 主編 柯 延 中央文獻出版社

145) 西安事變 ;殺蔣與放蔣的艱難抉擇 人民網

146) 1937年的毛澤東;不能感情用事殺了蔣介石 人民網 文史頻道

147) 西安事變;殺蔣與放蔣的艱難抉擇 人民網

148) 毛澤東生平全紀錄(上) 主編 柯 延 中央文獻出版社

149) 西安事變;殺蔣與放蔣的艱難抉擇 人民網

150) 西安事變前夜, 誰激了張學良;縱今天起我要做獅子了 人民網

151) 西安事變前夜, 誰激了張學良;縱今天起我要做獅子了 人民網

152) 毛澤東生平全紀錄(上) 主編 柯 延 中央文獻出版社

　　張學良談國民黨爲什麼輸給共産黨 中國共産黨新聞網 人民網

153) 關於南方3年遊擊戰爭研究情況的回顧與分析 姜廷玉 中國共産黨新聞網 人民網

　　未能忘記 陳毅項英在危難之時 時政頻道 新華網

154) 三年遊擊戰爭中 陳毅元帥五次脫險記 中國共産黨新聞 人民網

　　未能忘記陳毅項英在危難之時 時政頻道 新華網

155) 陳毅被圍20天寫下絕筆詩作 '梅嶺三章' 時政頻道 新華網

　　三年遊擊戰爭中 陳毅元帥五次脫險記 中國共産黨新聞網 人民網

156) 毛澤東一共有多少位親屬爲革命獻出生命 浙江日報

157) 毛澤東生平全紀錄(上) 主編 柯 延 中央文獻出版社

158) 毛澤東劉少奇政治合作的開始 人民網

　　毛澤東因何替劉少奇講話 理論頻道 新華網

159) 毛澤東劉少奇政治合作的開始 人民網

　　毛澤東因何替劉少奇講話 理論頻道 新華網

160) 毛澤東劉少奇政治合作的開始 人民網

161) 毛澤東劉少奇政治合作的開始 人民網

　　毛澤東因何替劉少奇講話 理論頻道 新華網

162) 毛澤東生平全記錄(上) 主編 柯 延 中央文獻出版社

　　平型關之戰的難解之謎 人民網

163) 平型關之戰的難解之謎 人民網

　　毛澤東生平全記錄(上) 主編 柯 延 中央文獻出版社

164) 毛澤東生平全紀錄(上) 主編 柯 延 中央文獻出版社

165) 共產國際爲何放棄王明轉而選擇毛澤東? 時政頻道 新華網

　　毛澤東與王明的激烈爭論 理論頻道 新華網

166) 毛澤東與王明的激烈爭論 理論頻道 新華網

　　共産國際爲何放棄王明轉而選擇毛澤東? 時政頻道 新華網

167) 毛澤東與王明的激烈爭論 理論頻道 新華網

　　'毛澤東之路-民族救星 1935-1945' 張樹軍 雷國珍 高新民 著 中央黨出版社

168) 共産國際爲何放棄王明轉而選擇毛澤東? 時政頻道 新華網

169) '毛澤東之路-民族救星 1935-1945' 張樹軍 雷國珍 高新民 著 中央黨出版社

170) 江青嫁毛澤東之前坎坷人生 港澳臺 新華網

171) 江青和毛澤東第一次見面的眞實情況 王凡 人民網-文史頻道

　　江青嫁毛澤東之前的坎坷人生 港澳臺 新華網

172) 江青嫁毛澤東之前的坎坷人生 港澳臺 新華網

173) 江青嫁毛澤東之前的坎坷人生 港澳臺 新華網

174) 賀子珍負氣出走因毛澤東 人民網

　　賀子珍離開毛澤東是江青 '挿足' 造成的嗎? 人民網 文史頻道

175) 楊尙昆回憶; 張文天反對毛澤東與江青結婚忌恨 人民網 文史頻道

176) 毛澤東與江青結婚, 中央究竟有無 '約法三章'? 葉永烈(文史學者, 作家)

177) 張國燾叛徒始末; 周恩來通宵勸說不成帶其見蔣介石 人民網 文史頻道

　　同張國燾鬪爭 毛澤東一生中最黑暗的時光 中國共産黨新聞網 人民網

178) 張國燾叛徒始末; 周恩來通宵勸說不成帶其見蔣介石 人民網 文史頻道

179) 張國燾叛徒始末; 周恩來通宵勸說不成帶其見蔣介石 人民網 文史頻道

180) 중국의 혁명은 이렇게 시작되었다 예용례 지음, 홍순도 옮김, 도서출판 한겨레

　　張國燾叛徒始末; 周恩來通宵勸說不成帶其見蔣介石 人民網 文史頻道

181) 紅色警衛 葉健君 李萬靑 著 湖南出版社

　　細節決定存亡 周恩來鮮爲人知的秘戰藝術 中國共産黨新聞網 人民網

182) 揭秘; 中共特科 人民網

　　紅色警衛 葉健君 李萬靑 著 湖南出版社

183) 細節決定存亡 周恩來鮮爲人知的秘戰藝術 中國共産黨新聞網 人民網

184) 細節決定存亡 周恩來鮮爲人知的秘戰藝術 中國共産黨新聞網 人民網

185) 毛澤東生平全紀錄(上) 主編 柯 延 中央文獻出版社

186) 紅色特科王 李克農; 戲耍蔣介石與毛人凰鬪法 中國共産黨新聞網 人民網

　　揭秘; 中共特科 人民網

187) 毛澤東生平全紀錄(上) 主編 柯 延 中央文獻出版社

188) 百團大戰的幕後故事 理論頻道 新華網

　　揭秘;129師進軍太行山 人民網

189) 揭秘;129師進軍太行山 人民網

190) 新4軍因何在皖南事變中失利 人民網

　　皖南事變眞相辨析 文史參考 著者 王洪光 新華網

191) 皖南事變眞相辨析 文史參考 著者 王洪光 新華網

　　項英被叛徒殺害經過 人民政協報, 新4軍因何在皖南事變失利 人民網

192) 皖南事變 發生後 劉少奇7天7夜沒合眼 時政頻道 新華網

193) 皖南事變 發生後 劉少奇7天7夜沒合眼 時政頻道 新華網

194) 皖南事變 發生後 劉少奇7天7夜(沒合眼 時政頻道 新華網

195) 毛澤東生平全紀錄(上) 主編 柯 延 中央文獻出版社

196) 皖南事變發生後 劉少奇7天7夜沒合眼 時政頻道 新華網

　　毛澤東生平全紀錄(上) 主編 柯 延 中央文獻出版社

중국지 上

ⓒ 현이섭, 2017

초판 1쇄 2012년 11월 1일 펴냄
　　 3쇄 2013년 1월 5일 펴냄
개정 1판 2014년 4월 30일 펴냄
개정 2판 1쇄 2017년 6월 15일 펴냄
　　　 2쇄 2018년 5월 30일 펴냄

지은이 | 현이섭
펴낸이 | 강준우
기획·편집 | 박상문, 박효주, 김예진, 김환표
디자인 | 최원영
마케팅 | 이태준
관리 | 최수향
인쇄·제본 | 대정인쇄공사

펴낸곳 | 인물과사상사
출판등록 | 제17-204호 1998년 3월 11일

주소 | (121-839) 서울시 마포구 서교동 392-4 삼양E&R빌딩 2층
전화 | 02-325-6364
팩스 | 02-474-1413

www.inmul.co.kr | insa@inmul.co.kr

ISBN 978-89-5906-446-5 04990
　　　 978-89-5906-445-8 (세트)

값 18,000원

이 저작물의 내용을 쓰고자 할 때는 저작자와 인물과사상사의 허락을 받아야 합니다.
파손된 책은 바꾸어 드립니다.

이 도서의 국립중앙도서관 출판시도서목록(CIP)은 서지정보유통지원시스템 홈페이(http://seoji.nl.go.kr)와
국가자료공동목록시스템(http://www.nl.go.kr/kolisnet)에서 이용하실 수 있습니다.
(CIP제어번호: CIP2017013315)